Pat Shipman
Mit dem Herzen einer Löwin

Pat Shipman

Mit dem Herzen einer Löwin

Lady Florence Baker
und ihre Suche nach den Quellen des Nils

Übersetzung aus dem Englischen
von Ulrike Frey

PIPER

Mehr über unsere Autoren und Bücher:
www.piper.de

ISBN 978-3-492-55016-1

Titel der englischen Originalausgabe: »To the Heart of the Nile«

Covergestaltung: zero-media.net, München
Covermotiv: FinePic®, München
Printed in Germany

Für Familie Baker, die damalige wie die heutige,
die mich durch ihren unbezähmbaren Mut
und ihre offenherzige Großzügigkeit inspiriert hat

INHALT

VORBEMERKUNG DER AUTORIN

Über Florences frühe Kindheit gibt es nur spärliche Aufzeichnungen – sie war einfach schon immer eine geheimnisvolle Frau. Auch wenn es mir gelungen ist, einige Aufzeichnungen über ihre leiblichen Eltern ausfindig zu machen, habe ich mich bei vielen Details ihre frühen Jahre betreffend daran orientiert, was man sich in der Familie Baker darüber erzählt oder was meine Recherchen zur ungarischen Revolution und dem Sklavenhandel im Osmanischen Reich ergaben. Anstatt schwerfälliger Formulierungen wie »mag sie gesagt haben« oder »hat er sich vermutlich gefragt« habe ich Florence und den Menschen, die sie umgaben, Gedanken und Worte in den Mund gelegt, die in Einklang mit ihrem Charakter und den überlieferten Äußerungen stehen.

All jenen, die glauben, daß die besten Biographien nur belegbare Fakten enthalten, möchte ich widersprechen. »Letztendlich ist jede Biographie eine Fiktion«, hat Bernard Malamud einmal gesagt. Als Florences Biographin halte ich es für meine Aufgabe, ein angemesseneres Bild ihrer Persönlichkeit zu zeichnen und ihre Bedeutung treffender zu beurteilen, als es die bloßen Fakten zu tun vermögen. Die Lücken zu schließen – und das heißt für mich, fundierte Hypothesen vorzustellen – ist nicht nur erforderlich, sondern auch gerechtfertigt.

Wenn ich Begriffe wie »schwarz«, »weiß«, »Neger« oder »Eingeborener« verwendet oder einige Äußerungen und Meinungen zitiert habe, die dem Leser vielleicht als unverhohlen rassistisch erscheinen, folge ich lediglich den Konventionen des neunzehnten Jahrhunderts. Meine eigenen Ansichten, die ich in den vielen Jahren meiner Arbeit in Afrika gewonnen habe, drücken sie nicht aus, sondern stellen vielmehr einen Versuch dar, die imperialistische Haltung der viktorianischen Zeit möglichst authentisch wiederzugeben.

In direkten Zitaten habe ich eine weitgehend einheitliche Schreibweise der afrikanischen Eigennamen verwendet, wenngleich sie in den Originaldokumenten widersprüchlich ist. Da manche der Ortsnamen nicht als tatsächlich existierende Orte identifiziert werden konnten, habe ich mich grundsätzlich an die im neunzehnten Jahrhundert übliche Schreibweise gehalten, wie Florence sie verwendete.

ANMERKUNG DER ÜBERSETZERIN

Die Übersetzung verzichtet wegen der oben genannten Uneinheitlichkeit bei der Schreibung der afrikanischen Eigennamen, Orte und Stämme auf eine »Eindeutschung« und richtet sich nach der von der Autorin gewählten Schreibweise.

I

Ich bin doch keine Sklavin!

Die Mädchen im heiratsfähigen Alter sollten im Januar 1859 verkauft werden – so der Wunsch Finjanjian Hanims, der Matriarchin der Familie Finjanjian. Sie zählte zu den einflußreichsten lizensierten Händlerinnen für weiße Sklavinnen in Viddin und konnte stolz sein auf ihre Ware. Wenn es darum ging, vielversprechende, blutjunge Mädchen auszuwählen, für den Harem auszubilden und im geschlechtsreifen Alter zu Höchstpreisen wieder zu verkaufen, bewies Finjanjian Hanim einen untrüglichen Instinkt[1].

Einen besonders regen Handel mit weißen Sklaven gab es in Viddin[2] allerdings nicht, selbst für den europäischen Teil des Osmanischen Reichs. Als Pascha oder Gouverneur nach Viddin geschickt zu werden war in den meisten Fällen eine Strafe für irgendein Fehlverhalten. Mit den Mitgliedern der Sklavenhändlergilde von Konstantinopel oder Kairo, die ihre Mädchen mit ein wenig Glück sogar im kaiserlichen Harem unterbrachten, konnte sich eine *hanim* nicht messen. Und in Viddin gab es auch nichts, was mit dem legendären Topkapi-Palast und seinem riesigen Harem vergleichbar gewesen wäre. Dennoch hatte Finjanjian Hanim einige Mädchen von außergewöhnlicher Qualität heranziehen können, die in große, berühmte Harems aufgenommen worden waren, was den Wohlstand und das Ansehen der Familie gemehrt hatte. Die Zeiten, als die Finjanjians noch einfache Porzellanhändler gewesen waren – das Gewerbe, auf das ihr Name zurückging[3] –, waren längst vorbei.

Im Januar wurden immer die hübschesten Mädchen verkauft, und tatsächlich hatte die *hanim* gerade ein Mädchen mit ganz außergewöhnlichen Qualitäten im Angebot: Florenz. Die blonde, junge Schönheit war in den vergangenen zehn Jahren mit äußerster Sorgfalt aufgezogen und unterrichtet worden. Gemeinsam mit den Enkelinnen der *hanim* hatte sie im Harem Mathematik, Lesen, Schreiben, Geographie, Musik und sämtliche Künste einer Frau gelernt. Finjanjian Hanim hatte dafür gesorgt, daß Florenz ihre Kenntnisse des Ungarischen und des Deutschen, der Sprachen ihrer leiblichen Eltern, bewahrte und zudem Arabisch lernte, die allgemein gebräuchliche Sprache im Harem, denn das Beherrschen europäischer Sprachen war eine Fähigkeit, die bei den Mädchen besonders geschätzt wurde. Nachdem die *hanim* Florenz im *hamman*, dem Bad des Harems, mit prüfendem Blick beobachtet hatte, war sie zu der Überzeugung gekommen, daß das Mädchen die Geschlechtsreife und damit den Höhepunkt seiner Attraktivität erreicht hatte. Es würde von nun an in der Öffentlichkeit den Schleier tragen[4] müssen.

In einem Jahr würde das Mädchen zwar einen volleren Busen und eine weiblichere Figur haben, doch Finjanjian Hanim hatte noch einen anderen Grund, Florenz schon jetzt zu verkaufen. In Konstantinopel war ein neues Einwanderungsgesetz[5] erlassen worden, das allen, die ins Osmanische Reich immigrierten, ausgesprochen günstige Bedingungen zusicherte. Verpflichteten die Einwanderer sich zur Loyalität gegenüber dem Reich, dann war es ihnen sogar gestattet, ihre eigenen Religionen ungehindert auszuüben. Finjanjian Hanim befürchtete, daß diese Gelegenheit zu einer wahren Flut von Einwanderern aus Tscherkessien und Georgien führen würde, da die dort lebenden Russen die einheimische Bevölkerung schikanierten und zu vertreiben versuchten.

Ihre Schönheit und helle Haut machten tscherkessische und georgische Mädchen zu äußerst begehrten Konkubinen. Manche von ihnen waren entführt[6], bei Überfällen verschleppt oder einfach als Kriegsbeute mitgenommen worden, bevor man sie schließlich einem Harem anbot. Es gab auch Eltern, die ihre eigenen Töchter verkauften, was keineswegs als Schande galt. Immerhin war ein Leben im Harem wesentlich angenehmer und luxuriöser als die endlose Arbeit, die die Mädchen als Ehefrauen armer Bauern erwartete. Wenn nun aber viele solche Familien in die Provinz kamen, gab es für sie wohl kaum eine günstigere Gelegenheit, um das Geld für einen Neubeginn aufzubringen, als eine ihrer hübschen Töchter einem Sklavenhändler anzubieten. Der Zustrom tscherkessischer und georgischer Mädchen konnte das Geschäft mit den weißen Sklavenmädchen ruinieren. Es war also besser, Florenz jetzt zu verkaufen, als noch länger zu warten.

Zuerst benachrichtigte Finjanjian Hanim die anderen Mitglieder der Sklavenhändlergilde für den Fall, daß sie sich mit ihren Mädchen an der Versteigerung beteiligen wollten. Ein paar Mädchen mit geringeren Qualitäten würden den ersten Appetit des Publikums befriedigen und Florenz im Vergleich besser aussehen lassen. In den Zeitungen Konstantinopels, Sofias, Viddins und Wiens wurden diskrete Vorankündigungen plaziert. Potentielle Kunden erhielten Prospekte, und von Mund zu Mund gelangte die Neuigkeit bis weit nach Europa hinein. Finjanjian Hanim spekulierte bereits genüßlich über die Gäste, die wohl erscheinen mochten, und malte sich aus, wieviel Geld sie verdienen würde.

Als Mutter des Familienoberhaupts hatte sie das Sagen im *haremlik*, dem abgeschlossenen Bereich des Hauses, in dem in klösterlicher Abgeschiedenheit alle Frauen und Kinder lebten. Ihr Titel im Harem war Sultana Validé, und sie genoß ein höheres Ansehen als alle anderen, einschließlich der Lieblingsfrau des Herrn. Ein bekanntes türkisches Sprichwort lautete: »Ein Mann mag viele Frauen haben, doch er hat nur eine Mutter.« Sie entschied, wer verkauft werden sollte und wann. Sie bestimmte, wer wo im *haremlik* wohnte und wer neben seinem *paşmalik*, dem »Pantoffelgeld«, noch zusätzlich etwas bekam. Und nun beschloß sie, daß Florenz das besondere Privileg gewährt werden sollte, neue, kostbare Kleider für die Auktion zu erhalten.

Florenz ahnte nicht, warum man sie so bevorzugt behandelte. Schließlich gab es ja noch andere Mädchen, die Kleider bekamen. Ihrer Freundin, der Enkelin der Sultana Validé, hatte man ebenfalls hübsche, neue Gewänder geschenkt, erst vor wenigen Wochen, kurz bevor die *goruçu* zu ihr gekommen war, eine der älteren Frauen, die als Heiratsvermittlerinnen agierten. Florenz fragte sich, ob auch sie nun bald Besuch von einer *goruçu* bekommen würde. Sie war zwar nicht gerade begeistert von dieser Vorstellung, aber irgendwann würde sie ja vermutlich heiraten müssen, und dies war nun einmal der übliche Weg. Sie hoffte nur, daß der Gatte, den die Finjanjians für sie aussuchen würden, ein freundlicher, liebenswerter Mann war. Die Sultana Validé war eine kluge Frau und erwähnte die geplante Versteigerung gegenüber Florenz nicht, da sie befürchtete, es würde sonst Schwierigkeiten mit dem Mädchen geben.

Kaum war der Termin für die Auktion publik gemacht worden, begannen die Überstunden für die Küchensklaven: Sie bereiteten Gebäck und andere Köstlichkeiten zu und preßten Obst für Fruchtsäfte und Scherbett-Getränke. Man holte das edelste Kaffeegeschirr hervor und reinigte es gründlichst, frischte die Vorräte an feinbestickten Seidenservietten auf und polierte das Küchensilber auf Hochglanz. Die Musikanten übten eifrig: Sie sollten sich unauffällig im großen Empfangssaal, dem *selamlik*, aufstellen, dem öffentlichen Bereich des Hauses, den auch Männer betreten durften, und den Raum mit ihrer Musik erfüllen.

Alles und jeder wurde gewaschen und herausgeputzt. Als der große Tag gekommen war, verwendeten die Mädchen besondere Sorgfalt auf ihre Frisur und Kleidung. Die Sultana Validé hatte Florenz vorgeschlagen, für ihre neuen Kleider helle, zarte Farben zu wählen – am besten verschiedene Schattierungen von Hellblau und Lavendel –, aber Florenz hatte andere Vorstellungen. Gemeinsam mit der *ikbal*, der Lieblingskonkubine des Herrn, suchte sie sich prachtvolle Gewänder in kräftigem Blau und Grün mit leuchtendgelben Mustern aus, die ihr Haar gut zur Geltung brachten, und zog neue, gelbe Stiefel an, welche ihre zierlichen Fesseln eng umschlossen.

Dann wurde der große Empfangssaal für die erlauchten Gäste vorbereitet. Man säuberte die Wände, die kunstvoll mit blauen und grünen Kacheln bedeckt waren, und besserte die Vergoldungen des reich verzierten Deckengewölbes aus. Die Kronleuchter wurden poliert, bis sie nur so funkelten. Die niedrigen Diwane bekamen frische Bezüge, ein paar europäische Stühle wurden aus dem Lager geholt, abgebürstet oder neu aufgepolstert, die ausgeklopften Teppiche wurden zurechtgelegt. Im hinteren Teil des Saales stellte man eine kurz zuvor zusammengebaute Zwischenwand aus Gitterwerk auf, die mit dünnem Stoff bespannt war. In dem abgetrennten Bereich sollten die Mädchen warten, bis man sie holte, um sie zur Schau zu stellen. Der Schreiber besorgte volle Tintenfässer und ein neues Buch, in dem er die Höchstgebote notieren und die Steuerzahlungen festhalten würde.[7] Zudem bereitete er Quittungen vor, die jeder, der eine

Die Entführung (1875). Viele hübsche tscherkessische und georgische Mädchen wurden noch im Kindesalter geraubt und manchmal sogar von ihren Eltern als Sklavinnen verkauft.

neue Sklavin ersteigert hatte, ausfüllen mußte. Der Buchhalter würde das Geld vom Käufer entgegennehmen und den Kaufvertrag für gültig erklären. Den schwarzen Eunuchen Ali beauftragte man damit, die Mädchen während der gesamten Dauer der Verhandlungen vor Eindringlingen zu beschützen. Er sollte zudem sicherstellen, daß die Mädchen erst dann dem jeweiligen Käufer ausgehändigt wurden, wenn dieser bezahlt und die entsprechenden Urkunden erhalten hatte.

Finjanjian Effendi, der Sohn Finjanjian Hanims, stellte sein Siegel für die Kaufverträge zur Verfügung und spielte sonst vor allem die Rolle des Zeremonienmeisters: Er begrüßte die Gäste, wies ihnen gemäß ihrem Stand und Vermögen einen Platz zu und sorgte dafür, daß alle mit Erfrischungen versorgt waren. Auch Finjanjian Hanim legte großen Wert darauf, gesehen zu werden, damit alle wußten, wem sie die hübschen Mädchen zu verdanken hatten, die zur Auktion standen. Sie war in ein prächtiges, weißes *gomlek* gekleidet, ein Hemd aus zartem, hauchdünnem Stoff, das oben am Hals offenstand und dann bis unter die Knie zugeknöpft war. Dazu trug sie eine *shalwar*, eine lange Hose aus feinster, blau-grün gemusterter Seide, auf die Perlen, Goldfäden und Spitze aufgenäht waren. Um die Taille saß eine dick auftragende, mehrfach gefaltete Schärpe, *kuşak* genannt, mit einem verschlungenen Muster in leuchtendem Gelb, Rot und Blau. Darüber trug sie einen *anteri*, einen langen, ärmellosen Umhang, aus blau-goldenem Brokat. Er lag am Rücken eng an und wurde von einer prachtvollen, juwelenbesetzten Brosche über der Brust zusammengehalten. Wenn Finjanjian Hanim hin und her ging, öffnete er sich und raschelte über den Boden. Um ihren faltigen Hals hingen dicke Perlenschnüre, und zahllose goldene Spangen schmückten ihre plumpen Arme. Ihr dunkles, geöltes Haar war kunstvoll geflochten, eingerollt und mit Schmuck verziert, der die Form von Blumen hatte. Er war aus Edelsteinen gefertigt, die zitternd auf dünnen Stengeln aus Gold saßen.

Ein eigens dazu angestellter Sklavenhändler[8] hatte die Aufgabe, jedes einzelne Mädchen anzupreisen, wenn es vorgeführt wurde, und die Gebote entgegenzunehmen. Bei besonderen Auktionen wie dieser wurden die Mädchen einzeln und in ihren schönsten Kleidern präsentiert. Anders als die *cariyes*, die gewöhnlichen Sklavenmädchen, wurden Jungfrauen niemals nackt zur Schau gestellt und durften von den potentiellen Käufern auch nicht gestreichelt oder genauer untersucht werden. Jede von ihnen verfügte über eine von einer Hebamme unterzeichnete Urkunde, die ihre Jungfräulichkeit garantierte, denn die Unberührtheit eines Mädchens machte einen wesentlichen Bestandteil seines Marktwertes aus.

Während die potentiellen Käufer in den Empfangssaal strömten, spähten die Mädchen neugierig durch die Trennwand, musterten die Männer und kicherten aufgeregt. Unaufhörlich und voller Begeisterung ließen sie sich über Kleidung, Aussehen und Wesen der Käufer aus, soweit sie dieses beurteilen konnten. Diese Männer würden über ihr weiteres Schicksal bestimmen, über ihr zukünftiges Leben. Sie konnten freundlich sein, aber auch grausam, gutaussehend oder häßlich, großzügig oder geizig – Eigenschaften, die für sie von entscheidender Bedeutung waren. Außerdem waren es für die meisten der Mädchen, einmal abgesehen von ihrer Familie und dem Herrn, die ersten Männer, die sie in ihrem Leben zu Gesicht bekamen.

In den privaten Auktionsräumen – Kenner lassen sich die »Besitztümer« zeigen (1875). Seltene viktorianische Darstellung einer weißen Sklavin. Ein Mädchen wie Florence, das (nach heutigem Wert) bis zu 21 000 englische Pfund einbringen konnte, wurde jedoch vermutlich nicht in einem so schäbigen Zelt versteigert.

Erst als die Versteigerung des ersten Mädchens, Fatima, begann, begriff Florenz, was hier vor sich ging. Sie war entsetzt.

Als sie in den Harem gekommen war, hatte man Ali zu ihrem *lala* bestimmt. Zehn Jahre lang hatte er sich um sie gekümmert, war ihr Beschützer, ihr Vormund und ihre emotionale Stütze im Harem gewesen. Er liebte sie abgöttisch. Es war das erste Mal gewesen, daß man ihn zum *lala* ernannt hatte. Natürlich hatte er selbst keine Kinder und keine eigene Frau. Er hatte nicht einmal richtige Freunde. Ein Harem war eine Welt für sich voller Komplotte und Intrigen, und es gab immer jemanden, der sich eine günstige Position verschaffen wollte oder auf Geld oder Gunst aus war. Ein so hochrangiger Eunuch wie Ali mußte sich von den anderen fernhalten, um nicht Gefahr zu laufen, daß eine im Vertrauen geäußerte Mitteilung irgendwann gegen ihn verwendet wurde. Er hatte sich daran gewöhnt, von Menschen umgeben zu sein, die aus egoistischen Gründen Ränke schmiedeten und Verschwörungen anzettelten.

Florenz war da ganz anders. Sie wuchs heran und blühte, unschuldig wie eine Blume im Sonnenschein. Ali hatte das Gefühl, daß ihr der Gedanke, sich eine bessere Stellung im Harem zu sichern, völlig fremd war. Statt dessen schien sie gegen jede Art von Neid so gut wie immun zu sein. Freude und Heiterkeit waren ihr in die Wiege gelegt worden. Mit ihr hatte Ali zum ersten Mal seit langen Jahren – im Grunde seit seiner Kindheit – jemanden gefunden, den er lieben konnte. Wenn Florenz Heimweh nach ihrer Familie hatte, legte er ihr den Arm um die Schultern und erzählte ihr Geschichten aus Afrika, die er von seiner Mutter gehört hatte, als er ein kleiner Junge war. Wenn sie voller Verzweiflung von ihm wissen wollte, warum ihr Vater sie nicht endlich holte, tröstete er sie zärtlich: »Ich weiß es nicht, mein Blümchen. Aber ich bin sicher, daß er dich liebt und daß er kommen würde, wenn er nur könnte.« Sie war noch zu jung, um zu begreifen, daß ihr Vater nicht wissen konnte, wo er sie finden würde, selbst wenn er sie suchte. Wenn sie nachts aufwachte, weil die Erinnerungen an Feuer und Blut sie ängstigten, war Ali immer zur Stelle, um ihr ein Lied vorzusingen und sie wieder in den Schlaf zu wiegen. War sie krank, dann kühlte er ihr die Stirn mit Wasser und brachte ihr etwas Besonderes zu essen oder einen heilenden Trank. Und wenn ihr langweilig war, spielte er für sie auf seiner kleinen Flöte, und sie tanzte wie eine Gazelle durch das hohe Gras draußen im Garten.

Wenn irgend etwas Florenz ängstigte oder beunruhigte, so wie jetzt, dann rief sie nach Ali, der immer gleich zu ihr kam.

Er beugte sich ein wenig zu ihr hinunter, bis sein breites, schwarzes Gesicht neben dem ihren war, so daß sie niemand hören konnte, und fragte: »Nun, meine Kleine, was gibt es?«

»Die Männer wollen Fatima ersteigern«, sagte sie vorwurfsvoll. »Sie werden sie kaufen wie eine Kuh oder eine Elle Stoff!«

»Ja, mein Kind, das ist wahr«, erwiderte Ali sanft. »Sie ist eine Sklavin, und es ist an der Zeit, daß sie in einen neuen Harem kommt. Du hast doch gesehen, wie die Mädchen zu uns gekommen und dann wieder gegangen sind. Du wußtest doch, daß sie verkauft wurden.

Der Haremswächter (1859). Zur Bewachung des Harems wurden schwarze Eunuchen abbestellt, die manchmal auch als lalas fungierten und sich um die kleinen Kinder kümmerten. Gemälde von Jean-Léon Gérôme.

Eine so wichtige Auktion haben wir allerdings noch nie in unserem Haus gehabt, seit du hier bist.«

»Aber –«, stotterte Florenz, die kaum über die Lippen brachte, was ihr nun allmählich klar wurde, »aber das waren doch immer die anderen, nicht ich. Werden wir denn jetzt alle verkauft? Alle?«

»Nun ja, ein oder zwei der Mädchen werden vielleicht keinen Käufer finden«, räumte Ali ein. »Manche von ihnen sind sehr einfach und besitzen keine Anmut. Du dagegen«, fuhr er mit einem stolzen Blick auf seinen Schützling fort, »wirst gewiß einen stattlichen Preis erzielen. Du wirst das Kronjuwel der ganzen Versteigerung sein.«

»Aber ich bin doch keine Sklavin! Ich bin nicht wie die anderen Mädchen!« widersprach Florenz ihm so heftig, daß ein paar der anderen ihr bedeuteten, ruhig zu sein. Schließlich wollte das Publikum keine aufgebrachten Stimmen hinter der Trennwand vernehmen.

Ali umfaßte das Gesicht seiner geliebten Florenz mit seiner mächtigen Hand und sagte ihr die Wahrheit, die sie anscheinend nie ganz begriffen hatte. »Mein Juwel, mein leuchtender Stern, du bist eine Sklavin, so wie ich auch ein Sklave bin. Du bist eine Sklavin, seit du hier bist, seit du zu deinem Ali kamst. Erinnerst du dich? Du warst damals noch so klein und hattest solche Angst, sogar vor mir. Aber dann hat dich die Sultana Validé fürsorglich aufgezogen, neben ihren eigenen Enkelinnen, damit du einmal in ein großes Haus aufgenommen wirst und ein schönes Leben hast. Du wirst heute wahrscheinlich einen der höchsten Preise erzielen, die es jemals in Viddin gegeben hat, und voller Stolz in dein neues Zuhause einziehen. Ich selbst werde nicht mit dir gehen können«, setzte er traurig hinzu, »es sei denn, du überredest deinen neuen Herrn, daß er auch deinen häßlichen, alten *lala*[9] mit seiner schwarzen Haut und den vernarbten Wangen kauft. Wenn du erst einmal *ikbal* bist und den Herrn mit deinen Reizen betört hast, kannst du ihn darum bitten, und dann kann ich vielleicht auch kommen und weiter für dich sorgen.«

Florenz war vor Zorn und Schreck wie betäubt. Sie war noch so klein gewesen, als man sie in den Harem gebracht hatte, daß sie sich selbst nie als Sklavin gesehen hatte. Tatsächlich war sie meistens genauso wie die Enkelinnen der Sultana Validé behandelt worden: Sie konnte alles tun, was auch sie taten, und schlief Seite an Seite mit ihnen. Irgendwie hatte sie, halb unbewußt, immer angenommen, sie sei eine Art Adoptivkind. Hatten all die anderen die ganzen Jahre hindurch etwa gewußt, daß auch sie nur eine Sklavin war, die man kaufen und verkaufen konnte? Warum hatte ihr das niemand gesagt? Wütend und verletzt blickte sie Ali an. Sie erwartete von ihm eine

Erklärung, suchte seinen Trost. Erst jetzt verstand Ali, was ihr zu schaffen machte.

Er war erstaunt. »Aber Florenz, hast du das denn nicht gewußt? War dir denn nicht klar, daß du eine Sklavin bist – und zwar nicht irgendeine, sondern die beste unter all den Mädchen, die hier unterrichtet wurden?« Sie schüttelte heftig den Kopf. Ali legte seine mächtigen Arme um sie und drückte sie an sich. »Ach, mein Kind, mein liebes Kind«, murmelte er. »Und ich dachte, du hättest längst begriffen, was sich hier abspielt, ich dachte, du wüßtest Bescheid.« Sie weinte bittere Tränen, die auf sein leuchtendgelbes Hemd fielen wie Regentropfen.

Als Florenz an der Reihe war hinauszugehen, strich Ali ihr mit seiner knallroten Schärpe sanft über das Gesicht und steckte ihr eine lose Haarsträhne in die kunstvoll geflochtene Frisur zurück. »Ich bin sehr stolz auf dich«, erklärte er ihr. »Du bist mein kleines Mädchen, die hübscheste von allen. Vergiß nicht, was man dir beigebracht hat, und sieh zu, daß du einen anständigen Preis erzielst!«

Verglichen mit den Mädchen vor ihr, war Florenz tatsächlich eine ganz besondere Erscheinung. Ihr Haar war hell und seidig, und winzige Perlen betonten ihre langen Zöpfe. Neben den bunten Kleidern fielen auch ihre feinen Gesichtszüge und ihre grazile Haltung ins Auge, so daß ein bewunderndes Raunen durch die Masse der potentiellen Käufer ging. Dieses Mädchen war wirklich vom Feinsten. Während der Sklavenhändler ihre Vorzüge und Fertigkeiten pries – »eine zertifizierte Jungfrau aus Ungarn[10], die nicht nur eine, sondern gleich zwei europäische Sprachen beherrscht und eine exzellente Tänzerin und Reiterin ist« –, packte Florenz die Wut. Sie würde es sich nicht gefallen lassen, daß man mit ihr umsprang wie mit einer Kuh auf dem Markt. Sie würde zwar dastehen, sich drehen und sich zur Schau stellen, denn etwas anderes blieb ihr gar nicht übrig, aber die Verschämte würde sie nicht spielen. Sie würde keine Sklavin sein[11]. Ihre Wangen röteten sich, was ihr sehr gut zu Gesicht stand, und sie hob das Kinn und starrte mit ihren blauen, zornig funkelnden Augen geradewegs ins Publikum. Ihr Blick schweifte über die Ansammlung türkischer und bulgarischer Männer mittleren Alters, deren Kleidung und Auftreten den Geruch von Reich-

Sam Baker (1857). Nachdem Sam und der Maharadscha Duleep Singh im Winter 1859/60 auf der Donau mit ihrem Boot eine Eisscholle gerammt hatten, gingen sie bei Viddin an Land.

tum und Standesdünkel verströmten. Sie hatte nichts als Verachtung für sie übrig.

Ihr Blick blieb an einem Mann hängen, der sich irgendwie von der Masse abhob – ein breitschultriger, hellhäutiger Europäer mit blauen Augen, rötlichem, gelocktem Haar, langen Koteletten und einem Schnurrbart. Er trug einen Tweedanzug – offensichtlich eine Maßanfertigung, nach dem zu urteilen, wie er um seine mächtige Brust und die kräftigen Arme saß. Sein Begleiter auf dem Sessel neben ihm war ein schlanker Mann mit dunkler Haut. Er trug elegante seidene Kleider und einen Turban aus Satin, der mit großen Edelsteinen und einer Feder geschmückt war. Ihn zierten sogar noch mehr Perlenketten als die Sultana Validé. Die beiden waren ein seltsames Gespann, dieser stämmige Europäer und der junge Maharadscha, und wirkten irgendwie fehl am Platz unter all den Osmanen.

Während Florenz den Europäer musterte, trafen sich ihre Blicke, und in diesem Moment geschah etwas Außergewöhnliches zwischen ihnen: Ganz plötzlich durchfuhr beide ein intensives Gefühl der Sympathie und Zuneigung, das Mädchen ebenso wie den Mann. Er verstand genau, was in ihr vorging, verstand ihren Trotz und ihre Empörung, und das spürte Florenz.

Sam Baker ließ das Mädchen nicht aus den Augen. Ohne genau zu wissen, was er tat, hob er die Hand und gab ein Gebot ab. Er hatte bestimmt nicht vorgehabt, ein Sklavenmädchen zu ersteigern. Wie fast alle Engländer war er aus moralischen Gründen gegen die Sklaverei. Die Versteigerung sollte lediglich seinem Begleiter für ein paar Stunden Zerstreuung bieten und ihn davon abhalten, schon wieder irgendeinem Mädchen, das nicht zu ihm paßte, einen Heiratsantrag zu machen. Bei dem jüngeren Mann mit dem Turban handelte es sich um den Maharadscha Duleep Singh, einen enteigneten indischen Prinzen mit romantischer Veranlagung. In sämtlichen Zeitungen von Frankfurt bis Wien war zu lesen gewesen, daß der Maharadscha sich vor kurzem verlobt hatte – und zu allem Unglück waren diese Berichte auch von drei Londoner Tageszeitungen aufgegriffen und abgedruckt worden. Den Maharadscha auf dieser Reise von kompromittierenden Liebschaften abzuhalten hatte sich als schwieriger erwiesen, als Sam erwartet hatte.

In diesem Moment war Sam seine Verantwortung als Sittenwächter allerdings einerlei. Er hatte nur noch Augen für die zornige Schöne auf dem Podest. Doch prompt wurde er von einem gutgekleideten Diener überboten[12]. In der Menge raunte man sich zu, er handele im Auftrag des Paschas von Viddin höchstpersönlich. Schließlich waren alle außer Sam ausgestiegen, denn der Gedanke daran, einen so mächtigen Mann zu verärgern, bereitete ihnen Unbehagen. Sam aber wußte nicht, wer gegen ihn bot, und Florenz kümmerte es nicht. Der Preis stieg immer weiter. Schon bald erhöhte der Diener des Paschas auf siebzigtausend *kuru* – etwa achthundert englische Pfund. Sam beriet sich kurz mit seinem Begleiter, dieser nickte einmal, und Sam gab ein überwältigendes Gegengebot ab. Die

Menge wartete gespannt, wie der Diener des Paschas darauf reagieren würde. Er erhöhte das Gebot. Sam blickte zu Duleep Singh hinüber, doch dieser schüttelte gleichgültig den Kopf. Er langweilte sich und wollte Sam heute nicht noch mehr Geld leihen, sondern die Auktion verlassen. Damit galt das letzte Gebot: Florenz gehörte dem Pascha von Viddin.

Aus dem Publikum waren stürmischer Applaus und aufgeregtes Stimmengewirr zu vernehmen. Das war ein Spektakel gewesen! Dieses blonde Mädchen hatte einen noch nie dagewesenen Preis erzielt. Finjanjian Effendi und Finjanjian Hanim mußten überglücklich sein! Wer war dieser Fremde, der es gewagt hatte, gegen den Gesandten des Paschas höchstpersönlich zu bieten? Irgend jemand hatte ihn sprechen gehört und vermutete, daß er Engländer war, aber sein Begleiter war ganz offensichtlich keiner.

Die Männer erhoben sich, und während sie sich Richtung Türe schoben, plauderten sie unablässig über die verschiedenen Mädchen. Diese pausbackige, entzückend pummelige Tänzerin – sah die etwa nicht leidenschaftlich aus? Und die mit dem dunklen, üppigen Haar, die angeblich so hervorragenden Kaffee kochen konnte! Ein anderer war ganz angetan von der Kleinen, die so hinreißend singen konnte, auch wenn sie schon ein wenig alt aussah. Diejenigen, die ein Mädchen gekauft hatten, drängten lärmend hinüber zum Schreiber und dem Buchhalter, manche voll Selbstzufriedenheit, andere voll plötzlicher Zweifel. Einige schnappten sich gierig noch ein letztes Bonbon oder Gebäckstück, bevor sie wieder hinaus auf die Straße oder ins Kaffeehaus gingen, wo die Versteigerung noch wochenlang das Gesprächsthema Nummer eins sein würde.

Finjanjian Effendi fing den Gesandten des Paschas ab und schlug ihm vor, zu warten, bis die Menge sich verlaufen habe, und derweil noch einen Kaffee und etwas Süßes zu nehmen. Der Pascha hatte der Familie Finjanjian eine große Ehre erwiesen, indem er seinen Diener zu der Versteigerung geschickt und dieser ein so hervorragendes Höchstgebot abgegeben hatte.

Sobald die Auktion für beendet erklärt war, sprang Sam auf und stieß den Maharadscha an. »Wir müssen augenblicklich aufbrechen«, erklärte er. »Beeil dich bitte!«

Der Maharadscha Duleep Singh (1854). Der Maharadscha Duleep Singh, der Sam auf seiner Jagdexkursion begleitete, war ein Frauenheld und begeisterter Jäger. Die primitiven Bedingungen, unter denen Sam reiste, behagten ihm gar nicht.

Duleep Singh mußte lächeln. Er glaubte, es sei seinem englischen Freund peinlich, daß er für ein Mädchen geboten hatte, und vor allem, daß er überboten worden war. Sams Unbedachtheit erstaunte ihn. So reizend die Kleine auch sein mochte: Sie hätte ihm vermutlich ganz schön zu schaffen gemacht. Sam konnte froh sein, daß seine überstürzte Aktion ohne Erfolg geblieben war. Auch dem Maharadscha hatten einige der Mädchen ausgesprochen gut gefallen, doch er wußte, er würde keine von ihnen mit zurück nach England bringen können, ohne den Zorn Königin Viktorias zu erregen. Er war so etwas wie das Maskottchen an ihrem Hof. Sie hatte ihm den Status eines Prinzen zugestanden, als er noch ein Kind war und die britische Oberherrschaft in Indien sich das ihm zustehende Königreich und den Diamanten Koh-i-Noor angeeignet hatte. Die Königin kam auch großzügig für seine Spesen auf. Er wagte es nicht, nur wegen eines Liebesabenteuers ihre schreckliche Mißbilligung zu riskieren. Immerhin gab es genügend willige Mädchen: Dienerinnen, Zofen und sogar ein paar höhergestellte Damen, die fanden, daß ein Sikh einen exotischen und aufregenden Verehrer abgab.

Aha, dachte Duleep Singh insgeheim, *da hat Sam sich wohl in seiner übereifrigen Art wieder einmal ein Abenteuer für heute nachmittag ausgedacht*. Er hoffte nur, daß dies nicht bedeutete, bis zu den Knien in einem kalten, schlammigen Sumpf stehen und auf Enten schießen zu müssen. Auf dieser Reise hatte er sich schon ausgiebig sportlich betätigen können, allerdings unter für seinen Geschmack ziemlich primitiven und unbequemen Umständen. Sam machte das spartanische Leben nichts aus, was Singh äußerst überrascht hatte. Mit dem Boot die Donau hinunterzufahren und auf die Jagd zu gehen hatte im Salon eines vornehmen Hauses in Schottland, wo Sam ihm die Reise vorgeschlagen hatte, durchaus spannend geklungen. Als Duleep Singh dann aber das primitiv umgebaute Schiff sah, das sie flußabwärts bringen sollte – üblicherweise transportierte man mit so einem Kahn Weizen –, war er entsetzt: Auf diesem Ding sollten sie nun mehrere Tage lang wohnen? Die Realität war schließlich noch viel schlimmer als seine Befürchtungen. Wie sollte man auch Vergnügen am Schießen finden, wenn einem die ganze Zeit über erbärmlich kalt war? Und wo blieben die wärmenden Lagerfeuer, die üppigen Mahlzeiten und die geistreichen Konversationen während des Abendessens? Was für einen Sinn hatte es, sich unter primitivsten Bedingungen und mit lediglich drei Dienern auf eine Reise zu begeben?

»Duleep Singh«, unterbrach Sam ihn barsch, »hör auf zu träumen, wir müssen augenblicklich fort! Hol bitte unsere Mäntel, geh hinaus auf die Straße, und ruf eine *araba* für uns. Achte aber darauf, daß es eine geschlossene Kutsche ist! Ich komme gleich nach, ich muß nur noch etwas erledigen.«

Sobald Sam sicher war, daß Singh sich in Richtung Ausgang begab, bahnte er sich energisch einen Weg durch die Menge hinüber zu Ali. »Ich brauche Eure Hilfe«, erklärte er dem Eunuchen leise.

»Sehr wohl, Effendi.« Ali verbeugte sich leicht. »Was kann ich für den Effendi tun?«

»Dieses Mädchen ...«, begann Sam. »Dieses blonde Mädchen, das von gerade eben.«

»Ja, Effendi, das ist mein Schützling«, antwortete Ali, und seine Augen glänzten vor Stolz. »Das ist Florenz. Sie war die beste, die hübscheste von allen, findet Ihr nicht auch?«

Sam beugte sich vor und klemmte Ali ein Bündel Geldscheine hinter die Schärpe[13]. »Ich möchte, daß Ihr mir dieses Mädchen zum Hinterausgang des Hauses bringt«, sagte er mit gedämpfter Stimme. »Die Angelegenheit erfordert größte Umsicht.«

Ali würdigte die Scheine keines Blickes, aber er konnte spüren, daß es sich um einen gehörigen Batzen Geld handelte. Er hatte mitbekommen, daß Sam ernsthaft und bis zuletzt gegen den Diener des Paschas geboten hatte. Und es war ihm nicht verborgen geblieben, wie Sam und Florenz einen Blick gewechselt hatten, der von großer Zuneigung zeugte. Wenn Ali sich an Florenz' Entführung beteiligte und irgend jemand davon erfuhr, würde ihn das den Kopf kosten. Doch vielleicht war es das Risiko wert. Florenz würde so oder so fort sein, und wenn Ali mit äußerster Vorsicht vorgehen und diesem Fremden helfen würde, wäre er ein reicher Mann.

Mit leiser Stimme und scheinbar unbeteiligt – für den Fall, daß sie jemand beobachtete –, bat er Sam, beim Tor an der Südseite des Hofes zu warten.

Dieser machte sich augenblicklich auf den Weg und verließ den Saal, ohne sich noch einmal umzusehen. Ali ging zum Schreiber hinüber und gab ihm mit der Hand ein Zeichen: Er müsse sich rasch erleichtern, erklärte er ihm, und er und der Buchhalter möchten doch derweil bitte darauf achten, daß keiner der Käufer versuche, ein Mädchen mitzunehmen, ohne zu bezahlen.

Dann verließ Ali den Saal durch die Türe, die in den Raum hinter der Zwischenwand führte, wo die Mädchen zu zweit oder dritt beieinanderstanden und schnatterten. Sanft ergriff er Florenz' Hand. »Du gehst jetzt hinaus auf den Korridor, Kleines«, sagte er eindringlich. Dann blickte er sich um, als suche er ein Mädchen, nach dem man draußen verlangt habe. Florenz gehorchte, und Ali schloß die Tür hinter sich ab und folgte ihr. Er führte sie durch den *selamlik*, wo er kurz stehenblieb, um ihr einen Männerumhang überzuwerfen und einen Fez aufzusetzen, der ihr Haar verbarg – eine nicht gerade überzeugende Verkleidung. Florenz stellte keine Fragen. Durch ein hohes Bogenfenster kletterten sie hinaus in den Garten, der hinter dem Haus in der Nähe der Küche lag.

»Ich kann dich nicht zum Pascha schicken«, versuchte Ali ihr verzweifelt verständlich zu machen, während sie sich dem Hinterausgang näherten. »Er ist ein böser Mann, selbstsüchtig und grausam, und du würdest ihn hassen. Du wirst mit dem Engländer gehen, der gegen ihn geboten hat.«

Florenz konnte sich nicht erklären, woher Ali wußte, wie sehr sie sich zu dem Engländer hingezogen fühlte, aber sie hatte vollstes Vertrauen zu ihrem *lala*. Er hatte sie noch nie im Stich gelassen, sie niemals getäuscht, und sie liebte ihn. »Sei bitte vorsichtig, Ali«, flehte sie mit leiser Stimme.

»Ach, mein kleiner Augenstern.« Ali grinste und ließ die Lücke sehen, wo ihm die vier unteren Schneidezähne gezogen worden waren. »Dazu bin ich viel zu schlau. Sie werden niemals herausfinden, daß ich es war.« Er stieß das Tor auf und schob sie in die verdunkelte Kutsche. »*Barakallah*«, flüsterte er – »Allah segne dich.«

»*Jazakallahu khayran*«, erwiderte Florenz. »Möge Allah deine gute Tat belohnen.«

2

Schüsse, Messer, Schreie, Tote und Feuer

»Guten Tag, mein Fräulein«, begrüßte Sam sie auf deutsch, der einzigen Sprache, die sie beide beherrschten. Er deutete auf die einfache Polsterbank an der gegenüberliegenden Wand der Kutsche und bat sie, sich zu setzen. Dann stellte er sich und seinen Begleiter vor: »Mein Name ist Samuel Baker, und das hier ist Maharadscha Duleep Singh.«

»Guten Tag, meine Herren«, erwiderte Florenz höflich und sagte dann: »Ich heiße Florenz.« Ihren Nachnamen nannte sie nicht, denn sie war ein wenig verwirrt. Hieß sie nun Florenz Barbara Maria Szász? Oder nur Barbara Maria Szász, als die sie geboren worden war? Fast zehn Jahre lang war sie Florenz genannt worden. Die ganze Zeit über hatte sie die Finjanjians für ihre Adoptiveltern gehalten. Während sie bisher jedoch geglaubt hatte, sie seien einfach nur nett zu ihr gewesen, mußte sie jetzt davon ausgehen, daß die Finjanjians sie gekauft hatten. War sie dann Florenz Finjanjian? Nahmen Sklaven den Nachnamen der Familie an, der sie gehörten?

Als die *araba* anfuhr und über die holperigen Straßen rumpelte, setzte Florenz sich anmutig. Sie hatte große Angst, denn sie wußte nicht, was von ihr erwartet wurde; seit ihrer frühesten Kindheit war sie keinem Mann mehr so nahe gewesen. Sie begriff jetzt, daß dieser Schritt unwiderruflich, ja vielleicht sogar verhängnisvoll war, und ihre Hände zitterten. Sie drückte sie in ihrem Schoß fest gegeneinander, um sie stillzuhalten und ruhiger zu wirken. Mit großen, ängstlichen Augen blickte sie zu Sam hinüber, dem Mann, in dessen Händen ihr weiteres Schicksal nun lag. *Ich gehöre ihm*, machte sie sich nervös bewußt. Sein freundliches Benehmen und die ausgesprochene Anständigkeit, die er ausstrahlte, beruhigten sie jedoch ein wenig. Trotzdem hatte sich in den letzten Stunden ihre ganze Welt verändert, und sie hatte keine Ahnung, was sie erwartete. »Darf ich fragen, wohin wir fahren?« erkundigte sie sich mit vermeintlich zurückhaltender Neugierde.

»Ja, genau«, schaltete auch Duleep Singh sich ein, verwirrt und ein wenig besorgt. Seine Deutschkenntnisse waren sehr rudimentär, und er befürchtete, es würde ihm langweilig werden, wenn die beiden ihre Unterhaltung auf deutsch fortsetzten. »Wohin fahren wir überhaupt, Sam? Und was sollen wir mit diesem Mädchen? Du weißt, daß es der Pascha war, der dich überboten hat. Er wird uns gewiß seine Männer hinterherschicken. Ich habe keine Lust, Bekanntschaft mit einem türkischen Gefängnis zu machen!« Sams Unbekümmertheit schien ihn ziemlich aus der Fassung zu bringen.

»Ich werde dich beim Hotel absetzen«, erklärte Sam das weitere Vorgehen. »Laß die Diener unser Gepäck richten und komm so schnell wie möglich hinunter zu den Docks. Unser Boot wird vermutlich noch nicht repariert sein, wir lassen es also hier zurück. Ich werde schon jemanden finden, der uns ans andere Ufer der Donau bringt.«

»Und was machen wir mit dem Mädchen, mit Florenz?« fragte Singh noch einmal auf englisch. Von allen Angewohnheiten seines Reisebegleiters ärgerte ihn am meisten, daß Sam die Dinge gerne überstürzt anging. Einem gemächlichen Tempo konnte er einfach nichts abgewinnen. »Sie werden uns sofort entdecken«, prophezeite Singh. »Ein Sikh und ein Engländer, die mit einem Haremsmädchen auf der Flucht sind – so werden wir nicht unbemerkt entkommen können.«

»Das stimmt«, gab Sam zu. Wieder auf deutsch fuhr er fort: »Wir brauchen andere Kleider für sie.« Er hatte allerdings keine Idee, wie er das anstellen sollte.

»Ich weiß eine Frau auf dem Basar, die europäische Kleider verkauft«, schlug Florenz vor. »Sie könnten den Fahrer dorthin schicken und ihn holen lassen, was ich benötige.«

»Ausgezeichnet!« rief Sam und rieb sich die Hände. »Wir werden dir für die Reise etwas ganz Schlichtes anziehen und dich als eine unserer Bediensteten verkleiden. Niemand wird sich mehr daran erinnern, ob es nun drei oder vier gewesen sind. Eine fabelhafte Idee, Florence!«

Sam war bereits zur englischen Aussprache ihres Namens übergegangen, auch wenn er Deutsch mit ihr sprach, und so trug sie von da an diesen Namen. *Nun heiße ich also Florence*, dachte sie mit einer gewissen Erleichterung. *Früher, als ich klein war, nannte man mich Barbara und in Viddin, im* haremlik, *Florenz. Aber jetzt heiße ich Florence.*

»Ich bleibe derweil im Hotel«, schlug der Maharadscha in einem leicht flehentlichen Ton vor. »Vielleicht kann ich ja einen kleinen Imbiß zu mir nehmen, bevor wir aufbrechen.«

»Iß etwas, wenn es unbedingt sein muß, aber denk daran: Wir gehen in spätestens zwei Stunden an Bord«, ermahnte Sam ihn streng. »Sei rechtzeitig mit den Dienern und dem Gepäck zur Stelle, oder ich muß ohne dich fahren. Mit jeder Minute, die wir uns länger hier aufhalten, wächst für uns die Gefahr.«

Zwei Stunden später trafen alle bei den Docks wieder zusammen. Der Fährmann erschien, und die Bediensteten plagten sich damit ab, die Unmengen an Gepäck auf dem Schiff zu verstauen. Dabei fiel dem Fährmann besonders eine hübsche Dienerin auf, ein schlankes Mädchen in einem schlichten, zweckmäßigen Kleid, dessen Haar ordentlich hochgesteckt und sittsam unter einer Haube verborgen war.

Sie fuhren los, quer über die breite Donau, und hatten kaum den schützenden Uferbereich hinter sich gelassen, als ihnen ein schneidender Wind entgegenschlug. In Calafat angekommen, wurden sie in einen kleinen, schmutzigen Raum des Zollamtes geführt. Auf einem Diwan, dessen Bezug so alt war, daß man seine ursprüngliche Farbe schon gar nicht mehr erkennen konnte, räkelte sich ein türkischer Beamter in einer schlechtsitzenden Uniform.

»Wartet draußen beim Gepäck«, befahl Singh den drei Dienern und Florence mit einer gebieterischen Handbewegung. »Hier ist es zu eng.« Gehorsam verließen sie den Raum und stellten sich zu dem Gepäck auf die kalte Straße. Florenz war ganz aufgeregt wegen all der fremden Dinge und Gerüche. Sie durfte nicht vergessen, ihren Mund zu halten und eine gewisse Würde auszustrahlen, damit es aussah, als sei sie schon immer so herumgereist, aber sie war fast noch nie außerhalb des *haremlik* von Viddin gewesen, und es gab hier doch so viel zu sehen.

Der Zollbeamte beherrschte keine der Sprachen, die Sam und Singh zu sprechen vorgaben. Der Türke bedeutete ihnen, sich auf den

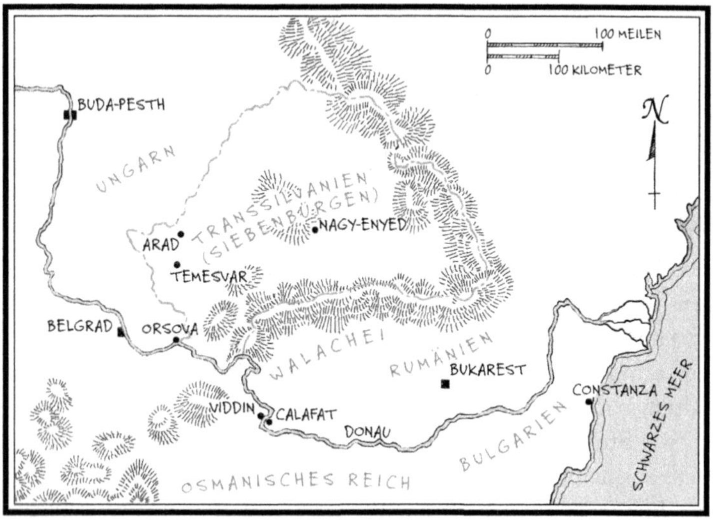

Mitteleuropa (um 1850). Florence mußte während der ungarischen Revolution ihr Zuhause im transsilvanischen Nagy-Enyed verlassen und folgte den Truppen nach Temesvar; nach deren Niederwerfung gelangte sie in ein Flüchtlingslager in Viddin im Osmanischen Reich. Gemeinsam mit Sam und dem Maharadscha Duleep Singh floh sie von dort nach Calafat und dann weiter nach Bukarest.

Teppich zu setzen, und die beiden kamen seiner Aufforderung nach. Dann klatschte er in die Hände, und ein Diener erschien und brachte auf einem Tablett winzige Porzellantassen mit dickflüssigem Kaffee, an dem sie höflich nippten. Er war zu süß und ganz trüb vor lauter Kaffeesatz. Sie revanchierten sich, indem sie ihm Zigaretten anboten, eine Höflichkeitsgeste, die sich schon öfters als hilfreich erwiesen hatte. Der Beamte nahm sich ein halbes Dutzend und zündete sich eine davon gleich an. Ein paar Minuten lang saßen sie so da, er rauchte seine Zigarette, sie nippten am Kaffee, und nur das Heulen des Windes, der vom Fluß her in den kühlen, feuchten Raum pfiff, durchbrach die Stille.

Irgendwann schließlich streckte ihnen der Türke seine Hand entgegen, die Handfläche nach oben gedreht, und wartete. Sam setzte seine vornehmste Miene auf und reichte ihm einen Packen Papiere, darunter die Reisedokumente der Männer und ein britischer Waffenschein, den man mit etwas Glück für Florences Paß halten würde. Er wies ein offiziell aussehendes Siegel auf und eine elegante Handschrift, die der Beamte hoffentlich nicht lesen konnte. Sam mußte sich das Grinsen verkneifen, als er sah, wie der Türke die Papiere beim Überprüfen verkehrt herum hielt. Dann streckte der Mann erneut seine Hand aus, und Duleep Singh begriff, daß er mit der stummen Geste nach Bakschisch, einem kleinen Trinkgeld, verlangte. Würdevoll überreichte er ihm ein paar weitere Zigaretten und eine Handvoll Piaster. Der Türke legte beides sorgfältig beiseite und klatschte wieder in die Hände. Ein abgespannter Sekretär erschien und kritzelte auf jeden der Pässe irgendwelche unleserlichen Initialen. Mit einem Seufzer der Erleichterung zogen die Reisenden weiter.

Während Sam den Fährmann bezahlte, begann der Maharadscha, wegen Kutschen und Pferden zu verhandeln. Tatsächlich fand er drei Kutscher, drei Wagen – kaum mehr als einfache Fuhrwerke mit Verdeck – und vierundzwanzig schnelle Pferde. Das beste an den Kutschern war, daß sie nüchtern waren. Die Kutschen waren zwar schmutzig und völlig ungefedert, sahen jedoch ganz brauchbar aus. Die Pferde waren eindeutig unterernährt, wie Singh mit prüfendem Blick feststellte, aber etwas Besseres hatte Calafat an diesem Nachmittag nun einmal nicht zu bieten. Entscheidend war nur, daß sie Viddin so rasch wie möglich hinter sich ließen.

Sobald das Gepäck aufgeladen war, rumpelten die Kutschen mit Höchstgeschwindigkeit über die ausgefahrenen Schotterstraßen davon. Sam, Singh und Florence saßen in der besten Kutsche, zwei der Bediensteten teilten sich eine weitere, und der dritte Diener, der am wenigsten Glück hatte, hockte in der letzten Kutsche, ganz oben auf dem Gepäck, das sie zum Großteil dort verstaut hatten. Die Straße war in einem erbärmlichen Zustand, und die Kutschen holperten nur so dahin. Es war schon fast dunkel. Die Fahrer sahen nicht mehr genug, um den tiefen Wagenspuren und Schlaglöchern ausweichen zu können, ließen die Pferde aber, so schnell sie konnten, weitergaloppieren, wie man es ihnen befohlen hatte.

In einem Dorf unterbrachen sie die Fahrt für ein Abendessen und eine unbequeme Nacht. Der Dorfvorsteher führte sie zu einem Haus, in dem sie Verpflegung und Unterkunft finden sollten. Es handelte sich um eine strohgedeckte, aus Flechtwerk und Lehm gebaute Hütte, auf deren Eingangstreppe ein räudiger Hund lag. Drinnen aber konnten sie ein warmes Feuer sehen, und die Witwe, die ihnen öffnete, hieß sie willkommen. Schon kurze Zeit später brachte sie ihnen große Schüsseln heißen, köstlich duftenden Eintopf, dicke Scheiben Bauernbrot und eine Flasche einfachen walachischen Rotwein. Das nächste Problem war die Verteilung der Schlafplätze, denn in dem Haus gab es nur zwei Zimmer: In dem einen standen zwei große Betten, das andere war die Wohnküche. Sam, Singh und die drei Diener nahmen das Zimmer mit den Betten. In der Nähe des Kamins stellte die Gastgeberin zwei Bänke mit Federbetten und Steppdecken auf und bedeutete ihnen, daß sie und Florence dort schlafen würden.

Für Florence war es ein eigenartiges Erlebnis, das walachische Haus zu betreten. Das Gebäude und die Frau, die darin lebte, kamen ihr irgendwie vertraut vor. Die weißgetünchten Wände, die bunt bestickte Schürze, die Leinenhaube und das Feuer im offenen Kamin weckten bruchstückhafte Erinnerungen an ihre frühe Kindheit und den transsilvanischen Bauernhof, der ihnen einst für eine kurze Weile Zuflucht geboten hatte. Sie war verängstigt und erschöpft gewesen, als sie damals in das Haus gekommen war und die Leute dort ihr zu Essen gegeben und sie ins Bett gebracht hatten. Zuvor hatte sich irgend etwas Schreckliches ereignet, etwas Furchtbares, das sie sich aber noch nicht ganz ins Gedächtnis zurückrufen konnte. Ruhig lag sie am Feuer und lauschte dem lauten Schnarchen ihrer Gastgeberin. In dem kurzen Moment vor dem Einschlafen, beim flackernden Schein des Feuers, wurden ihre Erinnerungen deutlicher. Sie war damals mit ihrem Kindermädchen, ihrer *dadus*[14], auf dem Bauernhof gewesen, und sie waren von einem Ort geflohen, an dem es lichterloh gebrannt hatte. Am Rande ihres Bewußtseins tauchte die grauenhafte Fratze des Todes auf. In jener Nacht des Brandes war irgend jemand gestorben, jemand, der ihr nahegestanden hatte. Am nächsten Morgen, beim Frühstück, kamen diese bruchstückhaften Erinnerungen an ihr früheres Leben, die sie nicht zu einem Ganzen zusammensetzen konnte, erneut in ihr hoch.

Sam spürte, daß irgend etwas sie quälte. Der vergangene Tag war ein Spaß gewesen, ein Abenteuer, an dem sie alle Gefallen gefunden hatten. Doch jetzt war Florence schweigsam und wirkte besorgt, und Singh hatte schlechte Laune, weil ihn nachts die Flöhe gebissen hatten. Sam versuchte, die beiden während des Frühstücks mit seinem Geplauder ein bißchen aufzuheitern, aber der Maharadscha kam bei der Unterhaltung nicht ganz mit. Er fühlte sich nicht gerne übergangen.

»Ich denke«, verkündete er schließlich ein wenig eingeschnappt, »ich werde heute allein in der zweiten Kutsche fahren. Vielleicht kann ich ja ein kleines Nickerchen machen. Außerdem steht mir heute morgen der Sinn nicht nach einer Unterhaltung auf deutsch. Ich werde lieber die Landschaft bewundern.« Seine Entscheidung bedeutete für die drei Diener, daß sie sich auf dem Gepäck in der dritten Kutsche zusammendrängen mußten, aber sie beklagten sich nicht. Das überließen sie schon dem Maharadscha.

Die Straße war in einem genauso miserablen Zustand wie zuvor. Die vielen Gräben schüttelten sie ordentlich durch, und an vereisten Stellen drohten die Kutschen umzustürzen. Schwankend schleppten sich die Pferde bergauf, kaum in der Lage, ihre Ladung nach oben zu ziehen, dann ging es gefährlich schlingernd wieder bergab. In den folgenden Tagen hielten sie nur in kleinen, armseligen Dörfern an. Sie aßen, was sie bekommen konnten, und wenn die Speisen auch nicht immer besonders geschmackvoll oder abwechslungsreich waren, gab es zumindest genug. Nachts schliefen sie in Betten, die von Flöhen bevölkert waren, auf schmutzigen Strohbündeln am Boden oder auf Bänken, die man mit Federbetten gepolstert hatte. Als Frau war Florence immer getrennt von den Männern untergebracht, denn selbst hier, in der walachischen Wildnis, schickte man ein Mädchen zum Übernachten nicht in ein Zimmer voller Männer.

Die Stunden und Tage vergingen, und Florence und Sam stellten fest, daß ihnen der mangelnde Komfort nichts ausmachte und sie nicht einmal mehr darauf achteten. Die meiste Zeit über fuhr Singh mutterseelenallein in einer eigenen Kutsche, während Florence und Sam miteinander plauderten und sich näher kennenlernten. Sam ergötzte Florence mit Geschichten von seinen Jagdausflügen, dem

Aufenthalt mit seinem Bruder auf einer Teeplantage in der britischen Kronkolonie Ceylon und seiner abenteuerlichen Kindheit. Sie war fasziniert. »Ach, ich würde so gerne einmal einen Elefanten sehen«, meinte sie sehnsüchtig, und ihre blauen Augen strahlten. »Ali hat mir immer von Elefanten erzählt und vom Elfenbeinhandel entlang des Nils.«

»Verzeih meine Neugierde«, warf Sam ein, »aber wer ist Ali?« Er konnte sich nicht vorstellen, wie das Mädchen mit jemandem gesprochen haben konnte, der sich mit afrikanischen Elefanten auskannte.

»Ach, Ali war mein *lala*«, erklärte Florence. Als sie seinen verständnislosen Blick sah, fügte sie hinzu: »Sie wissen nicht, was ein *lala* ist, oder? Wenn man als kleines Kind in einen Harem kommt, um dort zu leben, wird einer der afrikanischen Eunuchen als eine Art Kindermädchen oder Wächter bestimmt. Normalerweise bekommen nur die Knaben einen *lala*, aber ich hatte auch einen, und der hieß Ali.«

Sam sah sie ungläubig an. Er war etwas beunruhigt, daß ihr der Begriff »Eunuch« geläufig war – ganz davon zu schweigen, daß sie einen kannte. Sie hatte also einen Eunuchen als Kindermädchen gehabt? In dem Harem? *Ein erstaunliches Mädchen*, dachte er sich. *Höchst erstaunlich.*

Florence fuhr fort: »Sie haben Ali bei der Versteigerung gesehen, der große, schwarze Mann, der Dinka, der alle Mädchen, die verkauft werden sollten, bewachte. Es gab niemanden, der netter zu mir gewesen ist als er. Er nannte mich immer seinen ›kleinen Augenstern‹.« Ihr Blick nahm einen verklärten Ausdruck an.

»Ja, ich habe ihn gesehen«, antwortete Sam und mußte für einen Augenblick daran denken, daß es für sie ziemlich ungemütlich werden würde, wenn der Pascha sie zu fassen bekäme. Er kehrte zu ihrem letzten Gesprächsthema zurück: »Das auf Ceylon sind andere Elefanten als die in Afrika, weißt du. Ich würde mich wirklich gerne einmal an der Jagd auf afrikanische Elefanten versuchen. Die asiatischen sind angeblich etwas kleiner, aber hervorragend für die Jagd geeignet. Wenn man genau zielt, kann man sie mit einem einzigen Schuß zwischen die Augen zur Strecke bringen.«

»O ja«, stimmte Florence ihm begeistert zu, »Elefanten jagen – das wäre interessant! Wenn ich nicht schlafen konnte, hat Ali mir immer von den Elefanten erzählt, die er als kleiner Junge gesehen hat, bevor die Sklavenhändler ihn raubten. Was für prachtvolle Tiere das sein müssen! Er sagte, sie seien so groß wie ein Haus und ihre Füße hätten den Durchmesser eines Serviertischchens. Am besten schießt man also mitten auf die Stirn, sagen Sie? Tötet sie das auf der Stelle, auch wenn sie einen gerade angreifen?«

»Aber ja«, bestätigte ihr Sam. »Man zielt genau hierhin.« Er deutete auf seine Stirn, knapp über die Augen. »Das ist der Schuß, den mein Bruder John und ich in Ceylon perfektioniert haben. Natürlich muß man ein ziemlich guter Schütze sein, um den Schuß richtig zu plazieren, und ein guter Pirschjäger. Einmal, in Ceylon«, erinnerte er sich voller Überschwang, »unternahmen mein Bruder Valentine und ich mit Lord Wharncliffe und Eddie Palliser einen dreiwöchigen Jagdausflug. Wir erlegten insgesamt fünfzig Elefanten! Ach, war das eine herrliche Zeit!«

Sam war ein glänzender Erzähler, und seine Geschichten brachten Florence ebenso zum Staunen wie zum Lachen. Alles, was er erlebt hatte, erschien ihr so heldenhaft, so wunderbar und frei. Ihre Angst und Befangenheit schwanden, je mehr Zeit sie mit Sam verbrachte, und er verhielt sich auch weiterhin ganz anders, als sie es von ihrem Herrn erwartet hätte. »Glauben Sie«, fragte sie eines Tages, als sei dies ihr einziger Herzenswunsch, »daß Sie mir das Schießen und Jagen beibringen könnten?«

Die Frage überraschte Sam. Er kannte nicht viele Frauen, die gerne auf die Jagd gingen. Andererseits hatte er aber auch noch keine Frau kennengelernt, die bei einer Versteigerung weißer Sklavinnen verkauft worden war. Trotzdem verblüffte ihn dieses außergewöhnliche Geschöpf, das so voller Leben war und so begierig darauf, alles Neue auszuprobieren. »Hm«, überlegte er. »Ich glaube schon. Du kannst also gut reiten?«

»Als ich noch ein Kind war«, antwortete sie – Florence war zwar erst vierzehn oder fünfzehn Jahre alt, galt damit nach den damaligen Konventionen im Osmanischen Reich aber als Frau und sah sich auch als solche –, »da konnte ich ganz gut mit einem ziemlich wilden

Hengst umgehen. Natürlich ließ man mich nie allein mit ihm hinaus ins Freie, aber ich kann trotzdem gut reiten. Ich mag Pferde.«

Sam nickte, obwohl er nicht die geringste Vorstellung von den strengen Einschränkungen hatte, denen Florence während ihrer Kindheit im Harem unterworfen gewesen war. »Und kannst du auch gut zielen?«

»Ich denke schon«, erwiderte sie, »aber ich weiß es nicht. Ich hatte ja nie Gelegenheit, es herauszufinden.«

»Dann probieren wir es eben jetzt aus«, schlug Sam vergnügt vor. Er legte seinen Hut umgekehrt auf den Sitz neben sich und schickte sie in die Ecke der Kutsche, die am weitesten davon entfernt war. Dann wickelte er ein paar Münzen in sein Taschentuch und reichte ihr das Bündel. »Na, dann wollen wir doch mal sehen, ob du in den Hut triffst, Florence.« Da dies kein Problem für sie darstellte, begann Sam, sich immer schwierigere Aufgaben auszudenken, um ihren Scharfblick und ihre Geschicklichkeit zu testen. Er fühlte sich plötzlich wieder wie ein kleiner Junge. Sie hatten nur wenige Dinge bei der Hand, so daß manche seiner Einfälle ziemlich verrückt waren. Die meisten Konstruktionen, auf die Florence zielen sollte, fielen in sich zusammen wie der Bauklötzchenturm eines Kindes, sobald die Kutsche wieder einmal über ein Schlagloch rumpelte, und dann mußten beide lachen. Sam hatte ihr versprochen, daß sie so bald wie möglich reiten gehen würden und er ihr, wenn sie erst einmal gut genug war, das Schießen und Jagen beibringen würde.

Noch am selben Tag, ein wenig später, begann Florence, ihm vom Leben bei ihrer »Adoptivfamilie« zu erzählen – sie wußte nicht, wie sie die Finjanjians sonst nennen sollte: ihre Besitzer? Zuerst dachte Sam, sie hätte »Finnian« gesagt, den irischen Familiennamen.

»Nein«, erklärte sie ihm, »Fin-JAN-i-jan, das ist ein armenischer Name. Die Töchter Finjanjian Effendis haben auch mit mir im *haremlik* gelebt.«

Das Entsetzen in Sams Gesicht war nicht zu übersehen. Finjanjian Effendi, der gebildete, weltoffene Mann, dem er bei der Auktion begegnet war, steckte seine eigenen Töchter in den Harem? Was für ein Scheusal mußte er sein! Das mußte Sam einfach genauer wissen, und so taktvoll wie möglich fragte er nach.

Florence amüsierte sich königlich, als sie merkte, daß Sam offenbar völlig falsche Vorstellungen davon hatte, was sich tatsächlich in einem Harem abspielte. Er glaubte, es handele sich um nichts anderes als ein Bordell voller Freudenmädchen, in dem man Frauen und Mädchen zur Teilnahme an Orgien zwang.

»Was für eine abstruse Idee!« zog Florence ihn auf. Das überraschte ihn zwar, doch es machte ihm gar nichts aus, daß sie sich auf seine Kosten amüsierte. »Glauben Sie wirklich, daß alle Frauen im Osmanischen Reich Konkubinen sind und den ganzen Tag nur Liebe machen? Der *haremlik* ist der geschützte Ort eines Hauses, der sichere Ort, an dem alle Frauen und Kinder abgeschieden von der Außenwelt leben – und dazu zählen auch die Männer.« Florence erläuterte Sam die verschiedenen Funktionen, die Frauen in einem großen Harem ausübten: Da gab es hochbetagte Großmütter, dann die Kinder des Hauses und daneben Fachkräfte wie Buchhalterinnen, Näherinnen, Wäscherinnen, Badefrauen oder Köchinnen. Manche besonders begabte Mädchen wurden zu Tänzerinnen oder Musikantinnen ausgebildet. »Nur wenige Mädchen sind Konkubinen, denen die Aufmerksamkeit des Herrn gilt, wenn er den Harem besucht«, erklärte sie. »Alle anderen Männer im Harem außer ihm sind Eunuchen wie Ali – und das sind ja gar keine richtigen Männer.«

Daß sie wieder den Begriff »Eunuch« verwendete und ganz offensichtlich Umgang mit diesen Menschen gehabt hatte, brachte Sam aufs neue in Verlegenheit. Wie konnte sie so weltklug sein und doch so unschuldig erscheinen?

»Wir waren völlig von der Außenwelt abgeschirmt«, fuhr sie fort. »Nie durfte ich den Harem ohne Ali verlassen. Es war so bedrückend, niemals auch nur für einen einzigen Augenblick frei zu sein! Es gab keinen Ort, an den ich mich hätte zurückziehen können, wo niemand sah, was ich tat, oder hörte, was ich sagte. Aber ich wußte: Ein Mädchen, das allein ausging, würde als nicht mädchenhaft und unmoralisch gelten. Es wäre nichts mehr wert gewesen, hätte seine Achtung verloren und sein Leben damit ruiniert. Bei der Auktion habe ich zum ersten Mal einen anderen Mann gesehen als Finjanjian Effendi – außer einem alten Kartographen, der mich Geographie lehrte, und natürlich als kleines Kind, als wir noch bei den Soldaten lebten«, setzte sie wehmütig hinzu.

»Du hattest nie einen anderen Mann gesehen?« fragte Sam erstaunt. »Seit du in den Harem gekommen warst?« Trotz ihrer nüchternen Beschreibung betrachtete er einen Harem immer noch als einen Ort mit einer vor Sexualität und Erotik geradezu prickelnden Atmosphäre.

»Natürlich nicht«, entgegnete Florence empört. »Die Sultana Validé – so nannten wir Finjanjian Hanim – hätte mich aufs härteste bestraft, wenn ich einen Mann auch nur angesehen hätte. Sie sorgte schon dafür, daß wir alle die Geschichte von dem Mann kannten, der einen Liebesbrief an eines der Mädchen im Harem des Paschas durchs Fenster warf. Sie wurde in einen Sack voller Steine eingenäht und im Fluß ertränkt, er wurde enthauptet. Nein, wir haben im *haremlik* nie Männer zu Gesicht bekommen.« Verzweifelt versuchte sie, ihre Gefühle zu verbergen, aber weil sie so unerfahren war, empfand sie es als irritierend, allein mit einem Mann zu sein, vor allem mit einem Mann wie Sam, zu dem sie sich auch noch hingezogen fühlte. »Wie sollte ein Mädchen denn so weltfremd und jungfräulich bleiben« – bei der Wahl ihrer Worte schoß Sam das Blut ins Gesicht: ein englisches Mädchen hätte so etwas niemals gesagt – »wenn es den lieben langen Tag mit Männern plaudern und kokettieren könnte?«

»Aber ist das denn nicht der Sinn und Zweck eines Harems?« fragte Sam ungläubig. »Ich meine, ist ein Harem denn nicht dafür da, daß Männer … daß sie …«, er rang nach Worten, »… daß sie ihre niederen Triebe ausleben können?«

»Nun ja«, gab Florence ein wenig schüchtern zurück, »der Herr besuchte seine Frau und die *ikbal*, seine Favoritin, ja auch in ihren Privatgemächern. Schließlich braucht ein Mann einen Nachfolger, einen Sohn, der sein Vermögen und seinen Ruhm erbt. Aber sonst durfte kein anderer Mann den *haremlik* betreten, niemals.«

»Aber was war mit den anderen Mädchen? Hat ein Mann mit einem Harem nicht viele Mädchen? Du weißt schon, diese Geschichte mit dem Taschentuch?« fragte Sam neugierig.

»Taschentuch? Ach, Sie meinen dieses uralte Märchen, nach dem der Herr sein Taschentuch vor irgendeinem Mädchen fallen läßt, das er begehrt?« Sam nickte. »Das mag in manchen Harems so üblich sein, in Konstantinopel vielleicht, aber ich habe während der ganzen Zeit nie so etwas gesehen. Der Herr nahm sich neben seiner Ehefrau noch eine Konkubine, die *ikbal*, weil die Arme nur Töchter bekam«, erklärte Florence. »Aber er hat niemals ... vor irgendeiner anderen ein Taschentuch fallen lassen.«

Sam wurde schweigsam und dachte darüber nach, was er eben erfahren hatte. Wenn es stimmte, was Florence erzählte, hatte ein Harem nicht das geringste mit der prickelnden Vorstellung zu tun, die er sich bisher davon gemacht hatte. Ein Mann mochte in seinem Harem zwar eine Ehefrau und einige Konkubinen haben, aber anscheinend gab es dort auch viele Frauen und junge Mädchen, die nicht zu ihnen zählten, sondern einfach nur zum Haushalt gehörten. Er war davon überzeugt, daß Florence die Wahrheit sagte. Sie wirkte so offen und ehrlich. Und schließlich hatte sie ja selbst in einem Harem gelebt, wohingegen er noch nie einen betreten hatte. Aber wenn sie recht hatte, dann war die landläufige Vorstellung, die man von einem Harem hatte, völlig falsch.

Sam bemühte sich, das alles zu verstehen. In einem Harem aufzuwachsen, mußte irgendwie sein wie ... wie ... Er suchte krampfhaft nach einem treffenden Vergleich. *In einem Harem aufzuwachsen war so ähnlich wie in eine Klosterschule für Mädchen zu gehen*. Dieser Vergleich schien zunächst zwar etwas abwegig, aber auch in einem Harem wurden die Mädchen vor den Knaben und den Männern und vor der bösen Realität geschützt. Die Sultana Validé, der die Aufsicht über die Mädchen oblag, war so etwas wie ihre Mutter Oberin, vermutete er. Auch sie schien streng über die Sittsamkeit der Mädchen zu wachen. Was für eine seltsame Vorstellung! Kein Wunder, daß dieses temperamentvolle Geschöpf sich danach gesehnt hatte, alldem zu entfliehen. Und kein Wunder, daß sie so unschuldig war und so unberührt. Sam merkte überrascht, wie ihn dieser Gedanke beruhigte. Florence übte auf diese Weise sogar einen noch größeren Reiz auf ihn aus, als wenn sie Erfahrung in der Kunst der Verführung gehabt hätte. Er versuchte zu vergessen, daß sie seine Sklavin war, sein Eigentum, und daß er mit ihr tun konnte, was er wollte. Bei diesem Gedanken war ihm gar nicht wohl.

Er lenkte das Gespräch wieder auf eine Bemerkung, die sie zuvor gemacht hatte: »Was meintest du damit, als du vorhin sagtest, ihr hättet bei den Soldaten gelebt?«

»Als ich noch ein sehr kleines Mädchen war, bevor ich in den Harem kam, war mein Vater bei der Armee«, erklärte Florence. »Er hieß Mathias Szász[15] und stand im Dienste eines Generals. Ich war so stolz auf meinen Papa! Er zog in den Krieg, und meine Mutter, meine Brüder und ich blieben daheim, im Haus meines Großvaters[16] in Nagy-Enyed. Er war ein Professor. Es ging uns sehr gut dort.«

Doch dann hatte sich etwas Schreckliches ereignet, an das sie nur einige wenige beängstigende Erinnerungen behalten hatte, die sie in Worte zu fassen versuchte: »Es war mitten in der Nacht, im Winter, als ein paar wilde Gestalten in unser Haus kamen. Es waren walachische Bauern, keine Madjaren wie wir. Sie waren aufgebracht und hatten Sensen, Schaufeln, Spitzhacken und Heugabeln bei sich. Ich hatte furchtbare Angst und versteckte mich. Damals war ich erst drei oder vier Jahre alt, glaube ich. Ich erinnere mich an Schüsse, Messer, Schreie, Tote und Feuer[17]. Und an ganz viel Blut.« Florence versuchte angestrengt, sich an jene Brand- und Mordnacht zu erinnern und sie dann wieder zu vergessen. Ihre Augen füllten sich mit Tränen, und ihre Stimme bebte. »Ich glaube, Mama und die Jungen, meine Brüder, wurden umgebracht. Und dann brannte alles lichterloh, und wir rannten los. Meine *dadus* war bei mir, mein Kindermädchen«, erklärte sie. »Tagelang rannten und gingen wir. Es war kalt, und wir hatten solchen Hunger. Meine *dadus* sagte, wir dürften nicht bei Bauernhäusern irgendwelcher fremden Leute haltmachen, und so gingen wir immer weiter. Nur ein- oder zweimal war jemand so nett, uns hereinzubitten und uns etwas zu essen und einen Platz zum Ausruhen anzubieten. Irgendwann endlich trafen wir Papa wieder und die transsilvanische Armee. Der General erlaubte uns, bei den Soldaten zu bleiben, weil wir nirgendwo sonst hätten hingehen können.«

Ein Kind in den Wirren eines schrecklichen Krieges – eine bittere Geschichte. Sam wußte einiges über die ungarische Revolution, da die britischen Zeitungen ausführlich darüber berichtet hatten und die Blätter sogar in Ceylon irgendwann in seine Hände gelangt waren. Mit den Transsilvanern als Verbündeten hatten die Ungarn versucht, eine gewisse Eigenständigkeit innerhalb des österreichischen Kaiserreichs zu errichten. Sie hatten ihren eigenen Landtag gefordert, die Befugnis, selbst Steuern zu erheben und die Landesverteidigung zu regeln, sowie das Recht auf die eigene Sprache und eine eigene Armee. Zunächst hatte Kaiser Ferdinand zugestimmt, und Lajos Kossuth, der brillante Redner und Staatsmann, hatte eine ungarische Regierung einberufen. Doch dann hatte Ferdinand diese Zugeständnisse wieder zurückgenommen, und zwischen den haßerfüllten Parteien war ein blutiger Krieg war entbrannt. Sam fragte Florence, von welchem General sie sprach.

»General Bem«, antwortete sie, »ein netter Mann mit einer Stirnglatze und silbergrauem Haar und einer Menge Orden. Er sang mir immer etwas vor, und manchmal ließ er mich eine Runde auf seinem Pferd reiten. Papa verehrte ihn, und die Soldaten auch.«

Sam war verblüfft. Józef Bem war ein polnischer Offizier, ein genialer Militärstratege, unter dessen Führung die transsilvanische Armee große Siege errungen hatte. In den tragischen letzten Tagen der Revolution hatte Bem schließlich die gesamten Truppen der Aufständischen befehligt. Er war ein begnadeter Heeresführer, der in seinen Männern eine unerschütterliche Treue und einen enormen Mut hervorzubringen wußte, vielleicht durch einfache menschliche Gesten wie der, daß er mit der kleinen Tochter seines Adjutanten spielte. Sam zögerte, bevor er sie fragte, was danach geschehen war, als die ungarischen Generäle sich den Russen ergeben hatten.

Mit den Erinnerungen kamen auch die Emotionen wieder hoch, doch Florence versuchte, ihm trotzdem sachlich zu antworten: »Wir gingen nach Orsova[18]. Meine *dadus*, die ich mittlerweile ›Mama‹ nannte, war bei uns, und zudem alle Soldaten und der General. Wir brauchten unendlich lange, etliche Tage, und es war August: Die Straßen waren staubig, und es war sehr heiß. Alle waren entmutigt wegen der Kapitulation. Papa war in Temesvar verwundet worden.«

Orsova war ein Außenposten des österreichischen Kaiserreichs an der Donau, knapp zweihundert Kilometer von Temesvar entfernt, wo Bem seine letzte Schlacht verloren hatte. Für ein kleines, verängstigtes Kind und seinen verwundeten Vater mußte es in der Tat ein langer, erschöpfender Marsch gewesen sein. Österreich war jedoch fest entschlossen, die Anführer der Revolution und die Offiziere der Rebellenarmee zu bestrafen, so daß den Soldaten nur die Flucht blieb. Gleich nach der Ankunft in Orsova ging es mit dem Schiff weiter Richtung Viddin, das ein Stück flußabwärts im Osmanischen Reich lag. Sich dorthin zurückzuziehen war ihre einzige Chance, dem Vergeltungsschlag zu entkommen. Lajos Kossuth, sein Kabinett und selbst General Artur von Görgey, der erste General, der sich den Russen ergeben hatte, waren bereits lange vor Bem und dessen Männern dort.

Florence erinnerte sich nun auch wieder an Einzelheiten. »Das Lager in Viddin lag in einer Niederung an der Donau«, erzählte sie. »Zuerst, als wir dort ankamen, fand ich es ganz schön, aber schon bald wurde es sehr kalt und feucht, und es gab nicht viel zu essen. Wir wohnten in einem Zelt, das undicht war und furchtbar modrig stank. Es kam einem fast so vor, als hätte jeder Flüchtling seinen eigenen türkischen Wächter. Ich versuchte immer herauszufinden, welcher *mein* Soldat war, wer von ihnen mich bewachte.«

Sam wußte nicht, was er dazu sagen sollte. Es fiel ihm schwer, sich das Leben dieses Mädchens in dem Flüchtlingslager im Osmanischen Reich vorzustellen, also schwieg er und hörte weiter zu.

»Schon bald waren die Zustände im Lager unerträglich: Es war matschig, schmutzig und ekelhaft. Latrinen hatten wir keine, und das Wasser war schlecht. Nicht einmal Medikamente oder wenigstens sauberes Verbandszeug für die Verwundeten gab es. Überall um uns herum starben die Menschen. Mama und ich hatten Angst, daß auch Papa seinen Verletzungen erliegen würde. Jeden Morgen und jeden Abend rumpelten zwei alte hölzerne Ochsenkarren knarrend durch das Lager, um die Toten einzusammeln. Die Ochsen waren wunderschön mit ihren großen, braunen Augen und der feuchten Schnauze, aber die Karren machten mir furchtbar angst. Ich glaube, sie verbrannten die Leichen irgendwo, um zu verhindern, daß Typhus und Cholera ausbrachen. Jeden Tag konnte ich den Rauch sehen, und trotzdem starben immer mehr Soldaten, und ständig kamen die Karren.« Florence überlief ein kalter Schauer, als sie an das Elend denken mußte, das sie miterlebt hatte.

Während die Flüchtlinge abwarteten, was geschehen würde, und dabei an Hunger oder Krankheit starben, war es über die Frage ihres weiteren Schicksals zu einer heftigen Auseinandersetzung, ja fast sogar zu einem Krieg zwischen den beteiligten Ländern gekommen. Österreich und Rußland forderten, daß man ihnen die Flüchtlinge zur Bestrafung ausliefere, so wie es im Belgrader Frieden von 1739 zwischen dem Sultan des Osmanischen Reichs und dem österreichischen Kaiser vereinbart worden war. Kein Asyl gewährte man dem Vertrag zufolge »Übeltätern oder abtrünnigen und rebellischen Untertanen. Vielmehr verpflichten die im Streite befindlichen Vertragsparteien sich dazu, alle als solche zu bezeichnenden Subjekte sowie überdies alle Räuber und Banditen zu bestrafen, selbst wenn diese Untertanen der anderen Vertragspartei sein sollten.«

Als die flüchtenden ungarischen Rebellen sich auf Gedeih und Verderb dem Sultan auslieferten, brachten sie diesen damit in ein Dilemma. Einem der Hauptgebote des Islams zufolge mußte er allen Asyl gewähren, die darum baten, so daß der Sultan und seine Regierung – die man auch Hohe Pforte nannte – aus Glaubensgründen die moralische Verpflichtung hatten, die ungarischen Flüchtlinge aufzunehmen und zu beschützen. Laut dem Abkommen dagegen durfte der Sultan den Aufständischen und insbesondere ihren Anführern nicht gestatten, sich frei in Viddin zu bewegen, von wo aus die Grenze zum österreichischen Kaiserreich mit dem Boot innerhalb kürzester Zeit zu erreichen war.

Schon wenige Tage nach ihrer Ankunft im Osmanischen Reich stellten die Flüchtlinge somit ein ernsthaftes Problem dar. Kurz nachdem der Sultan die von Österreich und Rußland verlangte Auslieferung verweigert hatte, äußerten die Regierungen Englands und Frankreichs, die mit der Hohen Pforte verbündet waren, ihre Sicht der Dinge: Die Flüchtlinge seien politische Gefangene und keine Übeltäter oder Banditen. Dem Sultan, der nicht nur Moslem, sondern zudem ein praktisch veranlagter Mann war, kam diese offene Unterstützung gelegen, da sie seinen moralischen Standpunkt untermauerte.

Schon bald bot sich den Flüchtlingen eine neue Möglichkeit. Die Österreicher stellten den rangniedrigeren Offizieren, Unteroffizieren und deren Männern eine Amnestie in Aussicht, sofern sie sich einverstanden erklärten, als Soldaten in das österreichische Heer einzutreten und dem Aufstand abzuschwören. Höhere Offiziere, hohe Regierungsbeamte sowie alle, die vom österreichischen Heer desertiert waren, um sich den Rebellen anzuschließen, standen dagegen ganz oben auf der Liste derjenigen, die Rußland und Österreich bestrafen wollte. Lajos Kossuth, die anderen ungarischen Minister sowie die polnischen Generäle wie Bem fanden sich ebenfalls auf der Liste der Auszuliefernden, denn der russische Zar befürchtete, daß die polnischen Anführer sonst in seinem Reich ebenfalls eine Revolution anzetteln würden. Diese Männer erwartete der sichere Tod. Die Lage spitzte sich zu, und Frankreich und Großbritannien machten sich allmählich Sorgen, daß ihre Allianz mit der Türkei sie womöglich in einen Weltkrieg verwickeln würde.

Florence war damals noch viel zu jung gewesen, um etwas von diesen politischen Wirren mitzubekommen, doch sie erinnerte sich daran, daß ihr Vater und einige seiner Gefährten ein Schreiben an Lajos Kossuth, den eigentlichen Anführer der Flüchtlinge, verfaßt hatten. Am 11. September 1849 bekräftigten sie ihre Überzeugung, daß Ungarn einen Anspruch auf Selbstverwaltung besitze und Kossuth ihr einziger rechtmäßiger und ordnungsgemäß gewählter Führer sei. Unerschrocken äußerten sie ihre Hoffnung, daß die Freiheit nicht lange unterdrückt werden könne und Ungarn wieder erstarken werde. Was die Entbehrungen im Flüchtlingslager betreffe, so akzeptierten sie diese als »freiwillig auferlegt« und daher erträglich. Eine Rückkehr in ihr Heimatland sowie die Amnestie lehnten sie ab.

Es gab zwar viele Offiziere, die ihre Namen unter dieses heldenhafte Schreiben setzen, aber noch mehr, die zögerten. Bald würde der Winter kommen, und im Lager wüteten Krankheiten und Hunger, so daß sie die Amnestie für eine attraktivere Alternative hielten als das Warten auf den Tod, der, als das Lager schließlich aufgelöst wurde, fünfhundert Männer dahingerafft hatte.

Schließlich wollte Sam von Florence wissen, was aus ihrem Vater geworden sei. Ihr hübsches Gesicht verzerrte sich, sie preßte sich ihr Taschentuch gegen den Mund und kämpfte mit den Tränen, während sie eine Weile schweigend aus dem Fenster starrte. Sam machte sich Vorwürfe. Er war wieder einmal zu neugierig gewesen. »Verzeih mir,

Ungarische Flüchtlinge auf dem Marsch nach Schumla (1849). Im November 1849 hatte man die 1250 noch im Lager in Viddin lebenden Flüchtlinge nach Schumla verlegt. Florence blieb in Viddin. Von ihrem Vater hörte sie nie wieder etwas.

daß ich gefragt habe«, sagte er schnell. »Ich wollte dich damit nicht quälen.«

Als Florence sich wieder gefaßt hatte, sagte sie nur, sie wisse nicht, was mit ihrem Vater geschehen sei.

Am 18. September 1849 hatte der Sultan einen Gesandten geschickt, Ekrem Effendi, der sich mit den Anführern der ungarischen Rebellen treffen und ihnen ein ungewöhnliches Angebot unterbreiten sollte. Er versprach allen, die zum Islam konvertierten, eine mit ihrem früheren Rang vergleichbare Anstellung in der türkischen Armee. Als neue Untertanen des Osmanischen Reichs würden sie vor einer Auslieferung sicher sein. Wenn alle Männer, die auf der Auslieferungsliste standen, konvertierten, wäre das Problem auf äußerst elegante Weise gelöst.

General Bem zählte zu den ersten, die das Angebot annahmen und konvertierten, denn er haßte die Russen genauso wie die Österreicher und wollte den Kampf fortsetzen. »Lieber die Russen als die

Österreicher«, argumentierte Bem. »Und lieber der Islam als die Russen!« Noch bevor der Vorschlag den rangniedrigeren Männern unterbreitet wurde, bekräftigten Bem und fünfzehn weitere höhergestellte Offiziere ihre Entscheidung zu konvertieren.

Kossuth vertrat eine völlig entgegengesetzte Auffassung. Er fühlte sich durch das Angebot tief gekränkt, denn er betrachtete es als Unterstellung, daß sie alle käuflich seien. Er hielt daher eine leidenschaftliche Rede im Lager, mit der er die Jungoffiziere und einfachen Soldaten davon abhalten wollte, es ihren Generälen gleichzutun und zu konvertieren. Zudem schrieb er einen langen Brief an Lord Palmerston, den englischen Premierminister, in dem er seine Entrüstung über das Angebot zum Ausdruck brachte und Großbritannien um Intervention bat.

Fast fünfhundert Soldaten folgten Bems Beispiel und nahmen muslimische Namen an, unter ihnen vermutlich auch Mathias Szász[19]. Im Lager kam es zu Unruhen, da Kossuth und viele andere Ungarn die Konversion für eine Schande hielten, während die Konvertiten diejenigen, die das Amnestieangebot annahmen, als feige betrachteten. Am 13. Oktober 1849 wurden dreitausenddreihundertsechzig Männer offiziell begnadigt und kehrten unter General Hauslab nach Österreich zurück. Die übrigen tausendzweihundertfünfzig, darunter auch Kossuth und viele andere Anführer, blieben bis November im Lager und wurden dann nach Schumla verlegt, das weiter von der österreichischen Grenze entfernt lag. Später wurden sie freigelassen, und Kossuth beantragte in den Vereinigten Staaten von Amerika Asyl.

Den Konvertiten gab man muslimische Namen und schickte sie für kurze Zeit zur türkischen Armee. »Mama und ich warteten im Lager auf Papa«, erzählte Florence. »Eines Tages verschwand Mama. Sie war losgegangen, um unsere Essensration zu holen, und kam nicht mehr zurück. Ich konnte sie nirgendwo finden. Dann holte mich die Bündelfrau und brachte mich zu den Finjanjians.«

»Was ist eine Bündelfrau?« erkundigte sich Sam.

»Das war eine Armenierin, die immer ins Lager kam, um Essen, Töpfe und Decken und andere Dinge zu verkaufen, die alle brauchen konnten«, antwortete Florence. »Sie transportierte sie in einem Stoffbündel. Es gab ja nichts im Lager, nicht einmal einen Haufen Stroh, auf dem man hätte schlafen können, oder einen Stuhl. Sonst verkaufte die Bündelfrau den Haremsdamen in der Stadt feine Stoffe und Trinkgefäße, aber das Lager war voll von Leuten, die gar nichts hatten.« Plötzlich schien sich Florence an weitere Einzelheiten zu erinnern. »Sie trug immer diesen leuchtendgrünen Umhang und – obwohl sie eine Christin war – einen zweiteiligen, hauchdünnen Schleier oder *yashmak* als Zeichen des Anstands. Und sie hatte so wunderhübsche karmesinroten Stiefel. Solche Stiefel wollte ich auch immer haben. Einmal hat sie mir ein gelbes Seidentaschentuch geschenkt, einfach so. Das war das einzig Hübsche, das es im Lager gab.«

»Aber wie bist du zu den Finjanjians gekommen?«

»Nachdem Mama verschwunden war, sah die Bündelfrau mich weinend im Zelt sitzen. Ich war hungrig und völlig verängstigt. Ich dachte, Papa würde mich sicher schimpfen, wenn er zurückkäme – falls er jemals zurückkäme –, weil ich meine *dadus* verloren hatte. Er war schon so lange fort, vielleicht war er ja tot. Keiner hat es mir jemals gesagt. Die Bündelfrau nahm mich mit nach Hause und sagte, sie würde eine nette Familie finden, die sich um mich kümmerte. Auf diese Weise habe ich Finjanjian Hanim kennengelernt. Ihr Haus war so prächtig, und es gab dort so viel zu essen! Ich war überglücklich, nach der Zeit im Lager an einen so himmlischen Ort zu kommen. Finjanjian Hanim fand, ich bräuchte einen neuen Namen[20], und nannte mich ›Florenz‹, was auf armenisch ›Blume‹ heißt. Davor hieß ich Barbara Maria – Barbara Maria Szász.«

Das einsame Kind träumte davon, daß sein Vater es bald holen würde. Jahr um Jahr wartete das Mädchen und dachte sich als Erklärung für seine Abwesenheit alle möglichen Geschichten aus. »Ich habe meinen richtigen Namen oder den meines Vaters nie vergessen. Irgendwann war ich dann alt genug, um zu begreifen, daß mein Papa nie mehr kommen und mich holen würde. Entweder war er tot, oder er konnte mich nicht finden. Ich habe nie begriffen, daß ich eine Sklavin bin, bis zum Tag der Auktion«, gestand sie. »Ich redete mir immer ein, die Finjanjians hätten mich adoptiert. Aber letztendlich bildete ich mir das auch nur ein, genauso wie ich glaubte, daß mein Vater mich irgendwann holen würde.« Die Tränen flossen ihr in Strömen über die blassen Wangen. Beschämt wandte sie ihr Gesicht von Sam ab. Ihr Zorn war in Verzweiflung umgeschlagen.

»Armes Kind«, murmelte Sam mitfühlend. Er tätschelte ihr sanft die Hand und fragte nicht weiter nach ihrer seltsamen Vergangenheit. Es gab viele Lücken in ihrer Erzählung, aber schließlich war sie damals noch sehr jung gewesen und konnte sich somit natürlich nicht an alle Einzelheiten erinnern. Ihr knapper Lebensbericht ließ Sam jedoch verstehen, daß dieses anscheinend so zerbrechliche Mädchen mehr durchgemacht hatte als alle anderen Frauen, die er kannte. Man hatte ihr alle Menschen genommen, die sie liebte, hatte sie entwurzelt, und doch war sie irgendwie zu einer unabhängigen, klugen und starken jungen Frau herangereift. Sie war wirklich bemerkenswert – und bemerkenswert hübsch obendrein.

Florence starrte lange hinaus in die Landschaft. Zuerst fuhren sie durch ein hügeliges Waldgebiet, und sie sah nichts als dicke, dunkle Baumstämme und Felsen. Dann gelangten sie in offeneres Gelände mit bewirtschafteten Feldern und Obstgärten. Gelegentlich kamen sie durch Dörfer – eine kleine Kirche und vielleicht zehn oder zwanzig baufällige Häuser. Am Rande dieser kleinen Ortschaften standen ein paar Bauernhöfe, verputzt und weiß getüncht, mit Strohdächern und Hunden, die allen fremden Fuhrwerken, die vorbeikamen, hinterherbellten. Florence wußte, daß es in diesen Häusern eine große Stube mit einer breiten Feuerstelle gab, die zum Kochen und Heizen diente, Wandregale mit Blechschüsseln und anderen Küchenutensilien sowie eine handbemalte Truhe, auch *ladahk* genannt, die Aussteuer der Mutter. In manchen Häusern konnte sie durch die kleinen Fenster eine Familie um den blank polierten Küchentisch sitzen sehen. Sie stellte sich vor, wie sie wohl gerade Suppe oder Brot aßen, vielleicht auch Würste: hübsche Mädchen mit dunklen Zöpfen und bestickten Schürzen und stattliche, eitle junge Männer, deren Eltern müde von der Feldarbeit waren. Sie wußte, daß ihre eigene Familie und das Haus, in dem sie als kleines Kind gelebt hatte, nicht so ausgesehen hatten. Ihre Eltern waren gebildete Leute gewesen, keine Bauern. Trotzdem erschienen ihr diese Häuser und Familien so freundlich und vertraut, daß sie sich nach einem Zuhause sehnte und einem Leben, an das sie sich kaum noch erinnern konnte.

3

Wie ein Falke auf Mäusejagd

Auch am nächsten Tag reiste Duleep Singh lieber in der zweiten Kutsche, so daß Sam und Florence ihre Unterhaltung ungestört fortsetzen konnten. Sam wollte mehr über den Harem wissen, ein Thema, das Florence nicht so aus der Fassung brachte wie seine Fragen nach ihrer Familie. Stolz erzählte sie ihm von ihrer hervorragenden Erziehung, die sie gemeinsam mit den Enkelinnen der Sultana Validé genossen hatte.

Die Mädchen lernten, Verse aus dem Koran auswendig aufzusagen, und wurden in Geographie, Arithmetik, Lesen und Schreiben, Zierstickerei, Kalligraphie und Backen unterrichtet. Man brachte ihnen das Tanzen, Singen und Lautespielen bei sowie das Reiten, Zeichnen und Malen – also alles, was man im Osmanischen Reich von einer wohlerzogenen jungen Dame erwartete. Abgesehen davon, daß Sams sportliche Aktivitäten um einiges vielfältiger gewesen waren und er nichts über den Koran wußte, erinnerte der Lehrplan ihn ein wenig an seine eigene, eher ziellose Ausbildung. Er hatte nie gelernt, ein Instrument zu spielen, aber er hatte eine kräftige, volltönende Baritonstimme. Außerdem war er ein begnadeter Tänzer und ein hervorragender Reiter.

Florence erzählte Sam auch, daß man sie in den »Künsten einer Frau« geschult hatte, eine Vorstellung, die Sam faszinierte. Er mußte an die legendären Verführungskünste denken, die man den Odalisken, den weißen Haremssklavinnen, nachsagte, und wagte daher kaum nachzufragen. Doch dann platzte er damit heraus: »Was genau versteht man denn unter den ›Künsten einer Frau‹?«

»Im Osmanischen Reich gibt es viele Dinge, die eine gebildete Frau weiß: wie man sich frisiert, beispielsweise, und wie man guten

Kaffee kocht. Das ganze Schicksal eines Mädchens kann davon abhängen, ob es fähig ist, exzellenten Kaffee zuzubereiten und ihn mit keusch gesenktem Blick zu servieren, wenn die *goruçu*, die Heiratsvermittlerin, vorbeikommt. Dann gibt es noch die Kunst der richtigen Kleiderwahl, die der anmutigen Bewegung, die der Entfernung des Körperhaars[21] und die Kunst, wie man seine Hände mit Henna verziert.«

»Und außer diesen?« wollte Sam wissen.

»Es gab da tatsächlich noch eine Kunst«, gab Florence zu, »in der ich allerdings sehr schlecht war: Betragen. Ich wurde ständig wegen meiner vorwitzigen Art getadelt. Ich bin nun einmal sehr neugierig, und wenn ich etwas wissen möchte, muß ich ganz einfach fragen. Ich vergaß immer, meine Hände still- und den Blick gesenkt zu halten. Einmal warf die Sultana Validé mir vor, ich schaue im Zimmer umher wie ein Falke auf Mäusejagd.« Florence mußte lachen, als sie daran zurückdachte. »Und Fügsamkeit! Wie die Sultana Validé immer versuchte, mich fügsam zu machen! Sie sagte: ›Eine Frau braucht nur zu gefallen. Deine Aufgabe ist es, einen Mann glücklich zu machen. Was du denkst, will er gar nicht wissen! Er will, daß du überhaupt nicht denkst. Du sollst nur lieb und schön und weiblich sein. Dann wird er dich mit Schmuck und hübschen Kleidern belohnen, mit Sklaven und mit seiner Zuneigung, und du wirst ihm dafür einen prächtigen, gesunden Sohn schenken.‹ Sie pflegte mir schreckliche Dinge über Mädchen zu erzählen, die zu Mannweibern wurden und die man dann an irgendwelche greulichen Häuser verkaufte, nur um sie los zu sein.« Florence überlegte einen Augenblick, grinste dann schelmisch zu Sam hinüber und fügte hinzu: »Tja, in Betragen war ich wirklich miserabel.«

Sam grinste zurück. Auch er konnte gleichgültige, passive Menschen nicht leiden und zählte – davon abgesehen – selbst ganz sicher nicht dazu. Eine Frau sollte durchaus weiblich, sanft und fürsorglich sein, aber Sam gefielen aufgeschlossene, temperamentvolle Frauen weitaus besser als affektierte oder passive.

Im Lauf der Tage häuften sich die Unannehmlichkeiten, die ihre bescheidene Art zu reisen mit sich brachte, und Duleep Singh wurde immer verdrießlicher. Wenn er gemeinsam mit Sam und Florence in einer Kutsche fuhr, war er oft mürrisch und schweigsam, wenn er in seiner eigenen Kutsche saß, langweilte er sich und jammerte, sobald sie haltmachten. Für Florence und Sam war die Reise ein wesentlich größeres Vergnügen, aber nicht, weil sie es bequemer hatten, sondern weil sie sich in der spannenden Phase des gegenseitigen Kennenlernens befanden. Die beiden unterhielten sich während der fünftägigen Fahrt nach Bukarest stundenlang miteinander. Sie hofften, als europäische Reisende in der Metropole weniger aufzufallen, denn sie mußten damit rechnen, daß der Pascha ihnen immer noch auf den Fersen war und versuchen würde, sich sein »Eigentum« zurückzuholen.

Feine Hotels gab es unterwegs nicht, nur einfache Gasthäuser oder Bauernhöfe, die Reisende beherbergten. Richtige Waschmöglichkeiten fehlten, und Florence besaß nur die Kleider, die sie trug, aber Sam fiel auf, daß sie trotzdem jeden Tag sauber und adrett aussah. *Die Künste einer Frau*, dachte er. Trotz der schmerzhaften Erinnerungen, die wieder in ihr hochkamen, genoß Florence das Abenteuer, und Sam ging es genauso. Er merkte, wie er sich in das Mädchen verliebte, und wußte nicht, was er dagegen hätte tun können. Sie war eine Sklavin, ein Mädchen aus dem Harem, und er ein englischer Gentleman, ein Witwer und ein Vater. Und eigentlich war er derjenige, der Duleep Singh vor irgendwelchen amourösen Abenteuern bewahren sollte. Die Absurdität der Situation brachte ihn zum Lachen.

In den folgenden Tagen begann Florence, Sam nach seiner Lebensgeschichte zu fragen, die ihr genauso exotisch erschien wie ihm die ihre.

Er war am 8. Juni 1821 als ältester Sohn einer wohlhabenden Handelsfamilie in Enfield im englischen Middlesex geboren worden. Das Vermögen der Familie war beträchtlich. Es beruhte hauptsächlich auf dem Besitz mehrerer riesiger Zuckerrohrplantagen auf Jamaika und Mauritius. Die immensen Gewinne, die sie abwarfen, investierte Sams Vater geschickt in Schiffe, Eisenbahnaktien und Banken. Sam hatte drei Brüder, John, Valentine und James, und drei Schwestern, Ellen, Anne und Mary, auch Minnie genannt. Als junger Mann hatte Sam sich in Henrietta Martin verliebt, die Tochter des Schuldirektors, dem das Nachbargrundstück gehörte. John, sein Lieblingsbruder, hatte Gefallen an Henriettas Schwester Eliza gefunden, und im Jahr 1843 hatte es eine Doppelhochzeit gegeben. Danach waren sie gemeinsam zur Plantage der Familie auf Mauritius gereist und später nach Ceylon, wo die Paare im Bergland eine britische Siedlung gründeten, die sie Newera Eliya nannten.

Zunächst lief alles schief: Das Vieh ging ein, und das Getreide wuchs nicht oder bekam seltsame Krankheiten. Im Lauf der Zeit aber fanden sich etwa ein Dutzend Emigranten in Newera Eliya ein, die brauchbare Fähigkeiten mitbrachten, darunter ein irisches Kindermädchen, ein Wachtmeister, ein Schmied und ein Kutscher mit ihren Familien. Durch unermüdliches Ausprobieren sammelten sie Erfahrungen und hatten schließlich Erfolg: Sie bewirtschafteten Felder, brauten Bier, züchteten Vieh und bauten eine Schule, eine Kirche und einen Lesesaal. Mit der Siedlung wuchsen auch die beiden Familien der Bakers. Nach der Geburt zweier Söhne und einer Tochter, die alle früh starben, bekam Henrietta die Mädchen Edith, Agnes und Constance. Ihre Schwester Eliza hatte zwei Söhne, Julian und Arthur, und eine Tochter, Mary.

Obwohl um die Siedlung alles zum besten bestellt war, beschlossen Sam und Henrietta nach acht Jahren in Ceylon, nach Hause zurückzukehren. Ihre Kinder mußten in die Schule, Henriettas Gesundheitszustand war kritisch – sie hatte innerhalb von zwölf Jahren sechs Kinder zur Welt gebracht und erwartete ein nächstes –, und auch Sams sonst so robuste körperliche Verfassung ließ allmählich nach. Sam war in England bald wieder zu Kräften gekommen, aber Henrietta wollte das nicht gelingen. Nach dem tropischen Klima Ceylons empfand sie das kalte, feuchte Wetter Englands als äußerst unangenehm und unfreundlich. Die Geburt einer weiteren Tochter, Ethel, schwächte sie enorm. Am 29. Dezember 1855 starb Henrietta an Typhus. Sam, erst vierunddreißig Jahre alt, stand plötzlich als Witwer da, mit vier kleinen Töchtern und ohne Beruf.

»Ich kann dir gar nicht sagen, wie elend ich mich nach ihrem Tod fühlte«, erzählte er Florence. »Ich glaubte, schuld an ihrem Tod und dem der Kinder in Ceylon zu sein. Wenn ich sie nur nicht in eine so gefährliche Lage gebracht hätte! Doch in England war ich so eingeschränkt gewesen, dort hatten sich mir so wenig Möglichkeiten geboten. Anders als meine Brüder Valentine und James eignete ich mich weder für die Kirche noch für das Militär. Und ohne Henrietta fühlte ich mich so ... so entwurzelt.«

Florence nickte mitfühlend. Sie war die meiste Zeit ihres Lebens entwurzelt gewesen.

»Ich ließ die Mädchen in der Obhut von Henriettas jüngster Schwester Charlotte, und dann kamen sie zu meiner Schwester Min. Ich konnte mich nicht um sie kümmern, nicht ohne Henrietta. Sie brauchten eine Mutter, die sie großzog, die Hand einer Frau, verstehst du? Und ich wollte mich noch nicht neu verheiraten, obwohl viele Witwer das tun, um eine Mutter für ihre Kinder zu haben. Bei Min, die die Mädchen liebt wie ihre eigenen Kinder, waren sie viel besser aufgehoben, als sie es bei einer Stiefmutter gewesen wären, die ich nicht liebte.«

Wie viele Väter in der viktorianischen Zeit liebte Sam seine Kinder und war stolz auf sie, schaltete sich aber erst dann in ihre Erziehung ein, wenn sie schon beinahe erwachsen waren. In Ceylon hatten sich einheimische Ammen – *amahs* – unter der Aufsicht der Mutter um die Mädchen gekümmert. In England hätte man vermutlich eine ähnliche Vereinbarung getroffen, wäre Henrietta noch länger am Leben gewesen.

»Ohne ein richtiges Zuhause hielt ich es in England nicht aus – ich lebte damals in möblierten Zimmern in London, und ich war allein. Ich fühlte mich schrecklich, absolut elend. Dann begann ich zu reisen. Ich besuchte James und Valentine, die gerade mit der Kavallerie auf der Krim waren. Valentine ist der geborene Kavallerieoffizier: ein schneidiger Kerl, ein glänzender Reiter und ein kluger Stratege. Du solltest ihn einmal reiten sehen! Bei seinem Heimatregiment, den Zehnten Husaren, nennen sie ihn den ›Mann mit dem weißen Roß‹, wegen seines Lieblingspferdes. Auf der Krim war er mit dem Zwölften Lancer-Regiment. Bei ihm sieht das alles ganz einfach aus, aber ich merkte, daß das nichts für mich war. Ich bin einfach nicht dafür geschaffen, mir von irgend jemandem Befehle erteilen zu lassen.

Eine Weile hatte ich keine Zukunftspläne, war völlig antriebslos. Ich ließ mich einfach nur treiben und vertraute auf mein Glück. ›Immer in Bewegung bleiben‹, war mein Motto.« Sam mußte lächeln, als er an diese ziellose, depressive Phase zurückdachte. Florence schwieg und hörte ihm aufmerksam und mitfühlend zu.

»Dann spielte ich mit dem Gedanken, mich Dr. Livingstones Afrikaexpedition anzuschließen. Über meinen Freund Wharncliffe schickte ich Roderick Murchison, dem Präsidenten der Royal Geographical Society, eine entsprechende Anfrage. Ich war davon überzeugt, daß ich eine ganze Menge zu bieten hatte: Ich war kräftig und ein guter Jäger, wußte, wie man aus Einheimischen einen Arbeitertrupp aufbaut, und hatte Erfahrungen mit dem Leben in der Wildnis gesammelt. Und weißt du, was sie mir antworteten?« Er sah Florence mit einem durchdringenden Blick an, und sie merkte, wie entrüstet und verletzt er noch immer war. »Ich bekam eine Absage mit der Begründung, man könne niemandem gestatten, sich der Expedition anzuschließen, der ›keiner brauchbaren Beschäftigung nachgeht‹.«

»Wie gemein!« murmelte Florence. Sie konnte verstehen, daß dieses gedankenlose Urteil ihn zutiefst enttäuscht hatte.

»Vielleicht hatte das aber letztendlich auch etwas Gutes«, schloß Sam. »Wie ich gehört habe, ist Livingstone ein mürrischer, alter Kauz und nicht unbedingt der angenehmste Reisebegleiter. Als ich dann letzten Winter ein Wochenende in Schottland im Jagdrevier eines Freundes von mir, des Duke of Atholl, verbrachte, lernte ich den Maharadscha kennen. Duleep Singh ist ein hervorragender Schütze, mußt du wissen, und wir haben uns gut verstanden. Außerdem war mir zu Ohren gekommen, daß Sir John Login und seine Frau, in deren Obhut sich der Maharadscha befand, ihn für eine Weile aus England fortschicken wollten. Also schlug ich vor, er könne mich im Winter doch auf eine Jagdexpedition durch Europa begleiten. Ich wollte durch den Balkan reisen, in Transsilvanien Bären jagen und in Serbien Keiler, und in Frankfurt, Berlin, Wien und Buda-Pesth Station machen. Duleep Singh war begeistert.«

Als Florence sich vorstellte, wo die beiden Männer überall gewesen waren und was sie gesehen hatten, bekam sie große Augen. »So würde ich auch gerne reisen«, schwärmte sie. »Geographie war mein Lieblingsfach im Harem. Sobald ich begriffen hatte, wie man Landkarten liest, wollte ich immer mehr davon anschauen. Ein paarmal durfte ich einen Nachmittag bei einem alten Mann in Viddin verbringen, einem gelehrten Kartographen. Er zeigte mir prächtige Exemplare mit wunderschönen Handschriften. Manche waren sehr alt und wertvoll. Und er erklärte mir, welche Rolle die auf einer Karte eingezeichneten Flüsse und Seen, Gebirge und Ebenen, Städte und Siedlungen bei der Bestimmung von Handelsrouten spielen oder bei der Entscheidung, welche Nutzpflanzen man in einer Region anbauen oder welche Mineralien man fördern kann und wie sie den Ausgang einer Schlacht beeinflussen können.«

»Und welche Karten haben dir am besten gefallen?« wollte Sam wissen.

»Ich glaube, am meisten mochte ich die Karten all jener Länder, aus denen meine Freunde im Harem kamen:Tscherkessien, Georgien, Abessinien und Sudan. Manchmal, wenn sie traurig waren, erzählten sie von ihrer Heimat, und ich liebte es, mir die vielen Orte auf der Karte anzusehen. Als mir die Sultana Validé dann verbot, weiterhin zu dem Kartographen zu gehen, war ich sehr enttäuscht.«

»Aber warum hat sie das getan?« fragte Sam. »Sie kann doch nichts dagegen gehabt haben, daß du dir Landkarten anschaust. Du warst doch auch sicher nicht allein bei dem Kartographen, oder?«

»O nein, Ali folgte mir auf Schritt und Tritt, wie mein eigener Schatten. Als ich die Sultana Validé fragte, warum ich keinen Geographieunterricht mehr bekäme, antwortete sie mir mit einem Sprichwort: ›Frauen haben langes Haar und einen kurzen Verstand.‹ Ich glaube, ich wollte einfach zuviel wissen.« Sie seufzte. Nach einer Weile bat sie Sam, ihr mehr von seinen Jagderlebnissen auf der Reise zu erzählen.

»Als wir aufbrachen, ahnte ich nicht, daß Singh weitaus mehr Interesse daran hatte, mit den Damen der Gesellschaft in den verschiedenen europäischen Metropolen auf Bälle zu gehen als zu jagen oder die Landschaft zu genießen. Der Maharadscha gerät ständig in irgendwelche Kalamitäten mit den Damen«, vertraute Sam ihr an. »Ich habe noch nie einen solchen Frauenheld kennengelernt wie ihn. Ich muß mich immer bei unseren Gastgebern für ihn entschuldigen, weil seine Vorstellungen von Anstand und Sitte so gänzlich anders sind als die unseren! Er mag zwar ein Maharadscha sein, aber ein Gentleman ist er nicht. Kein Wunder, daß die Logins solche Schwierigkeiten mit ihm hatten. Eigentlich hätten sie mich ja auch vorwarnen können. Nun ja, was soll man machen? Immerhin ist er ein ausgezeichneter Schütze, das muß ich schon zugeben, und ein begeisterter Falkner. Das einfache Leben ist allerdings nicht seine Sache. Diese Orientalen haben nun einmal nicht die richtige Konstitution dafür. Sie haben sich schon viel zu sehr an ihren Luxus gewöhnt.« Die beiden mußten lachen, als sie an Duleep Singh und sein ständiges Gejammer über die Kutschen, die Straßenverhältnisse und die walachischen Gasthäuser dachten.

»Aber was hat Sie nach Viddin geführt?« wollte Florence wissen.

»Als wir nach Pesth kamen«, erklärte Sam, »mieteten wir ein an die zwanzig Meter langes Boot mit Verdeck. Ich fand, daß es sehr komfortabel ausgestattet war, und wir hatten sogar eine Mannschaft, die uns ruderte, als wir die Donau hinunterfuhren. Man prophezeite uns die übelsten Unannehmlichkeiten und Gefahren, denn das Boot war eigentlich nur ein umgebauter Getreidekahn. Natürlich war es auch kalt auf dem Fluß, aber wir hatten drei gute Öfen an Bord, eine Menge Holz, Champagner und zwei Fässer mit ausgezeichnetem Bier und Wein. Mit den drei englischen Dienern des Maharadschas – mit weniger Bediensteten geht er gar nicht erst auf Reisen, stell dir vor! –, dem Federvieh, den Truthähnen und all den Enten und anderen Wasservögeln, die wir schossen, ging es uns blendend. Nun ja, das stimmt nicht ganz«, verbesserte er sich gewissenhaft. »Mir ging es blendend, aber der Maharadscha war ziemlich niedergeschlagen. Wahrscheinlich hatte er sich eine wesentlich komfortablere Unterbringung erwartet. Aber immerhin war es ja ein Jagdausflug, und in der Wildnis kann man nicht mit besonders viel Luxus rechnen. Meiner Schwester Min schrieb ich, der Maharadscha sei aus einem zu weichen Holz geschnitzt für eine erfolgreiche Großwildjagd mitten im Winter in einem gefährlichen Land, und ich glaube, ich liege richtig damit.«

Florence hatte zwar keine Ahnung, was einen bei einem Jagdausflug erwartete, aber sie war sehr wohl schon unter schwierigen Bedingungen unterwegs gewesen und wußte, daß Jammern nichts brachte.

»Den Rest der Geschichte kennst du ja«, fuhr Sam fort. »Unser Boot schlug im Treibeis auf der Donau leck, und wir schafften es gerade noch nach Viddin, wo wir es reparieren lassen wollten. Der Pascha empfing uns in seinem Palast – er empfängt gerne Reisende aus dem Ausland –, und der Nachmittag war recht unterhaltsam für den Maharadscha. Doch sonst gab es in Viddin nicht viel, was nach seinem Geschmack gewesen wäre, und daher gingen wir zu dieser Auktion, zum Zeitvertreib für den Maharadscha.« Dabei lächelte er Florence freundlich zu, und sie erwiderte sein Lächeln.

Während die primitiven Kutschen durch die vereiste Landschaft Richtung Bukarest rumpelten, erzählten sich Florence und Sam Geschichten, sangen einander Lieder vor, rezitierten ihre Lieblingsgedichte und waren überglücklich. Jedesmal wenn sie anhielten, um irgendwo eine Mahlzeit einzunehmen oder zu übernachten, versuchten sie, Singh an ihrer Heiterkeit und ihren – auf deutsch geführten – Unterhaltungen teilhaben zu lassen. Doch dieser war einfach nur verdrießlich und mürrisch.

»Wie kannst du mich nur immer wieder zu diesen schrecklichen Ausflügen überreden, Sam?« fragte der Maharadscha, allerdings nur halb im Spaß. »Reicht es dir etwa nicht, daß ich auf der Donau fast erfroren wäre?«

»Nun mal langsam, mein Lieber«, gab Sam gutmütig zurück. »Hat es dir denn nicht gefallen, als wir damals wie die Raketen durch die Stromschnellen am Eisernen Tor geschossen sind?«

»Gefallen?« setzte der Maharadscha das Spielchen fort. »Nicht mehr als einem Eber der Anblick der Kugel gefällt, die seinem Leben im nächsten Moment ein Ende setzen wird! Ich dachte, wir würden ertrinken. Und dann dieser Zusammenstoß mit der Eisscholle bei Viddin, das wäre auch nicht unbedingt nötig gewesen. Hättest du sie nicht umschiffen können?«

»Nun, woher hätte ich denn wissen sollen, daß es im Januar so große Eisschollen auf der Donau gibt?« verteidigte sich Sam. Er war stolz auf sein Geschick im Umgang mit Booten. »Das wäre jedem anderen genauso passiert. Und ein Getreidekahn läßt sich nun einmal nicht so leicht steuern!«

»Das ist wahr«, gab Singh zu und mußte lächeln. »Aber das Boot war ja auch ein grauenhafter Pott: leck und ganz ohne Heizung. Und jetzt diese Kutschen! Sie sind für die Straße ebensowenig brauchbar, wie das Boot für den Fluß geeignet war. Wahrscheinlich kämen wir schneller voran, wenn wir es die Straße entlangschleppen würden.« Er lächelte noch einmal, um zu zeigen, daß ihm sein Humor noch nicht gänzlich abhanden gekommen war. »Ich fürchte, nach dieser holperigen Reise wird es erst einmal ein paar Tage dauern, bis ich wieder Walzer tanzen kann.«

»Ja, diese Straße drückt einem das Rückgrat ganz ordentlich in die Kissen«, pflichtete Sam ihm schmunzelnd bei.

»Stellt euch nur die armen Damen vor, nächste Woche in Konstantinopel«, fügte der Maharadscha hinzu, »oder die in Italien, wenn ich wieder mit Dr. und Lady Login zusammentreffen werde. Mein Rücken wird ganz mürbe sein und meine Beine steif. Ich werde ihnen ständig auf die Zehen steigen und ihre Tanzschuhe schmutzig machen. O je, o je, wie schrecklich!«

Nach dem Tod seines Vaters Ranjit Singh, des großen Kriegsherren des Pandschab, war Duleep auf Weisung Königin Viktorias von den Logins aufgezogen worden. Daß er noch als Kind beschlossen hatte, vom Sikhismus zum Christentum zu konvertieren, war möglicherweise einer der Gründe, warum die Königin sich ihm gegenüber so großzügig zeigte. Während Singh nun jedoch unbedingt eine christliche Adelige heiraten wollte und bereits entsprechende Schritte unternommen hatte, kam es für Königin Viktoria unter keinen Umständen in Frage, daß er eine Engländerin zur Frau nahm. Obwohl er eine anständige Erziehung genossen hatte und eine äußerst gewinnende Art besaß, war er in ihren Augen immer noch ein Schwarzer. So durchkämmten die Gesandten der Königin und die Logins die Welt nach einer passenden Partie, idealerweise einem hellhäutigen Mädchen aus einem der Fürstentümer Indiens, das bereit war, zum Christentum zu konvertieren, und attraktiv genug, um alle Einwände des Maharadschas zu zerstreuen. Singh rechnete also damit, daß die Logins ihm bei ihrem Zusammentreffen eine Reihe potentieller Kandidatinnen vorstellen würden. Auf jeden Fall aber erwarteten ihn ausgelassene Feste mit Musik, Tanz und hübschen Frauen. (Letzten Endes sollte es noch mehrere Jahre dauern, bis man eine Braut für Singh fand. Im Jahr 1864 heiratete er Bamba Müller, ein halb deutsches, halb abessinisches Mädchen aus Kairo.)

Das Hotel Manuk in Bukarest (1860). Möglicherweise übernachteten Florence und Sam in Bukarest in dieser alten Karawanserei. Im Innenhof sind einfache Kutschen zu sehen, wie sie vermutlich auch von den beiden für die Reise von Calafat dorthin benutzt worden waren.

Jedenfalls machte Singhs Ungeduld in dieser Angelegenheit ihn auf der langen Reise noch reizbarer. Als die drei Bukarest endlich erreicht hatten, wollte der Maharadscha gleich mit dem nächsten Zug, der über ein freies Erste-Klasse-Abteil verfügte, weiterreisen. Florence und Sam hingegen schienen anständige Mahlzeiten, ein guter Tropfen und ein komfortables Hotel – in den Augen des Maharadschas Grundbedürfnisse – überhaupt nicht zu interessieren. Sam hatte gehofft, er und Singh würden sich schließlich im guten trennen, doch der Abschied verlief nicht ganz ohne Bitterkeit. In ihrem Tagebuch bezeichnete Lady Login die Reise zu Unrecht als »ziemliches Fiasko«, bei dem der Maharadscha von einem »alten Stammgast osteuropäischer Großstädte« nur dürftig beaufsichtigt worden sei.

Florence und Sam gingen ganz ineinander auf. Sie waren ein ungewöhnliches Paar, das Mädchen aus dem Harem und der nicht mehr ganz junge Witwer, doch sie paßten gut zueinander. Beide waren geborene Abenteurer, die nach ihnen würdigen Herausforderungen suchten und denen kleinliche Vorschriften ein Greuel waren. Beide hatten tiefverwurzelte, unerschütterliche Moralvorstellungen. Und sie teilten einen Hang zur Freude und Ausgelassenheit, eine schon fast kindliche Lebenslust.

Für Florence war die Situation völlig ungewohnt. Seit frühester Kindheit hatte man ihr zu verstehen gegeben, daß ihre zukünftige Rolle einzig und allein die eines streng bewachten Anhängsels irgendeines Mannes sei. Doch dann war Sam in ihr Leben getreten, und plötzlich war alles anders. Obwohl er sie im Grunde entführt hatte, behandelte er sie weder als sein Eigentum noch als Sklavin, und das war eine ebenso aufregende Erfahrung wie die unwiderstehliche Anziehungskraft dieses stämmigen, kräftig gebauten Mannes. Sie konnte sich nicht erklären, weshalb sie sich so zu ihm hingezogen fühlte, und sie versuchte es auch gar nicht: Es waren seine Freundlichkeit, sein Charakter und dann noch etwas, das sie nicht genauer zu bezeichnen vermochte.

Manchmal war Florence wie gelähmt vor Angst, wenn sie plötzlich der Gedanke durchfuhr, auch er könnte sie im Stich lassen, so wie es schon viele Menschen in ihrem noch kurzen Leben getan hatten. Vorsicht und Zynismus warnten sie, wachsam zu bleiben; ihr Gefühl sagte genau das Gegenteil. Aber auch Ali mußte Sam irgendwie vertraut haben, dachte sie, war er doch das unglaublich große Risiko eingegangen, sie mit ihm ziehen zu lassen. Als sie Sam immer besser kennenlernte, wuchs auch ihr Vertrauen. Er war jemand, dem Grausamkeit oder Arglist völlig fremd waren, der auch von seinem Gegenüber Anständigkeit erwartete und dessen eigene Anständigkeit sich auf andere übertrug. In vieler Hinsicht wirkte er wie ein zu groß geratener englischer Schuljunge mit einem stark ausgeprägten Ehr-, Pflicht- und Rechtsgefühl – und wie ein kleiner Junge war er immer für einen Streich zu haben. Seine moralische und körperliche Stärke dagegen hatte nicht das geringste mit der eines Jungen gemein. Florence mußte sich einfach in ihn verlieben. Er gab ihr, was sie sich immer gewünscht hatte: die Freiheit, sie selbst zu sein und trotzdem geliebt zu werden. In seiner Gegenwart hatte sie das Gefühl, die begehrenswerteste Frau der Welt zu sein.

Sam schätzte Florences außergewöhnlich temperamentvolle und

herrlich unverwüstliche Art. Sie war völlig anders als seine frühere Ehefrau oder irgendeine andere Frau, der er jemals begegnet war. Florence sehnte sich danach, fremde Orte kennenzulernen und Dinge auszuprobieren, und es war genau dieses Neue, an dem sie sich erfreute. Sie klammerte sich nicht an eine kleine, begrenzte, ihr vertraute Welt. In ihrem Verlangen nach neuen Erfahrungen und nach Freiheit erkannte er seine eigenen Bedürfnisse wieder und in ihrem scharfen Sinn für Recht und Unrecht seine eigenen, tiefverankerten Werte. Zudem war sie von einer wunderbaren, strahlenden Schönheit.

Duleep Singh reiste weiter nach Italien, und Florence und Sam blieben allein in Bukarest zurück.

4

Ein Mädchen aus dem Harem

Das erste, was in Bukarest auf der Tagesordnung stand, war, Florence etwas Passendes zum Anziehen zu kaufen. Sam hatte großen Spaß daran, sie zu einem teuren Damenschneider zu begleiten. Er bestellte für sie eine komplette Garderobe mit Abendkleidern, hübschen Kleidern für tagsüber und mehreren praktischen Garnituren Blusen, Jacken und Röcke für die Reise. Dann ging er mit ihr zu einem Juwelier, wo er ihr eine Kette aus goldgefaßten Granaten und Perlen mit dazu passendem Armreif sowie ein Paar filigrane Ohrgehänge kaufte, wie angesehene Damen aus gutem Hause sie trugen. Florence war von seiner offenherzigen Großzügigkeit fasziniert. Im Harem hatte sie von spendablen Herren gehört, die ihre *ikbal* im Gegenzug für eine Liebesnacht mit Kleidern und Schmuck überhäuften. Jetzt war sie fast etwas enttäuscht, weil Sam für seine Geschenke nie eine Gefälligkeit zu erwarten schien. In Wahrheit aber war er dazu nur zu schüchtern und zu anständig. Er mochte zwar ein Sklavenmädchen gekauft haben – allein beim Gedanken daran war ihm unbehaglich zumute, und er betrachtete die Tatsache lieber als einen Zufall –, doch gegen ihren Willen hätte er einer Frau seine Zuneigung niemals aufgedrängt.

Am Abend half ein Zimmermädchen Florence, ihr goldglänzendes Haar der europäischen Mode entsprechend aufzustecken, sich in Schale zu werfen und den neuen Schmuck anzulegen. Als sie die Haupttreppe des Hotels herunterkam, platzte Sam fast vor Stolz. Dieses elegante junge Geschöpf war ganz sicher die hübscheste, exotischste und interessanteste Frau der Stadt. Die beiden erregten einiges Aufsehen, der breitschultrige, distinguierte Herr und die überwältigend aussehende blonde junge Frau, aber Florence nahm nur

Sams bewundernde Blicke wahr. Er war in diesem Moment und von da an der einzige Mann, der ihr etwas bedeutete. Und er war offensichtlich genauso in sie verliebt wie sie in ihn. Sie aßen, tranken und lachten bis spät in die Nacht hinein.

Die körperliche Anziehungskraft zwischen Sam und Florence war enorm. Wenn er sie beim Tanzen umschlungen hielt, blickte sie sich manchmal im Saal um, aus Furcht, sie könnten bei den anderen Gästen Empörung erregen. Seine Nähe raubte ihr den Atem, und jedesmal wenn er sie berührte, selbst wenn sie seine Hand nur durch ihre Handschuhe auf der ihren spürte, durchfuhr sie ein Schauer der Erregung und erweckte in ihr ein leidenschaftliches Verlangen.

Einmal, als Sam Florence spät am Abend zurück zu ihrem Hotelzimmer begleitete, bemerkte sie, daß sein Taschentuch schief in der Brusttasche seines Smokings steckte.

»Geben Sie acht«, meinte sie liebevoll, während sie das Leinentüchlein herauszog und ordentlich faltete. Als sie es ihm wieder in die Tasche schob, ganz vorsichtig und langsam, hatte sie das Gefühl, etwas sehr Intimes zu tun. »Nicht daß Sie noch Ihr Taschentuch verlieren.«

»Du hast recht«, antwortete er mit seiner sanftesten Stimme. Er umfaßte ihre reizende kleine Hand und legte sie sich auf die Brust. Dann zog er das Tuch aus der Smokingtasche und ließ es vor ihren Füßen fallen. Sie blickte ihm lange in die blauen Augen, dann bückte sie sich, hob es auf und hielt es sich an die Nase. Es duftete frisch gebügelt und gestärkt – und nach Männlichkeit.

»Ich fürchte, Sie werden es sich zurückholen müssen«, murmelte sie, drehte sich um und ging in ihr Zimmer.

Florence und Sam verbrachten eine glückliche Zeit in Bukarest, auch wenn Sam die Stadt in einem Brief an Min als »einen Haufen Dreck« bezeichnete. »In allen Straßen steht zehn Zentimeter hoch der schwarze Schlamm«, schrieb er und klagte über »Flöhe, so groß wie Bantam-Hähne, und Wanzen von der Größe eines Steinbutts«. Doch die primitiven Zustände in Bukarest störten Sam und Florence nicht im geringsten. Immerhin ging es hier weitaus kultivierter zu als in Viddin oder irgendwelchen entlegenen Dörfern in der Walachei.

Außerdem lebten sie ohnehin in ihrer eigenen kleinen Welt. Sam dachte sich einen Kosenamen für Florence aus, »Flooey«, den er von da an meistens verwendete.

Einer der wenigen Engländer, auf dessen Bekanntschaft sie Wert legten, war Robert Colquhoun, der schon seit langem als britischer Konsul in Bukarest war. Er und Sam hatten viele gemeinsame Freunde, und der Anstand erforderte es, daß sie ihm einen Besuch abstatteten. Dies erschien Sam um so dringlicher, als ihm zu Ohren gekommen war, daß in Constanza vielleicht ein neues Konsulat eingerichtet werden sollte. Noch war Constanza nur ein kleiner, unbedeutender Fischerort am Schwarzen Meer, doch man baute gerade eine Eisenbahnlinie von dort nach Cernovoda an der Donau. Mit der schnellen Verbindung zur Donau würde sich Constanza vermutlich zu einer verhältnismäßig wichtigen Hafenstadt entwickeln, in der man einen Konsul brauchte. Natürlich wäre es nur ein kleiner Posten, aber nichtsdestotrotz ein angesehener, der für einen Mann von Sams Format wie geschaffen war. Zudem würde die Anstellung Sam und Florence einen idealen Vorwand liefern, in Mitteleuropa zu bleiben, wo sie sicher wären vor den neugierigen Fragen, die man ihnen bei einer Rückkehr nach London ganz gewiß stellte. Sam bat Colquhoun um seine Einschätzung der Dinge: Würde man tatsächlich einen Konsulatsposten schaffen? Wie konnte er ihn am ehesten bekommen? Leider konnte Colquhoun Sam jedoch keine großen Hoffnungen machen.

Seiner Schwester Min schrieb Sam voller Optimismus, daß er sich als Generaldirektor bei der Firma beworben habe, die mit dem Bau der neuen Eisenbahnstrecke betraut sei, und zugleich um das Konsulat. Er bat um Verständnis, daß dies ihn noch eine Weile, vermutlich sogar mehrere Jahre, daran hindere, nach Hause zu kommen, und daß sie sich bis dahin weiter um seine Töchter kümmern solle. Mit dem Konsulat klappte es zwar nicht, aber die Stelle bei der Eisenbahngesellschaft konnte Sam antreten. Am 11. März schrieb Sam seiner ältesten Tochter Edith: »Ich habe lange mit mir gerungen, ob ich meinen derzeitigen Posten annehmen soll, denn nun werde ich natürlich noch für einige Zeit hier sein müssen, weit fort von euch allen. Doch ich war mir sicher, daß ihr mich nicht vergessen würdet, auch wenn ich in der Ferne bin. Außerdem ist der Mensch ja nicht zum Müßiggang geschaffen ...«

Das göttliche Gebot, nach dem der Mensch außerdem nicht zum Alleinsein geschaffen ist, fügte er nicht hinzu, auch wenn er kaum an etwas anderes denken konnte als an Florence. Er wußte einfach nicht, wie er seiner vierzehnjährigen Tochter hätte beibringen sollen, daß er sich noch einmal Hals über Kopf verliebt hatte – und zwar in ein Mädchen, das kaum älter war als sie. Wieder schrieb er Min, erwähnte Florence aber auch diesmal nicht, sondern bat die Schwester lediglich, ihm sein Porzellan und das Tafelsilber zu schikken. Auch seinem alten Freund und Jagdgefährten Wharncliffe sandte er einen Brief, in dem er von seiner neuen Arbeit berichtete. Wie er ihm von seiner neuen Geliebten erzählen sollte, wußte Sam nicht. Sams Familie und Freunde waren froh, daß er sich endlich überhaupt einmal wieder für irgend etwas zu interessieren schien. Daß es jedoch ein ungarisches Mädchen aus dem Harem war, nicht einmal halb so alt wie er, das im Mittelpunkt seines Interesses stand, konnten sie natürlich nicht wissen.

Bevor er und Florence Bukarest jedoch wieder verließen, bat Sam Colquhoun noch um einen großen Gefallen. Als Konsul hatte dieser die Möglichkeit, britische Pässe auszustellen – und Florence brauchte dringend einen Paß. Sie besaß keinerlei Papiere, und sie konnten nicht darauf vertrauen, daß der Trick mit dem Waffenschein auch die nächsten Male klappen würde. Ungarn, ihr Geburtsland, existierte nicht mehr, und das österreichische Kaiserreich würde ihr niemals einen Paß ausstellen, da ihr Vater als Landesverräter galt. Im Osmanischen Reich wiederum, das zehn Jahre lang ihr Zuhause gewesen war, hatte man sie nie registriert oder auf andere Weise als Bürgerin anerkannt. Sie war eine hübsche junge Frau, und ohne Papiere würde sie auf Reisen schutzlos und aufs höchste gefährdet sein.

Colquhoun war sich bewußt, daß Florence weder der Geburt nach noch durch Heirat Britin war. Selbst wenn Florence und Sam beschließen sollten zu heiraten, würden sie mit einigen Schwierigkeiten zu kämpfen haben. Florence war katholisch getauft worden und Sam ein gläubiges Mitglied der Church of England. Mischehen wurden in den meisten europäischen Ländern mißbilligt, wenn nicht sogar strikt verboten. Eine in Rumänien geschlossene Mischehe würde vor dem englischen Gesetz höchstwahrscheinlich gar nicht anerkannt werden. Als Repräsentant der britischen Regierung aber wußte Colquhoun, daß auch andere ungarische Flüchtlinge[22] aus politischen Gründen einen britischen Paß erhalten hatten. Und Florence war eine bezaubernde junge Frau, der man unbedingt politisches Asyl gewähren mußte. Sam gab Colquhoun sein Ehrenwort als Gentleman, daß er die volle Verantwortung für Florence übernehmen werde – dasselbe hatte er Florence bereits unter vier Augen versprochen. Colquhoun ließ sich erweichen und stellte ihr einen Paß auf den Namen Florence Barbara Maria Finnian aus. Dank Colquhouns Entgegenkommen war ein großes Problem im gemeinsamen Leben des Paares gelöst.

Florence fand keine Worte, um Sam klarzumachen, was sie für ihn empfand. Seine Liebe hatte die Kälte, die Wunden und die Angst aus ihrem Herzen vertrieben. Wenn sie bei ihm war, fühlte sie sich vollkommen frei und fest gebunden zugleich. Sie fühlte sich an eine erlesene persische Miniatur erinnert, die sie einmal gesehen hatte: Das Bild zeigte ein prächtiges wildes Zebra mit einem feinen, roten Halfter aus Seide.

Wie ein frisch verheiratetes Paar bezogen Florence und Sam in Constanza das ziemlich unansehnliche, leerstehende Haus des Firmendirektors. Daß es nun endlich einen Ort gab, wo sie miteinander leben und unter sich sein konnten, erschien ihnen wie ein Abenteuer, auch wenn das Gebäude klein, baufällig und abgewohnt war. Mit Teppichen und Möbeln, wie sie in der Gegend hergestellt wurden, verwandelte Florence es in ein gemütliches Zuhause. Sams Porzellan und Tafelsilber, die aus England angekommen waren, verliehen ihrem Eßtisch, der in einem der beiden Zimmer am Fenster stand, sogar einen Hauch von Eleganz. Das beste an dem Haus war seine Lage: Es grenzte direkt an das Marschland der Schwarzmeerküste, das sich hervorragend zum Jagen und Fischen eignete. Sam konnte sich die Büroarbeit so einrichten, daß ihm noch freie Zeit blieb, und Florence fand genausoviel Gefallen an ihren gemeinsamen Ausflügen wie er.

Am liebsten wäre Florence jeden Tag mit Sam ausgeritten, doch dabei gab es ein Problem. Sam hatte, noch in Bukarest, auch ein

Das eingefangene Zebra (1621). Diese persische Miniatur des Malers Mansur zeigt ein wildes Zebra, das mit einem zarten, seidenen Halfter angebunden ist. – Ähnlich war auch die sanfte Abhängigkeit, in die sich Florence aus freien Stücken begab und die auf Zuneigung begründet war.

Reitkostüm für sie bestellt. Als es ankam, war sie jedoch völlig erstaunt. »Sam, sieh dir das einmal an!« rief sie, nachdem sie die Kleider ausgepackt hatte. »Was sind diese Schneider doch für Dummköpfe! Sie glauben doch nicht etwa, daß man in so etwas reiten kann?« Florence lachte und hielt amüsiert den langen Rock in die Höhe.

»Wie meinst du das?« fragte Sam verwirrt. »Ich finde, das sieht aus wie ein ganz normales Damenreitkostüm – und die Farbe der Jacke steht dir auch gut.«

»Ach, Sam«, zog Florence ihn auf. »Könntest du etwa in solchen Kleidern reiten?«

»Nun, selbstverständlich nicht, meine Liebe. Ich würde ja mein Bein gar nicht über den Sattel bringen.« Er mußte lächeln, als er sich vorstellte, wie komisch es wohl aussah, wenn er seinen muskulösen Männerkörper in ein Damenreitkostüm zwängen würde.

»Aber das ist es ja«, stimmte Florence ihm zu. »Ich könnte es ebensowenig.« Sam sah sie verdutzt an.

»Meinst du damit«, fragte er langsam, »daß du gelernt hast, wie ein Mann zu reiten, im Herrensitz?«

»Nicht wie ein Mann«, antwortete sie, »aber im Herrensitz. So reiten alle türkischen Frauen. Wie sollte man denn sonst galoppieren können, mit beiden Beinen auf einer Seite? Sicher könnte man so auch nicht über eine Mauer oder einen Graben springen. Reiten die Frauen in England denn nicht so?«

»Nein, meine Blume, das wäre höchst ... unschicklich. Frauen tragen beim Reiten Röcke wie diesen hier und darunter eine Art Rock mit Schlitz oder Pantalons. Sie benutzen einen speziellen Damensattel, so daß sie beide Beine auf der linken Seite des Pferdes nebeneinanderlegen können. Ganz vorne am Sattel befindet sich ein großer lederner Haken, an dem man sich mit dem rechten Bein einhängt.« Er hockte sich auf die Sofalehne, um Florence zu demonstrieren, wie man auf einem Damensattel seine Beine hielt. »Und mit dem anderen schlüpft man in den Steigbügel ... und dann hält man die Gerte ... also gut, ich muß zugeben, ich weiß nicht genau, wie man das macht.« Sam versuchte, sich in die richtige Position zu drehen, verlor das Gleichgewicht und plumpste lachend zwischen die Sofakissen. Florence konnte beim Anblick seiner Verrenkungen gar nicht mehr aufhören zu kichern.

»Ich jedenfalls«, verkündete sie ausgelassen und stieg rittlings auf eine der Sofalehnen, »werde im Herrensitz reiten, auf einem normalen Sattel, damit ich das Gleichgewicht halten kann.« Sie grinste Sam an, und nach kurzem Überlegen grinste Sam zurück.

»Nun gut«, meinte Sam und versuchte, ein ernstes Gesicht aufzusetzen. Er glaubte begriffen zu haben, worum es ihr ging, und der Plan schien ihm gar nicht so übel. »Hör mal, Flooey, ich glaube es ist höchste Zeit, daß ich eine Reithose für meinen Neffen besorge. Er kommt schon bald auf Besuch. Und er reitet doch so gerne.«

»Genau!« rief Florence entzückt. »In ein paar Tagen wird dein Neffe sicher hier sein und mit dir ausreiten wollen.«

Sie machten sich einen Spaß daraus, daß Florence von da an Männerkleidung trug[23]. Sie war schlank und hatte keine besonders ausgeprägten weiblichen Rundungen, und wenn man nicht so genau hinsah, hätte man sie mit ihrem hochgesteckten Haar für einen jungen Burschen halten können.

Sam fand das Ganze höchst spannend und komisch, und Florence stand die Hose nicht nur gut, sie war auch praktisch. Keine andere Frau, die er kannte, hätte Hosen getragen. Seiner ersten Frau, einer Pfarrerstochter, wäre es furchtbar peinlich gewesen, daß man darin die Konturen der Beine so deutlich sah. Sam hatte Henriettas ungekünstelte Züchtigkeit bewundert, doch ein Kamerad, so wie Florence, war sie nie für ihn gewesen. Florence hatte eine gewisse Ähnlichkeit mit ihm selbst: Sie war jemand, der sich nicht scheute, gegen Regeln und Gewohnheiten zu verstoßen, wenn sie keinen Sinn ergaben, und den es nicht kümmerte, was die anderen dachten. Die meisten Engländer in Constanza waren ohnehin Strecken- oder Bauarbeiter, die für die Eisenbahngesellschaft tätig waren. Sie kannten Sams Familie und Freunde in der Heimat nicht, und es war auch höchst unwahrscheinlich, daß sie in der Wildnis des Marschlandes und der Ebenen zum Reiten gingen und Florence dabei erkannten.

Mit Sams vier wichtigsten Assistenten in Constanza – Jack, George, Robert und Henry Barkley, den Söhnen eines Vikars aus Norfolk – war das anders. Anfangs waren sie begeistert von ihrem neuen Direktor »Mr. Baker, dem großen Elefantenjäger aus Ceylon«. Florence aber begegneten sie mit Mißbilligung, und Henrys Frau bezweifelte, daß sie tatsächlich *Mrs.* Baker war, obwohl man sie ihr als solche vorgestellt hatte. Es war nicht der Altersunterschied zwischen Florence und Sam, der sie irritierte, denn immerhin heirateten viele wohlhabende Witwer wesentlich jüngere Frauen, sondern Florences Alter an sich, das sie mißtrauisch stimmte: »Mrs. Baker« war gerade einmal an die fünfzehn Jahre alt! Die Ehe mit einem jungen Mädchen war zwar durchaus legal – in England galt man mit zwölf Jahren als ehemündig –, aber niemand von Sams sozialer Stellung würde normalerweise auch nur daran denken, ein Mädchen zu heiraten, bevor es mit siebzehn Jahren in die Gesellschaft eingeführt worden war. Um es auf den Punkt zu bringen: Florence war zu fremdländisch, zu jung und viel zu hübsch. Die Barkleys mieden das Paar, so gut sie konnten.

Wenn Sam nicht gerade im Büro arbeitete oder auf der Jagd war, schrieb er anschauliche, glänzend formulierte Reiseessays über das Leben in der Walachei und in Ceylon für die englische Jagdzeitschrift *The Field*. In einem davon berichtete er von einem Jagdausflug durch einen Sumpf, bei dem er plötzlich merkte, wie seine Stiefel im schwarzen, zähen Schlamm steckenblieben. »Sie wurden wieder herausgezogen, und mein walachischer Bursche hängte sie sich über die Schulter, denn sowohl er als auch ich befanden, daß Stiefel einem beim Gehen nur im Wege waren.« Mit dieser netten Anekdote über die fröhlichen, barfüßigen Jäger erlaubte Sam sich allerdings einen kleinen Scherz, denn der »walachische Bursche« war niemand anderer als Florence – in den Kleidern des erfundenen Neffen.

Im Spätsommer 1859 erhielten Sam und Florence einen Packen englischer Zeitungen mit Neuigkeiten aus der Heimat, der einige Wochen zuvor losgeschickt worden war. Ab diesem Moment sollte es mit ihrem beschaulichen Leben vorbei sein.

Die Erforschung Afrikas und die Quelle des Nils waren Themen, über die in gelehrten Kreisen gerade mit besonderem Interesse diskutiert wurde. Existierte im Herzen Afrikas, auf irgendeinem riesigen, noch unentdeckten Plateau, womöglich ein großer Binnensee? Bildete statt dessen eine Kette miteinander verbundener Seen den Ursprung des mächtigen Stroms? Oder erhob sich in Zentralafrika ein gewaltiger Gebirgszug, an dem sich die Niederschläge sammelten und in den Nil ergossen? Im Jahr 1856 waren Richard Burton und John Hanning Speke aufgebrochen, um dieses große Rätsel der Wissenschaft zu lösen, und von Sansibar an der Ostküste Afrikas aus ins Landesinnere vorgedrungen. Jetzt, drei Jahre später, war Speke zurückgekehrt und hatte verkündet, sie hätten ihr Ziel erreicht.

»Na sieh mal einer an!« rief Sam, als er in der Zeitung einen Artikel darüber las. »Der alte Speke hat die Nilquelle gefunden! Gemeinsam mit Burton hat er den Tanganjikasee entdeckt, so wie sie es geplant hatten, aber Speke behauptet, es gebe da einen noch größeren See – er nennt ihn ›Victoriasee‹. Ein riesiges Gewässer, fast schon ein Binnenmeer, sagt er, das die eigentliche Quelle des Nils sei. Ach, das

John Hanning Speke (1863). Im Mai 1859 kehrte Speke aus Afrika zurück und gab bekannt, er habe den Victoria N'yanza, die Quelle des Nils, entdeckt.

würde ich mir zu gerne selbst anschauen!« Sams Blick nahm einen verträumten Ausdruck an, während er an die wunderbaren Herausforderungen dachte, die eine Forschungsreise durch Afrika mit sich brachte – und an all die interessanten, unbekannten Tiere, die man auf diesem Kontinent jagen konnte.

»Wer ist dieser Speke?« Florence blickte von ihrer Stickarbeit auf. »Ein alter Freund von dir?«

»John ist Hauptmann bei der indischen Armee«, antwortete Sam. »Ich lernte ihn vor ein paar Jahren in Aden kennen, als ich gerade von der Krim zurück nach Hause reiste. Er ist ein großartiger Jäger und besitzt eine prächtige Sammlung mit Geweihen und Fellen aus Indien. Wenn er Diensturlaub hatte, erforschte er Regionen in Tibet, die noch kein Mensch zuvor betreten hatte, und konnte so seine Sammlung um ein paar seltene Exemplare erweitern. Wir führten einige lange Gespräche über die Jagd in Asien.«

Speke hatte sich mit siebzehn Jahren der indischen Armee angeschlossen und sich im Kampf gegen die Sikhs ausgezeichnet. Als ein eher steifer, manchmal fast pedantischer Mensch sagte ihm das Leben in der Armee zu, auch wenn er mit den Einheimischen, die er anführte, nie richtig warm geworden war. Er hatte gerade einmal soviel Hindustani gelernt, wie nötig war, um ihnen Befehle zu erteilen. Trotz alledem hielt Sam ihn für einen »Prachtkerl« und erklärte Florence: »Er sieht mir sogar ein wenig ähnlich. Ich habe noch nie darüber nachgedacht, aber eigentlich könnten wir fast Brüder sein. Er ist ein paar Zentimeter größer als ich, gut ein Meter achtzig, würde ich sagen, hat helles Haar und blaue Augen, und sein Bart ist leicht rötlich, wie meiner. So kräftig wie ich ist Speke allerdings nicht«, fügte Sam stolz hinzu.

»Und Burton?« wollte Florence wissen. »Wer ist das?«

»Captain Richard Burton von der Armee der Ostindien-Kompanie in Bombay war der Anführer der Expedition. Er ist ein ganz anderer Typ als Speke, eher ein Intellektueller und Schriftsteller – aber irgendwie auch ein komischer Kauz, ein regelrechtes Original. Burton war es, der sich damals, als Araber verkleidet, nach Mekka und Medina einschlich.«

Florence zog scharf die Luft ein. Mekka war für die Moslems ein Heiligtum. Jeder von ihnen hatte die heilige Pflicht, wenigstens einmal in seinem Leben eine *hajj*, eine Pilgerfahrt nach Mekka, zu unternehmen; Medina galt als zweitheiligste Stadt der Welt. Weiße Ungläubige waren weder in Mekka noch in Medina willkommen, ja nicht einmal geduldet und mußten damit rechnen, wegen Entehrung einer heiligen Stätte hingerichtet zu werden. Burton mußte also ein wahrer Meister der Maskierung gewesen sein und sowohl den Islam als auch die arabische Sprache studiert haben, wenn ihm ein derartiges Täuschungsmanöver gelungen war.

Sam bemerkte Florences Verwunderung und fuhr fort: »Burton versteht es hervorragend, sich anzupassen oder in eine fremde Person zu schlüpfen. Angeblich hat man ihn schon für einen Afghanen, einen Hindu, einen Zigeuner und einen tanzenden Derwisch gehalten. Er beherrscht mindestens ein Dutzend verschiedene Sprachen[24]. Ich bewundere ihn für seinen Mut und seine unersättliche Neugierde. Speke erzählte mir, bei der Armee der Ostindien-Kompanie hätten sie von Burton immer als ›weißem Nigger‹ oder ›diesem Teufelskerl Burton‹ gesprochen. Was ihr Temperament betrifft, könnten er und Speke unterschiedlicher nicht sein. Ich denke nicht, daß Speke schon einmal ein sprachkundliches oder ethnographisches Buch geschrieben hat, und gelesen hat er wahrscheinlich auch noch keines.«

Sam erzählte Florence, daß Burton der erste gewesen sei, der sich wegen einer Expedition zur Suche nach der Nilquelle an die Royal Geographical Society – die RGS – gewandt habe. Für seine Forschungsreisen in Arabien hatte er bereits viel Lob erfahren. Burton wurde zum Anführer der Expedition bestimmt, Speke war für die Landvermessung zuständig.

»Das klingt doch, als hätten deine beiden Freunde sich gegenseitig ganz gut ergänzt«, bemerkte Florence. »Burton konnte die Sprachen und Gewohnheiten der Völker studieren, Nahrungsmittel besorgen und Informationen sammeln. Und Speke konnte die Kartierungsarbeiten und Messungen durchführen und seine Sammlung asiatischer Geweihe und Felle um einige afrikanische Tiere erweitern.«

Doch die Bekanntschaft zwischen Burton und Speke hatte bereits mit einer Katastrophe begonnen. Auf einer kurzen Expedition nach Somalia waren sie kurz vor Berbera mitten in der Nacht von einem einheimischen Stamm angegriffen worden. Burton traf ein Speer im Gesicht, der ihm vier Zähne ausschlug, den Gaumen brach und eine große, böse Narbe hinterließ. Speke wurde elfmal durchbohrt. Die anderen Weißen, die mit von der Partie waren, zerstückelte man. Mitten im Kampf schrie Burton Speke zu: »Nicht zurückweichen, sonst denken sie, wir räumen das Feld!« Speke glaubte, Burton habe ihm damit unterstellen wollen, er sei feige, und verzieh ihm die Bemerkung nie. Außerdem ärgerte er sich darüber, wie sein Tagebuch der Somaliareise von Burton für die Veröffentlichung bearbeitet worden war. Weshalb die beiden zu einer weiteren gemeinsamen Forschungsreise nach Afrika aufbrachen, war unklar. Manche glaubten, Burton

Richard Burton (1853). Als Araber verkleidet (wie auf diesem Foto) unternahm Burton als erster Ungläubiger eine Pilgerreise nach Mekka. Obwohl er die Afrikaexpedition gemeinsam mit Speke anführte, kam diesem der größere Ruhm für die Entdeckung der Nilquelle zu.

habe Speke deswegen eingeladen, ihn zu begleiten, weil dieser durch das Fiasko in Somalia eine Menge Geld – etwa fünfhundert Pfund[25] – verloren hatte. Die ständigen Krankheiten und Entbehrungen sowie die psychische Belastung dieser zweiten Reise förderten jedoch Spekes Neid, seine Abneigung und sein Mißtrauen gegen Burton zutage.

»Wie ich sehe«, sagte Sam und deutete auf die Zeitung, »kam Speke im Mai zurück und vermeldete ihren Erfolg, ließ Burton aber in

Aden zurück, wo dieser sich von seiner Krankheit und der Erschöpfung erholte. Sonderbar. Eigentlich kann man sich gar nicht vorstellen, daß ein Gentleman so handeln würde, oder? Immerhin war Burton der Anführer der Expedition, und dann sollte auch er es sein, der für beide spricht.«

Burton behauptete bis ans Ende seines Lebens, Spekes letzte Worte, bevor dieser ohne ihn nach England zurückkehrte, seien gewesen: »Lebe wohl, alter Freund. Sei unbesorgt, ich werde erst dann zur Royal Geographical Society gehen, wenn auch du wieder aufgetaucht bist und wir uns gemeinsam zeigen können, darauf kannst du dich verlassen.« Burton fühlte sich durch Spekes Verhalten daher bewußt hintergangen und sollte ihm niemals verzeihen.

»Stimmt, das hört sich tatsächlich etwas sonderbar an«, grübelte Florence, während sie ihre Stickerei genauer betrachtete. »Irgend etwas zwischen ihnen scheint da ganz und gar nicht zu stimmen. Ist dieser Speke denn besonders ehrgeizig?«

»Stolz ist er auf jeden Fall. Wenn ich mich recht besinne, war er auch immer recht schnell beleidigt. Ja, doch, ich würde ihn schon ehrgeizig nennen. Hier steht, daß Speke am 20. Juli 1858 allein loszog und den Victoriasee erforschte, während Burton im Lager blieb, weil er zu krank war, um überhaupt laufen zu können. Nachdem Speke wieder dort angekommen war, machten sich die beiden auf den Rückweg Richtung Sansibar und fuhren dann mit dem Schiff nach Aden. Der englische Arzt dort riet den beiden, sich nicht vom Fleck zu rühren und sich lieber zu erholen, bevor sie die Heimreise über den Ozean anträten, doch Speke fuhr auf schnellstem Wege zurück, um sich mit Sir Roderick Murchison von der RGS zu treffen.«

»Wann kam er zu Hause an?« wollte Florence wissen. »Und wann kehrte Burton zurück?«

Sam sah in den Zeitungen nach. »Spekes Treffen mit Murchison fand am 9. Mai 1859 statt. Sobald er die Neuigkeit von Speke erfahren hatte, erklärte Murchison angeblich: ›Speke, wir müssen Sie noch einmal dorthin schicken!‹ und wies ihn an, unverzüglich eine Rede vor den Mitgliedern der Gesellschaft zu halten. Was die Rückkehr Burtons betrifft, da muß ich erst in den anderen Zeitungen nachsehen.«

Sam blätterte den Stapel mit den aus London eingetroffenen Zeitungen durch und rief dann: »Ah ja, hier steht es: Es dauerte fast zwei weitere Wochen, bis Burton schließlich eintraf. Die RGS verlieh ihm zwei Tage später, am 23. Mai, die Founder's Medal. Aber er muß wohl trotzdem ziemlich verärgert darüber gewesen sein, daß Speke bereits einen Vortrag über ihre Erkenntnisse gehalten hatte und gerade eifrig seine eigene Expedition an den Victoriasee vorbereitete.«

»Captain Burton mußte bei seiner Rückkehr also feststellen, daß sein Landvermesser alles Lob und die ganze Anerkennung eingeheimst hatte?« brachte Florence die Angelegenheit auf den Punkt. Energisch stieß sie ihre Sticknadel in den Stoff. »Dann war er sicher sehr wütend auf Speke.«

»Das denke ich auch. Auf jeden Fall wird Speke noch einmal an den Victoriasee zurückkehren, um seine Behauptung, daß dieser große See den Nil speist, zu beweisen. Speke hat die Stelle nie mit eigenen Augen gesehen, er berief sich lediglich auf die Bezeugungen der Eingeborenen.« Sam schüttelte mißbilligend den Kopf. »Wie leichtfertig! Er hätte das selbst nachprüfen müssen. Diesem späteren Zeitungsbericht zufolge scheint Burton der Behauptung Spekes keinen Glauben zu schenken und anzudeuten, daß dieser sich durch die Einheimischen und durch schlechte Dolmetscher zu falschen Annahmen verleiten ließ. Speke mußte sich mit dem Anführer seiner Männer angeblich auf Hindustani verständigen, obwohl keiner der beiden es fließend sprach. Der Anführer übersetzte die Botschaft dann ins Arabische und sprach mit den Einheimischen. Am Ende mußte alles wieder zurückübersetzt werden. Kannst du dir vorstellen, wie umständlich das ist? Keine besonders verläßliche Methode, um Auskünfte zu bekommen, wenn du mich fragst.«

Er hielt inne und starrte Florence verträumt an. »Wenn ich nach der Nilquelle suchen würde, dann würde ich mir, glaube ich, vorher die Zeit nehmen, Arabisch zu lernen. Soweit ich weiß, ist das fast überall entlang des Nils die Verkehrssprache, wegen der arabischen Händler. Ich hätte keine Lust, mich bei jeder Kleinigkeit auf irgendeinen einheimischen Dragomanen verlassen zu müssen.«

»Eine kluge Idee«, bemerkte Florence, legte ihre Handarbeit für einen Augenblick zur Seite und lächelte verschmitzt. »Arabisch ist keine schwierige Sprache. Du würdest nicht besonders lange brauchen, bis du sie gelernt hast, *inschallah.*«

Sam blickte sie verblüfft an. »Was hast du da eben gesagt?« fragte er. Er traute seinen Ohren nicht.

»*Inschalla*«, wiederholte Florence. »Das sagt man sehr oft im Arabischen. Es bedeutet ›So Gott will‹.«

»Willst du damit sagen, daß du Arabisch sprichst?« fragte Sam erstaunt. Er war noch nie einer Frau begegnet, die ihn so oft überraschte wie Florence. Was war sie doch für ein Goldstück!

»Ja, natürlich. Ich habe es in Viddin gelernt, als ich noch ein kleines Mädchen war«, antwortete Florence nüchtern. »Tscherkessisch fand ich immer schwieriger.« Sie mußte lachen, als sie Sams verdutztes Gesicht sah. »O Sam, du weißt doch, daß ich als Kind im *haremlik* Arabisch lesen und schreiben lernte. Wie sonst hätte ich denn den Koran studieren sollen? Und wie könnte ich von mir behaupten, über eine gewisse Bildung zu verfügen, wenn ich nicht den Koran lesen könnte? Arabisch war die einzige Sprache, die fast jeder im Harem beherrschte. Und Ali, mein *lala*, lehrte mich sogar ein wenig Dinka, die Sprache seines Volkes. Soll ich es dir beibringen?«

»Wenn wir Arabisch könnten, wäre es für uns ein leichtes, dem Nil von Kairo aus zu folgen«, dachte Sam laut nach. Seine Gedanken überschlugen sich. »Damit wären wir sicher, daß der große Strom, an dessen Ufern wir entlangreisen, auch tatsächlich der Nil ist, wenn wir dann an seiner Quelle ankommen. Niemand könnte uns vorwerfen, wir hätten uns von einem anderen Fluß in die Irre führen lassen.«

»Ich verstehe gar nicht, warum das noch niemand vor uns getan hat«, meinte Florence nur. »Was bringt es denn, wenn man von der Küste aus auf dem Landweg loszieht und hofft, daß der Fluß, auf den man stößt, der Nil ist? Wäre es nicht besser, ganz sicher zu gehen? Und ist es in einer unbekannten Region nicht ohnehin viel ungefährlicher und komfortabler, auf einem Fluß zu reisen als zu Lande?«

Sie mußte daran denken, wie sie früher, als Kind, in der Bibliothek des Kartographen in Viddin gesessen und fasziniert auf die riesigen weißen Stellen der Afrikakarte gestarrt hatte. Das Ende des Nils, das ins Mittelmeer mündete, war immer sehr detailliert eingezeichnet gewesen, doch seine Quelle in Zentralafrika lag im ungewissen. Es gab so viele Regionen, zu denen kaum genauere Angaben existierten, weder über Städte noch Gebirge, Flüsse oder Seen. Wie herrlich wäre es, gemeinsam mit Sam die Quelle des Nils zu entdecken.

In Sams Gehirn ratterte es wie in einer gigantischen Dampfmaschine: Ein Gedanke trieb den nächsten an, aus einer Idee wuchs eine weitere, immer schneller und schneller. »Ganz so einfach ist es vermutlich nicht«, sagte er langsam. »Natürlich fließt der Nil in die falsche Richtung, ins Mittelmeer, und nicht nach Süden, zur Quelle hin. Und selbstverständlich liegt die Quelle auch höher, das ist ja anders gar nicht möglich. Deshalb gibt es am Nil auch Katarakte – acht Stück, wenn ich mich recht entsinne –, so daß wir dort anhalten und die Boote irgendwie daran vorbeitragen müßten.«

»Wäre das denn wirklich so schwierig?« überlegte Florence. »Ich meine, wir müßten doch ohnehin eine Menge Träger und eine Mannschaft für die Boote anheuern, oder? Dann könnten diese doch die Boote um die Katarakte herumtragen, wenn sie nicht allzu groß sind ... Wie viele Boote und Männer man wohl dafür bräuchte?«

Plötzlich grinsten Florence und Sam sich an: Sie hatten eben mit der Planung eines gemeinsamen Abenteuers begonnen. Der Traum, eines Tages nach Afrika zu fahren, war nun auf wunderbare Weise in greifbare Nähe gerückt. Die meisten vornehmen jungen Damen hätten wahrscheinlich eine Heidenangst vor einer Reise ins tiefste Afrika gehabt – doch nicht so Florence. Immerhin war sie mit den dortigen Sprachen vertraut und hatte in Viddin jahrelang unter Afrikanern gelebt. Sam seinerseits hatte sich schon immer gewünscht, Afrika und sein legendäres Großwild – Elefanten, Büffel, Löwen, Nashörner und Giraffen – kennenzulernen. Seit seiner Zeit auf der Plantage wußte er, wie man einen größeren Trupp von Einheimischen anführte und wie man sich in der Wildnis durchschlug. Außerdem war er gerne auf dem Schiff unterwegs, denn dort konnte man es sich behaglich machen, ohne auf ein Lager oder die Gastfreundschaft des nächsten Dorfes angewiesen zu sein. Gab es Schwierigkeiten, konnte man einfach weiterfahren.

Über die nächsten sechs Monate verfolgten Florence und Sam voller Interesse die Neuigkeiten aus London, während sie an ihren eigenen Plänen tüftelten. Burton und Speke ließen sich zu einer unschönen Kontroverse in der Presse hinreißen. In einem Brief vom 8. Oktober 1859 an die *Times* präsentierte Burton seine Erkenntnisse zur afrikanischen Geographie, was Speke wie einen Idioten aussehen ließ, der die Entdeckung eines riesigen Sees verkündet hatte, ohne seine Behauptung durch entsprechende geographische Daten zu stützen. Doch ungeachtet dessen war es der nette, liebenswerte Speke, dem die Sympathien der Royal Geographical Society gehörten.

Speke stürzte sich eifrig in die Vorbereitungen für seine neue Expedition. Bei ihrer Ausschußsitzung am 20. Juni 1859 hatte die RGS sich bereit erklärt, Spekes Afrikaexpedition zur Hälfte zu finanzieren, während Burtons Antrag abgelehnt wurde. Trotz seiner überragenden intellektuellen Fähigkeiten haftete Burton irgendwie ein Makel an. Man befürchtete, er könnte »verrohen«, und vielleicht war er ja doch kein echter Gentleman.

Bei seiner Suche nach einem verläßlichen Begleiter konnte Speke Captain James Augustus Grant gewinnen, einen befreundeten Offizier bei der indischen Armee. Seinen guten Freund Colonel Rigby, einen alten Rivalen Burtons, der britischer Konsul in Sansibar war, beauftragte Speke damit, im Landesinneren Lager mit Vorräten und Tauschgütern für ihn und Grant bereitzustellen, damit sie nicht so viel von der Küste mitbringen mußten. Sie hatten vor, von Sansibar aus landeinwärts und auf direktem Weg zum Victoriasee zu marschieren. Dann wollten sie am Ufer des Sees weitergehen, bis sie nachgewiesen hatten, daß der Nil an seinem nördlichen Ende herausfloß. Der Rückweg würde sie nilabwärts Richtung Norden führen, bis nach Gondokoro, dem südlichsten mit dem Schiff erreichbaren Ort am Weißen Nil. Von dort aus würde sie ein Boot über Khartoum, Kairo und Aden nach Hause bringen. Im Gegenzug für ihre finanzielle Unterstützung hatte die RGS die strikte Anweisung gegeben, daß Spekes Expedition unbedingt spätestens im Dezember 1861 in Gondokoro eintreffen sollte.

Diese Vorgabe war es auch, die Speke dazu veranlaßte, gründliche Sicherheitsvorkehrungen zu treffen. Er und Burton waren in den letzten Monaten ihrer Expedition erschöpft, krank und dem Tod gefährlich nahe gewesen. Diesmal organisierte Speke schon im Vorfeld eine Rettungsmission, wofür er auf die Unterstützung John Pethericks

James A. Grant (1863). James Grant, der Speke auf dessen zweiter Afrikaexpedition begleitete, in seiner Reisekleidung.

baute. Der neu berufene britische Konsul in Khartoum sollte Speke und Grant auf ihrer Heimreise treffen und ihnen »Beistand« gewähren. Er hatte den Auftrag, Boote, Vorräte, Kleidung, Medikamente, Schußwaffen und einige andere wichtige Dinge nach Gondokoro zu bringen, wofür ihm tausendzweihundert Pfund zur Verfügung standen, die die RGS durch einen privaten Spendenaufruf gesammelt hatte. Petherick erklärte sich bereit, sieben Monate – von November 1861 bis Juni 1862 – in Gondokoro zu warten, was der Expedition einen Spielraum von mehreren Monaten gab, um den Zeitpunkt ihrer für Dezember 1861 vorgesehenen Ankunft einzuhalten. Pethericks Konsulatsgehalt war mager, und er besserte es auf, indem er sich am Elfenbeinhandel beteiligte. Mittels einer Sondererlaubnis gestattete ihm die RGS, in der Region Elfenbein zu sammeln, während er auf Speke und Grant wartete, um die Kosten der Aktion bestreiten zu können. In der Überzeugung, für jede Eventualität gerüstet zu sein, setzten Speke und Grant am 27. April 1860 in Portsmouth die Segel und erreichten am 17. August Sansibar.

Noch bevor Speke und Grant aufbrachen, hatten auch Florence und Sam beschlossen, daß sie unbedingt nach Afrika mußten. Allerdings wollten sie ihre Reise am anderen Ende des Nils beginnen und von Kairo aus Richtung Süden vorstoßen. Sie hofften, unterwegs auf Speke und Grant zu treffen. Der Bau der Bahnstrecke nach Constanza stand kurz vor dem Abschluß, und Sam hatte immer weniger zu tun, so daß er im Mai 1860 kurz nach London reiste und seinen Vertrag mit der Eisenbahngesellschaft löste. Außerdem holte er sich dort Rat bei einigen Männern, die Afrikaerfahrung besaßen oder über nützliche Kontakte verfügten, darunter auch Admiral Murray und William Cotton Oswell. Im Juni kehrte Sam, von seinen vertraglichen Verpflichtungen befreit, nach Constanza zurück. Als die Eisenbahnstrecke im Oktober mit Pauken und Trompeten eröffnet wurde, glänzten der ehemalige Generaldirektor und seine Frau durch Abwesenheit.

Im Herbst wurde es ernst mit den Reiseplanungen. Eine der Hauptfragen war, wen sie auf ihre Expedition mitnehmen sollten. Eilig schrieb Sam einen Brief an Burton und fragte ihn, ob er mit ihm den Nil hinauffahren wolle. »Burton wäre schon eine enorme Hilfe«, meinte Sam hoffnungsvoll, während er die letzten Zeilen schrieb. »Aber von ihm zu erwarten, daß er unter meiner Führung mitkommt, und vor allem, daß er uns dabei hilft, Speke sicher aus Afrika zurückzuholen, ist wahrscheinlich zuviel verlangt.«

»Das macht doch nichts.« Florence stand hinter Sam und lehnte ihre Wange an seinen Kopf. »Wenn er nicht mitkommen will, werden einfach wir beide gehen, so wie immer.« Und so sollte es dann auch geschehen.

Im November schrieb Sam an Murchison und bat ihn um Duplikate von Afrikakarten der RGS sowie etwas später um Unterstützung für sein Vorhaben. Sein erklärtes Ziel war es, dem Weißen Nil so weit wie möglich nach Süden zu folgen, um ihn zu erforschen. »Wo genau das sein wird, kann ich allerdings nicht sagen.« Außerdem bat er darum, daß man ihm ein Thermometer und einige andere Meßgeräte zur Bestimmung der Höhe und der geographischen Lage lieh.

Mit einer unglaublichen Selbstgefälligkeit weigerte sich die RGS, Sam die Instrumente zu überlassen. »Mr. Baker«, notierte irgendein anonymer Beamter nüchtern auf dem Bittgesuch, »ist kein FRGS [Mitglied der Royal Geographical Society], und als man ihm die Mitgliedschaft anbot, lehnte er sie ab. Das Vorstandskomitee hat ihm schon einmal auf seine Anfrage hin Instrumente zur Verfügung gestellt.« Ein früherer Antrag ist zwar nicht nachweisbar, aber vermutlich stand er in Zusammenhang mit Sams Aufenthalt in Ceylon.

Ohne sich von dieser abschlägigen Antwort entmutigen zu lassen, schickte Baker einen weiteren Antrag los und bat um Erlaubnis, Petherick auf dessen Mission zur Unterstützung von Speke und Grant begleiten zu dürfen. Natürlich erwähnte er Florence dabei mit keinem Wort, denn niemand in England hätte es gebilligt, daß eine junge Frau an einer derartigen Expedition teilnahm. Die RGS übertrug Sam eine Reihe von Aufgaben, die dafür, daß sie seiner Expedition weder finanzielle Mittel noch Ausrüstung zur Verfügung stellte, ungewöhnlich anspruchsvoll waren. Zwar wußte die Gesellschaft im Zusammenhang mit Pethericks Mission »den Wert der Dienste, die anzubieten sich Mr. Baker anscheinend in der Lage sieht, durchaus zu schätzen«, wies Sam aber an, einer völlig anderen Route zu folgen. Man legte ihm nahe, den Sobat zum Ziel seiner Forschungsreise zu machen, einen bedeutenden Nebenfluß des Weißen Nils, den »bislang noch niemand hinaufgefahren war«, und der Frage nachzugehen, ob dieser in den Nil münde. In dem Brief, mit dem die RGS Sams Expedition widerwillig wenn schon nicht materielle Hilfe, so doch wenigstens eine gewisse Anerkennung gewährte, hieß es weiter:

> Ein Treffen mit Captain Speke und seinem Begleiter mag für diese Reise beabsichtigt sein, sollte jedoch in Anbetracht der Tatsache, daß die Mr. Baker anempfohlene Route östlich von Captain Spekes voraussichtlichem Weg liegt und eine solche Begegnung damit ohnehin

nicht besonders wahrscheinlich ist, als dem geographischen Interesse der Expedition untergeordnet betrachtet werden.

Sam war mit der Antwort der RGS zufrieden und setzte sich sofort mit Petherick in Verbindung, der sich gerade in London aufhielt und sich um seine spätere Frau, Katherine, bemühte. Er bat den Konsul um einige Ratschläge für seine Expedition, der er mehr oder minder den Anstrich einer Elefantenjagd gab.

Außerdem begann er, verschiedene Dinge zu bestellen, die er und Florence auf der Reise benötigen würden, darunter eine Reihe von Schußwaffen, einige davon Spezialanfertigungen, Munition und Schießpulver, ein riesiges Sortiment von Werkzeugen, einen Medikamentenkoffer samt Chinin und Opium, maßgeschneiderte Sättel, eine Reihe von Näh- und Küchenutensilien sowie eine Reisebadewanne. Er sorgte dafür, daß er über die Bank of Egypt in Alexandria Zugriff auf sein Konto erhielt. Da Sam seine Expedition selbst finanzieren mußte, war diese Vorkehrung unerläßlich.

Während Sam und Florence voller Vorfreude auf das Eintreffen dieser Ausrüstungsstücke warteten wie kleine Kinder auf Weihnachten, unternahmen sie einen längeren Jagdausflug in die Berge, an den Sapangasee. Er lag kilometerweit von jeglicher Zivilisation entfernt – und war damit in ihren Augen genau der richtige Ort, um den zweiten Jahrestag jener schicksalhaften Auktion in Viddin zu feiern. Die beiden verbrachten dort eine herrliche Zeit. Zum einen Teil waren es ihre Flitterwochen, zum anderen Teil diente der Aufenthalt als Testlauf für ihre Expedition. Sie gingen jagen, ritten aus, übernachteten in rustikalen, recht primitiven Unterkünften und hatten eine Menge Spaß.

Bei dieser Gelegenheit schrieb Sam der Familie und einigen Freunden auch ein paar Briefe mit den notwendigen Erklärungen. Seinem Bruder John schilderte er ganz offen seine Pläne und Ziele:

> Ich beabsichtige, in der ersten Märzwoche in Alexandria zu sein, dann gehe ich nach Khartoum und von dort aus Gott weiß wohin, immer auf der Suche nach den Quellen des Nils. Höchstwahrscheinlich werde ich Speke begegnen, der sich von Sansibar aus dorthin vorarbeitet. [...] Du weißt, daß mir Afrika schon immer im Kopf herumgegangen ist.

Seinem alten Freund und Jagdgefährten Wharncliffe schrieb Sam:

> Ich kann Dir gar nicht sagen, mit welcher Freude ich dieser Reise (entlang des Nils) entgegensehe. Es wird Neuland sein; und die Vielfalt der Tierwelt und die Aussicht darauf, eine neue Art zu entdecken, wird dem Ganzen einen zusätzlichen Reiz verleihen.

Gegenüber Min, der treuen Schwester, die seine Kinder aufzog, beschrieb Sam seine Suche in romantischeren Worten:

> Das Umherziehen liegt mir nun einmal im Blut und verbietet jede Rast. [...] Meine innere Magnetnadel führt mich nach Zentralafrika.

Was Sam allerdings nicht tat, nicht tun konnte, war, ihnen von Florence zu erzählen. Es sei nicht so, daß er sich für sie schäme, versicherte er ihr, oder daß er auch nur im geringsten beabsichtige, sich von ihr zu trennen. Er wisse nur nicht, wie er seiner Familie begreiflich machen solle, welche Rolle sie in seinem Leben spielte, und fand, es sei das beste, dies in einem persönlichen Gespräch zu tun, wenn sie Florence auch gleich kennenlernen konnten.

Florence versuchte, seine Zurückhaltung zu verstehen, empfand sie aber trotzdem als verletzend. Hatte sie vielleicht irgend etwas an sich, das man verstecken mußte? Gut, sie und Sam waren ohne den Segen der Kirche eine intime Beziehung miteinander eingegangen, aber sie war nicht so weltfremd zu glauben, daß sie damit eine Ausnahme darstellten. Oft kam schon sehr bald nach der Hochzeit ein Kind zur Welt, was selbst in den höchsten gesellschaftlichen Kreisen anstandslos akzeptiert wurde. Florence hielt Sam für übervorsichtig, aber sie erinnerte sich auch daran, daß sie im Harem selbst miterlebt hatte, wie skrupellos eine in sich geschlossene Gesellschaft mit jemandem umspringen konnte, der ihren strengen Anforderungen nicht gerecht wurde. Sie glaubte nur zu gerne, daß es Klugheit war, die Sam so diskret sein ließ, und nicht Feigheit. Trotzdem ließ seine Weigerung, sich zu ihr zu bekennen, beunruhigende Zweifel in ihr aufkommen.

Aus Sicht eines Engländers war die Sache dagegen eindeutig: Als Gentleman mußte Sam nun einmal eine Dame heiraten. Und Florence war ein Mädchen aus dem Harem. Sie konnte damit gar keine Dame sein. Daß sie zum Zeitpunkt ihres Verkaufs noch unberührt gewesen und nur durch die Perfidie anderer überhaupt in den Sklavenhandel verwickelt worden war, spielte keine Rolle. Ebenso unerheblich war die Tatsache, daß Florence niemals »im Harem« gelebt hatte, wenn man der englischen Auffassung von einem Harem als einem Ort der Lüste und der sinnlichen Vergnügungen folgte. Doch egal, wie weit die Wahrheit von diesen oberflächlichen Vorurteilen entfernt war: Sollte Florences Vergangenheit jemals bekannt werden, würde man sie als Prostituierte abstempeln. Sie würde in den Augen der Gesellschaft als entehrt gelten, und Sam würde für immer ein Makel anhaften, weil er sich dennoch mit ihr eingelassen hatte.

Florence und Sam beschlossen, das Thema auf sich beruhen zu lassen, bis sie eine Lösung gefunden hatten, wie man Florences Vergangenheit verbergen und ihre Rolle legitimieren konnte. In Afrika jedenfalls würde man sie nicht behelligen.

5

Ein völlig absurdes Unterfangen

Im März 1861 trafen Florence und Sam in Kairo ein. In der Hauptstadt Ägyptens war es glühend heiß und staubig, und es herrschte ein unglaubliches Chaos, aber die beiden mußten noch einige Reisevorbereitungen treffen, und Kairo bot sich dafür an. Eine ihrer ersten Verpflichtungen war ein Besuch beim britischen Generalkonsul – es war kein anderer als Robert Colquhoun, den man inzwischen von Bukarest hierherbeordert hatte.

Das Wiedersehen war freudig, doch als Colquhoun für einen Augenblick mit Sam allein war, machte er diesem heftige Vorwürfe, weil er Florence immer noch nicht zu seinem angetrauten Weib gemacht hatte. Er hielt es für unverantwortlich, daß Sam sie auf seine Expedition nilaufwärts mitnehmen wollte. Mit der Geliebten – der *chère amie*, wie ein Euphemismus der damaligen Zeit lautete – durch Mitteleuropa zu reisen war eine Sache, doch sie ins unbekannte Afrika zu bringen und damit größten Gefahren auszusetzen sei ebenso verantwortungslos wie niederträchtig, erklärte Colquhoun finster. Wenn ihm etwas an Florence liege, dann solle Sam sie heim nach England schicken, wo sie bei seinen Schwestern leben könne, während er seinen Forschungen nachgehe. Im Herzen Afrikas aber sei eine junge Frau nun einmal fehl am Platz.

Sam mußte über Colquhouns Tadel lächeln. Florence war keine Frau, die man irgendwohin schicken konnte. Doch dann nahm er sich zusammen und setzte eine ernstere Miene auf. »Ich verstehe Ihren Standpunkt, Colquhoun«, pflichtete er ihm aufrichtig bei, »glauben Sie mir. Ich habe Florence ja auch gebeten, sie möchte die Zeit bis zu meiner Rückkehr bei meinen Schwestern und meinen Töchtern in England verbringen.«

Das Shepheard's Hotel in Kairo (1870). Wohlhabende englische Reisende wie Florence und Sam quartierten sich im Nobelhotel Shepheard's ein.

»Das höre ich gerne«, murmelte Colquhoun zustimmend. »Dann ist sie also doch eine vernünftige Frau.«

»Das schon«, fügte Sam hinzu, »aber sie hat sich geweigert, nach England zu gehen. Ich konnte sagen, was ich wollte.« Er wurde etwas ausführlicher, einerseits wegen Colquhoun, andererseits aus eigenem Interesse. »Florence ist davon überzeugt, daß es ihre Pflicht ist, als meine Gefährtin bei mir zu bleiben und mir zur Seite zu stehen. Ich habe sie angefleht, sie solle sich doch lieber in Sicherheit begeben, aber vergebens. Ich schilderte die Schwierigkeiten und Risiken noch düsterer, als ich sie vorzufinden glaube, doch sie hat den festen Entschluß gefaßt, sämtlichen Gefahren gemeinsam zu begegnen und jedem noch so unbequemen Schritt meines zukünftigen Lebens in der Wildnis zu folgen – mit der ganzen Unerschütterlichkeit und Treue einer Frau. ›Nichts als der Tod soll uns scheiden‹, hat sie gelobt. Was hätte ich denn tun sollen?«

Florence hatte tatsächlich darauf bestanden, Sam zu begleiten, und wollte nicht nach England. »Lieber würde ich mich wieder dem eisernen Regime der Sultana Validé in Viddin unterwerfen«, beteuerte sie leidenschaftlich, »als Jahre ohne dich bei Min verbringen zu müssen.« Sam konnte ihre Gefühle nachempfinden. Für eine Frau mit ungewissem gesellschaftlichem Status würde es wahrlich kein Vergnügen sein, in England zu leben. Allein schon die Konfrontation mit seiner unverheirateten Schwester, die sich um die Kinder kümmerte, wäre für Florence eine Qual. Außerdem wollte Sam nicht von ihr getrennt sein, nicht einmal für eine Woche, geschweige denn für mehrere Jahre, und er war froh darüber, daß sie genauso dachte.

Colquhoun, der diesen Teil der Geschichte nicht kannte, schnaubte nur und meinte, ohne ihr Einverständnis könne Sam Florence wohl wirklich nicht nach England schicken. »Doch Sie müssen dafür sorgen, daß sie einen gesetzlich geregelten Status erhält, Baker, und das meine ich ernst«, drängte er Sam. »Im Falle Ihres Todes wäre sie völlig schutzlos. Was, glauben Sie, würde mit einer einsamen weißen Frau mitten im schwarzen Afrika geschehen? Selbst wenn es ihr gelänge, zurück in die Zivilisation zu finden, wovon würde sie leben? Welche Rechte hätte sie? Sie müssen Ihr Versprechen einhalten und sich darum kümmern, daß für sie gesorgt ist.« Sam versicherte ihm, das zu tun.

Im ersten Jahr wollten er und Florence zunächst den Sobat und andere Flüsse Abessiniens erforschen, so wie die RGS es vorgeschlagen hatte. Sie würden ihre (vor allem aber seine) Arabischkenntnisse vertiefen, sich an das Forscherleben gewöhnen und Wesen und Gewohnheiten der Völker studieren, denen sie begegneten. Anschließend konnten sie sich dann der Nilquelle und der Bergung von Speke und Grant widmen. Später schrieb Sam:

> Ich war zwar nicht so vermessen, meine Absicht öffentlich bekanntzugeben, denn die Quellen des Nils hatten bis dato allen Entdeckern getrotzt, hatte aber dennoch insgeheim beschlossen, dieses schwierige Unterfangen zu wagen, und zwar auf Gedeih und Verderb. Bereits als Jugendlicher hatte ich mich durch intensive sportliche Betätigung in tropischem Klima an Entbehrungen und Strapazen gewöhnt, und als ich nun auf die Karte Afrikas starrte, hegte ich die verwegene, aber zu-

Krokodiljagd bei Gondokoro (1874). Eine Schneise durch den Sudd zu schlagen war wegen der Krokodile eine gefährliche Angelegenheit, doch Krokodileintopf galt bei den Männern als Delikatesse.

gleich bescheidene Hoffnung, daß ich, gleich dem gemeinen Wurm, der sich durch die härteste Eiche bohrt, ins Herz Afrikas vordringen könnte, wenn ich nur beharrlich genug war.

Am 15. April um sechs Uhr morgens verließen sie Kairo mit einer frischen Brise an Bord einer *diahbiah* – eines kleinen Raddampfers mit dreieckigem Lateinsegel – und nur mit der nötigsten Besatzung. Es hatte etwas wunderbar Ruhiges und Zeitloses, so den Nil hinaufzugleiten, vorbei an Kamelen, Palmen und Sand. An den Ufern bewirtschafteten Fellachen in ihren traditionellen Gewändern das fruchtbare Schwemmland, so wie sie es schon seit Tausenden von Jahren taten. Über der flachen, gelblichbraunen Landschaft wölbte sich ein strahlendblauer Himmel, und die Fahrt war sehr angenehm. Wenn der Wind abflaute, wurde es still und heiß. Nachts war es unerträglich stickig in der Kajüte, so daß Florence und Sam dazu übergingen, an Deck zu schlafen. Die Tage liefen alle in etwa gleich ab: Im Morgengrauen wurden die Segel gesetzt, hin und wieder hielten sie an, um alte ägyptische Ruinen zu besichtigen, auf einem Dorfmarkt die Lebensmittelvorräte aufzustocken oder Wild zu jagen, und wenn es dunkel wurde, machten sie Rast und aßen zu Abend.

Die Fahrt auf dem oberen Nil bot Florence und Sam endlose Möglichkeiten, einander noch besser kennenzulernen und zugleich erste Erfahrungen mit Afrika und dem Boot zu machen. Auf dieser Etappe wurden sie nur von ein paar Dienern und Arbeitskräften begleitet. Sam erinnerte sich später:

> Ich hatte nicht viel Ballast dabei: einen *firman* des Vizekönigs, einen Koch und einen Dolmetscher. Der *firman* war ein Dokument, das allen ägyptischen Beamten meine Unterstützung befahl, der Koch war schmuddelig und unfähig, und der Dolmetscher – obwohl angeblich polyglott – konnte fast kein Englisch.

Mahomet, der Dolmetscher, arbeitete sonst auf Luxusschiffen, die auf dem oberen Nil verkehrten und Touristen zu den alten Ruinen brachten. Seine vorformulierten Vorträge über Pyramiden, Tempel und altägyptische Herrscher waren so ziemlich alles, was er auf englisch sagen konnte, und für diese Reise kaum brauchbar. Da sein Vokabular äußerst begrenzt war, gaben seine »Übersetzungen« die ursprünglich beabsichtigte Aussage oft nur sehr ungenau wieder. Mahomets mangelnde Kenntnisse als Dragomane waren für Florence und Sam jedoch ein Ansporn, selbst jeden Tag eifrig Arabisch zu lernen. Florence beherrschte zwar die arabische Umgangssprache, aber sie wußten auch, daß Sam oft für sie beide würde sprechen müssen: Arabische Männer empfanden es als unter ihrer Würde, mit Frauen ein Gespräch oder eine Verhandlung zu führen.

Hin und wieder studierten Sam und Florence die Gewohnheiten der Menschen, die an den Ufern des Nils lebten, wobei ihnen die Unterschiede zwischen den verschiedenen Stammesgruppen auffielen. Am oberen Nil war der arabische Einfluß auf Kultur und Aussehen besonders stark, doch je weiter nach Süden sie kamen, um so deutlicher afrikanisch wirkten die Einheimischen. Auch für die Stämme selbst waren die rassischen und ethnischen Unterschiede von entscheidender Bedeutung. So behauptete die eine Gruppe Einheimischer, die Stämme weiter flußabwärts oder jenseits der Berge seien abscheuliche, nackte Wilde, nur weil diese andere Hochzeitsbräuche oder ihnen unbekannte Eßgewohnheiten hatten oder die ohnehin spärlichen Kleidungsstücke anders trugen als sie. Eine ebenfalls gewichtige Rolle spielte es, ob man das Haar einölte oder mit Schlamm einrieb und ob es zu kunstvollen Zöpfen, Locken oder fast architektonischen Gebilden hindrapiert wurde, was nicht nur ein Hinweis auf die Stammeszugehörigkeit war, sondern auch auf den gesellschaftlichen Status.

Oft belästigten die Einheimischen Florence und Sam mit ihrem Gebettel um Bakschisch, ganz egal, ob sie ihnen einen Dienst erwiesen hatten oder nicht. Zu entscheiden, wann man ihnen etwas gab oder wie man es unterließ, ohne Unmut zu erregen, war eine Kunst, die die Reisenden noch lernen mußten. In den Augen der Einheimischen stellte das Betteln um Geld keine Erniedrigung dar, denn das Verhalten derjenigen, die eine Münze für sie übrig hatten, erschien ihnen ohnehin unvorhersehbar. Was einem Weißen wirklich gefiel und was er belohnen würde, wußte keiner so recht. Doch da sie alle reich zu sein schienen, war es das beste, es einfach zu versuchen und auf sein Glück zu hoffen.

Auch das, was Sam und Florence für das ganz alltägliche Verhalten der Einheimischen hielten, unterschied sich natürlich gravierend von allem, was sie bisher kannten. Am 2. Mai schrieb Sam:

> Durch eine der übelsten Stromschnellen schoß etwa ein Dutzend nackter Burschen wie ein Schwarm Fische. Manche schwammen fast, während andere auf einer Art Flußpferd in Form eines Stammes aus leichtem Holz ritten. Sie sitzen rittlings darauf wie auf einem gewöhnlichen Gaul, und das Gewicht des Reiters drückt es nur so weit nieder, daß diesem das Wasser gerade einmal bis zur Taille reicht. Dies ist die übliche Methode, den Fluß zu überqueren. Nach ihrer Vorführung rannte die splitternackte Gesellschaft zu uns herüber und bettelte uns um Bakschisch an. Ich dachte mir, was für ein Gewinn eine solche Reise nilaufwärts für eine junge Frau sein muß, bietet sie ihr doch derartige Gelegenheiten, die menschliche Natur zu studieren. In dieser Gegend sind alle Kinder nackt. Elfjährige Mädchen tragen um ihre Taille nichts als ein leichtes, etwa sechs Zoll langes Fransending aus schwarzen Schnüren.

Auch wenn Sam viel zu sehr Engländer war, als daß er es zugegeben hätte, bot das Erlebnis auch ihm die einzigartige Gelegenheit, die »menschliche Natur« zu studieren. In der viktorianischen Gesellschaft reichte ein flüchtiger Blick auf eine wohlgeformte Fessel oder die Schultern einer schönen Frau aus, daß ein Mann Herzklopfen bekam. Da Florence fast keine Erfahrungen mit nackten Männern gleich welchen Alters hatte, war es für sie besonders aufregend, unter all diesen unbekleideten Menschen zu reisen, die dennoch keine Scham zu kennen schienen. Fast stündlich sahen sie und Sam sich mit neuen Facetten der Nacktheit konfrontiert: Muskeln, Brüsten, Pobacken und Genitalien, für alle deutlich sichtbar. Dadurch daß sie als Europäer die sittlichen Vorstellungen der Menschen, denen sie unterwegs begegneten, nicht teilten, grenzten sie sich von diesen ab. Sie waren zu zweit allein.

Nach sechsundzwanzig Tagen auf dem Fluß erreichten Sam und Florence die Stadt Korosoko, wo sie von Bord gingen. Das Boot schickten sie nach Kairo zurück. Von hier aus wollten sie auf Kamelen die Wüste durchqueren, bis sie wieder zum Nil kamen, anstatt der riesigen Flußschleife zu folgen, die sie kilometerweit von ihrer geplanten Route abbringen würde. Der Entschluß, mit Kamelen zu reisen, war die eine Sache, geeignete Tiere zu finden jedoch eine ganz andere.

Am 12. Mai begann Sam mit dem Beduinenscheich um Kamele zu feilschen. Florence erklärte ihm den beinahe rituellen Ablauf, dem derartige Verhandlungen oft folgten, und instruierte ihn, welche Floskeln er verwenden sollte und was für ein Auftreten am wirkungsvollsten war. Wie Florence bereits erwartet hatte, war der Einstiegspreis des Scheichs unverschämt hoch. Sam gab ihm das auch zu verstehen und setzte einen wesentlich niedrigeren Betrag dagegen. Um seine Ablehnung zu rechtfertigen, begann er, über die Qualität der Kamele herzuziehen – er kannte sich auf diesem Gebiet zwar überhaupt nicht aus, tat aber so: Die Tiere seien mager, hätten nicht genug Muskeln, und das eine sehe heimtückisch aus und werde sicher nur schwer zu führen sein. Der Scheich wiederum pries die Tiere in den höchsten Tönen an: Niemals, bei Allah! Es seien die besten Kamele, allesamt kräftig und sehr bequem zu reiten. So ging es weiter hin und her. Aber dieses eine hier, das mit der wunden Stelle am Rücken, sehe aus, als könne es keine großen Lasten tragen. Ach, aber das dort drüben sei ein sehr großes Tier, dem man mühelos ein zusätzliches Gepäckstück aufladen könne. Und das hier scheine ein wenig zu lahmen und werde gewiß nicht für die Reise taugen. Aber keineswegs! Jeder hier könne doch sehen, daß diese Kamele sehr gesund und kräftig seien. Irgendwann schließlich tat der Scheich so, als empfinde er Sams Weigerung, einen angemesseneren Preis zu zahlen, als eine persönliche Beleidigung, und marschierte hoch erhobenen Hauptes von dannen.

»Was sollen wir jetzt nur machen?« Besorgt und niedergeschlagen wandte Sam sich an Florence. »Außer ihm gibt es niemanden, der so viele Kamel besitzt, wie wir brauchen. Wir werden mit einer ganzen Reihe von Händlern einzeln verhandeln müssen. Ein schrecklicher Gedanke!«

Florence schien völlig unbeirrt. »Aber genau das wollten wir doch erreichen: daß er geht«, erklärte sie Sam triumphierend. »Er hat sich damit sehr unhöflich verhalten, hat dich behandelt, als würdest du dich mit Kamelen oder den marktüblichen Preisen nicht auskennen. Das ist ausgezeichnet! Er hat die Verhandlungen abgebrochen und uns seine Hilfe verweigert – ein grober Fehler. Laß ihm eine förmliche Mitteilung zukommen, in der du ihm mit vielen blumigen Worten deine Grüße übermittelst und erklärst, du würdest es sehr bedauern, aber du müßtest dem Vizekönig leider melden, daß sein *firman* zu nichts anderem nütze als dazu, den Preis für Kamele um zwanzig Prozent über das Übliche zu erhöhen.«

Die Taktik ging auf, und schon kurze Zeit später hatten Sam und Florence sechzehn Kamele gemietet, die neben ihnen selbst den Koch, den Dolmetscher, einen Führer, mehrere Kameltreiber sowie einen riesigen Berg Gepäck und Vorräte nach Berber tragen sollten. Am 16. Mai brachen sie auf. Die Kamele waren tatsächlich ausdauernd und kräftig, und die Temperatur, die zeitweise bis auf knapp sechzig Grad in der Sonne stieg, konnte ihnen offensichtlich nichts anhaben. Den Menschen dagegen bereitete die Hitze wesentlich größere Probleme. Der Wüstenwind, auch *simoom* genannt, fühlte sich an wie ein Schwall heißer Luft aus einem Hochofen und schien ihnen alle Feuchtigkeit aus dem Körper zu ziehen. Sam hatte aus Korosoko vierhundert Liter Wasser in *girbas*, Säcken aus Ziegenleder, sowie zwei große Wasserfässer mitgenommen. In die *girbas* paßte zwar nicht besonders viel hinein, aber sie besaßen den enormen Vorteil, daß ständig ein wenig Wasser aus ihnen verdunstete, so daß der Inhalt der Beutel angenehm kühl blieb. Ein schlecht verarbeiteter *girba* konnte in der sengenden, trockenen Hitze des *simoom* durch die Verdunstung allerdings auch zuviel Wasser verlieren. Wie Sam sehr bald feststellte, waren die Beutel, die mit Lederriemen zusammengenäht waren, welche in nassem Zustand aufquollen, dichter als die mit Zwirn gefertigten, von denen er leider viel zu viele dabeihatte.

Auf dem Weg nach Berber gab es nur eine Stelle, wo man Wasser nachfüllen konnte: einen erloschenen Vulkan, in dessen Krater sich bitter schmeckendes Salzwasser sammelte. Die »Moorāhd«, »bitterer Brunnen«, genannte Wasserstelle lag ebenso weit von Korosoko wie von Abou Hammed entfernt und hatte bereits zahlreiche Menschenleben gefordert. In der kargen Wüste, die sie umgab, war ein Überleben kaum möglich. Über Kilometer sah man nichts als einen endlosen Streifen glühendheißen Sand unter einem strahlendblauen Himmel, von dem die sengende Sonne unbarmherzig herunterbrannte. Überall war Sand, selbst in ihrem Mund und ihren Lungen, und nachts schliefen sie auf Sand und träumten von Sand.

Die Wüstenlandschaft um Moorāhd war übersät mit den vertrockneten Überresten von Kamelen, die verendet waren, bevor sie den Brunnen erreichen konnten. Es waren so viele Kadaver, daß die Krähen und Geier gar nicht mehr nachkamen und die Tierkörper ungestört verwesten, wo sie liegengeblieben waren. Was war mit den Menschen dieser Karawanen passiert? Hatten sie überleben können, wenn selbst ihre Kamele verendet waren? Die Wahrscheinlichkeit war nicht besonders groß. Die tödliche Dürre verschonte niemanden. In der Ferne konnten Florence und Sam einige Hügel erkennen, die jedoch keinen Schutz boten, da sie aus kargem Granit oder dunklem Vulkangestein bestanden und keinerlei Bewuchs aufwiesen. Die Wüste war eine Todeszone, ein gefährliches Terrain, wo ein einziger Fehler im Umgang mit dem Kompaß oder bei der Rationierung der Vorräte fatale Folgen haben konnte.

Soweit möglich, reisten sie nachts oder in den kühleren Morgen-

Der Ritt durch die Wüste (1867). Auf Kamelen durchquerten Florence und Sam die karge Wüste zwischen Korosoko und Berber, wo der simoom sich wie ein Luftschwall aus einem Hochofen anfühlte und schon der geringste Fehler bei der Wasserrationierung ein Todesurteil war.

stunden. Dann fielen die Temperaturen auf angenehm kühle fünfundzwanzig Grad, und die Kameltreiber fröstelten in ihren dünnen Gewändern. Wenn das Heulen des *simoom* erstarb, zeigte sich die Wüste von ihrer stillen, erhabenen Seite. Das Mondlicht verwandelte die Felsformationen in seltsame, unheimliche Gebilde und die Dünen in imaginäre Meere. Es gab nicht die geringste Spur von Leben oder Zivilisation. Wenn die Sonne am höchsten stand, legten sie eine Rast ein. Manchmal war der einzige Schatten, den es gab, der, den die Kamele warfen. Bis Moorāhd war es noch weit, doch schon jetzt fühlte Sam sich geschwächt. Florence litt an einem Hitzschlag, und der Wassermangel machte ihr zu schaffen. Sie glaubte, Frauenkleider tragen zu müssen, da sie sich immer noch in einer Region bewegten, in der gelegentlich auch europäische Reisende unterwegs waren, und sie schwitzte gewaltig in ihrer hochgeschlossenen langärmligen Bluse und dem schweren langen Rock, was höchst unangenehm war, auch wenn die Feuchtigkeit in der trockenen Luft rasch verdunstete. Sie konnte gar nicht genug trinken, um ihren Flüssigkeitshaushalt auszugleichen, und eine Rast einzulegen, damit sie wieder zu Kräften kam, war unmöglich: Sie mußten so schnell wie möglich weiterkommen, um den Brunnen bald zu erreichen. Wasser war Leben in der Wüste. Wenn sie einen Tag rasteten, würden sie für einen zusätzlichen Tag Wasser benötigen und die nächste Wasserstelle erst einen Tag später erreichen – und jeder weitere Tag konnte sie das Leben kosten.

Die Kamele stießen gluckernde Laute aus und schleppten sich widerwillig weiter, begleitet von dem ununterbrochenen Klappern und Klingeln der hin und her rutschenden Lasten auf ihrem Rücken und der daran befestigten Glöckchen. Die Wasserreserven der Kameltreiber waren besorgniserregend gering. Sam hatte sie vorgewarnt, sie sollten unbedingt genug mitbringen, aber entweder waren sie davon ausgegangen, daß die Reise kürzer sein würde, oder sie hatten damit gerechnet, Wasser aus Sams Vorräten entwenden zu können. Seit in der ersten Nacht jedoch ein voller *girba* verschwunden war, sorgte Sam dafür, daß die Wasserreserven nachts von ihm selbst oder von Mahomet streng bewacht wurden, so daß es keine weiteren Diebstähle mehr gab.

Nachdem die Karawane – auf mehrere Tage verteilt – einen Gewaltmarsch von insgesamt sechsundvierzigdreiviertel Stunden zurückgelegt hatte, erreichte sie das Tal mit der Wasserstelle. Moorāhd war der schrecklichste Ort ihrer bisherigen Reise. Die Luft war hier noch heißer als anderswo in der Wüste, weil die hohen, dunklen Felsformationen auf beiden Talseiten die Hitze abstrahlten wie ein Backofen. Kaum hatten die Kamele das Wasser gewittert, waren sie nicht mehr zu bremsen. Wie wild stürmten sie zum Wasserloch, gingen in die Knie und tranken, so viel und so schnell sie konnten. Die Kameltreiber, der Koch und der Dolmetscher machten es ihnen nach, rannten los und warfen sich neben den Kamelen zu Boden, um von dem bitteren Wasser zu trinken. Der arabische Führer dagegen, der sie alle hergebracht hatte, hielt sich aus irgendeinem Grund zurück und wartete ab.

Florence und Sam tranken zur Feier, daß sie die Wasserstelle erreicht hatten, ausgiebig von ihren kostbaren Vorräten. Dann zogen sie sich in ihr Zelt zurück, wo sie ungestört waren, und teilten sich ein bescheidenes »Bad«: eine Schale mit knapp zwei Litern Wasser, das sie sich mit einem Schwamm auf den Körper tupften. Sie waren so ausgetrocknet, daß sie das Gefühl hatten, ihre Haut sauge es regelrecht auf. Es war das erste Mal seit Korosoko, daß sie genug Wasser hatten, um sich waschen zu können. Sich so naß und sauber zu fühlen war der reine Luxus. Als sie ihr Bad beendet hatten, trug Sam die Schale hinaus und wies Mahomet an, das schmutzige Seifenwasser wegzuschütten. Doch noch bevor dieser Sams Bitte nachkommen konnte, riß der arabische Führer ihm die Schale aus der Hand und trank sie gierig aus. »*El hambd el Allah*!« rief er aus, »Allah sei Dank!« Offensichtlich war ihm benutztes Badewasser immer noch lieber als die salzige Flüssigkeit aus dem Wasserloch.

Florence und Sam waren voller Zuversicht und in bester Laune. »Bis hierher hätten wir es schon einmal geschafft, Flooey«, jubelte Sam. »Das ist unser erster Erfolg. Viele sind ums Leben gekommen, bevor sie Moorāhd erreichen konnten, doch unsere Umsicht und gute Planung haben uns geholfen.«

»Ja«, stimmte Florence ihm mit einem Grinsen zu, »aber eines sage ich dir, Sam: Ich bin fertig.«

»Wie meinst du das?« wollte Sam wissen. Florence sprach zwar mittlerweile schon ganz gut Englisch, aber hin und wieder mußte Sam trotzdem nachfragen. Überforderte die Expedition sie womöglich doch?

»Schau, ich habe schon eine ordentliche braune Kruste«, antwortete sie, während sie ihren Ärmel hochkrempelte und auf ihren Arm deutete, dessen Haut durch die Bluse hindurch verbrannt war. »Ich sehe aus wie ein Laib Brot im Backofen.« Die beiden mußten herzhaft lachen. Dann legten sie sich schlafen, vollauf zufrieden miteinander und mit dem, was sie erreicht hatten.

Nach sechs Stunden Rast wurden die Wasserbeutel neu gefüllt und die Kamele wieder beladen, und die Expedition brach zur letzten Etappe ihres Marsches nach Abou Hammed auf. Außer ein paar Gazellen und vereinzelten kümmerlichen Akazien gab es kein Anzeichen von Leben. Sam zählte auf dieser Strecke durchschnittlich acht tote Kamele pro Kilometer, wobei an den schwer passierbaren Stellen stets die meisten Kadaver lagen. Zwei Tage, bevor sie Abou Hammed erreichten, waren die Kamele erneut kurz vor dem Verdursten und die Lebensmittel- und Wasservorräte der Männer erschöpft. Florence hatte Mitleid mit ihnen und bedrängte Sam, ihre Fässer mit der »eisernen

Reserve« zu öffnen und das Wasser zu verteilen. Am 23. Mai gegen vier Uhr dreißig kam die Expedition in Abou Hammed an, ausgelaugt, aber am Leben. Sams Aufzeichnungen zufolge waren sie innerhalb von sieben Tagen insgesamt zweiundneunzig Stunden marschiert, also gut dreizehn Stunden am Tag. Er schätzte, daß die Kamele in beladenem Zustand vier Kilometer in der Stunde zurücklegten und sie so eine Gesamtstrecke von rund dreihundertsiebzig Kilometern bewältigt hatten. Damit hatten sie fast zwei Drittel der Reise nach Berber hinter sich.

In Abou Hammed machten sie zwei Tage Rast. Während ihres Aufenthalts zerbrach ein Araber versehentlich das Thermometer, so daß Florence und Sam die Tagestemperaturen nun nicht mehr messen konnten. Viel schlimmer aber war, daß sie ohne Thermometer keine Chance hatten, ihre Höhe zu bestimmen. Sie mußten so schnell wie möglich Ersatz finden. In Abou Hammed waren natürlich keine Thermometer zu bekommen.

Am frühen Morgen des dritten Tages machten sie sich wieder auf den Weg. Es herrschte immer noch eine furchtbare Hitze, und der *simoom* war so unerbittlich wie zuvor. Nach einigen Tagen, am 27. Mai, war Florence so krank, daß die Expedition eine halbtägige Rast einlegen mußte. Sam stöberte einige Gazellen auf und erlegte sie, und dank des frischen Fleisches kam Florence wieder zu Kräften. Überall hinterließ die Trockenheit ihre Spuren: Die Lederhüllen der Gewehrkoffer schrumpften so stark, daß man sie aufschneiden mußte, um die Waffen herausholen zu können. Die Elfenbeingriffe der Messer zerbrachen, und sämtliche Gegenstände aus Holz verzogen und verdrehten sich, als auch noch die letzten Reste von Feuchtigkeit daraus wichen. Florences Gesicht fühlte sich an wie zerknittertes Pergamentpapier und ihre Augen wie der Boden eines ausgetrockneten Teichs, so voller Sand waren sie. Nachdem sie zweihundertdreißig weitere Kilometer marschiert waren, erreichten die müden Reisenden Berber, eine große Stadt am Ufer des Nils.

»Zivilisation« war ein dehnbarer Begriff, wie Sam und Florence in Berber feststellen mußten. Die Stadt verfügte über ein paar staubige, ungeteerte Straßen und einfache Häuser mit flachen Dächern aus Lehmziegeln. Daneben konnte Berber aber auch mit sorgfältig bewässerten Gärten voller Früchte, Gemüse und Blumen aufwarten, die sich für eine angenehme Rast im Schatten anboten. Berber war ein Musterbeispiel dafür, wie sich die Wüste mit Hilfe von Wasser in eine ansprechende, bewohnbare Oase verwandeln ließ. Die Stadt mit ihren Gärten erinnerte Florence an die kunstvollen Anlagen in den Innenhöfen einiger *haremliks*, die sie besucht hatte.

In Berber residierte auch der Gouverneur der Region, bewacht von etwa tausendfünfhundert Soldaten, die für Recht und Ordnung sorgten. Gleich nach ihrer Ankunft kamen Florence und Sam ihrer ersten gesellschaftlichen und politischen Pflicht nach und schickten ihren Dolmetscher mit dem *firman* zu ihm. Der frühere Gouverneur, Halleem Effendi, erlaubte den beiden, ihre Zelte in seinem prächtigen Garten aufzuschlagen, der so üppig grün und übervoll von Früchten war, daß er ihnen nach all den Unmassen an gelbem Sand wie das Paradies vorkam.

Etwas später, am Nachmittag, statteten der Gouverneur, der ehemalige Gouverneur sowie eine Gefolgschaft von Generälen Florence und Sam dort einen Besuch ab, um sich nach dem Ziel ihrer Reise zu erkundigen. Der *simoom* blies immer noch so stark, daß die beiden ihre Besucher im Liegen empfangen mußten. Zum Glück empfanden die Würdenträger dies aber nicht als Beleidigung, denn es war bei den Türken üblich, es sich bei solchen Gelegenheiten auf Teppichen und Kissen bequem zu machen.

Die Besucher trauten ihren Ohren nicht, als sie hörten, daß Florence und Sam die Nilquelle zu finden hofften. »Das Ende des Nils wollt ihr finden?« riefen sie. »Unmöglich!«

»Wissen die beiden denn, wo die Quelle liegt?« fragte der Gouverneur den Dragomanen. Dieser räumte ein, sein Herr und seine Herrin wüßten nicht, wo der Nil entspringe, beabsichtigten jedoch, diesen Ort zu finden. Die Männer schüttelten ungläubig den Kopf. Sie tranken höflich ihren Kaffee und rauchten schweigend, bis ihr Gastgeber, Halleem Effendi, Florence und Sam schließlich den folgenden weisen Rat gab:

> Laßt Euch nicht auf ein so völlig absurdes Unterfangen ein. Niemand weiß etwas Genaues über den Nil, und niemand wird seine Quelle finden. Wir kennen ja nicht einmal die Quelle des Atbaras, wie sollten wir

dann die des großen Nils kennen? Ein großer Teil des Atbaras fließt durch das Herrschaftsgebiet des Paschas von Ägypten. Solange ihr euch innerhalb dieser Region aufhaltet, wird euch der *firman* mit seiner Unterschrift, den ihr bei euch tragt, eine gewisse Anerkennung garantieren, doch sobald ihr die Grenze überschreitet, werdet ihr den Barbaren in die Hände fallen. Der Weiße Nil liegt im Land der Neger, wilder, grausamer Rassen, die weder an Gott glauben noch den Pascha achten, und ihr müßt mit einer mächtigen Armee reisen. Das Klima dort ist tödlich. Warum sollte man eine solche Region erforschen wollen, nur um nach etwas zu suchen, was keinerlei Nutzen besäße, auch wenn man es fände? Und wie sollte es einer so jungen, zarten Dame möglich sein, eine Reise zu überstehen, die selbst den stärksten Mann umbringen würde? Folgt dem Atbara ins Land der Taka, wo es viel Unerforschtes zu sehen gibt, aber laßt von dem irrwitzigen Vorhaben ab, nach der Nilquelle zu suchen.

Diese Einschätzung ihrer Situation war nicht einmal so abwegig. Jeder andere hätte sie vermutlich ernst genommen und seine Pläne geändert, doch Florence und Sam hatten nicht zum ersten Mal das Unmögliche erreicht: Sie war als Kind entführt und zur Sklavin gemacht worden, und trotzdem war ihr die Flucht gelungen; er hatte – völlig ungeachtet der gesellschaftlichen Normen – ein Mädchen aus dem Harem gestohlen und sich in sie verliebt. Gemeinsam hatten sie die furchtbare Wüste zwischen Korosoko und Berber durchquert, ein Unterfangen, bei dem schon etliche Araber umgekommen waren, obwohl sie sich in der Region eigentlich ausgekannt hatten. Warum also sollten sie nicht noch einen unmöglich erscheinenden Schritt versuchen? Sie litten zwar beide bereits unter ersten Fieberschüben, was jemanden mit weniger Courage vielleicht von dem Plan abgebracht hätte, waren aber fest entschlossen, den Atbara zu erkunden und dann den Weißen Nil in Angriff zu nehmen. Ihre Ausrüstung – achtundzwanzig schwere Gepäckstücke – wurde abgeladen und mit dem Boot nach Khartoum vorausgeschickt, damit sie unbeschwerter reisen konnten.

Halleem Effendis Garten war eine Oase der Ruhe und hervorragend dafür geeignet, sich zu erholen und wieder gesund zu werden.

Eines Abends erreichte Florence ein Gesuch aus dem Harem des ehemaligen Gouverneurs: Ob man der englischen Dame (denn dafür hielt man sie) vielleicht einen Besuch abstatten dürfe? Während Florence am nächsten Tag die Gesandtschaft der Haremsdamen empfing, zog Sam sich höflich in den schattigen Palmenhain zurück.

In wehenden, leuchtend gelben, roten, violetten, blauen und grünen Gewändern kamen sie herbei wie ein Schwarm Papageien, begleitet von mehreren Eunuchen und Dienern. Ihre Art, sich zu kleiden, erinnerte Florence lebhaft an ihre eigene Zeit im Harem. Wie interessant und unterhaltsam wäre es damals für sie gewesen, mit einer englischen Dame zu plaudern! Sie hätte eine riesige Freude daran gehabt, sich ihre fremdartigen Kleider und Schmuckstücke anzusehen und zu erfahren, wohin sie unterwegs war und wie sie auf Reisen lebte!

Da Florence ein wenig Türkisch und noch besser Arabisch sprach, konnte sie sich recht gut mit den Frauen unterhalten. Auf einmal kamen ihr das liebenswürdige Wortgeplänkel und die Komplimente wieder in den Sinn, die sie im Harem gelernt hatte. Sie lernte die Familie und Lebensgeschichte jeder einzelnen von ihnen kennen, bewunderte die prachtvolle Frisur der einen und den Schmuck der anderen und verteilte ein paar Geschenke aus England. Die Damen waren von diesen kleinen Aufmerksamkeiten zwar begeistert, hatten aber noch mehr Spaß daran, Florences gesamte Garderobe und ihre Habseligkeiten zu durchstöbern. Die eleganten Kleider aus Bukarest ernteten Schreie der Verzückung, doch den Schmuck aus Perlen und Granaten, so Florences Eindruck, hielten sie eher für schlicht. Nach dem Besuch wurde das Lager eine ganze Woche lang mit Früchten und Gemüse, Blumen für Florence und mit Besuchern für Sam überschwemmt. Die Ehemänner, Brüder, Väter und zahlreichen Verwandten der Haremsdamen wußten die Höflichkeit, die man den Frauen erwiesen hatte, zu schätzen und wollten ebenfalls die sonderbaren Dinge sehen, die die Europäer mitgebracht hatten.

Obwohl Florence und Sam so angenehm untergebracht waren, entging ihnen nicht, daß der *simoom* mit der Zeit immer stärker wurde. Der Wind brachte aufgewirbelten Staub mit sich, der alles überzog, ohne daß der häßlich gelbe Dunstschleier in der Luft der

Sonne auch nur das geringste von ihrer Intensität nahm. Florence und Sam erkrankten beide an einem »seltsamen Fieber«, das Sam in seinem Tagebuch detailliert zu beschreiben versuchte:

> SONNTAG, 8. JUNI[26]. Es beginnt mit einem Gefühl äußerster Ermattung, Gliederschmerzen, Durst, Appetitlosigkeit (kein Kopfweh). Dann setzt plötzlich ein brennender Schmerz ein, schwach tastbarer Puls von hundertfünfundzwanzig Schlägen in der Minute, große Schwierigkeiten beim Luftholen und Durchatmen, völlige Erschöpfung und Brechanfälle. Behandlung: elfeinhalb Körner Brechweinstein, um das Übergeben zu erleichtern. Danach sollte der Magen eine Stunde Zeit haben, sich zu beruhigen. Anschließend gibt man einen Viertelliter Glühwein aus rotem Bordeaux und Opium mit Ingwer, was zu Schweißausbrüchen und einem Sinken der Pulsfrequenz führt. [...] Danach verabreicht man zwei Körner Chinin, fünf Tropfen Schwefelsäure, zehn Tropfen salinisches Abführmittel mit Kampfer. Das Schwitzen fördert den Schlaf, und beim Aufwachen ist der Anfall vorbei. Der Kranke erhält noch einmal sechs Körner Chinin und fünf Tropfen S.säure sowie die nächsten zwei Tage alle vier Stunden zwei Körner Chinin.

Während Sam versuchte, wieder zu Kräften zu kommen, entließ er den schmuddeligen Expeditionskoch fristlos und stellte einen anderen ein. Als Halleem Effendi den neuen Koch sah und als einen »notorischen Dieb« wiedererkannte, bestrafte Sam den Mann, der ihm den Koch empfohlen hatte, für sein Lügen mit zweihundert Peitschenhieben.

Am 10. Juni verließen Florence und Sam Berber. Sie litten zwar nach wie vor in regelmäßigen Abständen an den seltsamen Fieberschüben und anderen Krankheiten, aber wenigstens hatten sie wieder einen Koch und eine Gruppe neuer Träger und Diener. Von ihrer alten Mannschaft blieb nur der Dragomane Mahomet weiterhin bei ihnen. Er war fest davon überzeugt, daß sein Herr und dessen Frau den Verstand verloren hatten, weil sie auf eine derart unkomfortable Art und Weise reisten. Um seinen stillen Protest zu bekunden, wurde Mahomet nach der Abreise aus Berber immer wieder einmal »taub«, um die lästigen Bitten seiner Arbeitgeber nicht hören zu müssen.

Wenn er sich nicht gerade taub stellte, war er unerträglich gereizt und schlecht gelaunt. Er war Sam und Florence kaum eine Hilfe, aber sie glaubten, ihn so lange behalten zu müssen, bis sie das Arabisch dieser Region beherrschten.

Die nächste Etappe ihrer Reise legten Florence und Sam auf Eseln zurück, die zwar schneller waren als Kamele, aber sowohl mehr Wasser als auch mehr Futter benötigten. Die Kamele waren so genügsam, notierte Sam, daß bereits ein so saftiges Grünzeug wie »ein grüner Schirm und eine Ausgabe der *Times*« ein Festmahl für sie war.

Die Hitze war unerträglich. Dank Florences Geschicklichkeit als Näherin und Sams Erfahrung mit dem Leben im Freien besaßen sie schon bald eine ideale Reisegarderobe. Sam schrieb in sein Tagebuch:

> Ich trage ein braunes Flanellhemd mit Ärmeln bis zu den Ellbogen, einen Gürtel mit Patronentasche, eine bequeme, hellbraune Baumwollhose und Gamaschen gegen die Blutegel – dazu einen Tropenhelm, der mit dünnem, braunem Stoff überzogen ist [...] – eine nützliche Tarnkleidung. Natürlich macht die Sonne den Armen anfangs recht zu schaffen, aber schon bald werden sie so hart und braun wie eine Haselnuß.

Florence trug, von einigen wenigen Änderungen abgesehen, die gleichen Sachen. Ihre Hose war ein bißchen weiter, das lange Hemd zum Überziehen bedeckte bei ihr die Arme, und der Hut hatte eine breite Krempe, um die Gesichtshaut zu schützen. Ihre Kleidung war genauso bequem wie die von Sam, viel luftiger als ein Kleid oder Bluse und Rock und verschaffte ihr eine angenehme Bewegungsfreiheit.

Im Zelt zu leben war recht praktisch, da man es leicht verschieben und somit jedes Fleckchen Schatten nutzen konnte, das die Sonne hinterließ, während sie über den Himmel wanderte. Aufgrund des Wassermangels gab es in der Gegend kaum Bäume – lediglich ein paar »jämmerliche Büsche, die hierzulande als Bäume bezeichnet werden«, wie Sam empört notierte. Immer wieder litten er und Florence unter Malariaschüben, außerdem unter Hitzschlägen und Austrocknung. Daß man durch die vorbeugende Einnahme von Chinin[27] eine Ansteckung mit Malaria verhindern konnte, wußte man damals noch nicht, und die Dosen, die man nach Ausbruch der Krankheit zu sich nahm, reichten nicht aus, um eine Heilung zu erzielen.

Dann endlich wurde es mit jedem Tag ein wenig kühler und feuchter: Die Regenzeit kündigte sich an. Anstelle des *simoom* war nun ein frischer Wind aus dem Süden ihr willkommener, regelmäßiger Begleiter. Manchmal standen am Himmel sogar duftige Wölkchen. Sam und Florence verzweifelten fast, wenn sie mit ansehen mußten, wie sie verdunsteten, bevor sie auch nur einen Tropfen Flüssigkeit abgeben konnten. Ununterbrochen hörten sie den roten Kuckuck schreien, immer wieder dieselben drei Töne: *Es reg-net, es reg-net* – es war zum Verrücktwerden. Ein paar Tagesreisen südlich von Berber erreichten sie schließlich die Mündung des Atbaras in den Weißen Nil. Zu dieser Zeit des Jahres war der Nil ein breiter, verlandeter Fluß mit vereinzelten Brackwasserbecken, in denen es von Fischen, Krokodilen, Schildkröten und Flußpferden nur so wimmelte. Während der Trockenzeit sammelten sich die Gazellen, Hyänen, Vögel und Wildesel um dieselben raren Wasserstellen wie die Ziegen- und Schafherden der Araber, die hier lebten. Der Atbara führte zumindest unterirdisch genug Wasser, daß an seinen Ufern ein Galeriewald gedieh, in dem es unzählige Vögel sowie Unmengen von Dumpalmen mit ihren unverwechselbaren fächerartigen Blättern gab. Die Früchte der Palmen hatten eine leuchtendorangene Farbe und glänzten, als hätte ein fleißiges Dienstmädchen sie blank poliert. Die Araber schätzten die Früchte sehr. Sie verarbeiteten sie zu einem Pulver und bereiteten daraus einen Brei, der ein wenig nach Lebkuchen schmeckte. Florence und Sam bezeichneten ihn als »vorzüglich«. In der Gegend wurden auch Weizen und Mohnhirse angebaut und zu einem *dhurra* genannten Mehl gemahlen, dem zweitwichtigsten Nahrungsmittel dieser Region und Hauptbestandteil eines ungesäuerten Brotes.

Als die Expedition sich nun einen Weg entlang des Atbaras bahnte, war sie zumindest von der lästigen Notwendigkeit befreit, riesige Wasservorräte mit sich herumzutragen, denn um an Wasser zu kommen, brauchte man nur im sandigen Flußbett danach zu graben. Das größte trotz der Trockenzeit noch verbliebene Becken, an dem sie vorbeikamen, war etwa anderthalb Kilometer lang und lag gut zweihundertfünfzig Kilometer hinter dem Zusammenfluß von Atbara und

Sam auf Jagd (1865). Für Sams Exkursionen fertigte Florence ihm zweckmäßige Kleidungsstücke an und nähte sich diese dann auch selbst. Dieses Foto wurde in einem Studio in England aufgenommen.

Nil. Hier konnte Sam sich endlich einen Herzenswunsch erfüllen und auf Nilpferdjagd gehen. In gewisser Hinsicht tat er damit allen etwas Gutes, denn kurz zuvor hatte ein Nilpferd die sorgsam gepflegten Melonenfelder verwüstet und einen der Männer getötet.

Bei einer erfolgreichen Jagd erlegte Sam zwei Tiere, die sorgfältig zerteilt wurden. Mit zwei besonders feinen Nilpferdsteaks, die er sich und Florence zum Frühstück grillen ließ, kehrte er ins Lager zurück. Als sie später zu der Stelle zurückgingen, wo die Einheimischen die

Tiere geschlachtet hatten, war von den Nilpferden nichts mehr zu sehen. Die Fleischstücke, die sie nicht gleich verzehrt hatten, wurden in Streifen geschnitten und für später getrocknet. Die Haut gerbten sie und machten *girbas* daraus. Die Knochen wurden zermalmt, um an das Mark zu gelangen, eine besondere Spezialität, und die übrigen Stückchen gaben sie in Töpfe und kochten Suppe daraus. Die Araber feierten Sam als Helden, denn er hatte ihnen eine Menge zu essen verschafft.

Am Abend des 23. Juni brach mit aller Macht die Regenzeit über sie herein. Der Himmel war wolkenlos, und es gab weder ein Gewitter noch einen einzigen Tropfen Regen, doch dann ging es los, mit einem drohenden Grollen, das aus der Dunkelheit kam. Einige Araber wachten auf und wußten sofort, was dieses Geräusch zu bedeuten hatte. »*El bahr*! *El bahr*!«, »Der Fluß! Der Fluß!« riefen sie und weckten ihr eigenes Lager und dann das der Expedition auf. Alles und jeder mußte aus dem Flußbett ans sichere Ufer gebracht werden. Minuten später rollte eine gewaltige Wasserwand das Flußbett herunter wie eine Lokomotive. Am Morgen sahen Florence und Sam dort, wo am Abend zuvor noch feiner, trockener Sand gewesen war, eine silbrige Wasserfläche. Innerhalb von wenigen Tagen wurde die karge Wüste grün. Die Blumen blühten, die Früchte gediehen, und die Vögel und anderen Tiere brachten ihre Jungen zur Welt. Riesige Schwärme von Störchen und anderen Zugvögeln tauchten auf, als seien sie eben erst erschaffen worden.

»Das ist es, Florence«, sagte Sam, der vor lauter Ergriffenheit fast kein Wort herausbrachte. Er deutete auf das lebenspendende Wasser, das wie aus dem Nichts erschienen war. »Das hier erklärt alles. Unten in Abessinien gießt es in Strömen! *Das hier sind die Quellen des Nils.*«

6

Löwenherz

Ein weiterer, sechstägiger Marsch brachte Florence und Sam nach Gozerajup, ein Dorf, das etwa dreihundertfünfzig Kilometer von der Mündung des Atbaras in den Nil entfernt lag. Hier lebten die Bischarin-Nomaden, der größte arabische Stamm Nubiens.

Gozerajup war eine Zumutung. Selbst die simpelsten Hygienevorrichtungen waren den Einwohnern unbekannt oder zumindest gleichgültig. Menschliche Ausscheidungen und Abfall verseuchten den Fluß, dessen Wasser die Menschen zum Trinken wie zum Waschen verwendeten, und trotzdem zog die Siedlung nicht weiter. Niemand machte sich die Mühe, richtige Latrinen auszuheben oder das Trinkwasser oberhalb des Dorfes zu holen.

»Der Fluß ist hier so dick wie Erbsensuppe«, schrieb Sam in sein Tagebuch, »und nicht nur zum Trinken ungeeignet, sondern auch zum Waschen. [...] In diesem Land sollte man Wasser vor dem Trinken immer abkochen, und Milch genauso – beide übertragen die Fieberkrankheit.« Florence und Sam konnten sich nicht erklären, warum die Menschen in Gozerajup freiwillig ein derartiges Leben führten.

Sie selbst lehnten es ab, das Flußwasser zu trinken, und zogen Milch vor, die trotz der vielen Rinder in der Gegend jedoch überraschend knapp zu sein schien. Jedesmal wenn sie ihre türkischen Soldaten zum Milchkaufen schickten, bekamen sie neue, höchst phantasievolle Ausreden zu hören, warum es keine gebe. Allmählich hatten Florence und Sam den Verdacht, daß die Dorfbewohner die Soldaten vielleicht einfach nicht leiden konnten und sich deshalb weigerten, ihrer Bitte nachzukommen. Nach ein paar Tagen verloren die Türken die Geduld und verteilten unter den Dorfbewohnern brutal, völlig willkürlich und hemmungslos Schläge mit einer *coorbatch*, einer Nilpferdpeitsche. Und wie durch ein Wunder gab es von diesem Moment an plötzlich Milch. Einer der türkischen Soldaten erklärte Florence und Sam vollen Ernstes, die beiden wüßten nun einmal nichts über den wahren Charakter der Araber und die Art und Weise, wie man mit diesen Menschen umging. Den »arabischen Hundesöhnen« Geld für etwas geben zu wollen sei lächerlich, wenn man statt dessen doch mit ein wenig Brutalität viel weiterkomme. Gewalt sei hier am Fluß nun einmal eines der wichtigsten Verständigungsmittel.

Die Expedition ließ die Ufer des Atbaras hinter sich zurück und ging nach Osten weiter, Richtung Cassala, einer der größeren Städte des Sudans, deren Bedeutung nur noch von der Khartoums übertroffen wurde. Seit Beginn der Regenzeit hatten sich die Vögel und Wildtiere unglaublich stark vermehrt, und sie begegneten großen Herden von Wildeseln oder Gazellen und bestaunten riesige Schwärme von Tauben, Perlhühnern und Zugvögeln. Innerhalb von Minuten sprossen an gerade noch kahlen Bäumen oder Büschen die Blätter. Cassala lag am Ufer des Gash im Gebiet der arabischen Hadendowa-Stämme und war ein bedeutendes Handelszentrum für Gummiarabikum, die für abführende Tees verwendeten Sennesblätter, Elfenbein, Tierhäute, Bienenwachs und schwarze Sklaven.

Florence fiel auf, daß die meisten Sklaven in Cassala zum Stamm der Galla gehörten, wie einige der Sklaven in Viddin auch. Auf arabisch und mit den paar Brocken Galla, die sie konnte, fragte Florence sie über ihr Leben aus. Wie die Tscherkessen wurden auch die Galla bereits im Kindesalter von ihren Eltern an Sklavenhändler verkauft. Florences eigene verworrene Erinnerungen daran, wie sie ihre Eltern verloren hatte und an den Harem verkauft worden war, belasteten sie viel zu sehr, als daß sie solche Geschichten hätte ungerührt anhören können. Wie konnte man einem unschuldigen Kind nur so etwas antun? Hier galt ein Kind als Eigentum seines Vaters, nicht als Mensch, und konnte beispielsweise verpfändet werden, wenn eine Schuld beglichen werden sollte. Florence konnte ihre Empörung über derartige Ansichten nicht abschütteln.

Sie erfuhr auch, daß die Bedingungen der Sklavenhaltung in den afrikanischen Ländern sich stark von denen im Osmanischen Reich unterschieden, obwohl der Handel entlang des Nils die Märkte hier wie dort bediente. In Afrika wurde keines der Sklavenkinder unterrichtet oder erzogen, und es gab keine wohlhabenden Haushalte, die man mit denen im Osmanischen Reich hätte vergleichen können. Hier waren die Sklaven Kulis, unbezahlte Diener der untersten Kategorie. Sie wurden ausgebeutet und geschlagen, ernährt, wenn es sich gerade ergab, und ausgehungert, wenn dies nicht der Fall war. Teilweise wurden sie auch sexuell mißbraucht, ganz wie es ihren Besitzern gefiel. Und die Sklaven in Afrika waren, anders als die im Osmanischen Reich, erst dann wieder frei, wenn sie tot waren.

In Gozerajup begegnete ihnen ein niedliches kleines Mädchen von etwa drei oder vier Jahren, das Florence voller Bewunderung auf Schritt und Tritt folgte. Florence nahm sich der Kleinen mit einer solchen Freundlichkeit an, daß ihre Mutter sie eines Tages fragte, ob sie nicht zur großen Feier des Mädchens kommen wolle. Für das Kind sei die Zeit nicht ungefährlich, weshalb es keinem Mann gestattet sei, in ihre Nähe zu kommen, meinte sie, aber Florence sei sicher. Florence folgte der Frau also zu einer abseits stehenden Hütte, in der sich weitere Frauen zusammendrängten. Drinnen war es stickig und verraucht. Irgendein Kraut wurde verbrannt und durch die Luft geschwenkt, was den Geruch der ungewaschenen Frauen überdeckte. Als Ehrengast wurde Florence in die Mitte der Hütte geschoben. Von dort aus verfolgte sie völlig unvorbereitet ein so gräßliches Schauspiel, daß sie vor Schreck wie gelähmt war.

Nach dem hellen Sonnenlicht draußen kam es ihr in der Hütte zunächst ziemlich düster vor, aber schon bald hatten sich ihre Augen daran gewöhnt. Die Frauen hatten einen Kreis gebildet, in dessen Mitte das kleine Mädchen nackt und voller Stolz auf dem Boden saß. Dann legte sich die Kleine auf den Rücken, mit dem Kopf in Richtung ihrer Mutter. Diese kniete nieder, nahm den Kopf des Mädchens zwischen ihre Knie und massierte seine Schultern mit einer Art Salbe. Andere weibliche Verwandte knieten sich ebenfalls hin und massierten ihm die Arme, Hände, Beine und Füße. Dann zog eine alte Frau ein glänzendes Messer hervor, und die massierenden Hände wurden zu eisernen Klammern. Die alte Frau setzte das Messer zwischen den Beinen des Mädchens an. Die Kleine stieß einen gellenden

Schmerzensschrei aus. Sie versuchte, sich zu bewegen, und wollte fliehen, aber die Hände ihrer Lieben hielten sie fest. Immer wieder schrie sie und flehte um Hilfe, doch die Alte machte einen Schnitt nach dem anderen. Als sie endlich zufrieden war, bat sie die Mutter des Kindes, ihr Werk zu begutachten. Diese sah sich alles genau an und nickte dann. Die Alte bestreute die blutende Wunde mit Myrrhe und heftete sie mit Akaziendornen zusammen. Dann band sie dem Kind die beiden großen Zehen zusammen, damit es still liegenblieb. Es würde die nächsten zwei Wochen allein mit seiner Verletzung in der dunklen Hütte liegen bleiben müssen, bis die Wunde verheilt war und nur noch eine große Narbe mit einer kleinen Öffnung zum Wasserlassen zurückblieb.

Florence, unfähig, die Hütte zu verlassen oder sich auch nur abzuwenden, beobachtete das Ritual voller Entsetzen. Der Anblick des Blutes und der unübersehbaren Schmerzen des Mädchens erfüllte sie mit Abscheu, und als sie es nicht länger aushielt, erklärte sie, sie fürchte, in Ohnmacht zu fallen, stand auf und ging hinaus. Draußen im Hellen und an der frischen Luft atmete sie mit fest geschlossenen Augen tief durch und versuchte, die Erinnerung an die grauenhaften Bilder zu verdrängen. Eines der älteren, noch unverheirateten Mädchen brachte ihr ein Glas Wasser und erklärte, es sei ein großer Tag für das Kind.

»Wird das mit allen gemacht?« fragte Florence mit bebender Stimme.

»Aber ja«, erwiderte das Mädchen stolz. »Alle Stämme von Cassala bis Berber beschneiden ihre Frauen. Wir legen großen Wert auf Reinheit.«

»Wirklich *alle* Frauen?«

»Natürlich! Kein Mann würde eine schmutzige Frau heiraten, die nicht ordentlich beschnitten ist. Außerdem könnte eine unbeschnittene Frau sich doch eine Menge Liebhaber nehmen, ohne daß er davon wüßte.«

Völlig erschüttert machte Florence sich auf den Rückweg ins Lager. Sie hatte das Gefühl, schreien und sich jeden Moment übergeben zu müssen, wollte das ganze Dorf mit allen seinen Einwohnern am liebsten niederbrennen. Für solche Verstümmelungen gab es keine Entschuldigung. Wie konnten Mütter ihren Töchtern nur so etwas antun, eine Generation um die andere, vor allem in einem so zarten Alter? Wie konnten sie die Schreie ihrer Kinder nur tatenlos mit anhören? Florence hatte keine Erklärung für die Grausamkeit der Welt. Später fand Sam sie schluchzend und zitternd vor Empörung im Zelt. Auch er war entsetzt über das, was sie berichtete. Zu wissenschaftlichen Zwecken hielt er eine Beschreibung der Zeremonie in seinem Tagebuch fest, doch er hatte Mühe, seine Emotionen dabei zu unterdrücken:

> Der Eingriff, der die Reinheit der Frauen[28] gewährleisten soll, wird im Alter von zwei bis fünf Jahren durchgeführt. Dabei werden die Geschlechtsteile geopfert beziehungsweise mit einem Rasiermesser am Rand zurückgeschnitten. Dann bindet man dem Kind die Knie und die großen Zehen zusammen und läßt es etwa vierzehn Tage lang in dieser Position liegen, bis alles wie bei einer natürlichen Wunde verheilt ist. Auf diese Weise verbleibt für die menschlichen Bedürfnisse eine Öffnung nicht größer als ein Federkiel, und es deutet nicht mehr auf das eigentliche Geschlecht hin, als es bei einer Marmorstatue der Fall ist.
> Wenn die Hochzeitsnacht naht und der Bräutigam bereit dazu ist, daß seine Frau ihn empfängt, bearbeiten die anderen Frauen diese, indem sie durch die kleine Öffnung eine Art Sonde einführen und so weit hineinschieben, bis das Ende durch die Haut zu spüren ist. Mit der Sonde als Führung wird mit einer Rasierklinge ein Schnitt gemacht, vom Ansatz des Instruments bis zu der Stelle, wo es aufhört. Die Öffnung ist allerdings nicht so groß wie von Natur aus vorgesehen. Dann wird der Ehemann eingelassen.
> Kommt schließlich die Zeit der Parturitio [Geburt], so ist es notwendig, die Öffnung zu vergrößern. Die Entbindung läuft folgendermaßen ab: Unterstützt von anderen Frauen, kniet die Frau sich auf einen für diesen Zweck vorbereiteten Haufen mit sauberem Sand, greift nach einem Seil, das am Dach festgemacht ist, und hängt sich an selbiges. Während sie sich an dem Seil festhält und die Knie, so weit es geht, spreizt, fahren die Freundinnen ihr mit den Händen unablässig und mit beträchtlicher Kraft an den Seiten und am Rücken herab, während eine andere Frau wie schon zuvor die Sonde einführt und die Öffnung mit einem Rasier-

messer sehr weit aufschneidet, so daß das Neugeborene schließlich mit einem Purzelbaum auf den Haufen Sand zur Welt kommt. Nachdem die Mutter wieder so versorgt worden ist, wie es die zivilisierten Sitten hier erfordern, muß sie erneut etwa vierzehn Tage liegen bleiben, wobei wie schon zuvor Knie und Zehen zusammengebunden werden, damit die Wunde möglichst wieder zusammenwächst. Mit einem Holzstück wird sichergestellt, daß eine Öffnung von der gewünschten Größe bleibt, und um ein Verrutschen zu verhindern, wird es festgebunden, bis alles gut verheilt ist. So verstümmeln diese bestialischen Wilden sich, und zwar nicht nur, um die voreheliche Unberührtheit sicherzustellen, sondern auch, um danach einen größeren Lustgewinn zu erzielen [indem sie dafür sorgen, daß die Vaginalöffnung eng bleibt].

Nach diesem Erlebnis war Florence mehrere Tage krank. Sie hatte Alpträume und wachte fiebrig und verschwitzt auf.

Allmählich dämmerte ihr, daß ihre eigene Kindheit sich gar nicht so sehr von der des armen Gallamädchens unterschied. Florences erwachende Sexualität war im Harem auf Schritt und Tritt eingeschränkt und unterdrückt worden. Wie alle Frauen hatte man auch sie verschleiert und weggesperrt, bewacht, kontrolliert und von den Blicken fremder Männer ferngehalten. Im Osmanischen Reich spielte das Vererben des Namens, der Ehre und des Familienbesitzes vom Vater zum Sohn eine außergewöhnlich große Rolle. Überwachte man eine Frau nicht, konnte sie sich einen Liebhaber nehmen, und damit war nicht mehr garantiert, daß der Ehemann tatsächlich der Vater des Erben war. Solche Frauen stellten für die gesellschaftliche Ordnung die größte Gefahr dar, die man sich damals vorstellen konnte. Die Galla sorgten zwar auf wesentlich brutalere Art und Weise für die Unberührtheit der Mädchen – und dies war der Hauptunterschied –, aber letztendlich dienten beide Vorgehensweisen demselben Zweck. Und das galt, wie Florence mit einem Mal klar wurde, ebenso für die rigiden gesellschaftlichen Vorschriften, die das Verhalten der Frauen in Europa bestimmten.

Sie hatte sich nie zuvor Gedanken darüber gemacht, warum eine Gesellschaft so und nicht anders aufgebaut war, hatte dabei nie ein Schema erkannt. Mit Sitten und Gebräuchen, die niemals in Frage gestellt wurden, ließ sich eine enorme Macht ausüben. *Die Männer müssen eine furchtbare Angst vor Frauen haben, wenn sie so mit ihnen umgehen*, dachte sich Florence. Für ihre Zukunft war nicht relevant, ob Sam sie heiraten würde, wenn sie in die Zivilisation zurückkehrten, sondern ob sie Sam heiraten würde – und wie ihr Leben aussah, falls sie sich dagegen entschied. Als seine Geliebte würde ihr eine schwierige und unsichere gesellschaftliche Stellung zukommen, doch sie würde wenigstens noch als Individuum existieren. Falls sie heirateten[29], würde sie sich ihm in rechtlicher und gesellschaftlicher Hinsicht unterordnen. Ihr Eigentum, ihre Kinder, ihr Geld, ja sogar ihr Körper würde laut Gesetz Sam gehören. Sie würde nicht mehr existieren. Um aber ein Leben führen zu können, wie sie es wollte und auch brauchte, würde Sam versprechen müssen, ihr zumindest eine gewisse Eigenständigkeit zuzugestehen.

Doch ob sie heirateten oder nicht, war vorerst ohnehin eine rein hypothetische Frage, denn in Cassala war dies ganz einfach nicht möglich. Die Entscheidung konnte also noch warten.

Sams Verhandlungen wegen neuer Kamele, mit denen sie weiterreisen konnten, waren nicht besonders erfolgreich, da die Araber sich standhaft weigerten, ihnen Tiere zu leihen. Aber auch diesmal lösten die türkischen Soldaten das Problem, indem sie einfach so viele Kamele beschlagnahmten, wie sie benötigten, und zwar gleich mitsamt deren Besitzern, die sich als Kameltreiber nützlich machen sollten. Sie brauchten jedoch noch weitere Männer, und der Dragomane Mahomet bat Florence und Sam inständig, Achmet anzustellen, einen »engen Verwandten«. Wohin sie auch gekommen waren: Überall hatte eine ganze Horde angeblicher »enger Verwandter« Mahomets diesen um Geld, Darlehen oder Gefälligkeiten angebettelt. Hier in Afrika war das so üblich. Achmet konnte natürlich kein Englisch, besaß keinerlei nützliche Fähigkeiten und war höchstwahrscheinlich ein fauler Kerl oder sogar ein Dieb. Sam erklärte sich trotzdem bereit, Achmet probehalber mitzunehmen, schärfte Mahomet aber ein, daß er persönlich für das gute Benehmen seines Verwandten verantwortlich sei.

Der Gouverneur von Cassala bestand darauf, daß ein Unteroffizier von einem der nubischen Regimenter die Expedition begleitete. Für diese Aufgabe wählte er einen sehr großen, sehr schwarzen Mann namens El Baggar, »Die Kuh«, aus: Dieser war für seine Tapferkeit bei der Jagd auf Onyxantilopen bekannt, die von den Einheimischen auch als »Kühe der Wüste« bezeichnet wurden. El Baggar sollte die abscheulichen türkischen Soldaten ersetzen, die nach Berber zurückkehrten.

Zu guter Letzt stellte Sam noch zwei »wilde, junge Araber« an, etwa achtzehn und zwanzig Jahre alt. Wie sich herausstellte, war einer der beiden, Bacheet, »ungeeignet, sich zähmen und zivilisieren zu lassen«. Er trug jedoch sehr zur allgemeinen Erheiterung bei, und Mahomet war froh, jemanden zu haben, den er herumkommandieren konnte. Bacheet lernte, daß Florence und Sam es aus irgendwelchen ihm unerklärlichen Gründen nicht mochten, wenn sich in ihren Getränken oder Speisen Fliegen oder andere Insekten befanden. Seine erste Aufgabe bestand also darin, die Insekten zu verscheuchen oder sie zu entfernen, falls sie sich dennoch nicht davon hatten abbringen lassen, ihrem Leben durch den übermäßigen Genuß irgendeines Lebensmittels ein Ende zu setzen. Eines Morgens unterlief Bacheet bei der Erledigung seiner Verpflichtungen ein hochinteressantes Mißgeschick. Sam mußte den Vorfall einfach in seinem Reisetagebuch festhalten:

> Bacheet, der völlig verwildert zu uns kam, hatte noch nie einen Nachttopf gesehen. [...] Als er während des Frühstücks eine Fliege bemerkte, die unter dem Bett gerade in dessen Inhalt ertrank, nahm er vom Tisch aus dem Salzfäßchen einen Löffel, putzte ihn sorgfältig sauber und fischte, in der Überzeugung, das *Getränk* werde durch die Fliege verdorben, das Tier heraus!

Dann wischte Bacheet den Löffel am Tischtuch trocken und legte ihn, voller Stolz, seine Pflicht erfüllt zu haben, wieder an seinen Platz neben dem Salzfäßchen. Florence und Sam brachen in schallendes Gelächter aus.

Mittlerweile hatte die Regenzeit mit aller Macht eingesetzt, so daß das Lager der Expedition regelmäßig unter Wasser stand. Als sie wieder an die Ufer des Atbaras kamen, führte das zuvor noch trockene

Flußbett Wasser, das ein fruchtbarer Schlamm fast schwarz färbte. Die Wintermonate wollten sie im Dorf Sofi jenseits des Flusses verbringen. Es gab zwar eine primitive Fähre, die Menschen übersetzte, aber die Tiere sollten über den Fluß schwimmen. Mit Hilfe aufgeblasener *girbas* würden sie über die tiefsten Stellen kommen. Die Kameltreiber wußten, was für eine langwierige, mühsame Prozedur ihnen bevorstand: Da Kamele nicht gerne schwimmen, würden sie die Tiere mit viel Geschrei und Schlägen ins Wasser zerren und schieben müssen. Anstatt sich das anzutun, machten sie sich lieber mitten in der Nacht aus dem Staub, mitsamt den ihnen anvertrauten Kamelen und Gepäckstücken.

Man schickte El Baggar los, um neue Tiere zu besorgen. Bei seiner Rückkehr erklärte er, er habe mehrere Lastkamele für das Gepäck und sogar einige *hajin* bekommen, spezielle Reitkamele, die wegen ihrer komfortablen Gangart sehr begehrt waren. Florence und Sam mußten jedoch bald feststellen, daß man den Begriff »komfortabel« sehr unterschiedlich auslegen konnte, je nachdem, ob man auf dem Rücken eines Kamels groß geworden oder zum Reiten eher Pferde gewohnt war. El Baggar sattelte das am einfachsten zu reitende *hajin* mit dem geschmeidigsten Gang, das für Florence bestimmt war, um seine außergewöhnlichen Qualitäten zu demonstrieren. Sam beschrieb die Szene wie folgt:

> Ich habe noch nie eine derartig lächerliche Vorstellung erlebt! »Garantiert gut zu reiten, leicht zu führen und für die Dame hervorragend geeignet!« hatte es über das Wesen dieses störrischen Viehs geheißen, das nun mit erhobenem Haupt und Schwanz wie von Sinnen im Kreis herumlief, wobei es schrie und brüllte wie ein wildes Tier, die Vorderbeine in die Luft warf und beim Traben fast einen Meter auf und ab schwankte. [...] Auf dem Rücken dieses *leicht* zu reitenden Kamels war mal eine verrenkte schwarze Gestalt, dann wieder ein einzelner Fuß zu erkennen, der in die Luft ragte. Arme, Kopf, Beine und Hände sahen aus, als gehörten sie gar nicht zueinander, und das wirre Haar dieses unheimlichen Wesens, das einmal höchst sorgfältig zu langen, steifen Korkenzieherlöckchen aufgedreht gewesen war, [...] stand abwechselnd *en masse* zu Berge, wie unter Strom gesetzt, und fiel dann ebenso abrupt

wieder herab auf seine Schultern. [...] Diese seltsame Kreatur, durch die Schnelligkeit der Bewegung fast unkenntlich, war El Baggar, hochbeglückt und voller Stolz!

Während das Kamel ihn auf und ab schleuderte, versicherte El Baggar ihnen, es sei ein wunderbares Tier mit einem ruhigen Gang, das sich ganz besonders für eine Dame eigne. Die anderen, räumte er ein, seien ein wenig schwieriger zu führen. Florence verkniff sich das Lachen und meinte, sie nehme lieber ein anderes Tier, ein ruhiges Lastkamel, auf dem sie sich vermutlich besser halten könne.

Später mußte sie allerdings feststellen, daß auch dieses Kamel ein störrisches Vieh war, das bei jeder Gelegenheit durchging und davonpreschte, um irgendwo einen Bissen grüne Blätter zu stibitzen. Den Wünschen seiner Reiterin zu gehorchen zählte nicht zu seinen Stärken. Sams Kamel raste mit Vorliebe durch Dornbüsche, was den – aus Sicht des Kamels – angenehmen Effekt hatte, daß es sich so des auf seinem Rücken festgebundenen Gepäcks entledigen und es in alle Himmelsrichtungen verteilen konnte. Auf diese Weise auch Sam loszuwerden gelang ihm zwar nicht, aber die Dornen zerschnitten diesem Kleider und Haut, so daß er jedesmal blutig und halb nackt war, wenn er wieder aus dem Gebüsch auftauchte. Die Marotten der Kamele, ihre Reizbarkeit und das dauernde Geschaukel waren unerträglich, und Florence und Sam sehnten sich nach gut zugerittenen Pferden.

Einige Wochen später, als sie von einem Scheich, dem sie unterwegs begegneten, echte *hajin* geliehen bekamen, entdeckten Florence und Sam, wie angenehm das Reisen auf dem Rücken eines Kamels tatsächlich sein konnte. Die edlen Tiere waren komplett weiß und hatten einen schnellen, gleitenden Gang, bei dem die Lastkamele weit zurückblieben. Ein Diener folgte den beiden in kurzer Entfernung. Er hatte einen Teppich dabei, auf dem sie es sich bequem machen konnten, die nötigen Utensilien zum Kaffeekochen sowie kaltes, gebratenes Geflügel und Gebäck, das als kleine Zwischenmahlzeit gereicht wurde. Wenn sich dann endlich auch die Lastkamele ins Lager geschleppt hatten, hatte der Diener bereits einige der Zelte aufgestellt und begonnen, das Essen zuzubereiten. *Hajin* waren eindeutig das bessere Fortbewegungsmittel.

Je weiter nach Süden sie zogen, desto häufiger kam es zu heftigen Regengüssen. Die ausgetrockneten Flußbetten füllten sich bis obenhin, alles glänzte, die Pflanzen strotzten vor Saft, und die Männer sahen gesund und wohlgenährt aus. In der Nacht donnerte es so, daß an Schlaf nicht zu denken war, und durch die Baumwollplanen drangen ungehindert ganze Sturzbäche ins Zeltinnere und durchnäßten Florence und Sam in ihren Betten. Am Morgen war die Gegend um sie herum ein einziges Schlammloch. So gut sich die Kamele auch für die Wüste eigneten, hier kamen sie nur mühsam vorwärts. Ihre großen, flachen Hufe sanken tief im Sumpf ein und kamen mit riesigen Schlammklumpen wieder zum Vorschein, die mit jedem Schritt schwerer wurden. Beim Weitergehen verwandelte sich der Schlamm in eine schmutzige, glitschige Brühe, bis die Kamele irgendwann stehenbleiben und warten mußten, daß einer der Kameltreiber ihnen die Füße saubermachte. Dann ging das Ganze wieder von vorne los. Manche Jungtiere in den Karawanen der Araber waren noch so klein, daß sie nicht einmal auf trockenem Terrain hätten Schritt halten können. Sie wurden daher mit Netzen auf dem Rücken ihrer Mutter festgebunden.

Die Freude war groß, als Florence und Sam in Sofi einen Deutschen trafen, Florian Mouche, der schon seit drei Jahren dort lebte. Sam hatte bereits gehört, was für ein ausgezeichneter Jäger Mouche war, und wollte von ihm so viel wie möglich über das Land, seine Stämme und die Tiere lernen. Mouche war Steinmetz und hatte seine Heimat verlassen, um mit österreichischen Missionaren in Afrika Heiden zu bekehren. Nach einiger Zeit war ihm die Arbeit jedoch zuwider geworden, und er hatte sich gemeinsam mit einem anderen Deutschen, einem Zimmermann, abgesetzt, um sich als Berufsjäger durchzuschlagen. Ihren Lebensunterhalt verdienten sie mit der Herstellung und dem Verkauf von Nilpferdpeitschen sowie mit gelegentlichen Bauarbeiten.

Florence und Sam schlugen ihre Zelte in knapp dreihundert Metern Entfernung vom Atbara auf, an einer schattigen, von Ziegen abgeweideten Stelle, wo Schlangen und Skorpione leichter zu sehen waren. Als Schutz vor einer Überschwemmung ließ Sam die Männer Gräben um das Lager ziehen. Außerdem kaufte er eine große leerstehende Hütte, die rasch ab- und im Lager wiederaufgebaut wurde. Es war ein Wohnhaus – ihr erstes eigenes Heim in Afrika –, und Sam machte sich einen Spaß daraus, es zu beschreiben, als sei er ein Makler, der sein Objekt anpreist. Der Besitz des Hauses umfaßte demnach auch

> das Jagdrecht in den Gemeinden Abessinien und Syrien, wo es eine Fülle von Elefanten, Rhinozerossen, Giraffen, Büffeln, Flußpferden, Leoparden und unterschiedlichsten Antilopenarten gibt. Das Fischereirecht erstreckt sich auf den Atbara und die umliegenden Flüsse, die reich an Fischen sind, an Fünfpfündern ebenso wie an Hundertfünfzigpfündern, sowie darüber hinaus an Tauben und Krokodilen.
> Das Haus verfügt über eine Eingangshalle, einen Speisesaal, einen Salon, ein Boudoir für die Dame, eine Bibliothek, einen Frühstücksraum, ein Schlafzimmer und ein Ankleidezimmer (verbunden mit dem unschätzbaren Vorteil, daß sie allesamt in einem kreisrunden Raum von etwa viereinhalb Metern Durchmesser Platz finden).

Dahinter standen zwei Hütten, die als Küche und »Gesindestube« dienten. Zwischen den Hütten ließ Florence Wege anlegen, die mit weißem Sand ausgestreut wurden. Sie verbrachte mehrere Tage mit der Suche nach hübschen bunten Achaten und versteinertem Holz, mit denen sie die Wege einfaßte. Außerdem wählte sie ein paar besonders reizvolle Stellen aus, an denen sie die Männer große, flache Steine aufstellen ließ, damit sie mit Sam dort sitzen und die Aussicht genießen konnte. In einem Gärtchen am Haus setzte sie wildwachsendes Gemüse und Blumen ein, die sie gesammelt hatte. Sie lockten leuchtendbunte Nektarvögel an, winzige, flink umherflatternde Vögel, die den Nektar aus den Blüten saugten. Schon bald wuchsen die Ranken des Flaschenkürbis bis zum Dach der Hütte hinauf und hingen in einem weiten Bogen wieder herab, so daß sie beinahe aussahen wie ein Rosenbusch an einem Cottage in den englischen Cotswolds.

»Sam«, sagte Florence eines Tages nach einigem Überlegen, »ich fände es schön, wenn wir für den Garten auch einen Tisch und Stühle hätten. Dann könnten wir im Freien essen oder uns hinaussetzen und den Sonnenuntergang anschauen. Wir könnten sie doch dort drüben hinstellen.« Sie deutete in die Richtung. »Was hältst du davon?«

Sam stimmte ihr zu und machte sich daran, aus Bambus einen rustikalen Tisch und zwei dazu passende Stühle zu bauen. Es gefiel ihm, wie Florence mit weiblichem Gespür dafür sorgte, daß sie es im Lager behaglich und hübsch hatten. Außerdem bastelte er gerne, ganz gleich, was es war.

Das Innere der Hütte kleidete Florence sorgfältig mit festem Baumwollstoff aus, damit das Ungeziefer und die Schlangen aus dem Strohdach nicht in den Wohnraum kamen. In einem Haus ohne Regale oder Schränke war Stoff eine äußerst praktische Wandverkleidung. Man konnte alles – ob Landkarten, Nähzeug, Waffen, Meßinstrumente oder Angelruten – in Körben oder Netzen daran hängen, so daß es vor den Ameisen und Termiten sicher war, die sonst alles aufgefressen hätten. Es dauerte nicht lange, bis das Lager gemütlich, ordentlich und zweckmäßig eingerichtet war. Am späten Nachmittag setzte das Paar sich in den Garten und genoß glücklich und zufrieden die herrliche Aussicht.

Doch schon bald schwemmte die Regenzeit jede Behaglichkeit fort. Zu Tausenden schlüpften die Pferdebremsen, Tsetsefliegen, Moskitos und alle erdenklichen anderen stechenden oder beißenden Insekten. Noch bevor man eine Tasse Kaffee austrinken konnte, hatten die Insekten diese in eine wuselnde Brühe verwandelt, ganz egal, wie sehr sich Bacheet auch bemühte, sie abzuwehren. Bei den Menschen wie den Tieren hinterließen die Stechfliegen Schwellungen und entzündete Wunden. Die Rhinozerosvögel und Silberreiher, die auf dem Rücken der Tiere hockten und in ihren Wunden herumpickten, befreiten sie dadurch zwar von dem Ungeziefer, verschlimmerten zugleich aber auch die Entzündungen. Die Esel waren besonders geplagt, und anstatt weiterhin im Freien zu grasen, standen sie lieber im dichten Rauch, den man durch das Verbrennen von Gras und frischen Zweigen erzeugte.

Dann brach das Fieber aus. Sam kümmerte sich um Mouche, den Deutschen, und seine Männer, wenn er nicht gerade Florence pflegte. Sie litt unter einem heftigen Anfall von gastrischem Fieber, der sie neun qualvolle Tage lang ans Bett fesselte. Zudem ging ein anstekkendes Geschwür mit ekelhaften Eiterbeulen im Lager um, das fast niemanden verschonte. Da Sam kein Heilmittel wußte, dachte er sich eines aus, wobei er sich an einer Arznei orientierte, die er zu Hause zur Behandlung seiner räudigen Hunde verwendet hatte. Er mischte Schwarzpulver und Sulfur und gab etwas Wasser und Fett hinzu, so daß eine Salbe entstand, die man auf die Haut auftragen konnte. Die ungesunde Mixtur verlieh den Afrikanern einen schwarzen Glanz und ließ die Weißen wie schwarz geschminkte Bühnenneger aussehen, doch sie schien zu helfen.

Sam stellte fest, daß die Araber erbärmlich wenig über medizinische Dinge wußten und sich bei der Heilung von Krankheiten lieber auf Zauberei verließen. Der *faky*, ein selbsternannter Heiliger, der in der Gegend als Heiler auftrat, hielt Reliquien frommer Männer, Souvenirs von einer Pilgerreise nach Mekka, Tinte, mit der angeblich die Verse des Koran geschrieben worden waren, und Talismane aller Arten für wirkungsvolle Arzneien. Zur Linderung von Fieber oder zur Heilung von Syphilis verschrieb er ein Tonikum aus einem Liter heißem Fett. Er glaubte zudem, nachlassende sexuelle Potenz könne durch den Genuß von Krokodilfleisch gesteigert werden – worin Sam die Erklärung dafür zu erkennen glaubte, daß Krokodileintopf in dieser Gegend unglaublich beliebt war.

Unermüdlich widmete Sam sich immer neuen Vorhaben. So fertigte er beispielsweise für sich und Florence neue Schuhe aus den selbstgegerbten Häuten der Tiere an, die er erlegt hatte. Außerdem, fand er, sollten sie ein Kanu haben, um den Fluß überqueren zu können, wann immer sie wollten. Tagelang mühte er sich damit ab, einen Baumstamm auszuhöhlen, doch das entstandene Boot war so schwer, daß es sofort sank. Beim nächsten Mal versuchte er, ein Floß aus Bambus herzustellen. Es schwamm zwar, war aber instabil und nur sehr schwer zu lenken. Wenn er gerade nichts zu tun hatte, war ihm langweilig, und er starrte sehnsüchtig über den Atbara. Dort wimmelte es nur so von Wild, aber das andere Ufer war unerreichbar. Um so glücklicher war er, als er kurze Zeit später dennoch die Möglichkeit bekam, sich einen langgehegten Wunsch zu erfüllen und mit den Männern vom Stamm der Hamran auf Elefantenjagd zu gehen.

Von da an war er öfters mit ihnen unterwegs, und je besser er sie kennenlernte, um so mehr erfuhr er über die Lebensweise der Araber. Mitunter waren das allerdings auch recht bestürzende Dinge. So schrieb er am 19. August voller Abscheu in sein Tagebuch:

> Es gibt nichts Verachtenswerteres als die Primitivität der Frauen in diesem Lande. Im Alter von zehn Jahren werden sie von lüsternen Männern zur Frau genommen, wie es offiziell heißt, doch tatsächlich sind sie deren Sklavinnen. [Den Frauen hier] sind die Gefühle, die den Frauen in anderen Ländern ihren Reiz verleihen, gänzlich fremd. [...] Wahre Liebe ist hier unbekannt. Die Unberührtheit bis zur Ehe wird durch einen operativen Eingriff sichergestellt, und da eine Heirat bereits im zarten Alter von zehn oder zwölf Jahren stattfinden kann, beweist die Notwendigkeit einer solchen Operation, wie brutal die Männer und wie unglaublich primitiv die Frauen sind. Jene Gefühle zu empfinden, die mit dem Wort Liebe ausgedrückt werden, ist diesen Barbaren unmöglich. Statt dessen sind sie ganz gierig nach Arzneien, die das Verlangen noch steigern, und halten sich, je nach ihren Verhältnissen, gleich mehrere Frauen, meistens drei oder vier.

Sams Kritik war keine Heuchelei. Zwar war auch Florence nicht älter als etwa fünfzehn Jahre gewesen, als er sie kennengelernt hatte, und immerhin hatte er sie entführt, doch es gab einen entscheidenden Unterschied: Florence hatte die Wahl.

Nur manchmal, wenn Florence ein niedliches afrikanisches Baby in den Arm nahm, war sie traurig, daß sie Sam noch kein Kind hatte schenken können. Seine erste Frau hatte ihm sieben Kinder geboren. Würden Florence und Sam womöglich gar keine haben? Ein Mann brauchte nun einmal einen Erben, das war ihr als Kind im Harem immer wieder eingeschärft worden, nachdem die erste Frau des Herrn, die nur Mädchen zur Welt gebracht hatte, durch eine *ikbal* ersetzt wurde, die diesem – wie man inständig hoffte – endlich einen Sohn gebären sollte. Henrietta hatte zwar auch zwei Söhne gehabt, Charles Martin Baker und John Lindsay Sloan Baker, aber der erste war auf Mauritius und der zweite auf Ceylon umgekommen. Eine der Töchter, Jane Baker, war bereits als Säugling gestorben, auf dem Schiff, kurz vor den Malediven. Nun waren nur noch die vier Töchter Edith,

Agnes, Constance und Ethel am Leben. Florence war davon überzeugt, daß die Geburt eines Sohnes das größte Geschenk wäre, das sie Sam machen konnte – und die größte Garantie für ihre eigene Sicherheit.

Sie überlegte, warum sie noch nicht schwanger geworden war. In der Trockenzeit waren sie ständig unterwegs gewesen, was für sie eine immense Anstrengung bedeutete. Sie war zwar stark geworden, aber auch mager, vielleicht sogar zu mager, um ein Kind austragen zu können. Nach einer Fehlgeburt hätte sie sich nicht ins Bett legen können, so wie es manche Frauen in Europa in so einem Fall taten. In der Regenzeit hatten sie zwar mehr zu essen, aber dafür nahm auch die Zahl der lästigen Insekten zu, und sie litt öfter an Fieber oder anderen Beschwerden. An der Regen- und der Trockenzeit ließ sich nichts ändern. Aber Florence war ja noch jung und hoffte, daß sich rechtzeitig ein Mittel gegen ihre Unfruchtbarkeit finden würde.

Irgendwann hatten Florence und Sam genug von Sofi und beschlossen weiterzuziehen. Die beiden Deutschen, Mouche und sein Freund, der Zimmermann, wollten sie begleiten. Obwohl ihnen ständig die übelsten Geschichten über die Grausamkeit der Basé zu Ohren gekommen waren, die jenseits des Flusses lebten, stellten die Unmengen von Elefanten eine Verlockung dar, der Sam nicht widerstehen konnte. Er überschlug, wie viele Waffen und Männer er besaß, und befand, daß sie sich ordentlich zur Wehr setzen konnten, falls man sie angreifen sollte. Sie faßten daher den Beschluß, den Fluß jetzt, wo die Regenzeit dem Ende zuging, erneut zu überqueren.

Am 12. und 13. September machten Florence und Sam sich selbst, ihre Habseligkeiten und ihre Männer unter den neugierigen Blicken einer ganzen Horde von Helfern und Zuschauern bereit zum Aufbruch. Sams wackeliges Floß ließen sie zurück und benutzten statt dessen ein *angarep*, ein hölzernes Bettgestell, das mit Hilfe acht seitlich angebrachter *girbas* über Wasser gehalten wurde, fast so wie die Kamele bei der letzten Flußüberquerung. Auf das Bettgestell band Sam die große Metallwanne, die sie unterwegs für ihre Schwammbäder benutzten. Darin wurden die Passagiere sowie die Zelte, Waffen, Munition, Vorräte und anderen wichtigen Dinge verstaut, die trocken bleiben sollten – nach Sams Schätzung trug das Boot mühelos ein Gewicht von rund achtzig Kilo. Es war ein seltsames Vehikel, das bei den Einheimischen erstaunte Kommentare und neugierige Fragen hervorrief.

Da das provisorisch zusammengebastelte Boot kein Steuer besaß, wies Sam eine Gruppe von Nilpferdjägern an, sich als Schlepper zu betätigen und das Gefährt unter seinem Kommando über den Fluß zu lenken. Die Expedition hatte solche Unmengen an Gepäck dabei, daß mehrere Fahrten erforderlich waren. Auch die menschlichen Schleppkähne wurden irgendwann müde und mußten mehrmals ausgewechselt werden. Sam war sehr stolz darauf, daß lediglich eine Ladung mit Weizen naß geworden war.

Mahomet stellte da schon ein größeres Problem dar. Im Grunde war der freche Dragomane nämlich ein Feigling und hatte eine Heidenangst davor, mitsamt dem sonderbaren Gefährt zu ertrinken. Die einzigen Schiffe, die er kannte und denen er traute, waren Nildampfer, mit denen dieses hier jedoch keinerlei Ähnlichkeit besaß. Nach endlosem Hin und Her stieg Mahomet widerwillig in die Badewanne, sein Bündel Kleider ängstlich umklammernd. Achmet blieb zurück und sollte bis zur letzten Überquerung auf seine übrigen persönlichen Besitztümer aufpassen. Als Mahomet endlich zitternd und blaß am anderen Ufer angekommen war, drehte er sich um und blickte nach Sofi zurück. Von Achmet und seinen Habseligkeiten war nichts mehr zu sehen. Mahomet zeterte, wedelte verzweifelt mit den Armen und flehte, man möge ihm helfen, Achmet zu fassen, doch niemand kam seinem Befehl nach. Da Mahomet nicht wagte, ein zweites Mal überzusetzen, wandte er – ein Häufchen Elend – dem Fluß den Rücken zu.

Von ihrem neuen Lager aus ging Sam häufig zum Jagen oder Angeln, wobei er im Fluß einige sehr wohlschmeckende Fischarten entdeckte. Florence nähte ihm für die Jagd robuste Gamaschen aus Gazellenleder. Sie ließen sich über die Füße ziehen und sowohl oberhalb als auch unterhalb der Knie schnüren, so daß die Waden vor den spitzen Widerhaken der Gräser und vor den Dornbüschen, die es hier gab, geschützt waren. Viele der Männer litten an hohem Fieber, und einige starben sogar daran.

Sam begann sich erneut Sorgen um Florences Lage zu machen. Was würde geschehen, wenn auch er an der Fieberkrankheit starb?

Am 23. September setzte er einen offiziellen Brief an John Petherick auf[30], den britischen Konsul in Khartoum, in dem er ihm Anweisungen hinsichtlich Florences Versorgung und ihrer finanziellen Absicherung im Falle seines Todes gab. Bevor er zu einem längeren Jagdausflug aufbrach, überreichte er Florence den Brief. Sie las ihn, faltete ihn sorgfältig wieder zusammen und gab Sam einen Abschiedskuß. Von da an trug sie den Brief für mehrere Monate ständig bei sich.

Die Jagdgesellschaft marschierte Richtung Settite. An den Ufern des Flusses wimmelte es nur so von Wild, aber an diesem Tag erlegte Sam nur ein paar Gazellen. Die Nächte verbrachten sie im Freien. Der Rauch der Lagerfeuer bot ihnen zwar einen gewissen Schutz, doch das Licht zog gleichzeitig auch die Insekten an. Hunderte von Käfern verhedderten sich in Sams Bart und krochen von dort in seine Kleider. Wenn er sie zerdrückte, gaben sie einen scheußlichen, stechenden Geruch von sich. Am nächsten Tag kehrte die Jagdgesellschaft niedergeschlagen, übelriechend und mit leeren Händen ins Lager zurück.

Florence erwartete Sam mit frisch gewaschenen Kleidern, einem kühlen Bad und heißem Curry mit Reis, worüber er sich sehr freute. Keiner der beiden hatte sich ernsthaft Sorgen gemacht, daß es für Florence gefährlich sein könnte, allein in einem Lager voller Männer zurückzubleiben. Sie war eine respekteinflößende junge Dame, eine *sitt*, und nicht einmal die ungehobelten Kerle dieser Expedition hätten es gewagt, aufdringlich zu werden. Abgesehen von ihrer moralischen Integrität wäre Florence außerdem zweifellos imstande gewesen, sich mit einer Waffe zu verteidigen.

Am 17. August 1861 setzten sie ihren Marsch entlang des Settites fort. Mouche hatte monatelang Fieber gehabt und war daher sehr geschwächt. In der Überzeugung, daß die Reise für ihn damit unbeschwerlicher sein würde, kaufte er ein Pferd, das sich leider aber als störrischer Ausreißer entpuppte. Seine Probleme mit dem Tier begannen, als er versuchte, von der falschen Seite her aufzusteigen, eine Angewohnheit, gegen die es sich heftig sträubte. Schon bald hatte das Pferd seinen Willen durchgesetzt und warf Mouche ab, wann immer ihm danach war. Irgendwann beschloß der Deutsche wohlweislich, lieber zu Fuß zu gehen, anstatt sein Leben noch länger dem bockenden Vieh anzuvertrauen. Mit der Zeit wurde ihr Reisegefährte immer reizbarer und schwieriger. Stundenlang steckten er und der Zimmermann die Köpfe zusammen und machten ihrer Unzufriedenheit auf deutsch Luft. Florence verstand natürlich jedes Wort, obwohl sie und Sam sich mittlerweile oft auch auf englisch unterhielten. Weder sie noch Sam waren traurig, als die beiden Deutschen kurz nach Weihnachten die Expedition verließen.

Im Oktober regnete es noch heftiger, und noch mehr Männer wurden krank. Alles begann zu verrotten, zu schimmeln oder zu modern: Kleider, Leder, Zelte, sogar das Papier in den Büchern. Genervt schrieb Sam in sein Tagebuch: »Die Geißel Afrikas ist der Wassermangel. Es ist schon ein anstrengendes Land. In der Regenzeit ist die Gegend hier wunderschön – ein einziger Teppich aus grünem Gras und dunklem Strauchwerk –, aber dieser Schlamm! Dieser Schlamm! Niemand wird seiner Herr, und kein Tier kann ihn durchqueren.« Sie saßen in der Falle und kamen nicht weiter. Immer wieder waren sie krank, sogar Sam. Der Regen versprengte das Wild, lockte dafür aber Unmengen von Vögeln an, die unterschiedlichsten Arten von Bussarden, Falken, Enten und Störchen. Den ganzen Tag lang ließ der Bartvogel sein nervtötendes *Tink-tink-tink* ertönen.

Sam kaufte drei neue Pferde, einen Braunen, den er auf den Namen »Tetel«, »Kuhantilope«, taufte, und zwei Graue, die er »Gazelle« und »Aggahr«, nach den *aggageers*, den Schwertjägern, nannte. Außerdem machten Florence und Sam die Bekanntschaft Scheich Achmets von Wat el Négur. Ähnlich wie schon einmal, statteten auch die Frauen dieses Scheichs Florence einen Besuch ab und bestaunten ihre Habseligkeiten. Sie bewunderten ihre zarten Hände, die noch nie Getreide gemahlen oder schwere Arbeit verrichtet hatten, und hielten Florence für die *ikbal*, die Favoritin, von Sams Harem, auch wenn es ihnen seltsam vorkam, daß sie ihre Hände dann nicht mit Hennamalereien verzierte.

Als sie unter sich waren, erkundigte der Scheich sich bei Sam nach den ehelichen Gepflogenheiten in seiner Heimat. Dieser beschrieb ihm seine Kultur in so schillernden Farben, daß der Scheich schließlich glaubte, England sei ein Paradies voll strahlend schöner Frauen.

»Wie konntet Ihr all Eure hübschen Frauen nur zurücklassen«, fragte der Scheich mit einem Seufzer. »Nun gut, eine habt Ihr ja mitgebracht, und sicherlich die jüngste und reizendste. Vielleicht habt Ihr ja die alten alle zu Hause gelassen?« Er schaute Sam neugierig an.

Sam erklärte ihm, daß ein Mann in England nur eine Ehefrau haben durfte. Der Scheich und die Araber in seinem Gefolge waren geradezu empört und wollten ihm nicht glauben. »Wie das!« rief der Scheich aus, »Das ist doch ganz und gar unmöglich! Wie kann ein Mann denn mit nur einer Frau zufrieden sein? Das ist doch lächerlich, ganz absurd! Was soll er denn machen, wenn sie alt wird? Wenn sie jung ist und sehr hübsch, dann mag eine ja vielleicht genug sein, aber selbst eine junge Frau wird irgendwann einmal alt, und ihre Schönheit verwelkt. Männer dagegen verwelken nicht so wie Frauen, und weil er über viele Jahre derselbe bleibt, während sie sich innerhalb weniger Jahre verändert, hat die Natur es so eingerichtet, daß er junge Frauen als Ersatz für die alten haben soll. Gibt denn nicht etwa der Prophet seine Erlaubnis dazu?« Er mißtraute Sams Worten. »Seht Euch doch nur selbst an«, forderte der Scheich ihn auf. »Euer Weib ist jung, aber in zehn Jahren wird sie nicht mehr so sein wie heute. Werdet Ihr ihr, wenn sie einmal alt ist, denn kein schönes Haus ganz für sich allein schenken und Euch eine neue junge Frau nehmen?«

Mit der Behauptung, englische Frauen würden nie alt werden, sondern mit zunehmenden Alter nur besser – ja mit der Zeit sogar noch liebenswerter –, konnte Sam seine Zuhörer nicht überzeugen. »Ihr seid selbstsüchtig«, warf er ihnen vor. »Ihr erwartet etwas von der Frau, das ihr selbst nicht zu geben bereit seid: Treue und Liebe. Wenn Eure Frau eine Vielzahl von Ehemännern für sich forderte, wäre es Euch dann nicht auch unmöglich, sie zu lieben? Wie sollte also sie Euch lieben können, wenn Ihr auf weiteren Frauen besteht?«

Doch davon wollte der Scheich nichts hören. »Ach!« wehrte er ab und schüttelte befremdet den Kopf. »Unsere Frauen sind einfach anders als eure, sie würden niemals jemanden lieben. Nehmt zum Beispiel Eure Frau: Sie hat ihr Heimatland weit hinter sich gelassen und ist mit Euch gekommen. Ihr Herz ist stärker als das jeden Mannes, sie hat vor nichts und niemandem Angst, weil Ihr bei ihr seid. Unsere Frauen aber sind am liebsten weit fort von ihrem Ehemann, und sie sind nur glücklich, wenn sie gar nichts zu tun haben. Ihr versteht unsere Frauen nicht. Es sind dumme Geschöpfe, und wenn es mit ihrer Jugend vorbei ist, sind sie zu nichts anderem mehr nütze als zur Arbeit.« Sam und der Scheich mußten zugeben, daß wohl tatsächlich etwas daran war, wenn es hieß, unter anderen Völkern herrschten andere Sitten, und gingen im guten auseinander.

Am Abend, auf dem Rückweg zum Zelt, gingen Sam die Themen durch den Kopf, über die sie diskutiert hatten. *Vielleicht*, dachte er, *hat er ja recht, und ich verstehe die arabischen Frauen wirklich nicht. Der Scheich dagegen hat Flooey zweifellos richtig eingeschätzt*, *als er meinte*, *sie habe ein stärkeres Herz als jeder Mann und vor nichts Angst. Noch nie hat jemand sie treffender beschrieben.*

Als er näher kam, sah er seine geliebte Flooey im Schein der Lampe sitzen und nähen, während sie auf ihn wartete. Ihr langes, glänzendes Haar, das sie offen trug, ergoß sich über ihre zarten Schultern wie ein Fluß. Sam breitete die Arme aus und rief leise ihren Namen. Sie blickte auf, lächelte, legte gleich ihre Näharbeit aus der Hand und kam auf ihn zu.

Nein, dachte Sam, *der Scheich hat sich geirrt. Ihr Herz ist nicht stärker als das eines jeden Mannes. Meine Flooey besitzt das Herz eines Löwen.*

7

Ich bin Ihr Diener, sitt!

Die Reise entlang des Settites führte sie durch eine Region, die besonders reich an Elefanten, Büffeln und Löwen war und in der sie häufig auf die Jagd gingen. Das Gebrüll der Löwen war nun so oft zu hören, daß Sam beschloß, einen *zareeba* zu errichten, einen dichten, hohen Schutzwall aus Dornen, der sowohl das Lager umgab als auch den Bereich, wo die Reitkamele, Esel und Pferde ihren Schlafplatz hatten. Nacht für Nacht schlichen die Löwen um diesen Wall herum und versuchten, ihn zu durchbrechen, womit sie den Männern einen gewaltigen Schrecken einjagten. Florence war mit ihren Nerven am Ende, denn zwischen ihr und den Löwen befand sich nichts als der *zareeba*. Sie fragte sich, ob er wirklich stabil und hoch genug war, um die Tiere fernzuhalten.

Am meisten fürchtete sich Mahomet, vor allem nachdem Bacheet so freundlich gewesen war, ihm die wüstesten Geschichten über tödliche Begegnungen mit Löwen zu erzählen. »Warum der Herr und die Frau kommen in diese schlechte Land?« fragte er Florence und Sam immer wieder ängstlich. »Das böse Tier wird fressen die Frau in der Nacht! Vielleicht er auch kommen und fressen Mahomet!« Er verwünschte den Tag, an dem er sich von diesen wahnsinnigen Europäern hatte anstellen lassen, wußte aber, daß es für ihn keine andere Möglichkeit gab, nach Hause zurückzukehren, als mit der Expedition weiterzuziehen.

Andere dagegen, die ihren Dienst erst später, in Katariff, angetreten hatten, empfanden diese erzwungene Loyalität nicht. Je weiter die Expedition vorankam, desto größer wurde ihr Unmut. Einer der wenigen zuverlässigen Männer, ein tapferer, ausgezeichneter Jäger namens Jali vom Stamm der Tokroori, brach sich bei der Elefantenjagd den Oberschenkel, und der schwere Unfall trübte die Stimmung im gesamten Lager. Sam richtete den Bruch und schiente ihn, so gut er konnte, mit einer ähnlichen Methode, wie er sie einmal beim Reparieren eines gebrochenen Gewehrschafts angewendet hatte, aber Jali hatte trotzdem furchtbare Schmerzen. Nach vier Tagen ließ Sam ihn auf einem *angarep* zu seiner Familie zurücktragen. Sechs Wochen später ging es ihm zwar wieder gut, und er wäre gerne wieder zur Expedition gestoßen, aber Sam hielt das Risiko einer erneuten Verletzung für zu groß.

Nach diesem Unfall beschlossen alle, die ebenfalls Jalis Stamm angehörten – etwa ein Drittel der Männer –, gemeinsam zu desertieren. Mit fadenscheinigen Ausreden, sie seien plötzlich krank oder müßten dringend nach Mekka pilgern, wandten sie sich an Sam. Dieser merkte, daß seine Autorität gefährdet war, und stellte die Männer zur Rede. Sie sollten ihm sagen, wer von ihnen krank sei und wer eine Pilgerreise machen wolle. Nur Abderachman, ein riesiger Kerl mit dem Spitznamen »El Jamoos«, »der Büffel«, bekannte vor allen anderen, nach Mekka gehen zu wollen. Die meisten anderen gaben vor, krank zu sein, und Sam sorgte dafür, daß sie eine ordentliche Dosis Brechweinstein schluckten, bevor sie die Expedition verließen. Der Rest der Männer erklärte offen, desertieren zu wollen. Sam wies sie auf ihren Vertrag hin und drohte erbittert:

> So dankt ihr also meine Freundlichkeit, so erwidert ihr also das Vertrauen, das ich euch entgegenbrachte, indem ich euch ohne zu zögern das Geld im voraus gab. Nun, dann geht doch! Kehrt nach Katariff zu euren Familien zurück! Ich weiß, daß alle eure Ausreden Lüge sind. Diejenigen, die erklärt haben, sie seien krank, werden auch krank sein, *inschallah* (wenn Allah will). Bei eurer Ankunft wird man euch einen angemessenen Empfang bereiten. In meinem Brief an den Gouverneur habe ich alle eure Namen aufgelistet und ihn gebeten, jedem von euch bei seinem Eintreffen als Deserteur fünfhundert Hiebe mit der *coorbatch* zu verpassen und ihn bis zu meiner Ankunft ins Gefängnis zu stecken.

Nur Abderachman, der oft von seiner geplanten Pilgerreise nach Mekka gesprochen hatte, wurde aus seinem Vertrag entlassen und erhielt Sams Segen. Er drückte Sam einen feuchten Kuß auf die Backe und wandte sich dann Florence zu. Gerade noch rechtzeitig konnte Sam ihm zu verstehen geben, daß er Florence statt dessen lieber die Hand küssen solle. Genau in dem Augenblick, als sich Abderachman und die anderen zum Aufbruch anschickten, begann das Brechmittel zu wirken, und die angeblichen Kranken waren innerhalb kürzester Zeit wirklich krank. Daß Sams Prophezeiung sich erfüllt hatte, bewegte die meisten Deserteure zur Umkehr.

Florence und Sam wurde immer deutlicher bewußt, daß sie in Afrika nur mit Hilfe von Dreistigkeit und moralischer Stärke überleben konnten. Sie waren auf die Träger, Führer und Soldaten angewiesen, denn ohne diese wären sie verloren, aber die Männer, die sie angestellt hatten, fühlten sich der Expedition nicht wirklich verpflichtet. Der Eindruck, den sie vom Mut und der Intelligenz ihrer Anführer bekamen, entschied darüber, ob Sam sie halten konnte oder nicht. Ein Augenblick der Schwäche, eine zögerliche Entscheidung, und die Einheimischen würden alle desertieren.

Das Jahr 1862 begann ohne Zwischenfälle. Nach einer Weile gingen manche der Araber zu der unerfreulichen Angewohnheit über, die anstrengende Jagd Sam zu überlassen, dann aber eine Portion von der Beute, die er erlegte, einzufordern. Einige der Pferde wurden lahm, und die Araber versprachen, für Ersatz zu sorgen, doch nichts geschah. Sam schimpfte über ihre Falschheit und Treulosigkeit.

Ein erfreuliches Erlebnis hatte Sam, als es ihm eines Tages gelang, ein besonders prachtvolles Exemplar von einem Löwen zu töten. Es war vermutlich das Tier, das ihnen immer wieder nächtelang ein Ständchen gebracht und versucht hatte, den *zareeba* zu überwinden, um an das Fleisch zu kommen, das zum Trocknen an Stöcken um die Lagerfeuer aufgehängt war. Fest entschlossen hatte Sam sich auf die Suche nach einer Fährte gemacht. Auf einer kleinen, von dichtem Urwald umgebenen Lichtung stieß er plötzlich auf einen riesigen Löwen mit dunkler Mähne und ohne jede Menschenscheu. Sams erster Schuß traf das Tier an der Wirbelsäule und lähmte ihm die Beine. Mit ungeheurer Kraft schleppte es sich auf seinen Vorderpfoten in ein dichtes Gebüsch. Sam folgte ihm. Trotz der Lähmung war der Löwe äußerst kampflustig und versuchte, Sam mit den Vorderpfoten zu erwischen, aber dessen zweiter Schuß war tödlich. Sam befahl den Männern, ihm Tetel herüberzubringen. Das Pferd blähte die Nüstern und rollte mit den Augen, duldete aber brav, daß Sam ihm den noch warmen Löwen auflud.

Im Lager nahm Sam den Löwen von Tetels Rücken und legte ihn Florence als Zeichen seiner Verehrung zu Füßen. »Ich werde dir eine Kette aus seinen Krallen machen«, versprach er ihr, »die dich für immer vor den Angriffen wilder Tiere beschützen soll.« Florence trug die Kette voller Stolz, und als Sam weitere Löwen erlegte, fertigte sie sich dazu noch ein passendes Armband.

Einige Zeit später bekam Sam eine Augenentzündung. Ob es eine Infektion war, oder ob er etwas ins Auge bekommen hatte, konnte er nicht sagen. Er reagierte extrem empfindlich auf intensives Tageslicht, und da es um die Mittagszeit keinen Ort gab, an dem es wirklich dunkel war, blieb ihm nichts übrig, als sich im stickigen Zelt aufzuhalten, und selbst das bereitete ihm Schmerzen. Florence bastelte ihm einen Sonnenschild und badete seine Augen regelmäßig mit kühlem, klarem Wasser. Sam war ein ungeduldiger Kranker, und die erzwungene Unbeweglichkeit und die Beschwerden ließen ihn reizbar werden. Er haßte es, sich schwach zu fühlen, und zog eine rege Aktivität in jedem Fall der Untätigkeit vor.

Doch Sam war nicht der einzige Kranke im Lager. Barraké, die Sklavin, hatte zu viele Wildfrüchte gegessen und sich eine schwere Ruhr zugezogen. Sie war so schwach, daß sie tagelang kein *dhurra* mahlen und Brot backen konnte. Die Männer beklagten sich bitter darüber, die Arbeit der Frau nun selbst verrichten zu müssen, denn sie hielten dies für unter ihrer Würde. Ihr Gejammer wurde noch lauter, als Barraké auch noch die Fieberkrankheit bekam, so daß sie erst recht außerstande war zu arbeiten. Am 18. Februar, nach etwas mehr als einem Monat, starb die Sklavin.

Mahomet war als Dolmetscher so gut wie unbrauchbar, was sich vor allem jetzt bemerkbar machte, da Florence und Sam die arabische Sprache wesentlich besser beherrschten. Sam versuchte Mahomet andere Dinge beizubringen, aber der Dragomane war ungeschickt und nachlässig. Eines Tages zerbrach er einen Antilopenschädel, den er besonders sorgfältig hätte reinigen sollen, wies aber jede Schuld von sich. Diese Mischung aus Gleichgültigkeit und Verlogenheit ärgerte Sam so maßlos, daß er Mahomet einen Schlag auf die Schultern versetzte und ihm eine ordentliche Standpauke hielt. Noch in derselben Nacht lief der gedemütigte Mahomet davon. Sam kreiste das Datum in seinem Tagebuch schwarz ein.

Auch Florence und Sam waren schlecht gelaunt. Die dauernden Krankheiten setzten ihrer körperlichen Verfassung zu, während die Entbehrungen und die ständige Angst vor Verrat und Meuterei sie seelisch auf eine harte Probe stellten. Obwohl sie am 9. April mit Kaffee, dem einzigen Getränk, das sie noch besaßen, auf den Geburtstag von Sams Vater anstießen, war Sam den ganzen Tag über traurig und krank vor Heimweh.

Zwei Tage später hatte er sich so weit erholt, daß er mit einigen der *aggageers* wieder auf die Jagd gehen konnte. Als sie am späten Nachmittag immer noch nicht zurück waren, begann Florence, sich Sorgen zu machen. Wenn sie ein größeres Tier erlegt hätten und es an Ort und Stelle schlachteten, bevor sie heimkamen, hätte Sam einen der Männer zu ihr geschickt, um ihr die Verspätung zu melden. Doch diesmal hatte sie keine Nachricht erhalten. Sie ließ trotzdem das Abendessen zubereiten – für alle Fälle –, ging im Lager umher und blieb auf jeder Anhöhe stehen, um die Umgebung nach der Jagdgesellschaft abzusuchen. Als es dämmerte, kanterte Sams Pferd Aggahr ins Lager, von schäumendem Schweiß bedeckt, mit zerkratzter Haut, verschrammtem Sattel und ohne Reiter. Was war bloß mit Sam geschehen? Florence war halb wahnsinnig vor Angst.

Schließlich war es dunkel geworden, und Florence hielt es nicht länger im Lager aus. Sie befahl den Männern, noch ein paar Holzscheite auf das Feuer zu legen und es am Lodern zu halten, damit man es von weitem sah. An allen vier Seiten des Lagers stellte sie Wachposten auf, die Ausschau nach der Jagdgesellschaft halten sollten. Nachdem sie hastig gegessen hatte, nahm sie ihr Gewehr, eine kleine Fletcher, sammelte ein paar mit Lanzen und Schwertern bewaffnete Männer um sich und machte sich auf die Suche nach Sam. Das Mondlicht war nur schwach, und in der Dunkelheit würde es nicht leicht sein, ihn zu finden, aber sie konnte einfach nicht tatenlos im Lager sitzen, während Sam womöglich verletzt war. In regelmäßigen

Abständen blieb sie stehen, gab einen Schuß in die Luft ab und lauschte verzweifelt, ob er erwidert wurde. Die Schüsse hallten durch die dunkle Nacht, aber es kam keine Antwort. Mehrmals durchkämmte sie mit den Männern die finstere Umgebung, doch sie entdeckten keine Feuer. Sie hatten das Gefühl, als gäbe es auf der ganzen Welt keine Menschenseele außer ihnen.

Sam kann nicht tot sein, dachte sie verzweifelt und fügte dann hinzu: *Und falls doch, kann ich ihn schließlich nicht den Hyänen überlassen. Er kann einfach nicht tot sein, nicht mein Sam, nicht mein Held. Ich muß ihn finden.* Sie hatte in ihrem Leben schon viele Verluste erlitten, aber nichts und niemand hatte ihr jemals so viel bedeutet wie er.

Um neun Uhr abends, drei Stunden nachdem sie aufgebrochen waren, feuerte Florence ihre kleine Fletcher erneut ab und hörte, wie ihr jemand mit einem schrillen Pfeifen antwortete. Es war Sam! Endlich! Als Junge hatte er die Kunst, auf zwei Fingern zu pfeifen, hervorragend beherrscht und diesen Pfiff in Afrika zu seinem Erkennungszeichen gemacht. Florence und die Männer riefen und schossen noch einmal. Und wieder pfiff jemand! Minutenlang gaben sie abwechselnd Schüsse ab und lauschten, während Sam und seine Männer, im Dunkeln nur von den Geräuschen geleitet, ihnen entgegenstolperten. Als sie schließlich in Sichtweite waren, rannte Florence auf Sam zu und umarmte ihn. Was die Männer sich dabei dachten, war ihr egal.

»Oh, mein Liebling«, flüsterte sie zärtlich, »ich hatte ja solche Angst, daß du tot bist.«

»Flooey«, beruhigte Sam sie, »ich könnte dich doch gar nicht verlassen, niemals. Laß uns zurück zum Lager gehen.« Sein Haar war zerzaust, und er hatte lauter blaue Flecken und Kratzer, aber er war am Leben.

Während sie Hand in Hand die drei Kilometer ins Lager zurückliefen, erzählte er Florence, was geschehen war. Aggahr, sonst ein ausgesprochen trittsicheres Pferd, war gestolpert und hatte sich überschlagen, als sie auf unebenem Gelände gerade einigen Elefanten nachjagten. Sam wurde abgeworfen und landete unsanft und abrupt auf der Erde. Während er noch nach Atem rang, kam Aggahr wieder auf die Beine und raste in wildem Galopp durch das Gebüsch davon.

Sam lag genau auf dem Weg, den die Elefanten nahmen, fast schon unter ihren Füßen, und rechnete damit, jeden Moment von ihnen zertreten zu werden. Statt dessen aber hatten sie einen Schreck bekommen, als Sam in hohem Bogen durch die Luft segelte, so daß sie kehrtmachten und davonstürmten, als hätten sie ein Ungeheuer gesehen. Die Waffenträger dachten, Sam sei getötet worden, und rannten fort. Es seien unglaubliche Feiglinge, die nie gelernt hätten, einer Gefahr ins Auge zu sehen und ihr Gewehr nachzuladen, schimpfte Sam. Als die Männer merkten, daß ihr Herr noch am Leben war, nahmen sie allen Mut zusammen und kehrten um.

Ihre Aussichten waren alles andere als rosig: Sam und die Männer befanden sich fast dreißig Kilometer vom Lager entfernt, es war schon spät, und sie hatten ein gutes Pferd verloren, für das sie kaum Ersatz finden würden. Stundenlang riefen sie nach Aggahr und suchten ihn. In der Hoffnung, den Hengst mit Hilfe von Feuer zurücktreiben zu können, zündeten sie schließlich das trockene Gras an, aber auch das brachte nichts, denn der Wind drehte, so daß das Feuer nun eine Barriere zwischen ihnen und dem Lager bildete. Ihre einzige Chance war, sich einen neuen Weg zurück zum Lager zu bahnen. Die Männer, die Pferde hatten, ritten voraus, um den anderen in dem felsigen, unbekannten Terrain zu zeigen, wo sie am besten gehen sollten. Immer wieder stolperten die Pferde und die Männer im Dunkeln über Felsbrocken und Baumstämme oder blieben mit den Füßen in verborgenen Furchen stecken. Sie liefen so oft in Dornbüsche, daß ihnen das Blut an Armen und Beinen hinunterströmte. Zu essen gab es nichts, auch keine Zelte und kein Wasser, und niemand im Lager wußte, wo sie waren.

Um so größer war die Freude, als sie schließlich Florences Gewehr hörten. Ein Hoffnungsschimmer! Sam wurde klar, daß die Frau, die er sich ausgesucht hatte, nicht einfach aufgab, wenn Gefahr drohte, sondern sich dieser mutig entgegenstellte. Und Florence wurde klar, was ihr wirklich am Herzen lag: Sie fühlte sich so zu Sam hingezogen, daß sie bereit gewesen war, ihr Leben aufs Spiel zu setzen, um das seine zu retten.

Am 19. Mai 1862, ein Jahr, nachdem sie in Korosoko aufgebrochen waren, blickten Florence und Sam stolz auf das zurück, was sie bisher erreicht hatten. Sie waren an allen Flüssen gewesen, die von Osten in den Nil mündeten: dem Atbara und seinen Nebenflüssen, dem Settite, dem Salaam, Angarep und Royan. Außerdem waren sie dem Rahad und dem Dinder gefolgt. Über Hunderte von Kilometern waren sie ein bis dahin unerforschtes Flußsystem abgegangen und hatten dabei genaue Beobachtungen über das Klima, die Landschaft, die Völker, Tiere und Pflanzen angestellt. Vom Fieber und anderen Krankheiten waren sie zwar nicht verschont geblieben, aber das hatten sie auch gar nicht erwartet. Sie hatten eine riesige Truppe von Einheimischen aufgestellt und angeführt, ein oder zwei Meutereien verhindert, gelernt, auf Kamelen, Pferden und Eseln zu reiten und eine Sammlung mit zahlreichen in Abessinien beheimateten Säugetieren angelegt. Die Expedition war ein Erfolg auf ganzer Linie, ebenso wie die Partnerschaft der beiden, denn sie waren einen unlösbaren Bund miteinander eingegangen.

Am 11. Juni 1862 trafen Florence und Sam in Khartoum ein. Sie waren froh, wieder in einer richtigen Stadt mit Häusern und Straßen zu sein und mit einem Komfort, wie er ihnen seit über einem Jahr nicht mehr vergönnt gewesen war. Der Nil sah herrlich aus, geradezu malerisch mit den vielen Booten, die darauf fuhren, und den dunklen, üppigen Dattelhainen ringsherum. Natürlich waren die Straßen schmutzig und staubig, der Gestank nach Abwasser und Abfall unbeschreiblich, die Häuser armselig und heruntergekommen. Doch das spielte keine Rolle: Es war Khartoum, eine Stadt mit immerhin rund dreißigtausend Einwohnern.

Das wichtigste war nun, die britische Botschaft zu finden, wo John Petherick mit seiner neuen Frau Katherine lebte. Er hatte ihnen seine Unterstützung und Gastfreundschaft zugesichert. Über der Tür eines ummauerten Wohnquartiers entdeckten sie das flüchtig hingepinselte Konsulatswappen samt aufsteigendem Löwen und Einhorn – ein äußerst einladender Anblick.

Die Pethericks waren selbst nicht anwesend, da sie auf der Suche nach Speke und Grant gerade den Nil hinunterfuhren, aber sie hatten Florence und Sam angeboten, in der Botschaft zu wohnen. Im Hof wurden die müden Reisenden von der Haushälterin der Pethericks empfangen und in große, kühle und gut belüftete Zimmer geführt, die ihnen als Unterkunft dienen sollten.

John und Katherine Petherick (1869). Als Florence und Sam in Khartoum eintrafen, waren John Petherick, der britische Konsul, und seine frisch angetraute Frau, Kate, gerade zu einer Reise nilaufwärts Richtung Gondokoro aufgebrochen, um Speke und Grant neue Vorräte zu bringen. Trotzdem boten die Pethericks den beiden an, auf dem Konsulatsgelände zu wohnen.

Florence und Sam erfuhren, daß die Pethericks Khartoum erst am 20. März 1862 verlassen hatten, obwohl sie mit der RGS vereinbart hatten, spätestens im November 1861 in Gondokoro zu sein. Begleitet wurden sie von einem Schotten, Dr. James Murie, einem Amerikaner, Dr. Clarence Brown, der sich für die tropische Pflanzenwelt interessierte, sowie einigen weiteren Europäern. Dann war die Nachricht eingetroffen, daß ihre Boote undicht geworden waren und sie sehr viel weiter nördlich, als sie gehofft hatten, in eine Region gekommen waren, wo die Papyrusstauden besonders dicht wuchsen. Dort begann der Sudd, ein fast undurchdringliches Sumpfgebiet. Sie waren so langsam vorangekommen, daß sie den Fluß irgendwann hinter sich gelassen und auf dem Landweg weitergezogen waren. Niemand wußte, wann die Pethericks in Gondokoro eintreffen würden – oder ob sie es überhaupt schaffen würden. Auch von Speke und Grant gab es keine Neuigkeiten.

Nachdem sie monatelang unter einfachsten Bedingungen gelebt hatten, freuten sich Florence und Sam darauf, endlich wieder unter Europäern zu sein. Doch schon bald merkten sie, daß Khartoum in gesellschaftlicher Hinsicht nicht viel zu bieten hatte. Nicht einmal hundert europäische Einwohner gab es hier, und nur zehn von ihnen waren führende Kaufleute. Petherick war der einzige, dessen Frau Europäerin war, fast alle anderen hatten afrikanische Geliebte und eine ganze Schar von Mischlingskindern. Sam und Florence waren ein wenig schockiert, als sie erfuhren, daß Pethericks Haushälterin, eine durchaus attraktive Frau, bis zu seiner noch gar nicht lange zurückliegenden Hochzeit seine Konkubine gewesen war. Entsprechend lebhaft wurde darüber spekuliert, wie sie wohl damit zurechtkam, im Dienst von Pethericks neuer Ehefrau zu stehen – oder was diese davon hielt, daß sie als Haushälterin weiterhin bei ihnen blieb.

Trotz der französischen, der österreichischen, der amerikanischen und der britischen Botschaft, die es in Khartoum gab, war die Stadt nur ein sehr unbedeutender kolonialer Außenposten und eine brodelnde Gerüchteküche. Man erkundigte sich lieber nicht zu genau nach den Geschäften anderer Leute, denn sie waren meist ohnehin dubios. Und da ungesetzliche Ehegemeinschaften hier an der Tagesordnung waren, wollte auch nie jemand wissen, ob Florence tatsächlich Mrs. Baker war.

Die bei weitem faszinierendsten Menschen, denen Florence und Sam in Khartoum begegneten, waren drei bemerkenswerte niederländische Forschungsreisende: Baronin Adriana van Capellan, ihre Schwester Harriet Tinné und deren Tochter Alexine, »niederländische Damen [...], die ohne jede männliche Begleitung reisen«, wie Sam am 16. Juni in einem Brief an seinen Bruder John schrieb. »Sie müssen von allen guten Geistern verlassen sein! [...] Eine junge

Dame allein unter den Dinka … sie müssen wirklich wahnsinnig sein.« Florence dagegen, die viele glückliche Stunden in der Gesellschaft eines Dinka, ihres *lala* Ali, verbracht hatte, amüsierte sich, daß Sam diesen Stamm für gefährlich hielt, und bewunderte die Frauen für ihre Zielstrebigkeit.

Harriet Tinné wiederum staunte über Florence und beschrieb sie ohne jede Voreingenommenheit in ihrem Tagebuch:

> Ein berühmtes englisches Paar ist eingetroffen. Samuel und Florence Baker werden den Weißen Nil hinunterfahren, um Speke zu finden. Die beiden sind durch Äthiopien gereist, und sie hat, wie ich gehört habe, einen Elefanten erlegt!! Sie trägt Hose und Gamaschen, einen Gürtel und eine Bluse. Und sie begleitet ihn überallhin.

Mitte Juni brachen die Niederländerinnen aus Khartoum auf, mit dem Ziel, entweder die Nilquelle zu entdecken oder Speke und Grant in Gondokoro zu Hilfe zu kommen. Sie waren so freundlich, einen Brief von Sam an die Pethericks mitzunehmen, und versprachen, ihnen bei ihrer Rückkehr Neuigkeiten zu bringen.

Nach ein paar Wochen merkten Florence und Sam, daß Khartoum letztendlich doch scheußlicher war, als sie zunächst angenommen hatten. Im Grunde war die Stadt recht malerisch gelegen, genau am Zusammenfluß der beiden großen Arme des Nils, des Blauen und des Weißen Nils, die von hier aus gemeinsam Richtung Norden weiterströmten, bis zu ihrer Mündung bei Alexandria. Der Blaue Nil war der kleinere der beiden Flußarme, und man wußte seit dem achtzehnten Jahrhundert, daß sein Ursprung östlich von Khartoum beim Tsanasee im Hochland von Abessinien lag. Die größere Bedeutung wurde dem Weißen Nil beigemessen, der einer geheimnisvollen Quelle irgendwo westlich davon entsprang und Reisende in Länder brachte, in denen man Sklaven und Elfenbein kaufen konnte.

Auf den zweiten Blick aber hatte Khartoum nicht viel für sich. Die Regierungsgeschäfte der Stadt waren ein einziges Chaos aus Bestechung und eklatanter Unehrlichkeit. Eigentlich war Khartoum Britisch-Ägypten unterstellt, doch tatsächlich regierte Generalgouverneur Moosa Pascha mit despotischer Willkür. Als Türke vereinte er

Sams Worten zufolge »die schlimmsten Züge des Orientalen mit der Brutalität eines wilden Tieres«. Moosa Pascha log, bereicherte sich schamlos und hatte nicht das geringste Interesse daran, die Zustände in seinem Land zu verbessern. Sams *firman*, den Seine Eminenz Said Pascha, der Vizekönig Britisch-Ägyptens, ausgestellt hatte, ignorierte er völlig. Es schien fast, als wolle er Sam und Florence eher davon abhalten, weiter nach Süden vorzudringen, als sie dabei zu unterstützen.

Selbst die Vertreter der britischen Regierung entpuppten sich als große Enttäuschung, wie Sam in seinem Tagebuch festhielt:

> Besuch bei Halil el Shami, Pethericks Vertreter. Ein Generalkonsul sollte doch eigentlich über ein Konsulat und einen Konsulatsangestellten verfügen, der wenigstens einer europäischen Sprache mächtig ist, um ihn während seiner Abwesenheit vertreten zu können!!! Das Konsulat für den Sudan jedenfalls ist eine reine Farce, denn dort spricht *niemand Englisch* und es gibt *kein Büro*, dafür aber ein Jahressalär von £ 400!!!

Sam schätzte Pethericks Gehalt allerdings viel zu hoch ein. Tatsächlich bekam der Konsul nicht einmal dreihundert Pfund im Jahr, so wenig, daß er nebenher noch andere Geschäfte tätigen mußte, um einen akzeptablen Lebensstil finanzieren zu können. Einen geeigneten britischen Konsul gab es in Khartoum somit nicht, dafür aber etliche sudanesische Soldaten und einen regen Handel mit sämtlichen Rohstoffen der Region. Der moralisch verwerflichste, finanziell aber vielversprechendste Handel war der mit schwarzen Sklaven. Regelmäßig trafen ganze Schiffsladungen entführter Männer, Frauen und Kinder aus weiter flußaufwärts gelegenen Gegenden ein. Sie wurden angekettet, geschlagen, schlecht ernährt und unmenschlich gehalten. Wer überlebte, wurde verkauft.

Diese greulichen Geschäfte verliehen der Stadt etwas Morbides, das Florence und Sam mit Abscheu erfüllte. Unter den ägyptischen Offizieren war es üblich, mit Sklaven zu bezahlen. Als Sam versuchte, Männer für seine Expedition anzustellen, mußte er feststellen, daß sie dasselbe auch von ihm erwarteten. Die Sklaverei durchdrang jeden Winkel Khartoums wie die Tentakel einer mythologischen Hydra. Sam schilderte seine Eindrücke in seinem Tagebuch:

Sklavenmarkt in Khartoum (um 1860). Der Sklavenhandel war im sudanesischen Alltag tief verwurzelt, und in Khartoum wurden schwarze Sklaven ganz offen auf dem Markt zum Kauf angeboten. Sklavinnen stellte man halb bekleidet zur Schau. Sie durften von potentiellen Käufern gründlich untersucht werden.

17. AUGUST [...] Es besteht kein Zweifel daran, daß die Sklavenfänger mit furchtbarer Brutalität vorgehen, doch für den Sudan würde es den Ruin bedeuten, wenn man die Sklaverei abschaffte. Es wäre ganz einfach unmöglich, hier ohne Sklaven zu leben. Die Häuser sind voll von Sklavinnen, die Getreide mahlen, Brot für die Männer backen und sämtliche Hausarbeit verrichten. Eine Dienerin für eine feste Anstellung zu finden, ist dagegen völlig unmöglich. Alle Sklavinnen hier sind Prostituierte, und zwar *aus freien Stücken.* [...] Schöne Aussichten für eine europäische Dame, die das Schicksal unglücklicherweise hierher verschlägt, daß sie nur unter diesen Umständen ein Dienstmädchen bekommen wird.

Die Sklaven werden recht anständig behandelt, und abgesehen von den mit ihrer Gefangennahme verbundenen Greueln ist ihr Schicksal nicht so bedauerlich, wie man es sich fürderhin vorstellt.

Um immer wieder über neue Sklaven zu verfügen, waren ständige Raubzüge notwendig, so daß die Stämme entlang des Weißen Nils mittlerweile sehr feindselig gegenüber Fremden geworden waren. Vor allem Weißen wurden Haß und Mißtrauen entgegengebracht, denn die einzigen Menschen entlang des südlichen Nils mit einer etwas helleren Hautfarbe waren türkische Sklavenhändler. Man riet Sam daher, einen Trupp gutbewaffneter Männer mitzunehmen.

Der ägyptische Vizekönig in Alexandria lehnte Sams Bitte um Soldaten ab, doch dieser ließ sich nicht so schnell von seinem Plan abbringen, vor allem jetzt nicht, wo es gut sein konnte, daß man bei der Rettung von Speke und Grant auf ihn zählte. Sam und Florence beschlossen also, eine eigene kleine Armee von fünfundvierzig Männern aufzustellen, die von Sam selbst entworfene Uniformen tragen und auf sein Kommando hören sollten. Es stellte sich allerdings als mühsames Unterfangen heraus, Männer für die lange, anstrengende Reise zu rekrutieren. Völlig entnervt schrieb Sam in sein Tagebuch:

> 24. AUGUST – Ich glaube nicht, daß man die Eingeborenen dieses Landes zivilisieren kann: Es fehlt ihnen an Charakter, und würde man sie mit Hunden vergleichen, so wäre dies eine Beleidigung für die Tiere. Dieses Land ist so tot, wie ich es noch nirgendwo sonst erlebt habe: Bäume ohne Schatten, kein Blatt ohne Stacheln, kein Tropfen Wasser, keine Nächstenliebe unter den Menschen. Ein Stamm beutet den anderen aus und verkauft die Menschen als Sklaven. Für Ehrlichkeit gibt es nicht einmal ein Wort, man kennt nur Faulheit, Sünde, Verderbtheit, Raub und Mord [...], und jeder Schwarze steckt bis zum Halse voller Bosheit.
>
> Ich bemitleide die Sklaven nicht, denn sie sind letztlich nichts als die Opfer ihres eigenen Systems, und die Sklavenhändler stammen aus ihrem eigenen Stamm.

Am 20. Oktober hatte Sam es endlich geschafft, fünfundvierzig Soldaten sowie zusätzlich vierzig Männer für die Boote und zehn Diener aufzutreiben. Außerdem stellte er als *wakil*, als Anführer, einen deutschen Zimmermann namens Johann Schmidt an, so daß die Expedition mit ihm selbst und Florence aus insgesamt achtundneunzig Personen bestand. Die Männer waren alle Araber mit Ausnahme eines Schwarzafrikaners namens Richarn, der früher für den Jäger

Florian Mouche gearbeitet hatte. Richarn sollte sich als einer ihrer fähigsten und furchtlosesten Männer erweisen. Seine einzige Unzulänglichkeit war seine Schwäche für Alkohol, doch wenn man darauf achtete, daß er nüchtern blieb, war er ehrlich und loyal gegenüber seinen Arbeitgebern.

Für den Transport der riesigen Expedition charterte Sam drei Boote: zwei Segelbarken, auch *noddschurs* genannt, und einen *diahbiah*, einen Raddampfer mit Verdeck, Segeln und einer komfortablen Kabine. Die Schiffe wurden mit Proviant für vier Monate beladen, einem zusätzlichen Vorrat an Getreide und weiteren Lebensmitteln für Speke und Grant, falls sie diesen begegneten. Außerdem wollten sie einundzwanzig Esel und vier Kamele mit auf die Boote nehmen, um so das Problem zu vermeiden, unterwegs Träger anstellen zu müssen.

Während der Proviant, die Tauschgüter, die Uniformen und die Ausrüstung für den Transport vorbereitet wurden, nähte Florence für sich und Sam Kleider, fertigte Vorratslisten an und überprüfte die Einkäufe, überlegte sich, wie alles verpackt werden sollte, und sammelte Informationen über die Stämme entlang ihrer Reiseroute. Sam entwarf zwar die Uniformen für die Männer, aber Florence kümmerte sich darum, daß sie auch ordentlich angefertigt wurden. Tag für Tag exerzierte Sam mit seiner Truppe und versuchte, aus ihr eine brauchbare Militäreinheit zu machen, die ihm bedingungslosen Gehorsam entgegenbrachte.

Gegen Ende Oktober bekam Sam Post von seiner Familie und erfuhr, daß sein Vater im August gestorben war, was ihn sehr betrübte. An seine Schwester Ellen schrieb er:

> Gestern erreichte mich Dein Brief vom 17. August, der mir die traurige Kunde so schonend übermittelte, daß ich mich danach sehnte, wieder bei Dir zu sein, weit fort von diesem unzivilisierten Land, und unsere gemeinsame Trauer mit Dir teilen zu können. […] Doch nichts als der Tod wird mich davon abhalten können, die Quellen des Nils zu suchen […], und mit Gottes Hilfe werde ich es auch schaffen. […] Ich bin voller Zuversicht, daß ich, wenn ich zu euch zurückkehren werde, mich rühmen kann, hinter das so lange gehütete Geheimnis um die Nilquelle gekommen zu sein.

Anfang November hatten Sam und Florence endgültig genug von Khartoum. Die Europäer hier tranken zu viel, waren nicht besonders intelligent und besaßen anstelle einer natürlichen Neugierde einen äußerst verabscheuungswürdigen Hang zu hinterhältigem Gerede und Halbwahrheiten. Florence bezeichnete sie als furchtbare Halunken und lag damit gar nicht einmal so falsch. Sie steckten alle miteinander bis zum Hals mit im Sklavenhandel, allein schon dadurch, daß sie Sklaven kauften, die ihnen den Haushalt führten. Ständig beschuldigten sie sich gegenseitig irgendwelcher Missetaten, und die Gerüchte schwirrten durch die Stadt wie lästige Stechmücken. Auch über Petherick wurden regelmäßig Verleumdungen verbreitet, da er nicht vor Ort war und sich nicht wehren konnte. Anscheinend hatte er den Fehler begangen, mehrere wegen ihres brutalen Vorgehens berüchtigte Sklavenhändler zu verhaften, darunter auch Abdul Mehjid und Amabile de Bono. Letzterer war nicht nur der Neffe des wohlhabenden Malteser Kaufmanns Andrea de Bono, sondern zudem der Schwiegersohn des französischen Konsuls, Georges Thibault. Seine Festnahme galt als beinahe unverzeihlich, auch wenn es eigentlich nur eine von Pethericks Pflichten als britischer Konsul war, die Gesetze zur Abschaffung der Sklaverei auch umzusetzen. Eine Folge von Pethericks Diensteifer war, daß nun, wie Sam es formulierte, »der Haß, die Boshaftigkeit und die Härte ganz Khartoums« alles daransetzte, den Konsul zu diskreditieren, damit er nicht noch weiteren Schaden anrichtete. Daß bei der britischen Regierung eine formelle, von beinahe allen Europäern Khartoums unterzeichnete Beschwerde eingereicht wurde, in der man Petherick des Sklavenhandels bezichtigte, verlieh der ganzen Geschichte eine eigentlich eher typisch afrikanische Ironie.

Am 19. November kehrten die Niederländerinnen aus Gondokoro zurück. Die gesamte Besatzung ihres Bootes war krank geworden. Sie hatten weder Speke und Grant noch Petherick getroffen.

Ende November hatten Sam und Florence endlich die Unmengen an Medikamenten, Werkzeugen, Waffen, Munition, Kleidern, Tauschwaren, Kochgeräten und diversen Ausrüstungsgegenständen zum Zelten zusammengetragen und in Sams Buch sorgfältig aufgelistet. Sam schrieb einzelne Details aus Burtons Veröffentlichungen ab, unter anderem eine Liste der Stämme, denen sie vermutlich begegnen würden, sowie nützliche Angaben über Flüsse, Seen und andere Wasserstellen.

Am 2. Dezember setzte Sam noch einmal ein Testament auf, in dem er Florence seinen Besitz und sein Geld hinterließ. Als Zeugen fungierten dabei Johann Schmidt und Mr. Hansall, der österreichische Konsul. Halil el Shami, der amtierende britische Konsul, setzte sein Amtssiegel darunter. Sam war erleichtert. Nun würde für Flooey im Falle seines Todes gesorgt sein. In den folgenden zwei Wochen schrieb er Briefe an die Familie und einige Freunde in England, vergewisserte sich, daß seine Schecks bei einer Bank in Alexandria auch tatsächlich eingelöst werden konnten, und hob einen größeren Geldbetrag ab, den er für weitere Vorräte und für die Löhne benötigen würde.

In der Woche vor der Abreise stieß ein kleiner schwarzer Junge namens Saat zur Expedition. Florence und Sam saßen gerade im Innenhof des Konsulats beim Nachmittagstee, als Saat hereinkam und demütig zu Florences Füßen niederkniete. Er bat sie inständig um die Erlaubnis, als ihr Dienstbote für sie arbeiten und sämtliche anfallenden Besorgungen und Aufgaben erledigen zu dürfen. Er war ungefähr zwölf Jahre alt, also gerade einmal vier oder fünf Jahre jünger als Florence, und sah schmutzig und zerlumpt aus. Was er ihnen über seine Kindheit erzählte, war haarsträubend.

Mit etwa sechs Jahren war Saat von Arabern geraubt worden, als er gerade in Kordofan, weit im Landesinneren des Sudans, die Ziegen seines Vaters gehütet hatte. In einem Sack schleppten seine Entführer ihn Hunderte von Kilometern nach Kairo, wo sie ihn als Trommler an die Armee verkaufen wollten. Die Händler lehnten ihn jedoch als zu jung und schmächtig ab. Während die Araber überlegten, was sie mit ihm machen könnten, gelang es ihm zu fliehen und sich zur österreichischen Missionsstation durchzuschlagen, wo er von den Patres aufgenommen wurde. Diese schickten ihn zunächst einmal zur Mission von Khartoum, dann weiter flußaufwärts zu einer Station in Shillook. Innerhalb von sechs Monaten starben dort dreizehn Missionare, so daß die Station geschlossen und der Junge zurück zur österreichischen Mission in Khartoum geschickt wurde. Vor kurzem hatte man ihn dort hinausgeworfen, weil es zu einer Reihe von Diebstählen gekommen war. Er beteuerte jedoch seine Unschuld.

Florence ging diese schreckliche Geschichte vom Raub und der Versklavung des Jungen sehr nahe, doch Sam hielt Saat für nichts anderes als einen kleinen Schwindler. Er weigerte sich, ihn mitzunehmen, bevor er nicht mit den österreichischen Missionaren über den Charakter des Jungen gesprochen hatte. In der Zwischenzeit schickten sie Saat zum Koch, der ihm zu essen gab. Geduldig wartete der Junge ab, was mit ihm geschehen sollte. Am nächsten Tag, wieder zur Teestunde, kam er zurück, kniete neben Florences Stuhl nieder und verbeugte sich, bis seine Stirn den Boden berührte. »Ich bin Ihr Diener, *sitt*«, flehte er Florence an und verwendete dabei den Titel, mit dem hochgeachtete Damen angesprochen wurden, »ich guter Diener, viel arbeiten. Ich bei Ihnen bleiben.«

Bei dieser inständigen Bitte füllten sich Florences Augen mit Tränen. »Sam«, drängte sie. Ihre Hand ruhte auf dem Kopf des Jungen. »Wir müssen etwas unternehmen. Ich glaube, er ist ein guter Junge, der viel Schlimmes erlebt hat. Morgen gehen wir zur Mission und fragen nach, ja? Bitte!«

»In Ordnung, Flooey«, willigte Sam ein. Er konnte ihr diesen Wunsch nicht abschlagen. Zu seiner Überraschung verbürgten sich die Missionare tatsächlich dafür, daß Saat ehrlich war und die Geschichte seiner unglücklichen Kindheit der Wahrheit entsprach. Sie gaben zu, kurz nach seinem Rauswurf entdeckt zu haben, daß er nicht der Dieb gewesen sei. Das Ganze sei ein Mißverständnis gewesen, und es gebe nichts Schlechtes über ihn zu sagen.

Saat wurde Florences persönlicher Diener. Sie machte Kleider für ihn und brachte ihm das Nähen bei, achtete darauf, daß er sich wusch und sauber hielt, päppelte ihn auf und schulte sein moralisches Empfinden. Saat verehrte Florence, seine Retterin, seine *sitt*, und war bereit, alles für sie zu tun. Der andere Schwarzafrikaner in ihrer Expedition, Richarn, war zufällig in derselben österreichischen Missionsstation in Khartoum erzogen worden, wo er auch Florian Mouche kennengelernt hatte. Es war daher ganz selbstverständlich, daß sich die beiden als einzige Afrikaner in der sonst arabischen Mannschaft zusammentaten. Richarn wurde so etwas wie Saats großer Bruder und zeigte dem Jungen mit aller Genauigkeit, wie man bei Tisch servierte, den Abwasch machte und dem Koch zur Hand ging. Sam brachte ihm das Marschieren und das Schießen bei und wie man militärische Kommandos mit der Trommel gab. Saat erwies sich als so hilfsbereit und gehorsam, daß Sam ihm schließlich seine eigene Waffe schenkte, die der Junge wie einen Schatz hütete.

Am 18. Dezember, nach einem Aberglauben der Araber ein besonders günstiger Tag für den Beginn einer Reise, waren Florence und Sam bereit zum Abmarsch. Alles war vorbereitet, und die Tiere wurden an Bord der Schiffe verfrachtet. »Werde morgen oder übermorgen aufbrechen«, schrieb Sam in sein Tagebuch. »Der Herr gebe, daß unser Vorhaben gelingt. Wenn er uns führt, habe ich keine Angst.« Im letzten Moment erschien ein Gesandter Moosa Paschas, des bislang wenig hilfreichen Generalgouverneurs, und verlangte eine Kopfsteuer. Sam war nicht bereit, diese zu zahlen, und gab ihm mit aller Deutlichkeit zu verstehen, daß er und Florence weder türkische Untertanen noch Händler seien. Dann ließ er die englische Flagge auf seinen drei Schiffen hissen und forderte den Zolleintreiber auf, sein Boot aus freien Stücken zu verlassen, wenn er nicht über Bord geworfen werden wolle. Der Mann war klug genug, freiwillig zu verschwinden.

Minuten später kollidierte eines der Regierungsschiffe mit dem *diahbiah* und zertrümmerte dessen Ruder. Ein weiterer Streit entbrannte, der darin gipfelte, daß Sam an Bord des anderen Schiffes ging. Dort kam es zu einer »physischen Auseinandersetzung« zwischen ihm und dem Kapitän, einem riesigen Schwarzen vom Stamm der Tokroori. Sams Argumente überzeugten den Kapitän, und dieser ersetzte die Ruder. Damit hatte Sam gleich zu Beginn der Reise seine Unerschrockenheit und Kraft demonstrieren können.

Florence und Sam fuhren mit ihren Dienern auf dem *diahbiah*. Johann Schmidt, der Zimmermann, gab die Kommandos auf der einen *noddschur*, Saati, der mit Saat außer dem ähnlichen Namen nichts gemeinsam hatte, übernahm die Führung auf der anderen. Als der *diahbiah* den Dampfer der Niederländerinnen überholte – sie waren aufgebrochen, um den Bahr el Ghazal, einen linken Nebenfluß des Nils, zu erforschen –, winkten die Europäer einander fröhlich zu. Es war das letzte Mal, daß sich ihre Wege kreuzen sollten. Die zwei älteren Frauen raffte das Fieber dahin, und Alexine Tinné, die jüngste, wurde bei einer späteren Saharaexpedition von den Tuareg ermordet.

Florence und Sam waren auf ihrer Reise demselben ungesunden Klima ausgesetzt wie die Niederländerinnen, und auch ihre Expedition wurde nicht von der Fieberkrankheit verschont: Johann Schmidt hatte schon seit Wochen Atemprobleme und litt unter einem so bösen Husten, daß Sam ihm vorgeschlagen hatte, er solle lieber in Khartoum zurückbleiben und sich erholen. Schmidt weigerte sich, denn für ihn hatte Khartoum seinen Reiz genauso verloren wie für Florence und Sam. Er glaubte, das Klima dieser abstoßenden Stadt sei seiner Gesundheit ganz sicher noch abträglicher als die Reise, und bestand darauf, mit ihnen zu kommen. Obwohl er Chinin einnahm, wurde er immer schwächer und magerer. Am letzten Tag des Jahres 1862 starb Johann. Im Mondlicht setzte man ihn in einem Grab bei, das ein Kreuz aus Tamarindenholz markierte. Florence war während seiner letzten Stunden bei ihm gewesen, hatte ihm Trost zugesprochen, so gut sie konnte, und zugehört, wenn er im Fieber von seiner Familie und den Freunden in Deutschland sprach. In Sams Tagebuch war der Eintrag – »um sechzehn Uhr fünfzehn ist Johann gestorben« – mit einem dicken Trauerrand eingefaßt.

Die Reise auf dem Weißen Nil war mörderisch. Die aufgeheizten, schlammigen Seitenarme stellten ideale Brutstätten für Krankheiten übertragende Insekten dar, das Wasser war von menschlichen und tierischen Exkrementen verseucht und von hungrigen Krokodilen bevölkert, und an den Ufern lauerten kriegerische Stämme, gewalttätige Sklavenhändler und gefährliche Tiere. Nicht nur Europäer ließen hier ihr Leben, auch Araber und Afrikaner kamen um – zu Tausenden. Niemand zählte sie.

8

Die reinste Hölle

Während des ersten Monats ihrer Reise war der Weiße Nil noch ein breiter Fluß, auf dem einzelne Büschel von Schwimmpflanzen trieben. Je weiter sie jedoch nach Süden kamen, um so langsamer floß er dahin. Der Nil wurde immer seichter, und an manchen Stellen wuchs das Gras so hoch, daß sie nichts mehr von dem angenehm kühlenden Wind spürten. Mit jedem Kilometer wurden die schwimmenden Teppiche dichter und der Gestank nach verrottenden Pflanzen intensiver.

»Was um Himmels willen mag die niederländischen Damen nur dazu gebracht haben, ein zweites Mal den Weißen Nil hinaufzufahren?!« wunderte sich Sam. »Bestialische, nackte Wilde und moskitoverseuchte Sümpfe, die so gar nichts Außergewöhnliches oder Schönes an sich haben?« Mit einem bereits völlig durchnäßten Taschentuch wischte er sich den Schweiß von Gesicht und Nacken. Es wehte nicht einmal eine schwache Brise, die den Schweiß hätte trocknen können, und das Wasser unter ihnen war nur unwesentlich feuchter als die Luft.

»Ich habe mir sagen lassen, Fräulein Tinné habe sich zu der Reise entschlossen, weil ihr irgendein Schuft das Herz gebrochen hat«, sagte Florence nachdenklich. »Wenn dem so ist, dann hat sie sich allerdings nicht gerade den idealen Ort ausgesucht, um nach einem neuen Herzblatt Ausschau zu halten.« Entnervt schlug sie nach einem Schwarm Moskitos, der ihr um den Kopf schwirrte. Ihr Gesicht, ihr Hals und die Hände waren bereits dicht übersät mit kleinen roten Schwellungen.

»Nein, das kann man wirklich nicht behaupten.« Die Vorstellung erheiterte Sam, und sein Mißmut war verflogen.

Als sie den Zusammenfluß mit dem Bahr el Ghazal passiert hatten, merkte Sam, daß die Strömung völlig zum Erliegen gekommen war. Die Luft war vollkommen still und muffig vom Gestank stehenden Wassers und vermodernder Pflanzen. Zu dieser Jahreszeit strömte kein Wasser aus dem Bahr el Ghazal in den Weißen Nil, so daß dieser selbst in der Mitte des Flußbetts nur träge dahinfloß. Der Sumpf schien endlos zu sein, und das Gras war zu hoch, um irgend etwas erkennen zu können. Sogar nachts lagen die Temperaturen noch höher als bisher, und die Schwüle war noch unerträglicher. Ihre Kleider trieften vor Schweiß, und das Salz hatte ihre Haare strohig werden lassen. Mit den Booten kamen sie nicht weiter, da es keinen Wind gab, der die Segel hätte füllen können. Sie mußten die Boote also mit reiner Körperkraft hinter sich herziehen. Allmählich begriffen Florence und Sam, mit welchen Schwierigkeiten Petherick im Sudd zu kämpfen gehabt hatte. In seinem Tagebuch klagte Sam:

> Es gibt nichts Mühseligeres als die Art und Weise, mit der wir uns durch dieses Gebiet vorankämpfen. Der Fluß schlängelt sich wie eine verzwirbelte Schnur durch die Landschaft, und wir haben somit in manchen Biegungen Gegenwind, so daß wir mehrere Stunden benötigen, um einen einzigen Kilometer voranzukommen. Dies geht so vonstatten, daß einige der Männer mit einem Seil vorausschwimmen, es weiter vorn im Schilf befestigen, und diejenigen, die sich an Bord befinden, das Boot daran weiterziehen.

Da es sonst nichts zu feiern gab, stießen Florence und Sam mit den letzten Resten ihres kostbaren Weins auf Feiertage oder Freunde in der fernen Heimat an. Daß solche Luxusgüter irgendwann zur Neige gehen würden, war ihnen bewußt. »Es ist großartig, bei so einer Reise durch Afrika mit ansehen zu können, wie man nach und nach den ganzen Wein, die Spirituosen, Brot, Zucker und alles übrige abwirft wie ein Vogel in der Mauser seine Federn und dennoch zufrieden weiterzieht«, erklärte Sam mit einem Lächeln.

»Wir brauchen keine Luxusgüter«, stimmte Florence ihm zu, »und das ist unser Glück, denn wir haben auch gar keine mehr.« Sobald sie für einen Moment den Hut abnahm, um sich damit das Gesicht zu

Erste Begegnung mit dem Sudd (1874). Mehrere Monate im Jahr blockierten Unmengen an lebendigen oder verrottenden Pflanzen den Weißen Nil. Immer wieder bekamen Florence und Sam den Sattelstorch zu Gesicht, einen seltsamen Vogel mit einem kräftigen, gekrümmten Schnabel, mit dem sich die im Sumpf lebenden Lungenfische besonders gut erbeuten lassen.

fächeln, lockte ihr schweißnasses Haar die Schweißbienen und Fliegen an.

Ein paar Wochen lang waren sie im Gebiet der Nuer, der Shillook und der Dinka unterwegs. Die Dörfer dieser Stämme bestanden aus niedrigen, rundlichen Hütten aus Lehm und Stroh und sahen fast wie eine Ansammlung umgedrehter Vogelnester aus. Florence hielt nach Dinkadörfern Ausschau, um ihre Bewohner zu fragen, ob sie von einem kleinen Jungen namens Ali wußten, der von Händlern gestohlen worden war. Ihr war klar, daß die Sache mittlerweile an die dreißig Jahre zurücklag und sich vermutlich niemand mehr an den Raub eines bestimmten kleinen Jungen erinnerte, aber sie hätte so gerne Alis Familie gefunden. Leider begegnete sie niemandem, der ihn zu kennen schien. »Wenn du seine Familie kennst«, sagte sie immer, »dann laß sie wissen, daß aus ihm ein guter, freundlicher Mensch geworden ist und daß er wohlauf ist.« Sie hoffte inständig, daß sie damit recht hatte.

Als die Boote wieder aus dem Sumpfgebiet auftauchten, gingen sie bei der Station eines Österreichers namens Binder an Land. Die Schiffe des tscherkessischen Kaufmanns Koorshid Aga hatten dort ebenfalls festgemacht. Aga war in Khartoum kein Unbekannter, und viele hielten ihn für einen Sklavenhändler. Auch er war auf dem Weg nach Gondokoro, hatte seine Reise aber unterbrochen, um ein Werk der Barmherzigkeit zu vollbringen. Er brachte ein Dinkamädchen zurück, das aus dem nahe gelegenen Dorf Kytch entführt worden war.

Florence war erschüttert und zutiefst betrübt, als sie hörte, daß die Menschen dort reihenweise verhungerten, denn auch Ali stammte aus dieser Gegend, womöglich sogar aus einem genauso armen Dorf. Hatte auch er versucht, den Häschern auf seinen abgemagerten Beinchen zu entkommen? Um die Gefangennahme und die Kastration zu überleben, mußte er zumindest einigermaßen gesund und kräftig gewesen sein. Hätte man Ali nicht versklavt, dann wäre er vermutlich verhungert – insofern hatte er vielleicht noch Glück gehabt, auch wenn es sein Schicksal sicher nicht immer nur gut mit ihm gemeint hatte. Florence und Sam verteilten in Kytch so viele Nahrungsmittel, wie sie entbehren konnten, aber das war bei weitem nicht genug, um wirklich etwas auszurichten. Noch lange nachdem sie sich wieder auf den Weg gemacht hatten, verfolgten Florence die Bilder der verhungernden Kinder, die ihnen mit flehendem Blick ihre leeren Eßschalen entgegengestreckt hatten. Sogar die Landschaft entlang des Weißen Nils zeugte von der Not und Unmenschlichkeit dieser Gegend: »Malaria, Morast, Moskitos, Mangel; soweit das Auge reicht, nur weiter, baumloser Morast ohne jede Spur von Leben«, schrieb Sam.

Den nächsten Halt legten sie bei einer österreichischen Missionsstation ein, um dem letzten dort lebenden Missionar, Franz Morlang, einen Brief zuzustellen. Die ganze Station bestand aus ungefähr zwanzig Schilfhütten, in deren Mitte eine ebenfalls aus Schilf gebaute Kirche und eine Handvoll armseliger Grabsteine standen. Morlangs Urteil über die Mitglieder seiner Gemeinde war hart und unversöhnlich: Sie seien verlogen, falsch und gierig. Trotz jahrelanger Bemühungen hatten die Missionare keinen einzigen von ihnen bekehrt. Fünfzehn der siebzehn dort eingesetzten Missionare waren gestorben, die beiden überlebenden hatten mit ruinierter Gesundheit aufgegeben.

Nun schloß die Missionsstation für immer. Am Morgen hatte Morlang das gesamte Gelände für dreißig Pfund an Koorshid Aga verkauft, der es als Handelsstation nutzen wollte. Unter den wenigen Habseligkeiten, die Morlang geblieben waren, befand sich auch ein Thermometer, das niemand mehr benötigte und das er freundlicherweise Sam überließ.

Von dem Missionar erfuhren sie auch, daß Petherick angeblich Niambara erreicht hatte und nun Richtung Gondokoro unterwegs war. Sam dagegen war der Überzeugung, daß der Konsul schon einmal zuvor in Niambara gewesen sein mußte, denn er hatte das Dorf in seinem erst kurz zuvor veröffentlichten Buch *Travels in Central Africa* ausführlich beschrieben. Morlang und Aga waren jedoch ganz sicher, daß Petherick sich noch nie in Niambara aufgehalten hatte. Florence und Sam waren verdutzt. War Petherick etwa ein Schwindler?

»In diesem abscheulichen Land ist es schwer zu sagen, wo die Wahrheit liegt«, vertraute Sam Florence an.

»Wir reisen unter Lügnern und Dieben«, gab diese zurück. »Ich fürchte, wir dürfen uns nur auf das verlassen, was wir selbst wissen oder mit eigenen Augen gesehen haben. Und ich weiß, daß Petherick uns freundlich Rat gegeben und in Khartoum Quartier angeboten hat. Vielleicht ist er trotzdem ein Sklavenhändler und ein Lügner, so wie manche von ihm behaupten. Vielleicht aber auch nicht.«

Der Missionar Morlang aß einige Male gemeinsam mit Florence und Sam zu Abend. Einmal, als sie gerade bei einer Flasche Wein zusammensaßen, gab er zu, daß die Missionsstation nur ein Vorwand gewesen war, mit dessen Hilfe Österreich versucht hatte, in dem Land Fuß zu fassen und die Möglichkeiten für die Errichtung einer Kolonie auszukundschaften. Die Heiden zu bekehren war niemals wirklich ihr Ziel gewesen.

»Na sieh mal einer an, die Jesuiten!« rief Sam, nachdem Morlang gegangen war. »Wie heißt es doch so schön: *In vino veritas*. Es lebe der Humbug!«

»Nicht einmal den Priestern kann man mehr trauen«, stimmte ihm Florence zu. »Wenn *sie* schon Spitzel und Lügner sind, wer ist dann noch ehrlich?«

Am 2. Februar erreichten sie Gondokoro. Obwohl das bereits eine wesentliche Verbesserung gegenüber dem gräßlichen Sumpf darstellte, konnte auch diese ehemalige Missionsstation sie nicht gerade begeistern. Sämtliche Gebäude, der Garten und die Obstbäume waren vernachlässigt worden und nun verfallen und verwildert. Von Gondokoro war nichts übriggeblieben als ein paar erbärmliche Schilfhütten und eine Handvoll schwitzender, betrunkener Händler, die sich in dem dampfigen, ungesunden Klima gegenseitig hintergingen und bekriegten. Es kam so häufig zu Auseinandersetzungen, daß man das Geräusch von Schüssen als etwas ganz Normales betrachtete. Regelmäßig schwirrten Kugeln durch die Luft, die nur knapp unschuldige Umstehende verfehlten. Einmal tötete eine verirrte Kugel sogar einen von Sams Dienern, der auf einem der Boote gesessen hatte – es war weder das erste noch das letzte Mal, daß in Gondokoro jemand aus Versehen erschossen wurde.

Da Sam Engländer war und damit als vehementer Gegner der Sklaverei galt, begegnete man ihm und Florence mit großem Mißtrauen. Die Händler waren nicht gerade begeistert davon, daß ein Engländer seine Nase in ihre Angelegenheiten steckte und versuchte, die Gesetze zur Abschaffung der Sklaverei auch in die Praxis umzusetzen. Florence machte sich Sorgen, daß man Sam in Gondokoro »versehentlich« eine Kugel durch den Kopf jagen würde, um den unwillkommenen Gast loszuwerden. Oberflächlich betrachtet, war der Ort eine völlig legale Handelsstation für Elfenbein. Das Problem war nur, daß der Elfenbeinhandel so eng mit dem Sklavenhandel verknüpft war, daß der eine kaum ohne den anderen aufrechterhalten werden konnte. Die einzigen drei Dinge, die in dieser Region einen größeren Wert besaßen, waren Elfenbein, Sklaven und Vieh. Elfenbein konnte nur im Tausch gegen Vieh oder Sklaven erworben werden. Sich durch einen erfolgreichen Raubüberfall auf ein oder mehrere Dörfer alle drei Waren gleichzeitig zu besorgen war allerdings am praktischsten, wenn man einmal von der Illegalität, der Gewalt und der Gefahr absah, die ein Überfall bedeutete. Kurz gesagt, der Handel mit Elfenbein war nichts anderes als ein Handel mit gestohlenem Vieh und geraubten Menschen.

Aga gestattete Sam, seine Getreidevorräte in einem seiner Kornspeicher in Gondokoro zu lagern, und versprach, Speke und Grant die Hälfte davon abzugeben, falls diese während Sams Abwesenheit auftauchten. Von Petherick gab es keine Spur, aber es hieß, er und sein *wakil* seien ermordet worden. Das Gerücht hielt sich so hartnäckig, daß es sogar bis nach England gelangte und dort von der Royal Geographical Society weiterverbreitet wurde. Florence und Sam hörten sich auch nach Neuigkeiten über Speke und Grant um. Von einem seiner Träger erfuhr Sam, daß man sich im Landesinneren, im Süden, von zwei weißen Männern erzählte, die von einem Stammeshäuptling oder Sultan gefangengenommen worden seien. Angeblich besäßen die Männer »wundersame Feuerschwerter«, doch sie seien sehr krank geworden, und einer der beiden sei schließlich gestorben.

»Das müssen Speke und Grant sein«, sagte Sam zu Florence. »Meinst du nicht auch?«

»Ja«, stimmte sie ihm zu. »Südlich von Gondokoro gibt es keine weißen Händler. Wer sollte es also sonst sein?« Ganz sicher waren sie trotzdem nicht, denn wenn man so weit unten im Süden von »weißen Männern« sprach, dann konnte das Verschiedenes heißen: Vielleicht waren dunkelhäutige Europäer wie Türken, Griechen, Malteser oder Armenier gemeint, aber in einer Region, in der man kaum wirklich hellhäutige Nordeuropäer wie Sam zu sehen bekam, konnte »weiß« auch einfach »nicht schwarzafrikanisch« bedeuten.

»Die nächste Handelsstation Richtung Süden liegt einen fünfzehntägigen Fußmarsch von hier entfernt«, sagte Sam. »Man rechnet damit, daß de Bonos Karawane in ein paar Tagen von dort zurückkehrt. Wenn wir auf sie warten, können wir vielleicht de Bonos Träger anstellen und uns von ihnen zurück in den Süden begleiten lassen. Das würde unsere Lasttiere schonen.«

»Dann warten wir auf sie«, meinte Florence. »Wir müssen auf sie warten. Vielleicht können wir inzwischen etwas über die weißen Männer mit den Feuerschwertern herausfinden.«

Sie verbrachten die Zeit mit Ausritten in die Umgebung und versuchten, so viel wie möglich über die Bari zu erfahren, den Stamm, der in dieser Region lebte. Die Einheimischen hatten wulstige Lippen, platte Nasen und eine dunkle Haut. Männer wie Frauen ritzten sich als Körperschmuck die Haut auf und schmierten Asche in die Schnitte, um die Bildung von sogenannten Keloiden oder Wulstnarben zu begünstigen. Um die kunstvollen Narbenmuster noch stärker hervorzuheben, rieben sie sich den ganzen Körper mit einer Paste aus rotem Ocker und Fett ein. Die Männer rasierten sich außerdem den Kopf und ließen nur am Scheitel ein Büschel Haare stehen, in das sie Federn oder anderen Schmuck steckten. Die Frauen waren, von einem kleinen Perlenschurz vorne und einem Strang aus Lederbändern oder Schnüren hinten abgesehen, völlig unbekleidet.

Da die Bari so nahe bei Gondokoro lebten, wurden sie ständig von Vieh-, Elfenbein- oder Sklavenhändlern ausgeraubt. Sie waren ausgezeichnete Bogenschützen und tränkten die Spitzen ihrer Pfeile mit einem aus dem Saft des Wolfsmilchbaumes gewonnenen Gift. Für gewöhnlich schossen sie ohne Vorwarnung auf Fremde, es sei denn, diese wurden von einer größeren Anzahl von Männern begleitet. War jemand von einem ihrer Pfeile getroffen worden, dann schwoll das Gewebe um die Wunde rasch an, Muskel, Haut und Fleisch verfaulten, und irgendwann fiel das entsprechende Körperteil ab. Ein Gegengift war nicht bekannt. Doch sogar dieser wilde Stamm begegnete Florence und Sam mehr oder weniger wohlwollend, sobald klar war, daß die beiden nicht als Feinde, sondern als Forscher gekommen waren.

Die Händler reagierten auf die Feindseligkeit der Bari, die sie von Anfang an durch ihre Raubzüge provoziert hatten, indem sie so viele Bogenschützen wie möglich gefangennahmen, sie an Händen und Füßen fesselten und dann von einer Steilkippe in die Stromschnellen unten im Fluß warfen. Kamen sie nicht bereits durch den Sturz ums Leben, erledigten die hungrigen Krokodile den Rest. Die Gefangenen, die gute Sklaven abgeben würden, verschonte man natürlich. Gewalt wurde mit Grausamkeit vergolten, und nur die Gier war es, die sie mäßigte – ein abscheulicher Zustand.

Florence und Sam erfuhren von den Bari, daß die Händler bis zu ihrem Aufbruch aus Gondokoro eine riesige Anzahl von Sklaven im Landesinneren versteckt hielten, was für sie jedoch keine Überraschung war. Jedesmal wenn die beiden in das Lager eines Händlers gekommen waren, hatten sie das laute Rasseln von Fußketten und die Rufe der Sklaven gehört, die gerade aus ihrem Blickfeld geschafft wurden. Allerdings war oft nur halbherzig versucht worden, sie zu verstecken. Manchmal hatten Florence und Sam gesehen, wie Sklaven einfach an ihre Mitgefangenen gekettet wurden, um sie an der Flucht zu hindern. Die Fußfesseln hinterließen scheußliche Wunden, aus denen der Eiter rann.

Die Schiffe, die Tag für Tag vorbeikamen, ohne anzuhalten, erregten bei Florence und Sam allmählich Mißtrauen. Sie vermuteten, daß auf ihnen, irgendwo unter Deck zusammengedrängt, ganze Ladungen von Sklaven transportiert wurden. Üblicherweise fuhren solche Schiffe Gondokoro an, aber offensichtlich brachte der Anblick der britischen Flagge viele der Kapitäne dazu, sich lieber aus dem Staub zu machen.

»Gondokoro ist die reinste Hölle«, bemerkte Florence angewidert. »Jetzt weiß ich, wie der Teufel aussieht und wie er lebt.«

»Noch schlimmer ist, daß die ägyptischen Behörden diese Hölle kennen, aber ihre Augen davor verschließen. Zweifelsohne lassen sie sich lieber bestechen und ignorieren die Sklaverei, als sich auf den blutigen Kampf gegen sie einzulassen.«

Die Männer von Florence und Sam mischten sich unter das Gesindel in den Lagern der Händler und wurden schon nach wenigen Tagen streitsüchtig und aufsässig. Sam hatte jedem Mann, den er anstellte, unmißverständlich klargemacht, daß er den Raub von Vieh, Elfenbein oder Sklaven nicht dulden würde, doch sie taten einfach so, als hätte es das Verbot nie gegeben, und verlangten jetzt von ihm die Erlaubnis, auf Raubzug gehen zu dürfen. Im anderen Fall wollten sie desertieren.

Am nächsten Morgen versammelte Sam die Männer an Deck, um den Rädelsführer der Meuterei, einen Araber namens Eesur, zu bestrafen. Als Unruhestifter und für seinen Ungehorsam sollte er fünfundzwanzig Peitschenhiebe bekommen. Eesur protestierte, und von den anderen war ein dumpfes, bedrohliches Murren zu vernehmen. Es stand einer gegen dreißig, aber trotzdem schritt Sam unbeirrt durch die Menge der Aufrührer. Ein einziger gezielter Fausthieb, und Eesur ging zu Boden. Sam versetzte ihm ein paar weitere Schläge, und man hätte meinen können, er wolle ihm damit auch noch das letzte Fünkchen Verstand aus dem Leib prügeln. Dann stand Sam auf und befahl dem *wakil*, ein Seil zu holen und Eesur festzubinden, damit er ihm seine Strafe erteilen könne.

Doch nicht alle Meuterer ließen sich davon einschüchtern. Florence lag zwar krank unten in der Kabine, hörte aber den Tumult und reagierte sofort. Sie stürmte an Deck und rief gezielt einige der Männer zu sich, die ihr zur Seite stehen sollten. Die Männer waren verwirrt. Sam gegenüber Ungehorsam zu zeigen war eine Sache – er würde sie anschreien oder ihnen einen Schlag versetzen, und darauf waren sie auch vorbereitet –, doch der *sitt* den Gehorsam zu verweigern war eine ganz andere. Ihr begegneten sie mit einer geradezu mystischen Verehrung und Furcht. Sie hatten keine Ahnung, was sie tun sollten.

Sobald Florence zu Sam gestoßen war, gab dieser Saat den Befehl, die Trommel zu schlagen, so wie sie es in Khartoum immer wieder exerziert hatten. »Angetreten!« schrie er, so laut und so beherrscht er nur konnte. Zwei Drittel der Männer taten aus reiner Gewohnheit, wie ihnen befohlen worden war. Die übrigen versuchten, Eesur davonzutragen, und behaupteten, sich um seine Verletzungen kümmern zu müssen. »*Angetreten!*« wiederholte Sam ruhig und starrte sie so lange an, bis auch der Rest von ihnen gehorchte.

Florence erkannte, daß Sams Autorität auf Messers Schneide stand. Ein einziger falscher Schritt konnte jetzt die Expedition zum Scheitern bringen, denn hatten die Meuterer erst einmal die Oberhand gewonnen, würde keiner der Männer noch irgendwelchen Befehlen folgen. *Sam hat bewiesen, wie unerschrocken und aufrichtig er ist*, dachte sich Florence, *aber er darf jetzt nicht zu streng sein. Es ist an der Zeit, ein wenig Gnade und Nachsicht walten zu lassen.*

»Ach, Sam«, bettelte sie und ergriff Sams Hand. »Könntest du diesem Mann nicht vergeben, wenn er sich entschuldigt und dich um Verzeihung bittet?« Als Sam zögerte, fügte sie hinzu: »Wenn er dir die Hand küssen und dir versprechen würde, von jetzt an gehorsam zu sein, könntest du ihm dann die weitere Bestrafung nicht erlassen?«

Gespannt warteten die Männer ab, wie sich ihr Herr entscheiden würde. Nach einer langen Pause ergriff Sam wieder das Wort und verkündete mit feierlichem Ernst: »Nun gut, wenn du mich so lieb darum bittest.« *Das Herz eines Löwen*, dachte er bei sich. Ihm war klar, daß Florence ihn gerade vor einer großen Dummheit bewahrt hatte. *Das Herz eines Löwen.*

Florence nahm den Rädelsführer bei der Hand und führte ihn zu Sam hinüber, damit er sich bei diesem entschuldigen, ihm Gehorsam geloben und ihm die Hand küssen konnte. Großmütig vergab Sam Eesur und versorgte höchstpersönlich dessen Wunden. Die Meuterei war niedergeschlagen worden. Noch in derselben Nacht kaufte Sam mehrere fette Ochsen von Koorshid Aga und veranstaltete ein Fest für die Männer, trotz ihres ungehörigen Benehmens. Jetzt wußte er, daß er ihnen nicht vertrauen konnte. Sie waren nichts als ein Haufen aufsässiger Halunken, die über kurz oder lang wieder zu meutern versuchen würden.

Eines Tages, es war der 15. Februar, hörten Florence und Sam von Süden her plötzlich Gewehrschüsse und das Knattern von Musketen. Der Dienstbote Saat kam angerannt und berichtete, daß sich ihnen jemand näherte. Später schilderte Sam die Situation in seinem Reisetagebuch:

> Von weitem sind Schüsse zu hören. Es sind de Bonos Elfenbeinträger, auf die ich schon gewartet habe. Meine Männer stürzten wie die Wahnsinnigen zu meinem Boot herüber und teilten mir mit, daß sich unter ihnen auch zwei Weiße befänden, die von der *Küste* kämen! Waren das möglicherweise Speke und Grant? Ich rannte los und begegnete ihnen kurz darauf selbst. England lebe hoch!! Sie sind am Victoria N'yanza gewesen, wo der Nil entspringt. [...] Das jahrhundertealte Geheimnis ist gelüftet. Nur eines trübt meine Freude über die Begegnung: daß ich sie bei meiner Suche nach ihnen nicht ein Stück weiter südlich getroffen habe. Aber daß meine Vorkehrungen dennoch dergestalt gewesen waren, daß ich die beiden, wenn sie in der Klemme gesteckt hätten, garantiert gefunden hätte, erfüllt mich mit Befriedigung. [...] Meine Männer erschossen einen meiner Esel, als sie, völlig außer Rand und Band vor Aufregung, Salutschüsse mit den üblichen Kugelpatronen abfeuerten – ein schmerzliches Opfer zur Feier dieser geographischen Entdeckung.

Auf wackeligen Beinen schwankten Speke und Grant in die Stadt. Von den Bari umzingelt, hatten sie eine schlaflose Nacht verbracht, doch auch davor waren sie schon halb tot gewesen. Um so größer war ihre Freude, als sie auf einem der Boote am Flußufer die britische Flagge erspähten. Als sie nun einen untersetzten Mann mit weißem Haar und Bart sahen, hielten sie ihn zunächst für Petherick, denn eigentlich erwarteten sie ja ihn und nicht Sam in Gondokoro. Das Mißverständnis war schnell geklärt.

»Speke, alter Freund!« rief Sam glücklich. »Ich bin hier, um dir und Grant zu Hilfe zu kommen. Aber jetzt ruht euch erst einmal aus. Willkommen auf meinem *diahbiah*!«

Speke glaubte, er leide an Halluzinationen, als er auf dem Boot eine hübsche weiße junge Frau neben einem Tisch stehen sah, auf dem mehr Speisen bereitstanden, als er in den ganzen letzten Monaten zu Gesicht bekommen hatte.

»Sam«, stammelte er verdutzt, »ich dachte, deine Frau sei tot!« Eine peinliche Stille folgte, und Florence errötete leicht.

»Das stimmt«, antwortete Sam ein wenig steif. »Meine Frau Henrietta starb tatsächlich vor einigen Jahren an Typhus. Das hier ist Florence. Darf ich vorstellen, meine Herren?«

Speke und Grant machten einen leicht verwirrten Eindruck, so daß Sam rasch hinzufügte: »Florence ist meine Zukünftige, meine *chére amie*.«

Florence, die die Bemerkung über Henrietta in Verlegenheit gebracht hatte, begrüßte die beiden, so anmutig sie konnte, und bat sie, sich zu setzen und sich zu bedienen. Ihr fiel auf, wie ausgemergelt und verbrannt die Männer aussahen und wie zerlumpt ihre Kleider waren. *Die lange Reise hat ihnen anscheinend sehr zugesetzt*, dachte sie bei sich. *Wären wir ihnen nicht zu Hilfe gekommen, dann wären sie dem Tod vermutlich nicht entronnen.*

Am nächsten Tag hatten Speke und Grant sich schon ein wenig erholt, und Sam begann neugierig, die beiden über ihre Entdeckungen auszufragen. Er gratulierte ihnen herzlich, daß es ihnen gelungen war, den Victoria N'yanza als Quelle des Nils zu bestätigen. Die beiden Forscher wiederum wollten wissen, wo Petherick geblieben sei. So gut er konnte, versuchte Sam, eine Erklärung für

Nachmittagstee am Nilufer bei Gondokoro (um 1866). Speke und Grant staunten nicht schlecht, als sie ausgehungert und halbtot vor Erschöpfung Gondokoro erreichten und dort Sam antrafen. Noch überraschter waren sie allerdings, als ihnen der Tee auf dem diahbiah *von einer hübschen jungen Frau serviert wurde – Florence.*

dessen Verspätung zu finden. Immerhin hatte sich die Fahrt auf dem Nil so schwierig gestaltet, daß Petherick gezwungen gewesen war, seine Reise auf dem Landweg, über Niambara, fortzusetzen, wo es für ihn eine Menge Elfenbein zu holen gab. Er müsse eigentlich jeden Moment in Gondokoro auftauchen, beschwichtigte Sam Speke.

»Dann ist Petherick also mitsamt den zwölfhundert Pfund, die zu meiner Bergung beschafft wurden, auf Elfenbeinjagd gegangen, um sich selbst zu bereichern?« brachte Speke die Situation auf den Punkt. »Verstehe. Und du bist ganz auf eigene Kosten, ohne einen Penny Unterstützung durch die Öffentlichkeit, hierhergekommen, um mir zu helfen?«

Sam mußte ihm recht geben.

»Und was ist das für eine seltsame Geschichte von irgendwelchen niederländischen Damen?«

Sam war froh, das Thema wechseln zu können. Er schilderte Speke den Versuch der Tinnés, Speke und Grant zu Hilfe zu kommen, und wie die Krankheit sie gezwungen hatte, nach Khartoum zurückzukehren. »Nun sind sie gerade dabei, den Bahr el Ghazal zu erforschen.«

»Das heißt also«, resümierte Speke düster, »daß gleich zwei Expeditionen freiwillig und auf eigene Kosten aufgebrochen sind, um mich zu suchen, während Petherick – der ja immerhin hoch und heilig versprochen hat, uns hier zu erwarten – sich gar nicht erst blicken läßt. Das ist doch ein Schuft.«

Sam versuchte, Petherick in Schutz zu nehmen, doch Speke schnitt ihm das Wort ab: »Er hätte einfach früher aufbrechen müssen.«

»Sei es, wie es ist, Captain Speke«, rief Florence ihm ins Gedächtnis, »die Vorräte, Medikamente und Lebensmittel, die wir für Sie mitgebracht haben, gehören jedenfalls Ihnen. Für Ihre Heimreise sind Sie also ausgerüstet.«

»Das stimmt.« Speke versuchte, seinen Ärger hinunterzuschlucken. »Wir sind Ihnen zu großem Dank verpflichtet. Man sagte mir, daß Petherick im Lagerhaus Vorräte für mich zurückgelassen habe, aber als ich heute morgen einen meiner Männer dorthin schickte, um Genaueres zu erfahren, wollte der *wakil* sie mir nicht aushändigen, bevor ich mich nicht bereit erklärt hätte, dafür zu bezahlen. Dabei handelt es sich doch um Vorräte, die Petherick mit den Spendengeldern gekauft hat! Das ist doch unerhört! Außerdem hat Petherick versäumt«, fuhr er verbittert fort, »ein Boot für uns bereitzustellen, obwohl er es versprochen hat. Ich weiß gar nicht, wie wir jetzt nach Khartoum zurückkommen sollen.«

»*Das* Problem läßt sich lösen. Wenn ihr wollt, könnt ihr eines unserer Boote nehmen«, schlug Sam vor. »Der *diahbiah* ist recht komfortabel ausgestattet.«

»Das ist wirklich ein großzügiges Angebot«, sagte Grant dankbar. Er hoffte, daß Spekes Schimpftirade nicht das Mißfallen von Sam und Florence erregt hatte. »Ich denke, wir werden es gerne in Anspruch nehmen.« Er schaute zu Speke hinüber, der nickte.

»Ja«, stimmte er zu und versprach Sam: »Du kannst dich darauf verlassen, daß wir dir deine Freundlichkeit nie vergessen werden.« Dabei legte er Sam für einen Augenblick die Hand auf die Schulter, um zu verdeutlichen, daß er es ernst meinte. Als Zeichen seiner Dankbarkeit verzichtete Speke in seinem 1863 veröffentlichten Buch *Die Entdeckung der Nilquellen*, in dem er die schicksalhafte Begegnung und die Rettung ausführlich schilderte, auf jede Erwähnung von Florence, um Sam nicht in Schwierigkeiten zu bringen. Weder er noch Grant glaubten, daß Sam wirklich vorhatte, Florence zu heiraten. Wegen ihres starken deutschen Akzents ließ sich nicht verbergen, daß sie Ausländerin war, und sie hielten sie für eine jener Damen zweifelhafter Reputation, die regelmäßig nach Kairo kamen.

Speke und Grant waren begierig darauf, zu erfahren, was sich zwischenzeitlich in der Welt ereignet hatte, und mit jemandem über ihre Beobachtungen und Entdeckungen sprechen zu können. Florence war dabei, als die Männer von den Orten berichteten, an denen sie gewesen waren, den Entbehrungen, die sie ertragen, und den Menschen, die sie getroffen hatten. Sie hörte zu, sagte selbst jedoch kaum etwas.

Sam nahm aufrichtig an dem Erfolg von Speke und Grant teil, aber irgendwie war er trotzdem niedergeschlagen. Florence sah ihm die Enttäuschung an. Das große Vorhaben, an dem er sich so gerne beteiligt hätte, war nun abgeschlossen, ohne daß er dabeigewesen war. Speke und Grant hätten eine Glanzleistung vollbracht, meinte Sam, die ihnen zweifellos höchsten Ruhm einbringen würde. Doch irgendwann mußte er einfach aussprechen, was ihn die ganze Zeit über beschäftigte: »Ist denn nicht vielleicht doch noch ein Blatt des Ruhmeskranzes für mich übrig?«

Mit der für ihn so typischen Ehrlichkeit meinte Speke, daß eine Frage tatsächlich noch unbeantwortet sei. Auf ihrer Landkarte zeigten er und Grant Sam, wo sie in etwa den Luta N'zigé vermuteten. Die Einheimischen hatten den Forschern den See zwar relativ genau beschrieben, doch diese hatten nicht dorthin reisen können. Sie waren davon überzeugt, daß der Nil aus dem Victoriasee in den Luta N'zigé floß und dann wieder hinaus. Damit würde der Luta N'zigé neben dem Victoriasee die zweitwichtigste Quelle des Nils darstellen.

»Allerdings werden diese Schreibtischgeographen zu Hause in

London nicht mit Kritik sparen«, bemerkte Speke leicht verbittert. »Ich höre sie schon herumnörgeln: ›Einmal mehr hat Speke es versäumt, einen bedeutsamen See zu erkunden, der in direktem Zusammenhang mit der Nilfrage steht.‹ Die haben ja keine Ahnung, wie mühsam es ist, durch Afrika zu reisen, und wie widerspenstig die Einheimischen sind.«

Sam stellte sich auf Spekes Seite: »Ich kann mir nicht vorstellen, daß man dich kritisieren wird, John. Das wäre wirklich scheußlich, wenn jemand, der selbst nicht sein Leben für die Forschung aufs Spiel gesetzt hat, dich in Verruf brächte, wo du doch nicht nur eine, sondern vielmehr zwei so heldenhafte Entdeckungsreisen unternommen hast.«

»Du bist viel zu großherzig, als daß du so etwas tun könntest, Sam«, erwiderte Speke dankbar. »Aber du wirst noch an meine Worte denken! Manche werden sich gewiß beklagen, und zwar nicht nur Burton. Es sei denn ...« Speke hielt inne und blickte Sam an.

»Es sei denn, was?« wiederholte Sam.

»Es sei denn, *du* könntest dich dazu entschließen, zu dem See zu reisen und die Frage zu klären.«

Allein diese Vorstellung ließ Sam strahlen. »Ich hatte schon immer den innigen Wunsch, etwas zum Verständnis der afrikanischen Geographie und zur Erforschung der Nilquelle beizutragen«, antwortete er selig wie ein Kind, dem man eben ein wundervolles neues Spielzeug geschenkt hat. »Es wäre eine Ehre für mich, den Luta N'zigé zu erkunden. Florence und ich haben uns im Grunde bereits auf eine derartige Reise eingestellt. Ich kann mir nichts vorstellen, was mir mehr Freude bereiten würde.«

»Aber ... aber du hast doch nicht etwa vor, sie mitzunehmen, Sam!« stotterte Speke verwirrt. »Wie ... Du kannst doch nicht ... Hast du denn überhaupt eine Vorstellung davon, welchen Gefahren sie auf einer Reise von mehreren Monaten oder gar Jahren durch Zentralafrika ausgesetzt sein würde?«

»Florence hat mich auf jedem Schritt meiner Reise begleitet, von Alexandria bis hierher«, entgegnete Sam stolz. »Wir sind ein Jahr lang in Abessinien gewesen. Sie kann reiten und schießen wie ein Mann und spricht besser Arabisch als ich. Sie hat vor nichts und niemandem Angst. Du solltest einmal sehen, wie gut sie mit unseren Männern umgehen kann! Manche von ihnen liegen ihr regelrecht zu Füßen. Nein, wohin ich auch gehe, Florence wird mitkommen. So ist das nun einmal. Ich weiß, daß dich das überrascht, aber wenn du sie erst ein wenig besser kennst, wirst du verstehen, daß Florence keine gewöhnliche englische Dame ist.«

Daß Florence keine Engländerin war, konnte man kaum übersehen, und sicher ging Speke auch davon aus, daß sie keine Dame war, doch das behielt er tunlichst für sich. Sam ließ nichts über seine Flooey kommen und verwahrte sich gegen jede Kritik an seiner Absicht, sie auf die geplante Forschungsreise mitzunehmen. In diesem Punkt gab es für ihn keine Diskussion.

»Nun gut«, antwortete Speke zweifelnd, »wenn du meinst. Ich halte es zumindest für keine gute Idee. Nun, dann sollte ich dir wohl besser unsere Karte dalassen und dir die Reiseroute und ein paar hilfreiche Informationen aufschreiben. Wie wäre es, wenn ich dir alles gleich in dein Tagebuch notiere?« Er griff nach Sams Federhalter und füllte Seite um Seite mit der genauen Wegbeschreibung sowie einigen weiteren Hinweisen: was für Dolmetscher Sam brauchen würde, wo er am besten Antilopen schießen konnte, wie viele Tage er von einem Dorf, in dem man Nahrung eintauschen konnte, zum nächsten benötigen würde, welcher Häuptling wo herrschte und was für Informationen er sammeln oder verifizieren sollte.

Später, als Florence gerade nicht bei ihnen war, bedrängte er Sam noch einmal, sie nicht ins Landesinnere mitzunehmen. Er erinnerte ihn an die Gefahren und Risiken, denen sie ausgesetzt wäre, erzählte ihm aber auch voller Begeisterung von den hübschen Frauen vom Stamm König M'tesas. Fünf Monate lang hatte er sich an dessen Hof aufgehalten, drei davon ohne Grant. Die Königin hatte ihm zwei hübsche Jungfrauen als Gattinnen überlassen, weil sie wissen wollte, welche Farbe ihre Babys haben würden. Zu Meri, der älteren der beiden, entwickelte Speke im Lauf ihrer Liaison eine zärtliche Zuneigung, bis er sie eines Tages wegen einer Unstimmigkeit kurzerhand zur Sklavin eines seiner Träger machte. Speke schaffte es sogar, zu einem der liebsten Zechkumpanen und Jagdgefährten der Königin aufzusteigen, was seiner Stellung ungeheuer förderlich war.

Sam war über Spekes Einstellung entsetzt. Was genau sich zwischen Speke und den beiden Mädchen abgespielt hatte, wollte Sam gar nicht wissen, aber immerhin war er mehrere Monate lang mit ihnen unterwegs gewesen. Wie konnte er einerseits Florence ablehnen, andererseits aber ohne jede Scham zwei junge Afrikanerinnen als Ehefrauen annehmen? Florence selbst sollte erst sehr viel später erfahren, was Speke erzählt hatte. Im Augenblick hielt es Sam für klüger, Spekes Bemerkungen für sich zu behalten.

Einige Tage später führten Speke und Grant ihn gründlich in die Bedienung der Meßinstrumente ein und zeigten ihm, wie er die geographische Breite, Länge und Höhe errechnen konnte, wann und wie man mit dem Sextanten und mit Hilfe von Sonne oder Sternen Ortsbestimmungen durchführte und allerhand weitere Dinge, die eine Vergleichbarkeit seiner Beobachtungen mit den ihren gewährleisten würden. Florence hörte aufmerksam zu, für den Fall, daß sie selbst einmal solche Beobachtungen anstellen mußte. Der Gedanke, sie könnte mit derartigen technischen Instrumenten vielleicht genauso gut umgehen, kam Speke gar nicht erst. Er übersah nicht nur, welche tiefe Zuneigung sie und Sam verband, sondern unterschätzte auch völlig Florences geistige Fähigkeiten. Daß Speke und Grant jedoch ihr gesamtes Wissen so bereitwillig und ohne jedes Gefühl von Mißgunst an ihn weitergaben, hob Sam später immer wieder besonders hervor, so zum Beispiel in seinem 1866 veröffentlichten Buch *Der Albert N'yanza. Das große Becken des Nils*.

Speke meinte auch, Sam solle Kamrasi, den Häuptling der Banyoro, um Vorräte und Medikamente – darunter auch Chinin – bitten, die er diesem zur Aufbewahrung für den nächsten Weißen gegeben hatte, der sie benötigte.

»Ich käme mir aber sehr schäbig dabei vor, von deinen Vorräten zu nehmen«, wandte Sam ein.

»Vielleicht rettet dir das Chinin einmal das Leben, Sam. In dieser Gegend ist die Fieberkrankheit besonders stark verbreitet. Ich bitte dich, nutze unser Lager in Bunyoro.«

Am 20. Februar traf Petherick mit seiner Expedition in Gondokoro ein. Er war höchst erstaunt, Sam, Florence, Speke und Grant hier versammelt vorzufinden.

Sofort ließ er für Speke und Grant das Lagerhaus öffnen, rügte seinen *wakil*, warum dieser das nicht schon längst getan habe, und stellte eine Auswahl an Vorräten zusammen, die er zu Spekes Zelt schicken ließ. Als dieser die Körbe unangetastet und mit einem pikierten Verweis auf Sams selbstlose Hilfe zurückschickte, wurde Petherick klar, daß der Forscher ihm seine verspätete Ankunft in Gondokoro nie verzeihen würde. Alle Versuche des Konsuls und seiner Frau, Speke zu besänftigen, schlugen fehl. Spekes Ansicht nach hätte Petherick ihnen zu Hilfe kommen sollen, war aber bei ihrer Ankunft in Gondokoro nicht zur Stelle gewesen.

Daß er und Grant selbst erst acht Monate nach Ablauf des vereinbarten Zeitraums eingetroffen waren, wie Florence ihm ins Gedächtnis rief, spielte für ihn keine Rolle. Florence und Sam hatten mittlerweile so viele widersprüchliche Dinge über Petherick gehört, daß sie gar nicht mehr wußten, wem oder was sie glauben und auf wessen Seite sie sich stellen sollten.

Am 26. Februar 1863 brachen Speke und Grant mit dem *diahbiah*, mit dem Florence und Sam nach Gondokoro gekommen waren, Richtung Khartoum auf. Am 6. Mai erhielt Roderick Murchison von der Royal Geographical Society über das Foreign Office, das britische Außenministerium, in Alexandria ein Telegramm von Speke: »Alles in Ordnung. Nilfrage geklärt.«

Spekes Verhalten nach seiner Rückkehr in die Heimat übertraf Kate Pethericks schlimmste Befürchtungen. Speke war voller Lob darüber, wie pünktlich und heldenhaft Sam ihm zu Hilfe gekommen sei, während er Pethericks Versäumnis in aller Öffentlichkeit bekannt machte. Er wiederholte die Anschuldigungen, die er bereits in Khartoum verbreitet hatte – Petherick sei in den Sklavenhandel verwickelt –, und deutete damit an, daß der Konsul vermutlich gerade auf Sklavenjagd gewesen war, während er eigentlich auf Spekes Ankunft hätte warten sollen.

Die Bittbriefe und Erklärungsversuche, die Kate Petherick im Januar 1864 an Murchison richtete, stießen bei diesem auf wenig Verständnis. Er forderte Petherick auf, einen umfassenden Bericht zu seiner Rechtfertigung einzureichen, und meinte, er hoffe, daß die Spendengelder nicht verschwendet worden seien. Petherick, der verzweifelt um seinen guten Ruf kämpfte, beschloß, Speke auf Ehrabschneidung zu verklagen. Erst als sein Bericht bei der RGS eintraf, kam Murchison zu der Erkenntnis, daß man Petherick zu Unrecht ein Fehlverhalten vorgeworfen hatte. Das Ansehen des Konsuls hatte mittlerweile jedoch bereits erheblichen Schaden genommen. Am 1. Februar 1864, noch bevor Petherick die Möglichkeit erhalten hatte, sich gegen die Anschuldigungen zu verteidigen, wurde das Konsulat in Khartoum geschlossen. Der Nil hatte ein weiteres Opfer gefordert.

9

Sind die Männer marschbereit?

Die folgenden Wochen verbrachten Florence und Sam damit, sich auf die nächste Etappe ihrer Reise vorzubereiten. Die Suche nach Trägern bereitete ihnen dabei die meisten Schwierigkeiten. Schließlich wandte Sam sich an Mahommed, der als *wakil* für de Bonos Karawane gearbeitet hatte und mit Speke und Grant unterwegs gewesen war. Mahommed willigte ein, aus den Trägern, die de Bonos Elfenbein transportiert hatten, fünfzig auszuwählen. Gemeinsam mit Sams Männern sollten sie wieder nach Faloro reisen, die nächste Handelsstation auf ihrer Route. Im Gegenzug verlangte Mahommed, daß Sam ihm beim Einsammeln von Elfenbein behilflich war und ihm in Faloro ein schönes Geschenk überreichte.

Mahommeds fünfzig Männer und die fünfundvierzig, die Sam als bewaffneten Begleitschutz aus Khartoum mitgebracht hatte, bildeten zusammen eine Truppe von durchaus passabler Größe. Faloro lag angeblich etwa zwölf oder fünfzehn Tagesmärsche weiter südlich. Bevor die Karawane Gondokoro verließ, mußten alle Beteiligten, ob Mensch oder Tier, sich in einwandfreier Verfassung befinden. Eines der Pferde hatte irgendwelche sonderbaren Lähmungserscheinungen gezeigt, und sie hatten ihm den Gnadenschuß geben müssen. Je näher der Tag der Abreise rückte, um so nachlässiger kümmerten sich die Männer um die Packtiere. Sam war verärgert, aber auch irritiert. Gab es womöglich noch einen anderen Grund als reine Trägheit dafür, daß sie die Tiere so vernachlässigten? Immerhin nahmen sie den Männern einen Großteil der Lasten ab und schonten somit deren Kräfte. Nach Sams Rechnung hatte die Expeditionsausrüstung ein Gewicht von insgesamt über zweitausend Kilo, wobei neben der Munition die Perlen und Kupferwaren, die als Tauschmittel dienten, am schwersten waren. Fünfzig Träger konnten ein solches Gewicht unmöglich befördern.

Dann streckte ein Gallenfieber, eine scheußliche, langwierige Krankheit, Florence, Sam und mindestens die Hälfte der Männer nieder. Die unhygienischen Lebensbedingungen in Gondokoro begünstigten die rasche Ausbreitung der Epidemie. Sobald die Männer wieder gesund waren, begannen sie, unverschämt zu werden und höhere Löhne zu verlangen: Statt der monatlichen fünfundvierzig Piaster während der Trockenzeit, auf die man sich in Khartoum geeinigt hatte, wollten sie nun hundert. Sie drohten damit, erneut zu desertieren, sollte Sam auf ihre Forderungen nicht eingehen. Dieser ärgerte sich über die Erpressung und gab nur widerwillig nach, plante aber, die Regierung in Khartoum um Wiedergutmachung zu bitten, sobald er dorthin zurückgekehrt wäre. Später schrieb Sam – wobei ihm allerdings die nachträgliche Einsicht zugute kam:

> Alles schien in bester Ordnung zu sein, doch damals kannte ich die Falschheit dieser arabischen Halunken noch nicht. Sie taten äußerst freundlich, aber im selben Augenblick schmiedeten sie Pläne, wie sie mich täuschen und daran hindern könnten, weiter in das Land zu reisen. Sie wußten: Wenn ich erst einmal bis ins Landesinnere vorgedrungen war, würde der Elfenbeinhandel entlang des Weißen Nils kein Geheimnis bleiben und die Greuel des Sklavenhandels aufgedeckt und diesem durch die Intervention europäischer Mächte höchstwahrscheinlich ein Ende gesetzt werden. Folglich verbündeten sie sich, um meinen Vorstoß zu verhindern und meine Expedition gänzlich zum Scheitern zu bringen. [...] Die Männer der verschiedenen Händler verbrüderten sich mit den Männern meiner Eskorte und redeten diesen ein, daß es eine Schande für einen Mohammedaner sei, mir als Christen, einem ungläubigen Hund, zu dienen, daß sie unter mir würden hungern müssen, da ich ihnen nicht erlaube, Vieh zu stehlen, daß sie keine Sklaven besitzen würden und daß ich sie Gott weiß wohin führen wolle.

Diejenigen, die sich zum Aufstand entschlossen hatten, wiesen die anderen darauf hin, daß Speke und Grant mit zweihundert Trägern an der Küste aufgebrochen, aber nur mit achtzehn in Gondokoro angekommen waren, die übrigen also unterwegs gestorben sein mußten. Natürlich wollte keiner der Männer sich einem solchen Selbstmordkommando anschließen. Nur die beiden Afrikaner, der kleine Saat und Richarn, blieben Florence und Sam treu.

Auch Petherick suchte verzweifelt nach Trägern, denn er wollte ebenfalls nach Faloro zurückkehren, um dort noch mehr Elfenbein zu holen. Er bat Sam und Florence, sich ihrer Expedition anschließen zu dürfen, aber aus irgendeinem Grund erklärten deren Männer, sie würden sich nicht von der Stelle rühren, wenn Petherick mit von der Partie wäre.

»Schon wieder drohen mir meine eigenen Männer, Florence«, meinte Sam. »Was sollen wir nur tun? Mit diesen Halunken kann man weder reisen noch arbeiten. Sie bekommen ihre Löhne im voraus und können tun und lassen, was sie wollen. Sie haben uns völlig in der Hand.«

»Warum sträuben sich die Männer nur so gegen Mr. Petherick?« grübelte Florence. »Vielleicht haben sie ja Grund dazu, und wir sollten wirklich nicht mit ihm reisen. Wir sollten Dr. Murie fragen, wie Petherick sich unterwegs verhalten hat. Wenn es nichts gegen ihn einzuwenden gibt, dann müssen wir eine Möglichkeit finden, die Männer zum Gehorsam zu bewegen. Außerdem könnte Petherick ohnehin nicht sofort aufbrechen. Er ist sehr krank, Kate ebenfalls.«

Am nächsten Morgen, gleich bei Tagesanbruch, tauchte Saat bei Florence auf und warnte sie, daß Mahommed und alle ehemaligen Träger de Bonos sich heimlich aus dem Staub machen wollten, bevor Sam marschbereit sei. Sams eigene Männer hätten vor zu desertieren. Saat habe sie in der Nacht belauscht, als sie den Plan faßten. Die Nachricht versetzte Florence in helle Aufregung, aber sie wußte, daß sofort etwas getan werden mußte. Sobald sie Sam, der noch einmal bei den Tieren nach dem Rechten geschaut hatte, zurückkommen sah, knöpfte sie sich beherzt den *wakil* vor.

»Sind die Männer marschbereit?« fragte sie ihn streng.

»O ja, meine *sitt*, sie sind alle bereit«, versicherte er ihr. Es klang nicht sehr überzeugend.

»Dann befehle ihnen, das Zelt abzubauen und die Tiere zu beladen. Wir brechen unverzüglich auf.« Florence klatschte zweimal in die

Hände, um ihrer Anweisung Nachdruck zu verleihen. »Wir wollen keine Zeit verlieren«, verkündete sie, wobei sie alle Würde und Autorität aufbot, die sie besaß.

Der Mann zögerte und suchte nach geeigneten Ausflüchten, doch Florence ließ keine davon gelten. »Wie ich sehe, seid ihr also doch nicht marschbereit«, hielt sie ihm vor, »obwohl du das eben behauptet hast. Was bist du doch für ein falscher Hund.«

Der *wakil* begann, seine Unschuld zu beteuern, doch Florence sprach weiter, ohne ihn zu Wort kommen zu lassen. »Stimmt es denn etwa nicht, daß du und die gesamte Truppe von Männern heute nacht beschlossen habt, zu meutern und zu desertieren?« Diese Anschuldigung konnte der *wakil* nicht so einfach zurückweisen, denn sie entsprach der Wahrheit. »Habt ihr etwa nicht vereinbart, mit unseren eigenen Gewehren auf uns zu schießen und euch dann mit unseren Waffen und der Munition davonzustehlen?« Florence funkelte ihn wütend an.

Der *wakil* versuchte, sich gegen Florences Vorwürfe zu verteidigen, aber da meldete Saat sich zu Wort und entlarvte seine Beteuerungen als reine Farce. Mutig erklärte er, daß er gemeinsam mit Richarn in der Nacht zuvor zufällig die ganze verschwörerische Zusammenkunft mitbekommen hätte.

In diesem Moment trat Sam in Aktion. Er ließ ein *angarep* aus dem Zelt holen und in den Schatten eines Baumes stellen. Auf das Bettgestell legte er in aller Seelenruhe fünf geladene doppelläufige Gewehre, einen Revolver und einen Säbel. Ein sechstes Gewehr nahm er in die Hand, zwei weitere gab er Richarn und Saat, die sich links und rechts hinter ihm aufbauten. Dann setzte er sich auf das *angarep* und wartete. Florence stand hinter ihm und beobachtete die Meuterer aufmerksam.

Der Trommler wurde angewiesen, den Männern den Befehl zum Antreten zu geben, damit sie sich marschbereit aufstellten. Sam hatte die glorreiche Idee gehabt, die Schlösser der Gewehre für die Expedition mit einem eigens dazu bestimmten Stück wasserdichtem Stoff zu umwickeln, damit sie nicht feucht oder schmutzig wurden. Er hatte strikte Anweisung gegeben, daß diese Schutzhüllen ständig am Gewehr angebracht waren und nur entfernt werden durften, wenn er den Männern befahl, die Waffen anzulegen. Jeder, der die Schutzhülle seines Gewehrs jetzt auch nur anrührte, mußte damit rechnen, gnadenlos erschossen zu werden.

Nur fünfzehn von Sams fünfundvierzig Männern reagierten auf das Trommeln und stellten sich in einer Reihe auf. Während sie zusammenkamen, forderte Sam sie auf, die Waffen niederzulegen, aber keiner von ihnen gehorchte. Die einzige Antwort, die Sam bekam, waren freche Blicke. Mit vor Zorn bebender Stimme bellte Sam: »Die Waffen nieder, aber augenblicklich, ihr Hundesöhne!«

Im Islam gelten Hunde als unsaubere Tiere, und Hundesöhne um so mehr. Sam hatte die Meuterer also aufs übelste beleidigt. Doch während sie noch überlegten, wie sie reagieren sollten, hatte er schon den Hahn seines Gewehrs gespannt. Er, Florence, Richarn und Saat starrten die Männer an und warteten. Ein paar von ihnen legten ihre Waffe nieder und setzten sich mit verschränkten Armen auf die Erde, andere zogen sich zurück, wieder andere verschwanden ganz. Sam stand auf und befahl Richarn, alle zu entwaffnen, die ihr Gewehr noch in der Hand hielten. Richarn reichte Florence seine Waffe und ging auf die Männer zu. Als diese ihn entschlossen und mit ausgestreckter Hand vor sich stehen sahen, gaben sie auf, allerdings nur unter der Bedingung, daß Sam ihnen die Entlassung schriftlich bestätigte. Sam kam ihrer Bitte gerne nach und setzte auf den Dokumenten über seine Unterschrift als Expeditionsleiter ihren Namen sowie das Wort »Meuterer«. In seinem Hauptbuch trug er neben allen Namen der Männer denselben Vermerk ein, damit später, wenn er nach Khartoum zurückkehrte und sie verklagte, eindeutig feststand, wer zu den Meuterern gehörte. Jetzt waren außer dem *wakil* nur noch Saat und Richarn übrig, um Florence und Sam ins Landesinnere zu begleiten. Zwar traute dem Anführer niemand mehr, aber in Gondokoro gab es keine Männer, die ihn hätten ersetzen können.

Am nächsten Tag erkundigten Florence und Sam sich bei Dr. Murie, wie Petherick sich auf ihrer Reise verhalten hätte. Murie gab zu, daß der Konsul seinen Männern anstelle einer Entlohnung für ihre Dienste erlaubt hätte, auf Vieh- und Sklavenraubzug zu gehen. Dabei seien siebzehn oder achtzehn Mädchen erbeutet und mit seinen Männern »verheiratet« worden. Einmal seien bei einem Überfall drei Einheimische erschossen worden, die verzweifelt versucht hätten, der Gefangennahme zu entgehen. Widerstrebend gestand Murie, er habe die Köpfe der Toten auf Pethericks Wunsch hin abgeschnitten, die Schädel ausgekocht und sie dem College of Surgeons in England zu wissenschaftlichen Zwecken angeboten.

Florence war über Pethericks geschmackloses Verhalten entsetzt. Kaum hatten sie Murie wieder verlassen, platzte sie vor Wut: »Und so jemand ist britischer Konsul in Afrika! Das ist der Mann, der anderen Sklavenhandel vorwirft, während er genau dieselben widerwärtigen Machenschaften betreibt. Ich will mit ihm und diesem anderen Barbaren, Mr. Murie, nichts mehr zu tun haben. Er gibt vor, Mediziner zu sein, und dann kocht er Schädel aus.«

»Du hast völlig recht, Flooey. Wie kann ich von den Männern erwarten, daß sie meinem Gebot absoluter Tugendhaftigkeit folgen, wenn sie gleichzeitig sehen, wie der britische Konsul selbst Vieh stiehlt und seinen Leuten erlaubt, Sklaven zu rauben? Natürlich verlangen meine Männer dann, es genauso machen zu dürfen, und versuchen zu desertieren, wenn sie hören, daß ich derartige Abscheulichkeiten niemals zulassen werde. Ich habe mich in riesige Unkosten gestürzt, und jetzt ist alles umsonst gewesen.«

»Wir werden schon dafür sorgen, daß nicht alles umsonst gewesen ist. Wir werden eine Möglichkeit finden, wie wir dennoch weiterkommen, und wenn wir nur mit Saat und Richarn reisen«, erwiderte Florence beherzt.

Das Mißtrauen, das sie von jetzt an gegenüber den Pethericks zeigten, führte schon am nächsten Tag zu Streitigkeiten und Anschuldigungen, was Florence und Sam jedoch nur noch in ihrem Beschluß bestärkte, daß sie nichts mehr mit den beiden zu tun haben wollten. »Wahrlich«, schrieb Sam in sein Tagebuch, »das sind gefährliche Leute. Mit unmäßigen Beschimpfungen [...] endete die Unterhaltung, die eine meiner letzten mit ihnen sein wird, denn ich fürchte, meine Freunde haben Schmutz an den Händen.«

Am folgenden Tag schickte Koorshid Aga einen Boten zu Florence und Sam, der ihnen ausrichtete, daß Mahommed und de Bonos Männer ohne sie aufgebrochen seien. Sie hatten es allerdings nicht nur abgelehnt, auf sie zu warten, sondern außerdem eine höhnische Warnung für sie hinterlassen, daß sie auf Sam und seine Leute schießen würden, falls diese versuchen sollten, ihnen zu folgen. In seiner Antwort fragte Sam bei Aga an, ob dieser ihm für seine Expedition möglicherweise zehn seiner Männer überlassen könne. Die Männer weigerten sich jedoch standhaft, für Sam zu arbeiten, und nannten ihn einen Spitzel und Spinner. Sie prophezeiten ihm, daß die Einheimischen irgendwelcher entlegener, unerforschter Länder ihn umbringen würden. Das einzige, was Koorshid Aga für Sam tun konnte, war, ihm einen kleinen Sklavenjungen aus dem Landesinneren anzubieten, der sie als Dolmetscher begleiten konnte.

Sam war völlig niedergeschlagen. Ohne Soldaten und Träger kamen sie nicht weiter, aber jede Aussicht auf neue Männer schien vergebens. Florence ertrug es nicht, ihn so entmutigt und verzweifelt zu sehen. Sie versuchte, ihn zu überzeugen, daß er keine Schuld daran trug. Er hatte die Expedition mit größter Sorgfalt geplant, von den Sätteln und Schabracken der Lasttiere, die unter seiner Aufsicht angefertigt worden waren, bis hin zu den Waffen, der Munition und den Vorräten, die in ausreichender Menge vorhanden waren.

»Diese Expedition scheitert an genau denen, die ich eigentlich zu ihrem Schutz angestellt hatte. Wie sollen wir mit so wenigen Männern weiterkommen? Und dann mache ich mir auch Sorgen um dich, Flooey. Was soll aus dir werden, wenn ich umkomme?« grübelte Sam.

»Du weißt doch, daß ich nicht hilflos bin«, beruhigte Florence ihn. »Habe ich dich etwa nicht auf jedem Schritt dieser Expedition begleitet? Bin ich den Meuterern nicht mutig entgegengetreten und habe sie zum Gehorchen gebracht? Nennst du das etwa hilflos?«

Sam konnte nicht leugnen, daß Florence auf die unterschiedlichste Art und Weise zum Gelingen der Expedition beigetragen hatte. Allein die Tatsache, daß ihn eine Frau begleitete, hatte einen Einfluß darauf, wie die Einheimischen ihn wahrnahmen. Trotzdem widerstrebte es ihm, ihr Leben für eine Forschungsreise zu riskieren, die er sich in den Kopf gesetzt hatte.

»Wir werden es schaffen«, verkündete sie entschlossen. »Von einem Haufen Gesindel und Schurken lassen wir uns doch nicht abschrekken. Wir werden den Luta N'zigé schon finden. Nie wieder gehe ich in den Harem zurück, und ich werde mich auch niemals rauben oder versklaven lassen, darauf kannst du dich verlassen.«

Ihre Beharrlichkeit und beherzten Worte ermutigten Sam. Nun gut, dann würde er eben mit Florence allein weiterreisen und den Luta N'zigé suchen. Er würde den Häuptling der Bari bitten, ihnen Schutz zu gewähren, solange sie sich im Land seines Volkes befänden. Mit zwei schnellen Kamelen für Richarn und Saat und zwei Pferden für sich und Florence hätten sie das Gebiet der Bari in drei Tagen durchquert. In Moir würden sie sich dann unter freundlicher gesinnten Stämmen befinden. Sie wollten nur wenig Gepäck mitnehmen: Perlen, Munition, astronomische Instrumente sowie die nötigsten Lebensmittelvorräte. Richarn hielt den Plan für leichtsinnig, aber er würde Sams Befehl folgen, ganz gleich, wohin ihn dieser führte. Sam beschloß, sich mit dem Häuptling der Bari zu treffen.

»Ah, Baker Effendi, ich freue mich, Euch kennenzulernen«, sagte der Häuptling. »Ich habe bereits von dem weißen Mann gehört, der kein Vieh stiehlt und keine Sklaven entführt. In diesem Lande läßt sich ohne Gewalt jedoch nicht viel ausrichten. Auch wenn alle sagen, Ihr seid anders als die Türken und die Händler: Euer Charakter wird Euch nicht weiterhelfen. Das mag schon alles gut und richtig sein, aber wie Ihr seht, sind alle Eure Männer desertiert, und Ihr müßt nach Khartoum zurückkehren. Ihr werdet hier nicht weit kommen, wenn Ihr nicht eine Menge Männer und Waffen besitzt.«

»Ihr seht, ich bin ein rechtschaffener Mann«, antwortete Sam, »der Eurem Volk nichts Böses will. Wenn Ihr mir Schutz gewährt, könnte ich Euer Land durchqueren, nur in Begleitung meiner Frau und meiner beiden Diener.«

»Das ist unmöglich!« entgegnete der Häuptling und schüttelte befremdet den Kopf. »Wenn ich die großen *nogara*, die Trommeln, schlagen und mein Volk versammeln würde, um ihm zu erklären, wer Ihr seid, täte man Euch gewiß nichts zuleide. Doch es gibt noch viele andere, unbedeutendere Häuptlinge, die meine Befehle nicht befolgen und deren Volk Euch ganz sicher angreifen würde, wenn Ihr gerade irgendeinen angeschwollenen Fluß überquert, und was wäre Euch dann mit nur einem Mann und einem Knaben geholfen?« Außerdem, fügte er wenig ermutigend hinzu, tauschten die Bari nur gegen Vieh, und Sam besaß keines.

Nach seiner Rückkehr befahl Sam dem *wakil*, er solle mindestens zwanzig von den ursprünglich fünfundvierzig Männern, die in seinem Dienst gestanden hatten, zur Rückkehr überreden. Tatsächlich kehrte der *wakil* am Nachmittag mit siebzehn mürrischen Männern zurück, doch sie weigerten sich, weiter in südlicher Richtung ins Land der Bari vorzudringen, sondern wollten ausschließlich nach Osten gehen, wo sie sich sicherer glaubten. Nachts, während Florence und Sam sich unruhig im Schlaf wälzten, beschlossen die Männer ein weiteres Mal, nach ein paar Tagesmärschen zu desertieren.

Am 26. März brach Agas Karawane auf, angeführt von seinem *wakil* Ibrahim. Auch dieser ließ eine Warnung für Sam und Florence zurück, daß man auf sie schießen würde, wenn sie es wagten, ihnen zu folgen. Die beiden schenkten der spöttischen Drohung jedoch ebensowenig Beachtung wie der von de Bonos *wakil* Mahommed beim letzten Mal. Statt dessen befahl Sam den Männern, unverzüglich das Lager abzubrechen, die Tiere zu beladen und sich bereit für den Abmarsch zu machen.

Bei Einbruch der Nacht verließen sie Gondokoro. Florence ritt auf Tetel, dem Pferd, mit dem Sam in Abessinien jagen gegangen war, während dieser auf Filfil – »Pfeffer« – saß. Die Kamele waren überladen und die Männer frech und unwillig. Nur Saat und Richarn machten einen unbekümmerten Eindruck. Sam und Florence zogen im Mondschein voraus, und einer der Männer marschierte mit der britischen Flagge hinterher, damit der Rest der Karawane ihnen leichter folgen konnte. Die trotzige Zeremonie, mit der sie ihre gefährliche Reise begannen, wirkte ergreifend.

Sie hatten keinen ortskundigen Führer, wußten aber, daß sie sich östlich des Belignan halten mußten, eines Berges, der vor ihnen lag. In der gleichnamigen Stadt gelang es ihnen, einen Dolmetscher anzustellen, und einige Stunden später begegneten sie zwei Männern vom Stamm der Latooka, die sich von der türkischen Karawane davongestohlen hatten, nachdem sie dort geprügelt worden waren. Sam hatte bereits in Gondokoro mit den beiden gesprochen, und nun schlossen sie sich bereitwillig seiner Expedition an und hievten sich fast mühelos jeder einen Korb mit gut zwanzig Kilo Perlen auf den Kopf. Sie waren damit einverstanden, sich als Führer und Dolmetscher zu betätigen, bis sie ihr Heimatdorf erreichten.

Florence und Sam beschlossen, die ganze Nacht hindurch zu marschieren. Sie wollten unbedingt die Türken überholen, denn sie fürchteten, diese würden sonst die Bewohner der Region gegen sie aufhetzen. Nachts die Orientierung zu behalten war jedoch nicht einfach. Sie kamen durch ein Waldstück mit Akazien, deren gelbe, dicht mit Dornen besetzten Zweige die sorgfältig geschnürten Bündel auf den Rücken der Kamele und der Pferde aufschlitzten und zerfetzten. Immer wieder mußten sie anhalten, um sie zu flicken. Als nächstes erreichten sie ein noch unwegsameres Gelände, eine Kette von hohen, schroffen Hügeln mit steilen Schluchten, die sie mit den Kamelen nicht bewältigen konnten – zumindest nicht, wenn diese voll beladen waren. Das Gepäck wurde also jedesmal im Dunkeln abgeladen und die Kamele auf den nächsten Hügel geführt, wo man sie wieder belud. Bei jeder einzelnen Schlucht fing diese deprimierend mühsame Prozedur von neuem an.

Jede Unterbrechung erschöpfte die Tiere wie auch die Männer, so daß sie schließlich eine mehrstündige Rast einlegen mußten. Am nächsten Tag stand Sam in aller Frühe auf, um die Lasten neu zu packen. Er warf alles weg, was ihm entbehrlich erschien. Als auch der Rest der Expedition wach war, marschierten sie einige Stunden weiter, bis sie ein ausgetrocknetes Flußbett erreichten. Den Latooka zufolge konnte man hier Wasser finden, wenn man grub. So dauerte es zwar mehrere Stunden, bis alle Tiere und Menschen ihren Durst gestillt hatten, aber die Ruhepause und die Erfrischung waren bitter nötig gewesen.

Gemeinsam mit den Führern ritten Florence und Sam voraus. Am späten Nachmittag kamen sie aus dem Waldgebiet auf eine Anhöhe, von der aus sie hinunter in das wunderschöne Tollogotal schauen konnten. Im Osten war es von einer hohen Steilwand aus grauem Granit begrenzt. Riesige Felsen, die aus der Wand gebrochen waren, übersäten die Wiese am Talboden. Zwischen diesen natürlichen Verteidigungsanlagen waren einzelne Dörfer verstreut. Ein Gebirgszug bildete den Abschluß auf der westlichen Seite des Tales. Mittendurch schlängelte sich träge ein Fluß, der genügend Wasser führte, um riesige Feigenbäume gedeihen zu lassen. Begleitet von den Latooka, stiegen Florence und Sam ins Tal ab und ließen sich erleichtert im Schatten eines dieser Bäume nieder, um sich auszuruhen. Innerhalb weniger Augenblicke tauchten wie aus dem Nichts Hunderte von Einheimischen auf. Florence und Sam boten aber auch einen ziemlich erstaunlichen Anblick: ein sonnenverbranntes Paar aus Europa mit blauen Augen und hellen Haaren, das auf einem türkischen Teppich saß. Unter den Neugierigen befand sich auch ein Buckliger, der sie in gebrochenem Arabisch ausquetschte wie ein Großinquisitor.

»Wer seid Ihr?« fragte er an Sam gewandt.

»Ein Reisender.«

»Wollt Ihr Elfenbein?«

»Nein, das kann ich nicht brauchen.«

»Ah, Ihr wollt Sklaven!«

»Nein, ich will auch keine Sklaven.« Sams Antwort rief in der Menge zynisches Gelächter hervor. Die Menschen hier waren noch nie einem Fremden begegnet, der nicht hinter Elfenbein oder Sklaven hergewesen wäre.

»Habt Ihr viele Kühe?«

»Nein, keine einzige, aber eine Menge Perlen und Kupferwaren.«

»Eine Menge? Wo sind die Sachen?«

»Nicht weit weg von hier. Meine Männer werden jeden Augenblick damit eintreffen.«

»Aus welchem Land kommt Ihr?«

»Aus England.«

»Von so einem Volk habe ich noch nie etwas gehört. Seid Ihr ein Türke?«

»Na gut, ich bin alles, was Ihr wollt.«

»Und das, ist das Euer Sohn?« Der Bucklige deutete auf Florence.

»Nein, das ist meine Frau.«

»Deine Frau! Du lügst. Das ist doch ein Junge.« Es war nicht das erste Mal, daß es zu diesem Mißverständnis kam. Florence war nicht nur jung und schlank, sie trug auch einen Hut, ein weites Hemd und die gleichen Reithosen wie Sam. Außerdem hatte man in diesem Land noch nie eine Weiße zu Gesicht bekommen.

»*Katab*!« spottete der Bucklige, was im Arabischen »Lüge« heißt.

Zum Glück wurde das Gespräch durch die Ankunft des Häuptlings unterbrochen, sonst wäre vielleicht noch irgend jemand auf die Idee gekommen, einen Beweis für Sams Behauptung zu fordern. Zu Sams Freude war der Häuptling ein Mann, dem er in Gondokoro freundlich begegnet war, ohne daß er seinen gesellschaftlichen Rang gekannt hätte. Dafür brachte der Häuptling ihnen jetzt als Willkommensgeschenke Honig, einen Stoßzahn und *merissa*, ein Bier, das man in dieser Region trank. Sie hatten eben die Begrüßungszeremonie beendet, als Sams Karawane in Sicht kam. Nun richtete sich die ganze Aufmerksamkeit der Menge auf die Kamele. Man kannte derartige Tiere hier nicht und hielt sie für Giraffen aus dem Land der Europäer. Sobald die Einheimischen die riesigen Bündel sahen, die von den Tieren befördert wurden, schrien sie vor Begeisterung. Sam und Florence schenkten dem Häuptling und dem Buckligen Perlen, was bei diesen große Freude und bei der Menge neugieriges Interesse hervorrief.

Früh am nächsten Morgen zog die Expedition weiter und gelangte zwischen Tollogo und Ellyria auf einen felsigen, nur schwer zu überwindenden Paß. Noch nie zuvor war ein Weißer in dieses Gebiet vorgestoßen. Florence und Sam waren überzeugt davon, daß ihr nächtlicher Gewaltmarsch ihnen einen Vorsprung gegenüber der türkischen Karawane verschafft hatte. Wieder ritten sie voraus, begleitet von einem Latooka als Führer. Den zweiten ließen sie bei den Männern zurück. Der Pfad führte sie durch ein unwegsames, enges, von steilen Schluchten durchzogenes Tal. Immer wieder versperrten Granitblöcke ihnen den Weg, und manchmal mußten sie sogar absteigen und zu Fuß weitergehen. Sie wußten, daß auch das Gepäck von den Kamelen ab- und anschließend wieder aufgeladen werden müßte, um den Marsch durch das rauhe Gelände zu bewältigen.

Als sie den Hang der höchsten Erhebung hinaufgestiegen waren, bot sich ihnen ein herrlicher Blick über das weite, etwa anderthalb Kilometer entfernt liegende Tal von Ellyria, und ihre Laune hob sich. Im Hintergrund war eine lange Bergkette zu erkennen, die sich weit in den Süden zog. Doch dann entdeckten sie zwischen den Hügeln einen engen, von hohen Felswänden umschlossenen Durchgang, den sie zuvor würden passieren müssen. Sollte es irgendwer auf sie abgesehen haben, dann war dies der ideale Ort für einen Hinterhalt. An ein Entkommen war fast nicht zu denken.

»Ich finde«, meinte Florence, »wir sollten lieber nicht ohne den Rest der Karawane weitergehen, Sam. Es ist wohl besser, wenn wir in einer größeren Gruppe dort ankommen als nur zu zweit mit dem Führer, auch wenn das heißt, daß wir auf die anderen warten müssen. Der Bucklige in Tollogo schien nicht besonders begeistert von uns zu sein, bevor die anderen dazukamen.«

»Ich würde nur sehr ungern hier warten.« Sam wollte so schnell wir möglich weiterkommen, und das Warten lag ihm gar nicht. »Dort unten ist unser Ziel. Wir sind doch schon so nah. Wenn wir vorausgingen, könnten wir dem Häuptling schon einmal zu verstehen geben, daß wir in guter Absicht kommen, bevor er sieht, wie groß unsere Mannschaft tatsächlich ist.«

»Das stimmt. Aber wenn er etwas gegen uns hat, dann ermutigen wir ihn durch unsere geringe Zahl eher noch zu einem Angriff«, gab Florence zu bedenken. Sam mußte zugeben, daß sie vermutlich recht hatte. Betrübt und voller Ungeduld setzte er sich, um auf die anderen zu warten.

Als sie Männerstimmen und das Geklapper von Lasttieren hörten, freuten sie sich schon, daß der Rest der Karawane es ebenfalls geschafft hatte. Doch dann mußten sie zu ihrem Entsetzen feststellen, daß der Troß nicht die britische Flagge, sondern die rote, türkische mit dem Halbmond vor sich hertrug. Und sie waren sich so sicher gewesen, daß sie die Türken überholt hatten! Mit ihren einhundertvierzig bewaffneten Männern und dreihundert Trägern vom Stamm der Latooka marschierten sie an Sam und Florence vorbei, ohne daß auch nur ein einziger von ihnen eine höfliche Verbeugung gemacht oder ihnen einen Gruß zugerufen hätte. Wenn sich die Türken mit den Einheimischen gegen sie verbündeten, würden sie Florence, Sam und ihrer kleinen Truppe zahlenmäßig um ein Vielfaches überlegen sein.

Sam war wütend, im letzten Moment doch noch überholt worden zu sein, und rot vor Empörung, weil die Männer so unverfroren waren, ihn einfach zu ignorieren. Der letzte Mann in der Karawane war der *wakil* Ibrahim, der Anführer der Expedition. Auch er tat so, als bemerke er Florence und Sam gar nicht, und ritt auf seinem Esel demonstrativ an ihnen vorbei.

»Sam, du mußt nach ihm rufen. Sprich mit ihm, sonst sind wir verloren«, flüsterte Florence flehentlich. »Wir können nicht genau dieselbe Route nehmen wie er, ohne wenigstens versucht zu haben, uns gut mit ihm zu stellen.«

»Ich kann es nicht, Flooey«, erwiderte Sam mit versteinerter Miene. »Ich werde diesen unverschämten Schurken nicht anbetteln.« Es kostete ihn erhebliche Mühe, so ruhig zu sprechen, daß Ibrahim die Bemerkung nicht hörte.

»Na gut, wenn du es nicht tust, dann tu ich es eben«, gab Florence forsch zurück. »Ich werde nicht zulassen, daß er unsere Expedition ruiniert.« Sam schaute sie erstaunt an. »Ibrahim«, rief sie, und dann noch einmal, etwas lauter: »Ibrahim!«

Prompt beschloß Sam, ihrem Beispiel zu folgen. »Ibrahim!« schrie er. Der Mann hielt an und ritt auf sie zu. Nachdem sie die üblichen blumigen Begrüßungsfloskeln ausgetauscht hatten, versuchte Sam, ihm seine Sicht der Dinge zu erklären:

> Ibrahim, warum sollten wir uns mitten in diesem ohnehin feindseligen Land auch noch gegenseitig das Leben schwermachen? Warum sollten wir, die wir an denselben Gott glauben, in diesem Land der Ungläubigen miteinander streiten? Ihr habt Eure Ziele und ich die meinen. [...] Geht Ihr Eurer Arbeit nach und stört mich nicht bei meiner: Das Land ist groß genug für uns beide. Ich habe eine Aufgabe zu erledigen, und zwar einen großen See zu finden – die Quelle des Nils –, und ich *werde* ihn auch finden, *inschallah* – so Gott will. Keine Macht wird mich zur Umkehr zwingen können. [...] Solltet Ihr Euch nicht gefällig erweisen, werde ich Euren Herrn als Euren Arbeitgeber zur Verantwortung ziehen. Helft Ihr mir aber, werde ich mich Euch beiden erkenntlich zeigen. Entscheidet Euch frei wie ein Mann, welchen Weg Ihr gehen wollt: Freund oder Feind?

Noch bevor Ibrahim seinen Mund aufmachen konnte, ließ Florence einen ganzen Wortschwall auf arabisch auf ihn niedergehen. Sie gab ihm zu verstehen, daß er anscheinend nicht die geringste Ahnung davon habe, was einen Engländer auszeichne, und daß nichts ihn von seinem Vorhaben abbringen könne. Die britische Regierung, eine großartige Institution, behalte ihre Untertanen ständig im Auge und beschütze sie, wo immer sie sich befänden, auch hier im Sudan. Er solle bloß nicht glauben, er könne ungestraft gegen sie vorgehen. Mit Nachdruck erklärte sie ihm, daß Sam ihn niemals anlügen oder ihn täuschen würde und daß er ein Mann mit redlichen Absichten sei, kein Elfenbeinhändler. Dann übernahm Sam wieder und bot Ibrahim ein neues, doppelläufiges Gewehr und etwas Gold an, wenn er ihnen half.

Ibrahim antwortete, seine Männer seien mißtrauisch und fürchteten, jedes Fehlverhalten werde in Khartoum gemeldet. Er aber glaube, daß Florence und Sam die Wahrheit sprachen. Später, wenn die beiden Karawanen sich an verschiedenen Stellen im Tal niedergelassen hätten, wolle er sich im Schatten eines großen Baumes, den sie ein Stück weiter unten sehen konnten, mit ihnen treffen. Vielleicht würden sie dann zu einer Einigung kommen. Es sollte der Beginn eines dauerhaften und für beide Seiten nutzbringenden Bündnisses sein.

Kaum hatten die beiden Karawanen das Tal erreicht, wurden sie auch schon von den Einheimischen umlagert. Ihr Häuptling, Leggé, war ein verschlagen aussehender Mann, »der größte Halunke Zentralafrikas«, wie Sam ihn nannte. Er wollte von ihnen Kupferringe, viereinhalb Kilo Perlen und eine Flasche Schnaps haben, die er in einem Zug leerte, selbst aber nichts von einem Gegengeschenk wissen, obwohl Sam ihn dem hiesigen Brauch entsprechend beschenkt hatte. Er bot ihnen keinerlei Waren an und weder Ziegen noch Hühner, sondern bediente sich statt dessen tüchtig an dem Reis und dem Honig aus dem streng rationierten Expeditionsvorrat, der eigentlich für die Männer bestimmt war.

In der folgenden Zeit begegneten Florence und Sam immer wieder Stammeshäuptlingen, die für das Privileg, sie in ihr Land einreisen zu lassen, eine Unmenge an Geschenken von ihnen verlangten, sich aber weigerten, Nahrungsmittel von vergleichbarem Wert herauszurücken. Außerdem drohten ihnen die Araber, die Gondokoro nur widerwillig verlassen hatten, regelmäßig mit Meuterei. Ihren nächsten Versuch unternahmen sie, als die Expedition der Karawane eines anderen Elfenbeinhändlers, Mohammed Her, begegnete und die Männer glaubten, zu Vieh und Frauen kommen zu können, wenn sie sich ihm anschlossen. Sam schlug die Rebellion vorläufig nieder, indem er den Rädelsführer außer Gefecht setzte. Dann befahl er den Männern, die Tiere wieder zu beladen und weiterzuziehen, doch im nächsten Augenblick hatten schon fünf von ihnen mit kostbaren Gewehren und Munition das Weite gesucht. Sam machte seinem Zorn Luft und schickte den Meuterern einen Schwall wüstester Beschimpfungen hinterher, der mit dem Fluch »Die Geier sollen sie holen, *inschallah*!« endete.

Anfang April machten sie ein paar Tage Rast in Tarrangollé, einer der größeren Städte im Gebiet der Latooka. Der Ort bestand aus etwa dreitausend glockenförmigen Häusern mit hohen, spitz zulaufenden Strohdächern. Da die Räume jeden Tag ausgekehrt wurden, waren sie sehr sauber, aber weil es keine Fenster gab, auch recht dunkel. Jedes Haus war mit einem umzäunten Hof umgeben oder mit einer Palisade befestigt. Das Vieh der gesamten Gemeinde wurde in Pferchen gehalten, auch *kraal* genannt, die jeweils durch einen *zareeba* gesichert waren. Einen großen Nachteil hatten die Häuser der Latooka jedoch: Die Eingänge war nur etwa einen Dreiviertelmeter hoch, so daß ihre Bewohner auf allen vieren hinein- und herauskrabbeln mußte. Die Tatsache, daß die Latooka gute, kräftig gebaute Krieger und im Durchschnitt einen Meter achtzig groß waren – »die beeindruckendsten Wilden, die ich je gesehen habe«, so Sam –, machte es um so erstaunlicher, daß sie so winzige Eingänge bevorzugten. Ihre meistverwendete Waffe war eine Lanze mit einer Metallklinge an der Spitze, und zu ihrem Schutz benutzten sie meist einen Schild aus Giraffenhaut. Sam hielt sie für sehr männlich und ziemlich gut aussehend, während er die Frauen eher klein und unscheinbar fand. Sie rasierten sich den Schädel und färbten ihn mit Ocker, schmückten ihre Wangen mit mehreren Reihen Narben und durchbohrten ihre Unterlippe zur Zierde mit einem langen, tropfenförmigen Kristall, der etwa zehn Zentimeter aus ihrem Gesicht herausstand.

Sam und Florence hatten sich auf zwei Stühlen auf einem Perserteppich niedergelassen, um den Häuptling zu empfangen. Sam trug seine komplette schottische Tracht in den Farben seines Freundes, des Duke of Atholl, und dazu Straußenfedern an der Mütze. Feierlich überreichte er dem Häuptling Armreifen aus Kupfer, bunte Taschentücher und Perlen, aber dieser verlangte auch noch Perlen für seine diversen Frauen, die zudem um die Ehre baten, Florence einen Besuch abstatten zu dürfen. Diese befürchtete, gleich ein paar Dutzend Frauen empfangen zu müssen, die sie alle um Perlen anbetteln würden, und so einigten sie sich schließlich darauf, daß nur Bokké, die Favoritin des Häuptlings, und ihre Tochter vorbeikommen sollten.

»Nie habe ich zwei hübschere Wilde gesehen als diese beiden«, verkündete Sam, als die Frauen am nächsten Tag auftauchten. Sie bewunderten den schönen Teppich und fuhren mit der Hand darüber. Ein so weiches, farbenprächtiges Material hatten sie noch nie gesehen. Auch Florence selbst war für sie von großem Interesse. Nachdem die beiden sie eingehend betrachtet hatten, fragte Bokké, wie viele Frauen Sam noch habe, und mußte laut lachen, als sie hörte, daß Sam sich doch tatsächlich mit nur einer zufriedengab.

»Sie sieht recht gewöhnlich aus«, sagte Bokké unverblümt zu Sam, war aber der Meinung, man könne ihr Äußeres schon mit geringem Aufwand erheblich verschönern: Florence solle sich doch gleich die vier unteren Schneidezähne entfernen lassen, sich die Haare abrasieren und den Schädel mit Ocker einreiben. Wenn sie sich dann noch die Oberlippe durchbohren ließe und den richtigen Schmuck trage, würde sie vielleicht ganz attraktiv aussehen. Mit Hilfe der entsprechenden Gesten wurde auch ohne Ibrahims meisterhafte Übersetzung deutlich, was Bokké meinte, und ihre Schönheitstips riefen großes Gelächter hervor.

»Ich bin ja froh, Sam«, kicherte Florence, »daß sie sich nicht auch noch an meinen Wangen vergreifen wollte. Was würden wohl deine Schwestern dazu sagen, wenn du eine Frau mit Zahnlücken, einer durchbohrten Lippe und einem afrikanischen Narbenmuster auf den Wangen mit nach Hause brächtest?«

Die Karawane der Engländer wie auch die Ibrahims waren von den Latooka höflich empfangen worden, doch Mohammed Her und seine Männer fanden ein grausames Ende. Sie griffen das Dorf Latome an, um Sklaven und Vieh zu stehlen, wurden aber in eine der engen Felsschluchten zurückgetrieben und dort umzingelt. Die Latooka töteten jeden einzelnen der Eindringlinge. Als Sam und Ibrahim von dem

Massaker hörten, schickten sie einige Männer los, die Näheres in Erfahrung bringen sollten.

Bleich vor Entsetzen kehrten diese zurück. Sie hatten die Überreste des Gemetzels mit eigenen Augen gesehen und bestätigten, daß die Nachricht der Wahrheit entsprach. Die beiden Gewehre, die sie Sam vor die Füße warfen, trugen auf dem Schaft seine Erkennungsnummern. Es handelte sich somit um die Waffen, die von den Deserteuren gestohlen worden waren. »Sind sie alle tot?« fragte Sam.

»Ja, alle.«

»Haben die Geier sie geholt?«

»Ja, von den Leichen ist fast nichts mehr übrig.«

»Sie hätten lieber bei mir bleiben und ihrer Pflicht nachkommen sollen«, bemerkte Sam finster. »Das ist die gerechte Strafe Gottes.« Florence bekreuzigte sich feierlich.

Später meinte sie: »Das war ausgezeichnet, Sam. Wenn wir diesen Barbaren nicht auf ehrliche, anständige Weise beikommen können, dann versuchen wir es eben mit faulen Tricks und ein wenig Zauberei.«

Die Männer glaubten, daß Sams Drohung »die Geier sollen sie holen« den Deserteuren zum Verhängnis geworden war, und begegneten ihm und Florence von da an mit größtem Respekt.

Ibrahim fürchtete, die Latooka würden auch seine Männer angreifen, aber er mußte dringend zurück nach Gondokoro, um Nachschub an Munition zu holen, die er dort deponiert hatte. Schließlich machte er sich auf den Weg und ließ fünfunddreißig Männer in Tarrangollé unter dem Kommando eines gewissen Suleiman zurück. Kaum war er fort, begannen die Araber seiner Karawane, die Latooka aufs übelste auszunutzen. Sie betrogen sie bei ihren Tauschgeschäften, nahmen den Frauen die vollen Wasserkrüge weg, anstatt selbst zum Wasserholen zu gehen, und eines Tages vergewaltigte ein Araber sogar eine der Frauen. Die Rache der Latooka ließ nicht lange auf sich warten. Eine Gruppe von Frauen lauerte dem Übeltäter auf und warf ihn zu Boden. Während drei Frauen ihn festhielten, verpaßten die anderen ihm eine gehörige Tracht Prügel. Einige schnappten sich sein Gewehr, verschmierten Schlösser und Abzug mit Matsch und Kot und verstopften den Lauf. Der vor seinen Kameraden zutiefst gedemütigte und blamierte Araber verlangte, daß sie die Latooka angreifen sollten.

»Diese Türken werden uns mit ihrer Gewalttätigkeit noch in die Auseinandersetzung hineinziehen«, meinte Sam besorgt. »Die Latooka unterscheiden nicht zwischen Ibrahims Männern und unseren. Für sie sind wir alle Fremde.«

Florence fürchtete, daß Sam recht hatte. Mit einem Mal waren alle Frauen und Kinder aus dem Ort verschwunden. Es schien, als rechne man ernsthaft mit einem Kampf. Sam suchte den Häuptling auf, der ihm mitteilte, die Türken hätten sich so schlecht benommen, daß er nicht länger für das friedliche Verhalten seines Volkes garantieren könne.

»Haben meine Männer, die in den braunen Uniformen, denn auch etwas gestohlen oder die Frauen schlecht behandelt?« fragte Sam vorsichtig.

»Nein, über sie hat man sich nicht beklagt«, erwiderte der Häuptling, »aber ich kann Euch nicht versprechen, daß Eure Männer verschont bleiben, wenn es zu einem Kampf kommt.«

Es war die Nacht des 20. April. Abgesehen von den Lauten der Tiere war es totenstill. Selbst im Lager der Türken, wo es sonst immer hoch herging, war es ruhig. Dann durchbrach ein seltsames, dumpfes Geräusch die Stille und Finsternis der Nacht. Es war die große *nogara*, die Kriegstrommel: *bom-bom-bom*. Nach einer kurzen Pause wurde das Signal wiederholt. Aus zwei, drei Kilometern Entfernung war eine Antwort zu vernehmen. Eine weitere Trommel fiel in den Rhythmus ein, dann noch eine. Es war das Signal zum Angriff. Die Krieger versammelten sich.

Sam schickte nach Suleiman, dem Anführer von Ibrahims Truppe. »Ruft Eure Männer zusammen«, wies Sam ihn an, »und laßt Euren Trommler der *nogara* antworten. Die Männer sollen ein Viereck bilden.« Suleiman tat, wie Sam ihm befohlen hatte.

Die Latooka waren ein Volk der Krieger und hatten ihre Stadt so gebaut, daß sie leicht zu verteidigen war. Die hohe Mauer, die sie umgab, hatte nur wenige Tore. Die Straßen waren eng und in regelmäßigen Abständen mit Wachtürmen versehen. Unbedachterweise hatten die Latooka der Expedition von Sam und Florence einen Lagerplatz direkt in der Ortsmitte zugewiesen, einem der strategisch günstigsten Punkte. Bald hatte Sam an jeder Ecke des quadratischen Platzes Wachen aufgestellt, Spähtrupps in den Straßen positioniert und Männer auf die Wachtürme geschickt. Im Falle eines Angriffs, so seine Anweisung, sollten die Posten die Hütten rings um den Platz in Brand stecken, um zu verhindern, daß größere Trupps in die Ortsmitte vordringen konnten.

Während Sam sich eine Strategie überlegte, richtete Florence die Waffen her: Neben einem umfangreichen Sortiment ausgezeichneter Pistolen und Gewehre legte sie Patronen, Schrot, Pulverflaschen, Stopfmaterial und Schachteln mit Zündplättchen zurecht. Saat griff nach seinem kostbaren Gewehr und bereitete sich in freudiger Erwartung auf seinen ersten großen Kampf vor.

Während sich die Soldaten in und vor der Stadt sammelten, begann ein zermürbender Nervenkrieg. Dumpf und bedrohlich hörte man das Dröhnen der *nogara* – *bom-bom-bom* –, erwidert von der Militärtrommel der Expedition – *rat-a-tat-tat, rat-a-tat-tat.* Hin und her ging es im Kampf der Trommeln. Gegen Mitternacht näherte sich der Häuptling dem Platz und wollte mit Sam sprechen. Er war verunsichert, weil Sams Männer mit ihrer Trommel auf den Ruf der *nogara* reagierten, und die Kampfvorbereitungen, die er beobachten konnte, hatten ihn eingeschüchtert. Er behauptete, die Kriegstrommel sei ohne seinen Befehl geschlagen worden, und wollte unbedingt den Frieden wahren.

Sam war derselben Meinung und forderte den Häuptling auf, die *nogara* zum Schweigen zu bringen. Auch er würde dann die Trommel schweigen lassen und sich für seine Männer verbürgen; sie würden nicht angreifen. Für das Verhalten der Türken könne er dagegen keine Verantwortung übernehmen, warnte er den Häuptling, denn sie ließen sich von ihm nicht befehlen. Der Häuptling war mit dieser Abmachung einverstanden und ging los, um seine Krieger zu zerstreuen.

Am nächsten Morgen kehrte die Stadt zur Normalität zurück. Wie an jedem anderen Tag füllten die Frauen ihre Wasserkrüge, und die Kinder spielten in den staubigen Straßen. Sam hielt den übermüdeten Türken, die die ganze Nacht über wach geblieben waren, eine Strafpredigt wegen ihres schlechten Benehmens und machte ihnen klar, daß sie in der vergangenen Nacht um ein Haar einen schrecklichen Kampf provoziert hatten. Weil sie verängstigt waren, zeigten sie sich einsichtig, aber Sam befürchtete, daß sie sich nur für eine kurze Weile zusammenreißen würden.

Sam und Florence beschlossen, ihr Lager weit vor die Tore der Stadt zu verlegen, um so wenig wie möglich mit den Türken zu tun zu haben. Auf Sams Befehl errichteten die Männer einen fünfunddreißig auf siebzig Meter großen *zareeba* in der Nähe eines Baches, so daß sie immer genug Wasser haben würden. Wenige Tage später standen dort bereits die Hütten für die Männer sowie ein schönes Häuschen für Sam und Florence, dessen Türöffnung groß genug war, um bequem ein und aus gehen zu können. Schon nach kurzer Zeit war es im neuen Lager komfortabel und gemütlich. Florence legte einen Garten an und säte Kohl, Melonen, Jams, Bohnen, Salat, Zwiebeln und Rettich. In der Hoffnung, sie würden lange genug bleiben, um sie auch ernten zu können, pflegte sie die Sprößlinge mit größter Sorgfalt. Da es mindestens zehntausend Rinder in der Stadt gab, war Milch billig und im Überfluß vorhanden. Die Latooka weigerten sich jedoch standhaft, die Kühe im Tausch gegen Perlen oder Kupferwaren herzugeben. Um seine Männer mit Fleisch zu versorgen, schoß Sam daher Kleinwild und Vögel – verschiedene Taubenarten, rosarote Löffelreiher, große, blaue Reiher, Enten mit großen, roten Höckern am Schnabelansatz und große, schwarzweiße Gänse –, von denen es an den kleinen, morastigen Tümpeln entlang des Baches nur so wimmelte.

Florence und Sam hatten sich bei Tarrangollé zwar eine kleine Idylle geschaffen, aber mit den Latooka selbst wurden sie nicht wirklich warm. Sam schrieb in sein Tagebuch:

> Ich wünschte, die Philantropen in England könnten das Herz und die Eingeweide Afrikas sehen so wie ich: Das würde ihren Sympathien für die Neger einen gehörigen Dämpfer verpassen. Die menschliche Natur, die sich bei den afrikanischen Wilden in ihrer primitivsten Ausprägung offenbart, unterscheidet sich in nichts von der des Viehs und läßt sich nicht einmal mit der edlen Einfachheit des Hundes vergleichen. Es gibt hier keine Dankbarkeit, kein Mitleid, keine Liebe, keine Selbstbeherr-

schung, kein Pflichtgefühl, keinen Glauben, sondern nur Habsucht, Begierde, Undank, Selbstsüchtigkeit und Grausamkeit. Alle sind Diebe, Faulpelze und Neider und schrecken nicht einmal davor zurück, ihren Nachbarn auszurauben. Die Latooka sind dabei mit ihrer milden Art vielen anderen Stämmen überlegen, auch wenn die schweren, eisernen Armreifen, die mit Stacheln, fünfzehn Zentimeter langen Dolchklingen und zehn Zentimeter langen Haken aus demselben Material besetzt sind, von einem latenten Hang zur Grausamkeit zeugen.

Der Häuptling bedrängte sie ständig, ihm beim Überfall auf irgendeines der benachbarten Dörfer behilflich zu sein. Daß es sein eigenes aggressives Verhalten war, das ihn in Schwierigkeiten brachte, begriff er ebensowenig wie die Türken.

10

Ein Gorilla in London

Gut einen Monat nach der Ankunft von Florence und Sam in Tarrangollé traf ein Bote des Häuptlings von Obbo, dem angrenzenden Herrschaftsgebiet, ein. Der Häuptling hatte ihm Geschenke für Sam, Florence und Ibrahim sowie eine Einladung mitgegeben. Die drei beschlossen also, ihm gemeinsam einen Besuch abzustatten, um das Land der Obbo näher kennenzulernen. Fünf von Sams Männern blieben zurück und sollten auf das Lager und ihre Habseligkeiten aufpassen. Außerdem bat Sam den Häuptling von Tarrangollé, sich um die Sicherheit seiner Männer und die des Lagers zu kümmern. »Ich weiß, daß ich Euch das alles völlig unbesorgt anvertrauen kann«, schmeichelte er ihm. In sein Tagebuch schrieb er: »Daß die Wilden einen betrügen, wenn man sie so bei ihrer Ehre packt, ist höchst selten, und diese erfreuliche Tatsache ist einer der Hoffnungsschimmer in der Finsternis hier und zugleich ein Beispiel für den abnormen Charakter des Afrikaners.«

Die ersten dreißig Kilometer, die durch das herrliche, fast parkähnliche Latookatal führten, bewältigten sie ohne größere Schwierigkeiten. Dann kamen sie ins Gebirge und mußten im strömenden Regen zwanzig Kilometer bergauf gehen. Der Weg schien kein Ende zu nehmen. Sie waren völlig durchnäßt, und die Männer beklagten sich bitter über die Kälte. Am lautesten aber protestierten die Esel. Auf dem Gipfel, der auf etwa siebenhundertfünfzig Metern Höhe lag, wurden sie mit einer wunderbaren Landschaft voller Blumen und üppigem Grün sowie köstlichen, reifen Früchten an jedem Baum belohnt. Ganz in der Nähe lag das größte Dorf der Region Obbo.

Die Einheimischen hier sahen ganz anders aus als die Latooka und hatten auch ihre eigene Sprache. Sowohl die Männer als auch die

Frauen waren fast völlig nackt. Die meisten Männer hatten ein Fell um die Schultern hängen und trugen einen kunstvollen Kopfschmuck in der Form eines Biberschwanzes, den sie aus ihrem verfilzten, dicht am Kopf geflochtenen und mit Ocker beschmierten Haar formten und mit ein paar Federn verzierten. Unverheiratete Mädchen waren gänzlich unbekleidet; wenn ihre Familien vermögend genug waren, baumelten höchstens ein paar weiße Perlenschnüre vor ihrer Scham. Verheiratete Frauen waren etwas züchtiger. Sie trugen an einigen um die Hüfte gebundenen Schnüren ein Büschel grüner Zweige, um ihre Geschlechtsteile zu verhüllen. Sam fand, daß manche der Frauen ausgesprochen hübsch waren und recht feine Gesichtszüge hatten: ein Zeichen, daß auch somalisches Blut in ihren Adern floß.

Die Menschen hier waren freundlich und friedfertig. Ihr Häuptling, Katchiba, ein lustiger, etwa sechzig Jahre alter Mann, war ein Meister jener Kunst, die Sam als »Hokuspokus« bezeichnete. Er spielte den Clown, war aber tatsächlich ein großer Hexenmeister und Regenmacher und herrschte aufgrund seiner Zauberkünste mit starker Hand über sein Volk. Die Leute kamen mit Krankheiten oder in Unglücksfällen zu ihm und baten ihn für die verschiedensten Unternehmungen um seinen Segen. Außerdem schickten sie ihm eine Menge hübscher Mädchen als Ehefrauen, um sich mit ihm gutzustellen. Katchiba war klug genug, für jede seiner Frauen und deren Kinder ein eigenes Quartier in unterschiedlichen Dörfern einzurichten, um Familienstreitigkeiten zu verhindern. Er behauptete, insgesamt einhundertsechzehn Kinder gezeugt zu haben, was Sam sehr imponierte. Jeder seiner Söhne durfte ein Dorf regieren, sobald er erwachsen war.

Katchiba versuchte Florence und Sam zu überreden, die kommenden sechs Monate in Obbo zu verbringen, bis die Regenzeit vorüber war. Der Häuptling war ein weiser, alter Mann, sein Land herrlich grün und fruchtbar und sein Volk friedfertig, aber Florence und Sam mußten zurück nach Tarrangollé, um die Waren und Vorräte zu holen, die sie dort gelassen hatten. Allerdings war Sam versucht, zuvor noch eine kurze Erkundungsreise in den Süden zu unternehmen, wo der Fluß Asua und ein Stück weiter die Handelsstation Faloro lagen.

»Was meinst du, Florence?« fragte er. »Ich würde schnell vorankommen, könnte einige Elefanten schießen und den besten Weg nach Faloro auskundschaften.«

Florence nickte. Sams Idee erschien ihr vernünftig. Das beste wäre, wenn er gleich aufbrach, bevor der Regen noch stärker würde und die Flüsse zu reißend, um sie zu überqueren. Wenn er den Weg kannte, würde es in der Trockenzeit einfacher für sie sein, nach Faloro zu gelangen.

Einen Augenblick lang zögerte Sam, stieß dann jedoch hervor: »Aber Flooey, was ... was ist mit dir?«

»Was soll mit mir sein?«

»Nun, wenn ich nur mit ein paar Männern losziehen würde, könnte ich wesentlich schneller vorankommen.« Er wollte nicht aussprechen, daß sie mit seiner Ausdauer und der seiner Männer nicht mithalten konnte, aber es war nun einmal so, und das wußten sie beide. »Wenn du nicht mit mir kommst, muß ich dich ja allein hier zurücklassen.«

»Nun, dann werde ich eben hier auf dich warten«, antwortete Florence ruhig. »Katchiba ist ein bemerkenswert anständiger alter Gauner, und unsere Hütte hier ist dicht und sauber. Es gibt genügend Essen im Dorf, und notfalls kann ich mir auch etwas für den Kochtopf schießen. Außerdem werde ich ja gar nicht allein sein. Saat und die anderen acht Männer bleiben doch auch hier.«

Beiden war klar, daß acht Männer und ein Junge Florence niemals vor einem Überfall würden schützen können, doch sie hatte keine Angst, daß es überhaupt dazu kommen würde. Voller Bewunderung sah Sam sie an. Wie mutig sie doch war! Selbst Speke und Grant hatten mit einigen Schwierigkeiten zu kämpfen gehabt, als sie sich getrennt hatten. *Sie ist wirklich die bemerkenswerteste Frau, die ich je kennengelernt habe*, dachte er. »Dann werde ich also mit Katchiba sprechen. Ich werde ihm persönlich die Verantwortung dafür übertragen, daß du hier sicher bist und es dir an nichts fehlt, während ich fort bin«, erklärte er feierlich.

Am 7. Mai brachen Sam und seine Männer zu ihrer Reise durch die weiten, wildreichen Savannen auf. Sie jagten Kuhantilopen und Elefanten und verbrachten die Nächte unter freiem Himmel. Bei Farajoke wurden sie vom Häuptling empfangen und konnten einige interessante Informationen über den Asua in Erfahrung bringen, da die Bewohner des Ortes den Fluß gut kannten. Sie versicherten Sam nachdrücklich, er könne zur Regenzeit auf keinen Fall überquert werden. Und sie waren felsenfest davon überzeugt, daß es keinen anderen Weg nach Faloro gab. Aufgrund dieser Auskunft beschloß Sam, so schnell wie möglich zu Florence nach Obbo zurückzukehren. Obwohl er es niemals zugegeben hätte, machte er sich ein wenig Sorgen um sie. Am nächsten Tag trieb er seine Männer zu einem Gewaltmarsch von fast fünfzig Kilometern an und kam nur neun Tage nach seiner Abreise wieder in Obbo an. Sobald sie in Hörweite des Dorfes waren, stieß Sam seinen Erkennungspfiff aus, um Florence seine Ankunft mitzuteilen.

Diese war bei bester Gesundheit und Laune, denn Katchiba hatte sich, wie versprochen, gut um sie gekümmert. Er hatte den Eingang ihrer Hütte mit einem Bann belegt, der Übeltäter fernhalten sollte. Außerdem hatte er jede Nacht einen seiner Söhne als Wachposten vor die Hütte gestellt. Als Dank schenkte Sam ihm einen Haufen Perlen und Armreifen, eine Sonnenbrille, eine Porzellantasse und einen Spiegel.

»Willkommen zu Hause, mein Lieber«, begrüßte ihn Florence. »Mir ist es hier sehr gut ergangen, während du fort warst. Katchiba hat sich wie ein ausgesprochener Gentleman benommen. Selbst um seine eigene Tochter hätte er sich nicht besser kümmern können!« Glücklich führte sie Sam in die makellos saubere Hütte und bot ihm eine große Kürbisflasche mit Bier an. »*Dulce domum*«, schrieb er später. »Der herzliche Empfang verlieh der Lehmhütte den Glanz eines Palastes. Und dann der Schluck Bier oder vergorener Schlamm oder was für ein furchtbares Gebräu das im Vergleich zu dem, was wir in England haben, auch immer gewesen sein mochte: Wie köstlich kam er mir nach der fünfzig Kilometer langen Reise durch die sengende Hitze vor.«

Sie packten zusammen und reisten zurück nach Tarrangollé. Das Lager, das Vorratsdepot und die Männer waren in bester Verfassung, aber das sollte sich bald ändern, denn die Regenzeit war nicht ungefährlich. Die Pferde gingen ein, zuerst Filfil, dann Tetel. Fünf Esel und zwei Kamele verendeten an derselben rätselhaften Krankheit. Für die restlichen Esel nähte Florence kleine Überwürfe aus Zeltstoff, damit die Vögel nicht ständig in den Wunden auf ihren Rücken pickten, aber einige der Tiere starben trotzdem. Während die Latooka dies als unverhofften Glücksfall ansahen und ganz außer sich vor Freude über das frische Fleisch waren, wußten Florence und Sam, daß sie nun wirklich in der Klemme saßen. Sich beim Transport auf Träger verlassen zu müssen konnte ihnen zum Verhängnis werden – das galt für sie genauso wie für alle anderen Afrikaforscher der damaligen Ära.

Nur wenige Tage nach ihrer Rückkehr aus Obbo wurde Florence von schmerzhaften Magenbeschwerden befallen, und Sam mußte mit Fieber das Bett hüten. Unter den Türken brachen die Pocken aus und verbreiteten sich rasch. Bald starben die ersten Männer, von scheußlichen Pusteln bedeckt. Nur durch die strikte Anweisung an seine Männer, sich unbedingt von den Türken fernzuhalten, erreichte es Sam, daß sein Lager von den Pocken verschont blieb.

Während eine Katastrophe auf die andere folgte, machte Sam auch eine erfreuliche Entdeckung: Im Land der Latooka war ihm aufgefallen, daß alle Männer dort ihre Haartürme mit Kaurimuscheln schmückten. Von Wani, einem Latooka, der viel herumgekommen war, hörte Sam, daß sie von einem Ort namens Magungo am Ufer eines Sees stammten.

»Florence, ich muß dir unbedingt erzählen, was ich herausgefunden habe!« rief Sam, als er eines Tages ins Lager zurückkam. »Erinnerst du dich noch an diesen Dolmetscher, den Bari, der meinte, die Muscheln kämen aus einem großen Fluß? Er hat das arabische Wort *birké*, für ›See‹, mit dem Wort *bahr*, ›Fluß‹, verwechselt. Laut Wani liegt Magungo an einem *See*, der so groß ist, daß keiner weiß, wo er endet. Wenn man von Magungo aus zwei Tage nach Osten oder ebensoweit nach Westen reist, dann ist in drei Himmelsrichtungen Land zu sehen. Und wie weit er sich nach Süden erstreckt, weiß man überhaupt nicht.«

»Aber Sam«, gab Florence zu bedenken, »das kann nicht sein. Kaurimuscheln gibt es in Süßwasserseen oder Flüssen doch gar nicht, sondern nur im Meer.«

»Ja, das stimmt«, gab Sam zu. »Aber Wani sagt, die Muscheln gelangten auf dem Handelsweg an den See. In Magungo würden große

Schiffe mit Männern aus fernen, unbekannten Ländern anlegen, die Kaurimuscheln und Perlen mitbrächten und sie gegen Elfenbein eintauschten. Er habe an Bord dieser Schiffe weiße Männer gesehen. In den letzten beiden Jahre seien jedoch keine mehr dagewesen. Dieser See ist der Luta N'zigé, da bin ich mir ganz sicher!«

»Und diese ›weißen Männer‹, sind das vielleicht arabische Händler? Haben sie diese Muscheln aus dem Indischen Ozean und bringen sie auf dem Landweg von Sansibar mit?« grübelte Florence.

»Ich denke, ja«, meinte Sam aufgeregt. »Wani sagte mir, wo Magungo liegt. Es muß auf etwa zwei Grad nördlicher Breite sein, also genau dort, wo Speke auf der Karte den Luta N'zigé eingezeichnet hat. Sobald die Regenzeit vorüber ist, werden wir Richtung Südwesten weiterreisen und unseren See finden.«

Noch lange bevor die Regenzeit vorüber war, begann in Florences Garten alles zu blühen, und sie konnte frisches Gemüse ernten. Auch Wild gab es noch im Überfluß, aber die Regengüsse hinterließen Pfützen und Wasserlachen – ideale Brutstätten für Moskitos, die schlimme Krankheiten übertrugen. Sowohl Florence als auch Sam bekamen Fieber, was sich allmählich als Normalzustand während der Regenzeit herausstellte. Schon bald bereitete sich das ganze Land auf neue Kämpfe vor, da Koorshid Agas Türken sich nicht beherrschen konnten und gemeinsam mit den Latooka die benachbarten Dörfer überfielen und dabei Unmengen von Vieh und Frauen stahlen. Mit der Ruhe und dem Frieden, die Florence und Sam für eine kurze Weile genossen hatten, war es nun vorbei, denn fast täglich sorgten Agas Männer für Unruhe.

»Wie unglaublich angenehm es doch ist, in unmittelbarer Nähe der Händler zu reisen«, bemerkte Sam eines Tages ironisch zu Florence. »Sie verwandeln jedes Land in ein einziges Wespennest.« Die beiden beschlossen daher, Tarrangollé zu verlassen und wieder nach Obbo zu gehen. Da die vierzig Männer, die sie als Träger benötigten, sich einer so kleinen Gruppe nicht anschließen wollten, entschieden sich Florence und Sam, gemeinsam mit Ibrahim und dessen Troß zu reisen.

Am 23. Juni brachen sie Richtung Obbo auf, obwohl Florence wieder an schwerem Gallenfieber erkrankt war. Sie konnte weder reiten noch zu Fuß gehen, so daß Sam ihr aus einem Bettgestell und einer fellbespannten Dachkonstruktion einen komfortablen Palankin baute, eine Sänfte, wie man sie in Ostindien kannte. *Nun ist sie gegen Sonne und Regen geschützt wie eine Schnecke in ihrem Häuschen*, dachte Sam.

Florence mußte jedoch bald erkennen, daß der Transport in einer solchen Sänfte längst nicht so angenehm und komfortabel war, wie es das Wort vermuten ließ. Die Männer taumelten und stolperten herum, daß ihr angst und bange wurde, und ließen sie manchmal sogar ziemlich unsanft fallen. Florence konnte nicht sehen, wohin sie gingen, so daß sie nie wußte, wann es holperig werden würde. In ihrem kleinen Schutzzelt staute sich der Schweißgeruch der Männer. Irgendwann war sie schließlich noch schwächer und kränker als vor der Abreise.

Nach fünf endlos scheinenden Tagen trafen sie wieder in Obbo ein. Während es hier nur zwei Monate zuvor noch Nahrung im Überfluß gegeben hatte, drohte dem Land nun aufgrund der anhaltenden, sintflutartigen Regenfälle eine Hungersnot. Von den Lebensmitteln, die es gab, waren die meisten nur im Tausch gegen Vieh zu haben. Da Florence und Sam aber keines besaßen, bekamen sie nur *tullaboon*, ein kleinkörniges, bitter schmeckendes Getreide, aus dessen Mehl man eine Art ungesäuertes Brot backen konnte. Auch hier gingen die Pocken um, aber die Expedition hielt sich von den Dorfbewohnern fern, so daß niemand sich ansteckte. Florence und Sam erkrankten jedoch schwer an Gallenfieber und Malaria. Katchiba versuchte pflichtbewußt, aber erfolglos, sie mit Zaubersprüchen zu heilen. In ihrer früher so sauberen, gemütlichen Hütte wimmelte es von Ratten und Fliegen, die die beiden ganz wahnsinnig machten. Um die Ratten zur Strecke zu bringen, legte Sam Arsen aus, woraufhin sie sich zum Sterben in ihre Löcher unter dem Zelt zurückzogen. Allerdings war der Gestank der verrottenden Tiere noch schlimmer als der der lebendigen Ratten. Es regnete immer noch ununterbrochen. Die meisten Männer wurden krank. Schließlich erwischte es auch noch die restlichen Esel und das letzte der Pferde, und die Tiere verendeten. Der Schweif eines Pferdes war sehr begehrt, so daß Sam im Tausch dafür ein ganzes Rind erstand.

Unglücklicherweise planten die Türken aus Ibrahims Karawane

aus lauter Langeweile und als Ausgleich für das ganze Elend einen Angriff auf einen der benachbarten Stämme. Trotz Katchibas Warnungen beschlossen auch seine Untertanen, sich an dem sinnlosen Kampf zu beteiligen, denn sie waren gierig auf Fleisch. Florence und Sam befürchteten, die Überfälle könnten sich nach Süden hin ausweiten und ihre Chance, den Luta N'zigé in der Trockenzeit zu erreichen, zunichte machen.

In seinem geschwächten, fiebrigen und niedergeschlagenen Zustand war Sam schon bald von der fixen Idee besessen, sein treuloser *wakil* sei an allen Schwierigkeiten schuld, mit denen sie seit ihrer Abreise aus Khartoum zu kämpfen gehabt hatten. Er begann gegen ihn zu wettern und in Florences Gegenwart über das Unrecht herzuziehen, das Mahommed ihnen zugefügt hatte.

»Wäre er seinen vertraglichen Pflichten nachgekommen, dann säßen wir jetzt nicht in der Klemme. Mit den fünfundvierzig zuverlässigen Männern, die er für uns hätte anheuern sollen, wären wir überall hingekommen, ohne auf diese schurkischen Händler angewiesen zu sein. Ich habe eigens darauf geachtet, daß unsere Vereinbarung auch eindeutig ist: Er war für die Auswahl der Männer und für ihr späteres Benehmen verantwortlich. Er hat mir geschworen, er kenne jeden einzelnen von ihnen und verbürge sich für ihn. Er wußte von Anfang an, daß wir den Raub von Sklaven oder Vieh nicht dulden würden. Warum also verlangen seine Männer ständig, genau das tun zu dürfen?« Florence schüttelte ratlos den Kopf. Auch sie konnte Sam diese Frage nicht beantworten.

Der Schimpferei müde, machte sich Sam auf Florences Rat hin daran, während der folgenden Tage sämtliche Beanstandungen und Anschuldigungen niederzuschreiben, um sie vor den Diwan in Khartoum zu bringen. Das Ganze nahm die Form einer legalistischen Auflistung von vierundsiebzig Fragen an, denen der treulose Mahommed sich nach ihrer Rückkehr nach Khartoum würde stellen müssen. Seine Antworten würden ihn als Schuldigen überführen und ihm die Verantwortung für die Schwierigkeiten zuschreiben, denen die Expedition ausgesetzt gewesen war.

Mitte August entdeckte Sam, daß einer der Türken eine Sklavin namens Bacheeta besaß, die aus Bunyoro stammte, dem Land des

Häuptlings Kamrasi, von dem Speke ihm viel erzählt hatte. Sam bat darum, sie sprechen zu dürfen, und erfuhr von ihr, daß der See, den sie suchten, nicht Luta N'zigé, sondern Kara-wootan N'zigé hieß. Er breite sich aus »wie ein weißes Laken, soweit das Auge reicht«, berichtete sie. Im Unterschied zu anderen Gewässern, die sie kenne, verhalte es sich mit diesem recht sonderbar: Wenn sie einen Wasserkrug am Ufer abstelle, erzählte Bacheeta, komme der See ihr entgegen und trage den Krug davon – *Wellen*, dachte sich Sam. Sie erwähnte auch den »Gondokorofluß«, der in den See münde und wieder aus ihm herausfließe, und erzählte, an einem Ende des Sees stürze »ein mächtiges Tosen vom Himmel«. Florence und Sam wünschten sich sehnlichst, all das mit eigenen Augen zu sehen und bestätigen zu können, was Bacheeta berichtete.

Im August und September gingen ihnen das Kamel und der Esel ein, die noch übriggeblieben waren. Nun hatten sie nur noch drei Reitochsen, die auf die ungewöhnlichen Namen »Beef«, »Suet« und »Steak« hörten, aber sie waren auch schon ziemlich geschwächt. Solange Florence und Sam sich keine Träger besorgen konnten, saßen sie in Obbo fest.

Im Dezember schrieb Sam niedergeschlagen in sein Tagebuch: »Dieses Obbo wird uns noch alle umbringen. Den guten Beef habe ich kurz vor seinem Ende noch in ›Bones‹ umgetauft.«

Weihnachten verbrachten Florence und Sam mit hohem Fieber und voller Sorge. Sam wünschte, er würde etwas von seiner Familie hören und das Wetter würde endlich besser werden. Trotzdem beschlossen sie, im neuen Jahr Richtung Süden aufzubrechen. Von den schwereren Ausrüstungsgegenständen wollten sie die meisten in Obbo bei Katchiba zurücklassen. Ibrahim versprach, ihnen für die Strecke bis Bunyoro Träger zur Verfügung zu stellen. Am Neujahrstag 1864 war Sam vom Fieber so geschwächt, daß er sich kaum auf den Beinen halten konnte und die letzte Dosis Chinin aus ihrer Reiseapotheke schluckte. Am 5. Januar hatten sie endlich genügend Träger beisammen, um sich auf den Weg machen zu können. Sam versuchte zu gehen, aber der dreißig Kilometer lange Fußmarsch gleich am ersten Tag war zuviel für ihn, und er mußte den Türken einen Ochsen abkaufen. Florence hatte die Reise auf einem der Ochsen angetreten, die ihnen noch geblieben waren, doch als dieser von einer großen Stechmücke gebissen wurde, warf er sie ab. Ibrahim war so nett, das Vieh gegen eines von seinen auszutauschen, das ein angenehmeres Naturell besaß. Je weiter sie nach Süden kamen, um so freundlicher und offener zeigten sich die Einheimischen, denn hier waren sie von den Sklavenhändlern weitgehend verschont geblieben. Ibrahims Männer dachten nicht lange nach, sondern sahen dies lediglich als gute Gelegenheit, um noch leichter Vieh stehlen zu können.

In Shooa, einem hübschen Städtchen, machten sie Rast und bekamen im Tausch gegen Perlen eine ganze Menge Geflügel, Butter und Ziegen. Die Menschen in Shooa bauten Sesam an und verfügten über raffinierte Kornspeicher, in denen die Samen eingelagert wurden. Sie hatten große Angst vor Häuptling Kamrasi und erzählten den Trägern die schauerlichsten Dinge über seine Macht und Grausamkeit, so daß diese irgendwann desertierten und nach Hause rannten. Florence und Sam ließen weitere Vorräte zurück, darunter auch ihre kostbare Expeditionsbadewanne, und marschierten weiter.

Sie waren beide sehr schwach und krank. Am 21. Januar mußte die Expedition zum ersten Mal anhalten, weil Sam sich so elend fühlte. Florence machte sich große Sorgen. Es mußte ihm wirklich schlechtgehen, denn sonst hätte er niemals zugegeben, daß er zu krank war, um die Reise fortzusetzen. Einige Stunden später kamen sie durch einen Landstrich, in dem man das dürre Gras abgebrannt hatte. Es schwelte noch. Die Asche stank und klebte an ihren verschwitzten Körpern, und die scharfkantigen Stengel der verkohlten Pflanzen stachen ihnen in die nackten Fußsohlen und durch die Hosen, Stiefel und Gamaschen, wobei sie schmutzige, blutende Wunden hinterließen.

Die verbrannte Region ging in ein Sumpfgebiet über, in dem es von Moskitos nur so wimmelte. Das Vorwärtskommen wurde zu einer gefährlichen Rutschpartie durch den grünlichen Matsch. An manchen Stellen stand der Schlamm den Ochsen bis zum Packgurt, und die Männer mußten die Lasten zu zwölft auf einem *angarep* durch den zähen Morast befördern. Florence weigerte sich strikt, auf dem *angarep* getragen zu werden wie ein Stück Gepäck. Sam, wie immer ganz

Gentleman, bot ihr an, sie Huckepack zu nehmen, wie er es sonst vielleicht mit einer seiner Töchter getan hätte, und sie kletterte auf seinen Rücken und schlang ihm die Arme um den Hals. Nach der Hälfte des Weges begann Sam immer tiefer einzusinken. Unter dem Sumpf schien es keinen festen Boden zu geben, nur noch tieferen, noch glitschigeren Schlamm. Sam steckte fest und kam keinen Schritt mehr weiter. Schon bald stand ihm das Wasser bis zur Hüfte, so daß Florence abstieg, um ihn zu entlasten. Nun sank Sam zwar nicht mehr weiter ein, konnte sich aber auch nicht aus seiner Lage befreien. Florence strampelte derweil völlig durchnäßt und schmutzig in der seichten Matschbrühe wie ein unbeholfener Frosch. Am Ende mußten einige der Männer, die festeren Boden unter den Füßen hatten, die beiden an einem Seil aus dem Morast ziehen. Florence und Sam hatten keine trockenen Sachen zum Wechseln und mußten sich daher so weiterschleppen, wobei die nasse, schlammige Kleidung unangenehm auf der Haut scheuerte.

Allmählich hatte Sam den Verdacht, daß der Mann, der ihnen eigentlich den Weg zeigen sollte, sie in die Irre zu führen versuchte. Es kam ihm vor, als gingen sie überhaupt nicht in die Richtung, die Speke ihm auf der Landkarte gezeigt hatte. »Flooey«, flüsterte Sam, »ich glaube, er will uns in das Land Riongas führen, des Erzfeindes von Kamrasi.«

»Dann stell ihn besser gleich zur Rede, Sam«, riet ihm Florence. »Wenn er weiß, daß wir uns denken können, wohin er uns führt, wird er es nicht wagen, uns zu betrügen.« Doch Florence sollte sich täuschen.

Sam korrigierte den Führer mehrere Male und war froh, als sie am 22. Januar schließlich einen Abschnitt des Weißen Nils erreichten, dem Speke den Namen Somerset-Nil gegeben hatte. Nach Ansicht sowohl Spekes als auch Grants stellte der Somerset-Nil die Verbindung zwischen dem Victoriasee und dem Luta N'zigé dar, aber den Beweis dafür sollten Florence und Sam erbringen. Die Expedition wandte sich also Richtung Westen, um dem Fluß bis zum Luta N'zigé zu folgen. Sam freute sich schon, daß sie den Sabotageversuch ihres Führers vereitelt hatten, als sie plötzlich den ersten Einheimischen begegneten und sich unter ihnen Riongas Bruder höchstpersönlich befand. Wenn Kamrasi jemals erfuhr, daß sie in Riongas Reich gewesen waren, würde er Florence und Sam ganz sicher verbieten, sein Stammesgebiet zu durchqueren – und einen anderen Weg zum See gab es nicht.

Sie beschlossen, das Land so schnell wie möglich wieder zu verlassen, aber niemand wollte ihnen etwas Genaues über den See verraten. Es hieß lediglich, es sei »nicht weit«, was allerdings eine recht vage Angabe war. Ob die Leute wirklich keine Ahnung hatten oder ob sich die Expedition doch auf diese Information verlassen konnte, war nicht zu sagen. Irgendwann erfuhr Sam dann von einem Einheimischen, daß sie den Fluß bei den Karumafällen, etwa eine Tagesreise entfernt, überqueren könnten, um in Kamrasis Herrschaftsbereich zu gelangen. Als Sam und Florence ihre Absicht bekanntgaben, am nächsten Tag dorthin gehen zu wollen, weigerte Rionga sich jedoch, ihnen etwas zu essen zu geben.

Der morgendliche Marsch am Fluß entlang war herrlich, auch wenn sie mit leerem Magen losmarschieren mußten. Das Wasser bahnte sich einen Weg durch Schluchten und zwischen Felsbrocken hindurch, bildete malerische Wasserfälle und Stromschnellen und ließ eindrucksvolle Muster entstehen. Obwohl die Uferböschung dicht bewachsen war, hatten die Banyoro, Kamrasis Volk[31], die Expedition bald entdeckt. Wild gestikulierend und mit großem Geschrei rannten sie am gegenüberliegenden Ufer auf und ab und schwangen drohend ihre Speere, um die Fremden einzuschüchtern. An der Stelle, wo die Expedition den Fluß überqueren wollte, paddelten sie mit einem vollbesetzten Kanu ein Stück weit auf den Fluß hinaus, um herauszufinden, ob Florence und Sam in friedlicher oder in feindlicher Absicht gekommen waren. Die Sklavin Bacheeta, die in der Gegend aufgewachsen war, rief ihnen zu, Spekes Bruder sei gekommen, um Kamrasi einen Besuch abzustatten, und bringe viele kostbare Geschenke mit. Um seine Ähnlichkeit mit Speke noch zu verstärken, trug Sam einen Tweedanzug. Die Einheimischen konnten sich noch gut an Speke erinnern und begannen vor Begeisterung zu tanzen und zu singen. Bacheeta verkündete außerdem, daß Sam eine englische Dame, seine Ehefrau, mitgebracht habe, die den großen König Kamrasi kennenlernen und diesem für seine Freundlichkeit gegenüber Speke danken wolle.

Florence und Sam baten die Männer im Kanu, an Land zu kommen, damit sie sich unterhalten könnten. Großzügig verteilte Sam Perlenketten, sehr zur Freude der Banyoro, und erklärte ihnen, er wolle Kamrasi nicht länger als nötig warten lassen, um ihn nicht zu beleidigen. Er wußte, daß es damals fünfzehn Tage gedauert hatte, bis Speke und Grant eine Audienz bei Kamrasi gewährt worden war.

Der Anführer der Banyoro machte ihn jedoch auf ein kleines Problem aufmerksam. Nur wenige Tage nach der Abreise der beiden Forscher hätten Riongas Männer gemeinsam mit den Türken Kamrasis Volk heimtückisch überfallen, woraufhin der König angeordnet habe, daß es Fremden bei Todesstrafe verboten sei, den Fluß zu überqueren. Er könne Sam und Florence und ihren Männern daher nicht gestatten, Bunyoro ohne Erlaubnis zu betreten, und Kamrasi befinde sich gerade drei Tagesmärsche entfernt in M'rooli, der Hauptstadt des Landes.

»Wir können nicht hier warten«, entgegnete Sam. »Wir haben mit der Gastfreundschaft des Königs gerechnet, denn er ist berühmt für seine Freundlichkeit gegenüber Engländern. Wir haben nichts mehr zu essen, meine Männer sind am Verhungern. Das hier ist ein höchst unwirtlicher Ort. Und Ihr seht doch zweifellos, daß wir Weiße sind wie Speke und Grant und nicht dunkelhäutig wie die Türken.« Er rollte die Ärmel hoch und entblößte seine blassen Oberarme, die von der Sonne noch nicht gebräunt waren, doch der Anführer ließ sich nicht umstimmen: Er könne Florence und Sam nicht zu Kamrasi führen und ihnen ohne dessen Erlaubnis auch nichts zu essen bringen.

»Nun gut«, meinte Sam mit gespielter Gleichgültigkeit. »Wir haben viele schöne Geschenke für Kamrasi dabei, aber wenn er sie nicht haben möchte, dann wird sich schon ein anderer Häuptling finden, der sie gerne nimmt.« Er ließ einen großen, farbenprächtigen Perserteppich ausrollen. Das leuchtend blaue und rote Muster sorgte für lautstarke Bewunderung. In der Mitte des Teppichs hatte Sam eine Auswahl erlesenster Perlenketten angehäuft, wie man sie in dieser Gegend noch nie gesehen hatte. Florence war erleichtert, als sie den habgierigen Ausdruck bemerkte, der sich in die Gesichter der Banyoro und ihres Anführers schlich.

»O nein!« rief dieser, »Ihr dürft uns nicht verlassen und Eure Geschenke mitnehmen, sonst wird Kamrasi ...« An dieser Stelle gab er ihnen mit einer Geste, begleitet von wüsten Grimassen und Geräuschen zu verstehen, daß man ihm den Kopf abschlagen würde. Die Umstehenden griffen die Geste auf und ahmten sie nach, wieder und wieder.

Sam tat so, als bespreche er sich mit Florence. »Also gut«, sagte er dann. »Dann werden wir eben warten, aber nur bis die Sonne hier steht.« Er zeigte an die Stelle am Himmel, wo die Sonne sich gegen drei Uhr befinden würde. »Wenn meine Männer bis dahin nicht über den Fluß gebracht und anständig in Empfang genommen worden sind, werden wir in ein anderes Land weiterreisen, und zwar mitsamt unseren Geschenken.«

Kamrasis Männer stiegen ins Kanu und ruderten zurück an das gegenüberliegende Ufer, um sich mit den anderen zu beraten. Während der folgenden Stunden führten sie eine hitzige Diskussion. Ihre Stimmen waren bis auf die andere Seite des Flusses deutlich zu hören. Trotz der Entfernung bekamen Sam und Florence mit, was sie dabei am meisten beschäftigte: Würde man sie enthaupten, wenn sie die Fremden ins Land ließen oder wenn sie es nicht taten? Und wie konnten sie nur an diese wundervollen Geschenke kommen?

Dann tauchte ein Bote auf, der Sam bat, seine bewaffneten Männer zurückzulassen und allein mit Florence den Fluß zu überqueren. Sam weigerte sich, mit der Begründung, er und Florence seien große, bedeutende Persönlichkeiten und müßten unbedingt von ihren Dienern und ihrem Gefolge begleitet werden. Es schicke sich für sie ebensowenig wie für Kamrasi, ohne Eskorte zu reisen. Sam schlug vor, er und Florence könnten ja mit einer Ladung Geschenke für Kamrasi herüberkommen, wogegen der Anführer nichts einzuwenden hatte. Sam nahm Richarn, Ibrahim und Saat beiseite und bat sie leise, das Gepäck auf das Kanu zu bringen. Zuvor hatte er bereits einige Gewehre sowie Munition darin versteckt. Nach dem Beladen des Kanus sollten die drei Männer auf dem Boot bleiben und den Fluß gemeinsam mit Sam und Florence überqueren. Falls man sie angriff, würden die anderen Männer, die vorerst zurückbleiben sollten, über den Fluß schwimmen und von ihren Waffen Gebrauch machen.

Es war Abend geworden, bis sie endlich in dem vollbeladenen Kanu übersetzten. Ein Feuer am anderen Ufer wies ihnen den Weg zur Anlegestelle. Von dort aus brachte man sie einen steilen Pfad hinauf in den einfachen Hof vor dem Haus des Anführers und bot ihnen Bananenwein und einen Korb voll reifer Bananen an. Florence und Sam nahmen die Geschenke gerne an, denn sie hatten den ganzen Tag noch nichts gegessen und schon monatelang keine Bananen mehr bekommen.

Die Einheimischen der Stämme, deren Bekanntschaft Florence und Sam bisher gemacht hatten, waren fast völlig nackt gewesen. Die Banyoro dagegen trugen hübsche Gewänder aus Rindentuch, die sie sich wie eine römische Toga umhängten. Als sie sich über den Angriff der Türken beklagten, versicherte Sam ihnen, daß weder Speke noch er irgend etwas damit zu tun hätten, doch die Banyoro blieben mißtrauisch.

»Nun«, wollte er von ihnen wissen, »haben Speke oder Grant euch jemals hintergangen?« Nein, lautete die Antwort, sie hätten sich wie rechtschaffene, ehrenwerte Männer verhalten.

»Dann müßt ihr mir vertrauen, denn auch ich vertraue euch voll und ganz und habe mich in eure Hände begeben. Sollte für euch aber je ein Anlaß bestanden haben, einem Weißen zu mißtrauen, dann tötet mich auf der Stelle! Tötet mich oder vertraut mir, nur Argwohn soll es keinen zwischen uns geben.« Drastische Worte wie diese waren typisch für Sam. Er und Florence hatten die Lügen, Verschwörungen und Betrügereien satt. Außerdem waren sie mittlerweile zu weit gekommen, als daß sie jetzt hätten aufgeben können.

Nach einigem Nachdenken gelangten die Banyoro zu der Überzeugung, daß sie ihren Gästen vertrauen konnten. Ein paar der Männer kamen näher und berichteten von Speke, den sie »Mallegé«, »den Bärtigen«, nannten – ein Spitzname, den sie bald auch für Sam verwendeten –, sowie von Grant, der bei ihnen »Masanga«, »Stoßzahn«, hieß, weil er so groß und schlank war. Als Sam erwähnte, daß Grant einen seiner Finger bei der indischen Meuterei eingebüßt hätte, ging ein Raunen durch die Menge. Sie erinnerten sich alle an die verstümmelte Hand. Sam mußte tatsächlich Spekes Bruder und ein Freund von Grant sein! In jener Nacht schliefen Florence und Sam auf einem Bündel Stroh in einer kleinen Hütte, jeder nur unter einer Schottendecke, während Saat, Richarn und Ibrahim abwechselnd Wache standen.

Am nächsten Morgen ließ Sam sich mit den drei Männern ein Stück weit vom Dorf entfernt unter einem großen, schattigen Baum auf dem Perserteppich nieder. Um sie drängte sich eine riesige Menschenmenge, etwa sechshundert Banyoro, die sie mit offenem Mund anstarrten. Die Ankunft der Fremden und ihre sensationellen Geschenke waren das Aufregendste, was es seit Speke und Grant in diesem Land gegeben hatte. Obwohl sie alle gafften, wollte keiner von ihnen mit Sam sprechen oder auf seine Fragen antworten. Als er darum bat, man möge seinen Männern am anderen Ufer etwas zu essen schicken, da sie am Verhungern seien, machte keiner Anstalten, ihm zu helfen. Daraufhin erklärte Sam, der die Fleischgier der Banyoro kannte, er müsse mit dem Kanu von drüben seine drei Ochsen holen, damit er sie schlachten könne. Er wußte, daß eines der Tiere bereits lahmte und ohnehin nicht mehr lange leben würde. Prompt setzten sich die Einheimischen in Bewegung. Sam schickte seinen Männern eine Nachricht, daß drei von ihnen mit den Ochsen herüberkommen sollten, indem sie die Tiere an den Hörnern festbanden und sie neben dem Kanu herschwimmen ließen. Zudem befahl er ihnen, Waffen und Munition mitzubringen. Damit wären bereits sieben von ihnen am anderen Ufer.

Plötzlich sprangen alle auf und stürmten schreiend davon. Sam und die anderen erhoben sich ebenfalls und rannten hinterher, um nachzusehen, was geschehen war. Wurde womöglich das Dorf angegriffen? Doch der Mob lief gar nicht auf die Furt am Fluß zu, sondern auf die Hütte, in der Florence sich aufhielt. Sam raste nach vorne und bahnte sich mit seinen kräftigen Armen einen Weg durch die Menge, um Florence vor ihr zu beschützen.

Florence war an diesem Morgen ausnahmsweise einmal allein gewesen und hatte Zeit für sich gehabt, so daß sie die Gelegenheit genutzt und ihre Haare gewaschen hatte. Nun stand sie vor dem Eingang der Hütte im strahlenden Sonnenlicht und kämmte sich, und ihr langes, blondes Haar hing herab wie ein golden glänzender Vorhang. So etwas hatte man in Bunyoro noch nie gesehen. Es war eine

Sensation, und die Einheimischen nannten Florence von nun an »Myadue« – »Morgenstern«.

»Sie scheinen ziemlich begeistert von dir zu sein«, sagte Sam erleichtert, als er merkte, daß die Menge ihr nichts Böses wollte, sondern nur ungeheuer neugierig war.

»Es sieht ganz so aus«, stimmte Florence ihm vergnügt zu, während sie sich Zöpfe flocht und diese auf dem Kopf zusammensteckte. »Nicht einmal ein Gorilla in London würde mehr Aufsehen erregen, als ich es hier zu tun scheine. Wir müssen unsere Liste von Zaubertricks wohl um ›Florence beim Frisieren‹ erweitern. Wie geht es deinem Fieber heute morgen, mein Lieber?«

»Danke, schon ein wenig besser«, erwiderte Sam lächelnd, »was allerdings nicht auf unsere luxuriöse Unterbringung gestern nacht zurückzuführen ist. Ich habe Anweisung gegeben, daß man die Ochsen herüberbringt und schlachtet. Einige der Männer werden mit ihnen kommen.«

»Das ist gut«, meinte Florence anerkennend. »Für einen Ochsen werden sie uns eine ganze Menge Mehl, Bohnen und Süßkartoffeln geben.«

Der lahme Ochse wurde also geschlachtet und in handliche Portionen zerteilt. Die Frauen der Banyoro, die einfache Röckchen und Umhänge aus feinem Leder trugen, waren ganz wild darauf, Fleisch einzutauschen, und brachten ihnen dafür bis obenhin gefüllte Körbe mit Lebensmitteln. Sobald die Geschäfte abgeschlossen waren, schickte Sam den anderen ein Kanu voll Essen über den Fluß.

Mehr als die Erlaubnis zum täglichen Eintauschen von Vorräten konnte Sam nicht aushandeln, so daß ihnen nichts übrigblieb als zu warten, bis eine Nachricht von Kamrasi eintraf. Scharenweise kamen die Menschen aus sämtlichen umliegenden Dörfern, um sich Florence anzusehen und sie zu beobachten, was sie als sehr unangenehm empfand. Ganz egal, was sie tat, ob sie herumlief, sich wusch, nähte, schlief oder auch nur dasaß, ja selbst wenn sie ihre Bedürfnisse verrichtete: Ständig folgten ihr einige Dutzend dunkelbrauner Augen. Sie konnte ihrem Publikum nicht entkommen. Wer sich traute, versuchte sogar, sie zu berühren. Wenn Sam schrie, sie wollten ihre Ruhe haben, wichen die Menschen zurück, nur um ein paar Minuten später allmählich wieder näher zu kriechen. Hängte er den Eingang der Hütte mit einem Bettlaken zu, dann bohrten sie Gucklöcher durch das Strohdach, um Florence beobachten zu können.

»Ich bin ganz sicher keine übertrieben schamhafte Frau«, erklärte sie schließlich wutentbrannt, »und ich denke, ich kann mit Recht behaupten, daß ich geduldig bin. Aber jetzt reicht es. Du mußt von dem Anführer der Banyoro verlangen, daß man mich wenigstens ab und zu in Frieden läßt, Sam, sonst werde ich noch verrückt.«

Sam ging also zum Anführer und gab ihm zu verstehen, daß sie gelegentlich auch einmal allein sein müßten, um gewisse gefährliche Geheimrituale abhalten zu können. Einen Außenstehenden, der auch nur das Geringste von dem zu Gesicht bekomme, was er und Florence taten, erwarte ein unbeschreiblich grausames Ende. Er erklärte sich bereit, die Menschen fairerweise zu warnen und vor der Hütte einen Stock in den Boden zu rammen, an den er seinen Hut hänge. Sobald sie dieses Zeichen sähen, müßten sie sich fernhalten, bis er den Hut wieder vom Stock nähme, oder sie wären verflucht. Der Trick stellte sich als recht wirkungsvoll heraus.

Florence und Sam waren beeindruckt, wie vergleichsweise zivilisiert die Banyoro waren. Sie stellten prächtige Stoffe her und trugen Kleidung. Es gab Musik – die für europäische Ohren zwar nicht wirklich wohlklingend, aber durchaus anspruchsvoll war – sowie lange Gedichte, die bei Feierlichkeiten rezitiert wurden. Neben hübsch verziertem, schwarzglasiertem Steingut fertigten sie hervorragende Tabakspfeifen an. Im Unterschied zu den ärmlichen Hütten der Latooka und denen anderer Stämme waren die der Banyoro mit ungefähr sechs Metern Durchmesser und hohen Wänden sehr geräumig. Den größten Eindruck auf Florence und Sam machten die Schmiede der Banyoro, die ausgesprochen geschickt waren und aus den Rollen mit dickem Kupfer- und Messingdraht, die sie eintauschten, feinen Draht ziehen und viele weitere brauchbare Metallgegenstände herstellen konnten. Um ihre Feuer am Brennen zu halten, benutzten sie einen Blasebalg, den ein paar kleine Jungen bedienten.

Nachdem Sam und Florence bereits fast eine Woche auf Kamrasi gewartet hatten, verloren sie allmählich die Geduld. Wo auch immer M'rooli liegen mochte, es konnte nicht so weit entfernt sein, daß der

Häuptling nicht innerhalb einer Woche hätte dasein können. Sie fanden, es sei an der Zeit, ein wenig Rabatz zu machen.

Am 29. Januar erreichte sie eine weitere Nachricht von Kamrasi. Diesmal behauptete er, er sei leider außerstande, zu ihnen zu kommen, und sie sollten doch nach M'rooli reisen, wo er sie empfangen werde. Zuvor müsse er sich jedoch vergewissern, daß Sam tatsächlich Spekes Bruder sei. Gegen Mittag rückte ein riesiger Troß von Kamrasis Männern an, darunter auch drei, die für Speke gearbeitet hatten. Sie begutachteten Sam gründlich von Kopf bis Fuß, so langsam und sorgfältig sie nur konnten. Dann berieten sie sich ernsthaft und erklärten ihn schließlich zu Spekes Bruder. Zu Kamrasi bringen wollten sie Sam und seine Mannschaft deswegen noch lange nicht. Zuvor müsse erst noch eine Botschaft verschickt und von Kamrasi beantwortet werden, und das werde mindestens vier Tage dauern.

Das war genau das Stichwort, auf das Sam gewartet hatte. Er tobte durch das Dorf und brüllte aus vollem Halse: »Staub! Kamrasi ist nichts als Staub! Er ist überhaupt kein richtiger König.« Dann wandte er sich an seine Männer und schrie: »Ladet alle Geschenke wieder auf das Kanu. Wir reisen augenblicklich ab! Jemanden, dem es derart an Manieren mangelt wie diesem sogenannten König Kamrasi, will ich gar nicht sehen.« Sams Männer sprangen auf, um seinem Befehl nachzukommen.

Dem Anführer der Banyoro erklärte Sam wutschnaubend und mit hochrotem Kopf: »Nie wieder wird ein Weißer euer erbärmliches Land betreten, darauf könnt ihr euch verlassen. Ihr seid primitive, ungebildete Barbaren, und daß ihr einen großen König habt, glaube ich euch nicht. Ich werde noch heute abreisen, und dann könnt ihr zusehen, wie ihr das eurem Kamrasi beibringt.«

In der vergangenen Nacht hatte der Anführer das Kanu verstecken lassen, denn es war ihm nicht verborgen geblieben, daß Sam allmählich die Geduld ausging. Als Sams Männer zurückkamen und ihm mitteilten, sie könnten das Kanu nicht finden, platzte Sam noch einmal der Kragen. »Wenn ihr uns nicht augenblicklich das Kanu übergebt und meine restlichen Männer vom anderen Ufer herüberbringt, damit wir Kamrasi aufsuchen können, dann holen wir es uns mit Gewalt«, drohte er. Aus den Augenwinkeln hatte er beobachtet, daß die Frauen und Kinder sich bereits aus dem Dorf zurückgezogen hatten und die Männer sich zerstreuten, um nicht in den bevorstehenden Kampf verwickelt zu werden. Florence merkte, daß der Anführer kurz davor war nachzugeben, und betätigte sich wieder einmal als Friedensstifterin.

»Sam, ich glaube, dieser Mann ist bereit, Vernunft anzunehmen. Wenn er an einer Versöhnungszeremonie teilnimmt, unsere Männer herüberholt und sein Volk eine ordentliche Menge Vorräte bringen läßt, könnten wir diese Auseinandersetzung dann nicht vielleicht auch ohne Blutvergießen beenden?« bettelte sie mit honigsüßer Stimme.

»Er hat sich uns gegenüber sehr ungebührlich verhalten, fast als ob wir Diener seien oder Lügner.« Sam verschränkte die Arme vor der Brust und spielte den Beleidigten, wobei er mit dem Fuß aufstampfte wie ein kleiner, zorniger Junge.

»Ja, das stimmt schon«, gab Florence ihm recht und strich ihm besänftigend über den Arm. »Aber nun hat er doch erkannt, daß er einen Fehler gemacht hat und daß du wirklich Spekes Bruder bist.« Sie drehte sich zu dem Anführer um und befahl ihm: »Gesteht, daß es unrecht war, uns so zu behandeln.«

Unterwürfig wandte sich der Anführer an Sam und gab zu, einen schrecklichen Fehler begangen zu haben.

»Und versprecht Ihr auch, uns in Zukunft mit der Achtung und Höflichkeit zu begegnen, die großen und bedeutenden Gästen gebührt?« fragte ihn Florence.

Der Anführer nickte und gab murmelnd sein Einverständnis.

»Dann soll es so sein«, lenkte Sam ein. »Laßt einen der Männer, die in Spekes Dienst gestanden haben, mit einem der unseren einen Blutstropfen vermischen und somit besiegeln, daß wir von nun an Brüder und Verbündete sind.« Die Zeremonie wurde durchgeführt, und der Frieden war wiederhergestellt. Die meisten von Sams Männern wurden noch vor Anbruch der Dunkelheit übergesetzt, die übrigen holte man am nächsten Morgen. Außerdem brachten die Banyoro ganze Körbe an Vorräten für die Expedition.

Kamrasi allerdings ließ immer noch auf sich warten.

11

Tock-tock-tock

Am 31. Januar ließ die Expedition die Ufer des Weißen Nils hinter sich, um nach M'rooli zu marschieren. Sie kam durch eine fruchtbare, bewirtschaftete Region, die dicht besiedelt war, so daß Sam in jedem Dorf neue Träger anstellen konnte. Eigentlich hätte die Etappe eine der einfachsten und angenehmsten der gesamten Reise werden können, doch Florence erlitt einen schweren Rückfall und erkrankte wieder an Gallenfieber.

Am 2. Februar ging es ihr so schlecht, daß sie erneut die Unbequemlichkeit und Schmach auf sich nehmen mußte, sich auf dem *angarep* tragen zu lassen. Einige Tage später war Sam fast genauso krank. Um wenigstens ein paar Stunden reiten zu können, benötigte er die Hilfe von zwei Männern, die ihn von beiden Seiten auf seinem Reitochsen festhalten mußten. Der lange Weg, die anstrengenden Reisebedingungen und die Mangelernährung hatten die Gesundheit der gesamten Truppe schwer beschädigt. Fast alle Männer der Expedition waren fieberkrank. Florences Zustand verschlimmerte sich mit jedem Tag. Am 5. Februar war sie schließlich so schwach, daß sie es nicht einmal mehr in der Sänfte aushielt und die Expedition einen Tag Rast einlegen mußte. Sam machte sich große Sorgen. »Der Himmel helfe uns in diesem Land!« schrieb er in sein Tagebuch. Am nächsten Tag ging es Florence schon ein wenig besser, so daß sie ein paar Stunden weitermarschieren konnten. Sie kamen in ein Dorf, das zu den schmutzigsten und verkommensten zählte, die sie je gesehen hatten. In der Hütte, die ihnen als Unterkunft diente, mußten sie sich mit gebrauchtem Stroh zudecken, an dem noch der Tierkot klebte.

Aufgrund der Krankheiten war an ein stetiges Vorankommen nicht zu denken. Wenn die Expedition dazu imstande war, marschierte sie weiter, wenn nicht, legte sie eine Rast ein. Jeden Tag trafen widersprüchliche Nachrichten von Kamrasi ein. Er schien sich nicht entscheiden zu können, ob er seine Gäste als Freunde oder Feinde betrachten sollte, und war zu feige, ihnen gegenüberzutreten. Sam beschimpfte ihn als Narren und drohte damit, wieder umzukehren. Daraufhin flehte Kamrasi sie an, nicht zu gehen, sondern lieber den Großteil ihres Gepäcks zurückzulassen und eine Vorhut zu schicken. Als diese – bestehend aus Sam, Florence, Ibrahim, Richarn, Saat und etwa zwanzig weiteren Männern – in M'rooli eintraf, brachte man sie über den Fluß in eine abgeschiedene, sumpfige Niederung. Dort angekommen, mußten sie feststellen, daß Kamrasi sich mit allen Kanus ans andere Flußufer geflüchtet hatte. Sie saßen somit an einem der ungesündesten Orte fest, die man sich nur vorstellen konnte. Erst jetzt fiel Sam wieder ein, daß Speke und Grant auf genau dieselbe Art von Kamrasi an der Nase herumgeführt worden waren.

Sam kletterte auf einen Ameisenhügel, um die Umgebung von der leicht erhöhten Stelle aus mit seinem Teleskop absuchen zu können. Das andere Flußufer war schwarz von Menschen. Er konnte sehen, wie etwa ein Dutzend Kanus, von denen jedes mindestens fünfzig Männer faßte, ins Wasser geschoben wurde und auf sie zukam. Ibrahim war der festen Überzeugung, Kamrasi habe seine Kämpfer versammelt, um die Expedition anzugreifen. Er und seine Männer waren kurz davor, in Panik zu geraten. »Schwachköpfe!« schrie Sam. »Seht ihr denn nicht, daß die Eingeborenen keine Schilde dabeihaben, sondern bloß Lanzen? Würden sie ohne ihre Schilde jemals einen Angriff wagen? Kamrasi kommt uns mit seinem ganzen Hofstaat besuchen.« Trotzdem positionierte er einige bewaffnete Männer hinter Dornbüschen für den Fall, daß es doch zum Kampf kam.

Sam war immer noch zu schwach, um Kamrasi und sein Gefolge im Stehen empfangen zu können. Seine Männer trugen ihn daher zum König der Banyoro und legten ihn auf eine am Boden ausgebreitete Matte, wodurch er sich ganz klar im Nachteil gegenüber Kamrasi befand. Der König war ein großer, gutaussehender und würdevoller Mann, der ein langes Gewand aus Rindentuch trug. Sein Diener breitete einen Teppich aus Leopardenfell auf der Erde aus und stellte einen prächtigen Stuhl aus Kupfer für Kamrasi darauf.

Mit Hilfe seines Dolmetschers erklärte Sam dem König den Grund seiner Reise. Er habe vor, die Quelle des Nils zu finden, die seiner Ansicht nach im See Luta N'zigé liege – »Kara-wootan N'zigé« verbesserte ihn Kamrasi sofort. Der See, ließ er Sam wissen, befinde sich eine ungefähr sechsmonatige Reise von M'rooli entfernt, aber er könne ihn leider nicht gehen lassen, denn Sam komme unterwegs sicher um, und dann würde sich Sams König an ihm, Kamrasi, rächen wollen.

»Ich habe keinen König«, widersprach ihm Sam mutig, »aber eine äußerst mächtige Königin, die alle ihre Untertanen bewacht. Sie wird in der Tat wütend sein, wenn ich in Eurem Land umkomme. Es wird also das beste für Euch sein, wenn Ihr mich so schnell wie möglich zu dem See weiterziehen laßt, solange ich noch lebe.« Als weiteren Anreiz zur Zusammenarbeit wies Sam seine Männer an, den viel bewunderten Perserteppich auszurollen und die zahlreichen Geschenke auszubreiten, die er für Kamrasi mitgebracht hatte. Am besten gefiel diesem eine doppelläufige Flinte, die er auch gleich abfeuern ließ. Als er seine Untertanen vor Schreck in alle Richtungen davonlaufen und sich ducken sah, brach er in schallendes Gelächter aus. Er selbst schenkte Sam siebzehn Kühe, zwanzig Krüge Bananenmost und etliche Stauden unreifer Bananen.

Schließlich fragte Sam nach dem Gegenstand, den er am meisten herbeisehnte: Er wollte wissen, ob Kamrasi noch im Besitz der Reiseapotheke war, die Speke bei ihm zurückgelassen hatte.

»Aber nein«, erwiderte Kamrasi gleichgültig. »In diesem Land geht ein schlimmes Fieber um. Wir sahen uns also gezwungen, alle seine Medikamente selbst aufzubrauchen.«

Es war ein harter Schlag für Sam und Florence. Sie hatten fest damit gerechnet, daß Spekes kluge Vorkehrungen ihnen das Leben retten würden. Sam ließ sich von den Männern in die Hütte zurücktragen, wo er und Florence eine fiebrige, elende Nacht verbrachten. Am nächsten Morgen fühlte Sam sich etwas besser und führte eine weitere Unterredung mit Kamrasi. Der König wollte von Sam wissen, ob er seine Männer an einem Raubüberfall auf Riongas Männer teilnehmen lassen werde. Sam lehnte dies ab mit der Begründung, er sei lediglich gekommen, um den See zu erkunden, aber vielleicht würden Ibrahims Männer ihm ja den Gefallen erweisen. Sam betonte, seine Mannschaft habe nicht das geringste mit der Ibrahims zu tun, und erklärte Kamrasi die Übereinkunft, die er mit dem Händler getroffen hatte: Er tauschte mit ihm Elfenbein und bekam dafür Waren, die dieser für ihn aus Gondokoro holen wollte.

Es regnete in Strömen, und während Sam und Florence krank in der feuchten Hütte lagen, verwandelte sich der Lehmboden darin in eine übelriechende Dreckbrühe. Am 16. Februar hatte schließlich auch der letzte Träger desertiert, und in den Flüssen stieg kontinuierlich das Wasser. Wenn Kamrasi ihnen nicht bald neue Träger stellte, würde es unmöglich sein, den Asua noch vor der nächsten Trockenzeit zu überqueren, und sie würden das folgende Jahr auch noch in M'rooli verbringen müssen.

»Wir schaffen es«, murmelte Florence unbeirrbar, als sie eines Nachts über ihre mißliche Lage redeten. »Wenn es keinen anderen Weg gibt, dann werden wir es schaffen, Sam.« Sie war fast schon zu schwach zum Sprechen.

»Wir müssen so schnell wie möglich fort von hier, Flooey, sonst ist es aus mit uns«, antwortete Sam ihr ohne Umschweife. »Dieser Ort bringt uns noch um.« Sie wußten beide, daß er recht hatte.

Am nächsten Tag hellte sich ihre Stimmung etwas auf, als sie von einem der Einheimischen erfuhren, daß der See nur zehn Tage von M'rooli entfernt lag und nicht sechs Monate, wie Kamrasi behauptet hatte. »Sogar ein Mann mit einer schweren Ladung Salz kann den Rückweg vom See in fünfzehn Tagen schaffen«, versicherte der Einheimische ihnen. Sam hoffte inständig, daß er die Wahrheit sprach.

Kamrasi machte keine Anstalten, sich ihnen von seiner besten Seite zu zeigen. Bei jedem Besuch verlangte er mehr Geschenke. Besonders Sams Schwert, sein Kompaß und die geliebte kleine Fletcher hatten es ihm angetan. Als Sam es ablehnte, ihm diese Wünsche zu erfüllen, rächte Kamrasi sich und behauptete, in diesem Fall Sam keine Träger zur Verfügung stellen zu können. Ibrahim und seine Männer brachen schwerbeladen mit Elfenbein Richtung Gondokoro auf und ließen Florence, Sam und deren Expedition allein zurück.

Nachdem sie zehn Tage lang in dem moskitoverseuchten Sumpf ausgeharrt hatten, gab Kamrasi Florence, Sam und den anderen die Erlaubnis, den Fluß zu überqueren und nach M'rooli zu kommen. Am

22. Februar wollte er ihnen den Weg zum See zeigen. Sam schnallte sich sein Schwert ab und schenkte es dem Häuptling als Zeichen seiner Verbundenheit. Kamrasis unendliche Habgier hatte ihn trotzdem zutiefst enttäuscht.

»Tag für Tag muß ich etwas hergeben!« beklagte sich Sam bei Florence. »Ob es die Türken sind oder die Einheimischen – immerzu heißt es nur geben!« Daß Kamrasi der gierigste von allen war, mußte er nicht extra hinzufügen.

Am 23. Februar brachen Sam, Florence und ihre winzige Truppe mit einem Führer und einigen Trägern auf, die Kamrasi für sie bereitgestellt hatte. Der König ließ ihnen mitteilen, daß sie auf ihn warten sollten, damit er sich von ihnen verabschieden könne – was vermutlich nur eine Ausrede war, um ihnen weitere Geschenke abzubetteln. Als der Häuptling endlich in Begleitung seines Gefolges auftauchte, führte er sie zu der ärmlichen Hütte eines Schmiedes, dem einzigen Ort, wo sie vor der sengenden Sonne geschützt waren. Kamrasi eröffnete das Gespräch, indem er von Florence das hübsche gelbe Musselintüchlein verlangte, das sie auf dem Kopf trug. Das zart gewobene, mit silbernen Perlen eingefaßte Tuch war Florences einziges Erinnerungsstück an ihre Zeit im Osmanischen Reich. In den letzten Jahren, wenn es ihr besonders schlecht gegangen war, hatte der Anblick der freundlichen Farbe und des feinen Stoffes sie oft aufgemuntert, so daß sie sich auf gar keinen Fall davon trennen wollte. Kamrasi habe bereits mehrere schöne Taschentücher bekommen, bemerkte sie spitz, und dieses sei das letzte, das sie besäßen. Kamrasi blieb hartnäckig. Schließlich nahm Florence, die seine Gegenwart und das ewige Hin und Her leid war, widerwillig das Tuch ab und reichte es ihm. Dann durchforstete Kamrasi ihr Gepäck, um zu sehen, ob sie noch etwas Schönes dabeihätten, und verlangte von Sam Perlen und seine Armbanduhr.

»Ich kann meine Uhr nicht hergeben«, weigerte sich Sam. »Ich brauche sie, um meine geographischen Messungen durchführen zu können. Wir müssen jetzt aufbrechen. Es ist höchste Zeit, daß Ihr das Versprechen erfüllt, das Ihr uns gegeben habt. Wenn Ihr uns zwingt, ein weiteres Jahr in Eurem Land zu warten, wird das Fieber uns beide umbringen. Meine Frau ist immer tapfer und aufopferungsbereit gewesen, und es wäre nicht recht, wenn ihre Hingabe ihr zum Verhängnis würde. Wir haben vereinbart, daß in Gondokoro ein Boot auf uns wartet, doch wenn wir nicht rechtzeitig dort ankommen, wird es ohne uns fahren. Ihr müßt uns gehen lassen, so wie Ihr es uns versprochen habt.«

Kamrasi jedoch erwiderte nur kühl, Sam dürfe durchaus zum See weiterreisen, aber er müsse ihm Florence als seine neue Ehefrau dalassen.

Sam zog seinen Revolver und zielte genau auf Kamrasis Herz. Seelenruhig meinte er: »Wenn ich abdrücke, kann Euch keiner Eurer Männer mehr helfen. Solltet Ihr es wagen, diese Beleidigung zu wiederholen, dann erschieße ich Euch auf der Stelle. In meinem Heimatland verlangt eine solche Unverschämtheit nach blutiger Vergeltung, aber da Ihr ein ungebildeter Ochse seid, der es nicht besser weiß, werde ich Euch am Leben lassen, vorausgesetzt, Ihr sagt nie wieder etwas Derartiges.«

Während Sam seine Drohungen noch in halbwegs gemäßigte Worte faßte, bekam Florence einen regelrechten Tobsuchtsanfall. Plötzlich fielen ihr sämtliche arabische Schimpfwörter und derben, umgangssprachlichen Ausdrücke wieder ein, die sie im Harem gelernt hatte. Sie hielt Kamrasi eine Standpauke, wie er sie noch nie zu hören bekommen hatte. Kerzengerade stand sie da und nannte ihn mit gellender Stimme einen Hundesohn, Lüstling, verlogenen Barbaren, impotenten Eunuchen und noch ein Dutzend andere Dinge. Sie sprach ihm Moral, Charakter, Intelligenz und Gastfreundschaft ab, zog über seine Untertanen, seine Manieren und seine Körperpflege her und warf ihm vor, er besitze nicht ein Fünkchen Anstand. Auf einmal brach die ganze Enttäuschung, die sie während der drei Jahre ihrer beschwerlichen Reise hatte hinnehmen müssen, aus ihr heraus wie aus einem Vulkan. Sie hörte erst auf, als ihr die Worte ausgingen und ihr Zorn etwas verraucht war. Dann starrte sie Kamrasi mit einem vernichtenden Blick an. Bacheeta hatte erhebliche Schwierigkeiten, Florences Schimpftirade zu übersetzen, aber es war auch so völlig klar, was sie sagen wollte.

Mit einem solchen Drachen von Frau wollte Kamrasi natürlich nichts zu schaffen haben. »Nehmt es mir nicht übel«, bat er sie inständig, während er vor ihr zurückwich, als würde sie ihn gleich in Stücke reißen. »Ich wollte Euch nicht beleidigen, als ich sagte, ich wolle Eure Frau haben«, meinte er, an Sam gewandt. »Ich gebe Euch gerne eine von meinen Frauen, und ich dachte, Ihr hättet vielleicht nichts dagegen, mir dafür Eure zu geben. Ich schenke meinen Gästen immer eine hübsche Frau und dachte daher, Ihr würdet vielleicht tauschen wollen. Laßt uns kein Aufhebens darum machen: Wenn Ihr kein Interesse habt, dann vergessen wir die Sache einfach. Ich werde nie mehr davon sprechen.« Dann befahl er den Trägern, sofort ihre Lasten zu schultern und loszumarschieren. Florence und Sam stiegen auf ihre Ochsen und ritten so würdevoll, wie sie nur konnten, davon. Als sie im nächsten Dorf ankamen, bot sich ihnen ein außergewöhnliches Schauspiel. Sechshundert Krieger stürmten auf sie zu, sprangen herum und schwangen johlend ihre Lanzen und Schilde. Sie hatten sich Antilopenhörner auf den Kopf gebunden, sich den Körper bemalt und trugen Umhänge aus Leoparden- oder Affenfell, so daß sie aussahen wie Dämonen. Sie führten sich auf wie Wahnsinnige, wirbelten durch die Luft und sprangen herum, als würden sie jeden Moment zum Angriff übergehen. Es war, als veranstalteten die Wilden eine Art Parade zu ihrem Abschied.

»Das ist Kamrasis Teufelseskorte«, witzelte Sam. »Er hat dich wohl für die Frau des Leibhaftigen gehalten, Florence.«

Am 27. Februar erreichten sie den Fluß, der an dieser Stelle nur etwa fünfundzwanzig Meter breit war. An seiner Oberfläche trieben Gras, Schilf und Wasserpflanzen, so daß sie weder erkennen konnten, wo der Fluß seicht genug war, um hindurchzuwaten, noch, wo die Grenze zwischen Wasser und Land verlief. Die Männer stellten fest, daß sie, wenn sie schnell genug waren, über den Pflanzenteppich hüpfen konnten, ohne tiefer als bis zu den Knöcheln einzusinken. Sam beschloß vorauszugehen und bat Florence, genau in seine Fußstapfen zu treten. Sie waren gerade einmal sechs Meter weit gekommen, als Sam hinter sich plötzlich einen erstickten Laut hörte. Er drehte sich um und sah, wie Florence mit verzerrtem, purpurrotem Gesicht und starrem Blick im Wasser versank, als hätte eine Kugel sie mitten ins Herz getroffen.

Sam und die Männer stürzten zu ihr. Sie war bewußtlos und reagierte nicht. Sam packte sie an der Taille und legte sie sich über die

Aufbruch aus M'rooli Richtung See mit Kamrasis »Teufelseskorte« (1866). Als Kamrasi endlich Träger zur Verfügung stellte, die Florence und Sam aus seiner Hauptstadt und zum See bringen sollten, schickte er darüber hinaus noch sechshundert Krieger mit ihnen, die Sam »die Teufelseskorte« nannte.

Schulter, um sie ans Ufer zu tragen. Mühsam arbeitete er sich voran, Schritt für Schritt, während die Pflanzen an ihr klebenblieben und sie zu Boden zerrten. Drüben angekommen, bettete Sam sie vorsichtig unter einen Baum und tupfte ihr das Gesicht mit kühlem Wasser ab. Er hoffte inständig, daß es sich nur um eine Ohnmacht handelte, doch Florence kam nicht wieder zu Bewußtsein, sondern blieb statt dessen vollkommen starr und mit weit aufgerissenen Augen liegen. Ihr dunkelrot angelaufenes Gesicht war zu einer steifen Grimasse verzogen, so daß ihre gebleckten Zähne zu sehen waren, die Hände hatte sie zu Fäusten geballt – ein Sonnenstich. Sam ließ das *angarep* sowie etwas Trockenes zum Anziehen für sie bringen, denn die Kleider, die sie trug, waren schlammig, naß und von einer dicken, grünen Schleimschicht bedeckt. Er massierte ihr die Brust, um ihren Herzschlag zu stabilisieren, während die Sklavinnen ihr Hände und Füße massierten. Hätte Florence nicht gelegentlich einen erstickten Laut von sich gegeben, dann hätte man denken können, sie sei tot.

So vorsichtig und sachte sie konnten, trugen sie sie ins nächste Dorf, wo Sam ihr eine Bettstatt zurechtmachte. Da sie nicht schlukken konnte, befeuchtete er ein Stück Stoff und legte es ihr auf die Zunge, damit ihr Mund nicht austrocknete. Das üble Treiben der heulenden Teufelseskorte machte ihn wahnsinnig. Sam drohte, sie alle zu erschießen, wenn sie nicht augenblicklich zu Kamrasi zurückkehrten. Er hatte furchtbare Angst, seine geliebte Florence könnte sterben. Obwohl er selbst Fieber hatte, fand er in der Nacht kaum Schlaf. Als er früh am Morgen aufwachte, fühlte er sich hilflos und erschöpft. Florences Zustand war unverändert schlecht.

Tagsüber marschierten sie weiter, wobei sie Florence auf dem *angarep* trugen, die Nacht verbrachten sie in einem anderen Dorf. Sam zitterte vor Fieber und Kälte. Sie waren immer wieder vom Regen überrascht worden. Außerdem hatte er Angst, daß all seine Hoffnungen und Träume umsonst gewesen waren. Die ganze Nacht über wachte er an Florences Seite, im Licht einiger hastig zusammengebastelter Kerzen aus Talg, einem zerbrochenen Wasserkrug und einem Lumpen, der als Docht diente. Der friedliche Ausdruck war aus ihrem Gesicht gewichen, es war ausgemergelt und regungslos. Nichts erinnerte mehr an das hübsche, ausgelassene Mädchen aus dem Harem, in das er sich einst verliebt hatte. Was hatte er ihr nur angetan? Wie hatte er nur so töricht sein können, das Leben der Frau, die er liebte, aufs Spiel zu setzen – nur wegen der erfolglosen Suche nach irgendeinem See? Der Schmerz und die Selbstvorwürfe drohten Sam zu überwältigen. Nur er und sein dummer Ehrgeiz waren an allem schuld. Er hätte Florence niemals hierherbringen dürfen. Alle hatten sie ihm davon abgeraten, aber er war ja zu stolz gewesen, um auf ihre Warnungen zu hören. Sam flehte zu Gott, er möge Florence verschonen und ihm die Gnade erweisen, sie ihm wiederzugeben.

Plötzlich, nach zweitägiger Bewußtlosigkeit, wachte Florence auf. »Gott sei Dank!« flüsterte sie heiser. Außer sich vor Freude stürmte Sam zu ihr, aber ihr Blick war wirr, und sie schien nicht wirklich zu begreifen, was um sie herum vorging. Sie hatte Fieberphantasien und erkannte Sam nicht. Sein Mut sank. Die Expedition rastete noch einen Tag und marschierte dann weiter. Florence befand sich immer noch im Delirium und war so verwirrt, daß man sie für eine Wahnsinnige aus Bedlam, der berüchtigten Londoner Irrenanstalt St. Mary of Bethlehem, halten konnte. Am siebten Tag nach ihrem Sonnenstich wurde sie schließlich von heftigen Krämpfen geschüttelt. Sam machte sich kaum mehr Hoffnungen.

In der Nacht bettete er sie in der trockensten Hütte, die er ausfindig machen konnte, auf das *angarep* und wickelte sie in eine Wolldecke. Dann übermannten ihn die Sorge und Anstrengung, und er schlief neben ihr auf dem Lehmboden ein. Die Männer waren derweil damit beschäftigt, einen neuen Stiel an der Hacke zu befestigen, um am Morgen Florences Grab schaufeln zu können. Sam war so erschöpft, daß er erst aufwachte, als es schon heller Tag war.

Mit Schrecken vernahm er das traurige *Tock-tock-tock* der Hacken, mit denen die Männer die Grube aushoben. *Eigentlich kann ich mich gleich mit dazulegen*, dachte er. *Jetzt habe ich nichts mehr, für das es sich zu leben lohnt*. Florence war im Lauf der Nacht sicher gestorben, und er machte sich die größten Vorwürfe, weil er eingeschlafen war. *Ich hätte wach bleiben müssen, um ihr in ihren letzten Stunden Trost zu spenden*, dachte er bekümmert. Er fühlte sich hundeelend, als er langsam zu ihrem *angarep* kroch, denn er rechnete damit, dort das verzerrte, totenblasse Gesicht seiner Liebsten zu sehen, die er auf dem Gewissen hatte.

Statt dessen aber war es friedlich und entspannt, und Florence atmete langsam und gleichmäßig. Sie stöhnte leise und schlug dann die Augen auf. »Sam?« Ihre Stimme klang wackelig, da sie eine ganze Weile nicht mehr gesprochen hatte. »Sam? Ich habe heute morgen das Geräusch der Hacken gehört. Schaufeln die Männer etwa mein Grab?«

Sam fiel auf die Knie und umarmte sie. »Ja, Flooey, meine Liebste, das tun sie«, schluchzte er. »Ich hatte solche Angst, daß du sterben würdest und mich ganz allein hier zurückläßt. O meine liebe, liebe Flooey.«

»Ich würde dich doch niemals allein lassen, mein liebster, mein einziger Sam«, versicherte sie ihm sanft und versuchte zärtlich, seine Tränen zu trocknen. »Wo du hingehst, will auch ich hingehen, genauso wie es in der Bibel über Ruth heißt.« Einen Augenblick später fügte sie hinzu: »Eigentlich bin ich ziemlich hungrig. Haben wir irgend etwas zum Frühstücken da?«

Sam stürzte aus der Hütte. »Sie ist wohlauf! Sie ist wohlauf!« schrie er. Die anderen kamen angerannt. »Die *sitt* hat Hunger!« Die Frauen brachten frisches Brot und wärmten schnell eine nahrhafte Suppe für Florence auf. Zwei Tage lang machte die Expedition im Dorf Rast, während derer Florence tüchtig aß und wieder zu Kräften kam. Dann marschierten sie mit frischem Mut weiter Richtung See.

Sie wußten, daß sie ihrem Ziel jetzt sehr nahe waren. Eines Nachts fanden sie in einem Dorf namens Parkani Unterkunft. Am nächsten Tag, dem 14. März, brachen sie von dort aus auf, um den See zu erreichen. Auf dem Rücken ihrer Ochsen durchquerten sie ein tiefes Tal. Die Tiere ächzten, als sie sich am gegenüberliegenden Hang wieder bergauf schleppten. Um die Ochsen zu schonen, stiegen sie schon nach kurzer Zeit ab und gingen zu Fuß weiter, wobei Sam Florence stützte. Dann kamen sie zum Gipfel, und plötzlich lag er vor ihnen, wie ein Meer aus Quecksilber. Der See, der etwa vierhundertfünfzig Meter unter ihnen im Sonnenlicht glitzerte, war so riesig, daß sie an seinem südlichen Ende kein Ufer ausmachen konnten. Er schien mit dem Horizont regelrecht zu verschmelzen. Dahinter – nach Sams Schätzung achtzig bis hundert Kilometer entfernt – konnten sie eine Kette von blauen Bergen erkennen, die sich weit über die Wasserfläche erhoben. Die Männer brachen bei dem Anblick in lauten Jubel aus, Sam und Florence jedoch waren von ihren Gefühlen so überwältigt, daß sie sich ihnen nicht anschließen konnten.

»Wir haben es geschafft, Flooey«, sagte Sam nur ruhig.

»Ja, das haben wir, Sam. Wir haben es geschafft«, erwiderte sie. Hand in Hand standen sie da und bewunderten den See, ihren wunderbaren See. Er hatte es ihnen wahrhaftig nicht leicht gemacht.

»Ich finde, wir sollten ihn Albertsee nennen«, schlug Sam vor. »Wenn der, den Speke entdeckt hat, Victoriasee heißt, dann nennen wir diesen hier doch am besten nach ihrem geliebten verstorbenen Gemahl.«

»Das ist eine gute Idee«, pflichtete Florence ihm bei. »Es lebe die treue Liebe!«

Der Weg hinunter zu dem Ort Vacovia am Ufer des Sees wand sich steil bergab. Mit ihren Reitern auf dem Rücken konnten es die Ochsen auf keinen Fall schaffen, so daß die Männer sie führten. Auch

Der See (1866). Als Florence und Sam am 15. März 1864 endlich einen Gipfel erreichten, von dem aus sie einen riesigen, glitzernden See erspähen konnten, waren sie bereits zu schwach, um ohne fremde Hilfe aufrecht stehen zu können. Sie nannten den See »Albert N'yanza«, nach Königin Viktorias geliebtem und kurz zuvor verstorbenen Ehemann.

Florence und Sam gingen trotz ihrer schlechten körperlichen Verfassung zu Fuß. Sam schnitt sich einen dicken Bambusstock, und Florence stützte sich auf seine Schulter. Gemeinsam wankten und stolperten sie den abschüssigen, steinigen Pfad hinunter. Zwei Stunden später erreichten sie die Ebene am Fuß des Abhangs und gingen zum Seeufer. Über einen Strand aus weißen Kieseln rollten die Wellen, ganz so wie Bacheeta es ihnen erzählt hatte. Erschöpft liefen die beiden ins Wasser, kühlten sich ab und tranken in großen Zügen. Die Männer und Tiere folgten ihrem Beispiel und stürzten sich kopfüber ins Wasser.

Endlich hatten Sam und Florence den See erreicht und waren damit der Lösung des Rätsels um die Nilquelle einen großen Schritt näher gekommen. Die lange, beschwerliche Reise war also nicht umsonst gewesen.

12

Der Wassersalat bewegt sich!

»Sam, hat uns dieser Mann in M'rooli denn nicht erzählt, die Banyoro kämen hierher, um Salz zu holen?« fragte Florence verdutzt. Das Wasser im See schmeckte alles andere als salzig.

»Ja, Flooey«, antwortete Sam ratlos. »Du hast es also auch bemerkt. Das hier ist Süßwasser, kein Salzwasser.«

»Das verstehe ich nicht«, meinte Florence. »Warum hätte er uns anlügen sollen?« Sam konnte es sich auch nicht erklären.

In Vacovia wollten sie Unterkunft finden. Es stank nach totem Fisch, und die Gerätschaften der Fischer lagen kreuz und quer im ganzen Dorf verstreut: An den Hütten lehnten Harpunen, überall waren Angelschnüre zum Trocknen oder Reparieren aufgehängt, die man aus dem Bast von Bananenstauden geknüpft hatte, und am Ufer türmten sich Flöße und ganze Bündel dicker Angelhaken. Die Harpunen und Flöße dienten zum Fang größerer Fische oder Flußpferde, die hier besonders beliebt waren. Letztere durchbohrte man von Kanus aus mit den Harpunen, und wenn sie fortzuschwimmen oder wegzutauchen versuchten, nahmen die Flöße die Verfolgung auf. Im ganzen Dorf war die Erde von Wasserpflanzen, Fischgräten und zerschmetterten Flußpferdknochen übersät. Überall standen Gestelle herum, an denen aufgeschlitzte Fische zum Trocknen hingen. Einige Männer schlugen auf einen riesigen Wels ein, den sie gerade an Land gezogen hatten, um dem häßlichen Vieh den Garaus zu machen, während dieses sich mit letzter Kraft ihrem Griff zu entwinden versuchte. Über ihnen schwebten kreischend die Fischadler – große Vögel mit weißem Kopf und braunen Flügeln –, die gelegentlich zum Sturzflug ansetzten, um einen Fisch aus dem Wasser zu holen oder einen Leckerbissen vom Strand zu stibitzen.

Weder Gärten noch Bananenplantagen deuteten darauf hin, daß hier auch Ackerbau betrieben wurde. Hier wuchs nichts, denn auch wenn der See Süßwasser hatte, war der Boden selbst äußerst salzig. Später lernte Sam die ausgeklügelte Methode kennen, mit deren Hilfe die Einheimischen Salz gewannen. Sie holten den schwarzen, schlammigen Sand aus Gruben und füllten ihn in Tonkrüge, deren Boden mit winzigen Löchern versehen war. Durch diese ließen sie Wasser laufen, das von anderen, darunter aufgestellten Krügen ohne Löcher aufgefangen wurde. Diesen Vorgang wiederholten sie so lange, bis von der anfangs nur grob gefilterten Mischung eine salzige Brühe übrigblieb, die sie schließlich aufkochten. Der getrocknete Rückstand, der nach Verdunstung des Wassers unten in den Krügen zurückblieb, schmeckte zwar bitter und leicht metallisch, aber das war immer noch besser, als gar kein Salz zu haben.

Im Tausch gegen Perlen bekam Sam vom Häuptling Vacovias eine fette Ziege. Zusammen mit einem der kränkelnden Ochsen hatten sie damit genug Fleisch, um ein rauschendes Fest für die Expedition auszurichten. Richarn und Saat mit eingeschlossen, waren nur noch dreizehn Männer übrig, und es grenzte an ein Wunder, daß sie mit einer so kleinen Truppe die weite Reise durch extrem unwirtliche Regionen überstanden hatten. Sie hatten den See erreicht, unverzagt und im Schweiße ihres Angesichts – und das mußte gefeiert werden.

Am nächsten Morgen standen Florence und Sam früh auf, um sich den See mit dem Teleskop genauer anzusehen und dem Häuptling ihre weiteren Pläne zu erklären. Während ihrer Unterhaltung stand Sam ein Dolmetscher zur Verfügung. Zuallererst wollte Sam Genaueres über den See erfahren, beispielsweise wie breit er war. Selbst mit dem Teleskop hatten sie am gegenüberliegenden Ufer kaum etwas erkennen können, abgesehen von zwei dünnen, silbernen Fäden, die das dahinterliegende Gebirge durchschnitten: Wasserfälle. Der Häuptling berichtete, daß der See gelegentlich schon mit dem Kanu überquert worden sei, aber dazu brauche man gutes Wetter und müsse vier Tage lang zügig rudern. Draußen auf dem Wasser gebe es schlimme Unwetter, warnte er sie, mit hohen Wellen und heftigen Stürmen. Viele Männer hätten dabei schon ihr Leben gelassen, erzählte er und riet ihnen dringend von einer Überquerung ab. An der Südspitze des

Sees war der Häuptling noch nicht gewesen, aber er hatte gehört, daß es dort ein von den Rumanika bewohntes Dorf namens Karangwé gebe. Früher seien die Männer dieses Stammes gelegentlich bis nach Magungo heraufgekommen, aber in letzter Zeit gingen sie auf der Suche nach Elfenbein nur noch bis Utumbi, das ein gutes Stück südlich von Vacovia lag. Diese Information entsprach dem, was Sam von Speke erfahren hatte. Der Häuptling war so freundlich, Sam die Namen der anderen Stämme und ihrer Häuptlinge zu nennen, die am Ostufer des Sees lebten, und ihm zu beschreiben, wo die Grenzen ihrer Herrschaftsgebiete verliefen.

Am wichtigsten war für Sam jedoch wie immer die Frage der Transportmöglichkeiten. Der Häuptling erklärte sich bereit, Kanus und Ruderer zur Verfügung zu stellen, die ihn und seine Männer nach Magungo bringen sollten, wo seiner Aussage nach ein größerer Fluß in den See mündete. Florence und Sam waren fest davon überzeugt, daß es sich dabei um den Somerset-Nil handelte, von dem sie sich auf Höhe der Karumafälle abgewandt hatten. Der Häuptling wies sie darauf hin, daß es unmöglich sei, den großen Fluß von Magungo aus hinaufzupaddeln, da es zwischen dem Ort und den Wasserfällen zahlreiche Stromschnellen gebe. Florence und Sam war jedoch auch bewußt, daß sie die Existenz all dieser geographischen Gegebenheiten, die der Häuptling so gut zu kennen schien, durch eigene Beobachtungen verifizieren und genaue Messungen vor Ort vornehmen mußten. Doch schon jetzt sagte ihnen ihr Gefühl, daß sie diese Nilquelle bezwungen hatten.

Auf dem Rückweg zur Hütte bemerkten Florence und Sam, daß das Ufer mit stinkendem Krokodilkot übersät war. Die Tiere mußten eben erst dagewesen sein. Als Florence und Sam am Tag zuvor in den See gerannt waren, hatten sie gar nicht daran gedacht, daß es dort Krokodile geben könnte. Die Einheimischen bestätigten ihnen jedoch, daß in dem See Unmengen dieser heimtückischen Schuppentiere lebten. Angeblich stiegen die Frauen nicht einmal bis zu den Knien hinein, wenn sie ihre Wasserkrüge füllten. Mit eindrucksvollen Gesten führten sie den beiden vor, wie diejenigen, die töricht genug waren, es trotzdem zu tun, von den Krokodilen gepackt und verschlungen wurden.

Wieder einmal war die Expedition auf die Unterstützung der Einheimischen angewiesen und mußte abwarten, bis man sie ihnen gewährte – es war immer dasselbe Spiel. Das Fieber erwischte sie fast alle, und Sam war eine Woche lang so schwach, daß er sich nicht mehr als ein paar Stunden am Tag bewegen konnte. Trotzdem schickte er ihren Führer mit dem Ochsen voraus Richtung Norden. In Magungo würde er neue Lasttiere besorgen und wieder zu ihnen stoßen.

Am achten Tag nach ihrer Ankunft, dem 22. Mai, trafen zwei Kanus aus ausgehöhlten Baumstämmen ein, und man holte Sam, damit er sie begutachten konnte. Er entschied sich für das bessere der beiden und stattete es mit einem bogenförmigen Gestell aus langen, biegsamen Holzstäben aus, das er am oberen Rand des Bootes befestigte. Verkleidet wurde es mit Stroh, wie man es auch für die Dächer der Hütten verwendete, und darüber wurde ein Ochsenfell gespannt, so daß eine kleine Kajüte entstand. Den Boden legte Sam mit Planken aus, die er mit weichem Gras und einer karierten Wolldecke polsterte. »Wie der Panzer einer Schildkröte, Flooey«, erklärte Sam stolz, als er Florence sein Werk vorführte.

Die Konstruktion erinnerte sie sehr an ihr Schutzdach auf dem *angarep*, aber sie hoffte, daß sie bequemer sein würde als diese. Doch das behielt sie für sich und sagte nur: »Eine ausgezeichnete Idee, Sam. Wir werden sicher noch froh sein, wenn wir einen Schutz vor Sonne, Wind und Regen haben.«

Die Männer hatten Sam mit mäßigem Interesse beim Arbeiten zugesehen, jedoch keine Anstalten gemacht, ihm zur Hand zu gehen. Wenn sie an ihrem Kanu irgend etwas verbessern wollten, beschloß Sam verärgert, dann mußten sie das schon selbst tun. Er würde ihnen die Arbeit nicht abnehmen.

Um die Kanus steuern zu können, benötigte man vier geschickte Ruderer, zwei vorne, zwei hinten. Florence, Sam, Richarn, Saat, die Sklavinnen und die Dolmetscherin Bacheeta nahmen das Kanu, das vorausfahren sollte, der Rest der Männer das andere. Am 23. März 1864 brachen sie auf. Die Oberfläche des Sees war glatt wie Glas, und der bedeckte Himmel versprach etwas Abkühlung nach der brütenden Hitze der vergangenen Tage.

Zunächst verlief die Reise recht angenehm, und sie bewunderten die Landschaft, die an ihnen vorbeizog: Berge, riesige Felsbrocken aus Granit, Gneis oder Porphyr, dann wieder sandige Niederungen mit Buschwerk oder üppig grüne Uferstreifen mit riesigen Euphorbien – seltsamen Wolfsmilchgewächsen mit kantigen Armen, die an übergroße Kakteen erinnerten. Sie sahen die eigenartigen Sattelstörche, ganze Schwärme anmutiger weißer Silberreiher, bullige Flußpferde und furchteinflößende Krokodile, die scharenweise auf den Sandbänken lagen und sich sonnten. Sam hätte gerne ein paar von ihnen geschossen, doch er hielt sich zurück, da er wußte, sie würden dadurch nur kostbare Zeit verlieren. Sie mußten so schnell wie möglich den Nachweis erbringen, daß der Fluß, der in den See mündete, tatsächlich der Somerset-Nil war, und dann nach Gondokoro weiterreisen, um noch vor Jahresende die Boote zu erreichen, die sie sicher zurückbringen würden. Als es dunkel wurde, brachten die Ruderer sie an ein abschüssiges Ufer, wo sie sich auf dem weichen Sand niederließen und ihr Abendessen einnahmen.

Am Morgen waren die Ruderer verschwunden. Zum Glück hatte Sam einen der Männer abgestellt, um nachts die Kanus und die Ruder zu bewachen, so daß sie wenigstens ihre Reise fortsetzen konnten, auch wenn die Männer sich aus dem Staub gemacht hatten. Das nächstgelegene Dorf war völlig verlassen, und am Nachmittag gaben Florence und Sam schließlich die Hoffnung auf, neue Bootsführer zu finden. Sie verteilten ihre Männern daher auf die beiden Kanus.

Diese hatten jedoch keine Ahnung vom Rudern, auch wenn einige von ihnen sich mit *noddschurs* und *diahbiahs* auskannten. Die Kanus schlingerten und wirbelten im Kreis herum wie betrunkene Matrosen, während die Männer versuchten, sich in der Kunst des Steuerns und gleichzeitigen Ruderns zu beweisen. Als die Nacht kam, waren sie nur ein enttäuschend kurzes Stück weitergekommen. Erschöpft legten sie an einem kleinen Ufervorsprung an, wo es von Moskitos und anderen stechenden Insekten nur so wimmelte. Kurze Zeit später begann es in Strömen zu regnen. Legte man sich unter die Decke, war man im Nu schweißgebadet, aber ohne Decke war man sofort vom Regen durchnäßt und völlig zerstochen. In der Früh wachten sie schlechtgelaunt auf. Der Regen wurde immer stärker.

Gleich nach dem Frühstück bastelte Sam ein Steuerruder, einen

Mast und ein Segel für ihr Kanu, was ihnen das Lenken und Vorankommen erleichtern sollte. Die anderen Männer kauerten nur fröstelnd unter den tropfnassen Ochsenfellen und pafften schmollend an ihrer Pfeife, so daß Sam auch diesmal gereizt beschloß, sie sollten sich selbst um ihr Kanu kümmern, falls sie irgend etwas daran verändern wollten.

»Wir brechen auf«, verkündete er laut, sobald er fertig war, »und wir werden nicht auf euch warten.« Er verfrachtete seine Mannschaft und die mageren Vorräte in das umgebaute Kanu. In dem schwachen Wind hielt es sogar einigermaßen den Kurs. Nach Sams Schätzung würden sie mit ungefähr sechseinhalb Stundenkilometern dahinsegeln können. Das andere Kanu dagegen schlingerte genauso hoffnungslos wie am Tag zuvor. Die Männer darin mühten sich zwar ab, doch da ihnen sowohl die Erfahrung als auch das rechte Verständnis fehlten, kamen sie insgesamt nur ziemlich langsam voran. In der Nähe des nächsten Dorfes sahen sie einige kräftige Männer, die ihnen mit Paddeln winkten, um ihre Hilfsbereitschaft zu signalisieren. Sam bat den Häuptling, sechs von ihnen zu dem zurückgefallenen Kanu zu schikken. Hocherfreut über das Entgegenkommen, beschloß Sam, die Bucht zu queren und die nächste Landzunge direkt anzusteuern, anstatt sich in Ufernähe zu halten.

Gegen Mittag begann eine schwere Dünung, das Boot vor sich herzutreiben. Die Männer blickten besorgt zum Himmel hinauf, der sich im Westen zusehends verfinsterte. Der Wind, der das Segel füllte, wurde immer stärker. Es war nicht zu übersehen, daß sich ein Unwetter ankündigte, und sie befanden sich noch mindestens sechzig Kilometer vom Ufer entfernt. »Legt euch in die Riemen!« trieb Sam sie an wie der Steuermann bei einer Ruderregatta. »Schneller! Und eins! Und zwei! Ihr müßt im Takt bleiben. Verwendet alle Ruder, die wir haben. Macht, so schnell ihr könnt. Weiter, Jungs, weiter!« Jeder der Männer griff nach einem Ruder und legte sich ins Zeug. An ein abwechselndes Rudern mit Ruhepausen dazwischen war nun nicht mehr zu denken. Die Dünung wurde immer schwerer und bedrohlicher, und der Himmel war fast schwarz.

»Es wird keinen Sturm geben, *inschallah*«, behaupteten die Männer gegen alle Vernunft. Sam ließ sich jedoch nicht beirren und befahl ihnen, das Segel einzuholen, da es sie mittlerweile eher gefährdete, als ihnen zu nützen. Als der Sturm schließlich losbrach, zerbarst der provisorische Mast und war im nächsten Augenblick verschwunden. Das schwerfällige, massige Kanu kämpfte sich durch die schaumgekrönten Wellen, während Florence, Sam und Saat das Boot wie Wahnsinnige mit leeren Kürbisschalen ausschöpften und die Männer ruderten, so schnell sie konnten. Wenn der Regen das Kanu nicht zum Sinken brachte, dann würden die Wellen es tun, die seitlich hereinschwappten.

Der Himmel war nun so finster, daß sie, außer wenn ein Blitz ihn kurz erhellte, kaum noch etwas sehen konnten. Sams Stimme ging im Grollen und Krachen des Gewitters unter. Ihre einzige Chance bestand darin, genau auf die Stelle zuzuhalten, an der Sam das Ufer vermutete. Nach einer Weile war im Schein der Blitze endlich Land in Sicht, und Sam konnte am Fuße einiger Steilklippen eine kleine, sandige Bucht erkennen. Mit aller Kraft ruderten die Männer darauf zu und setzten das Kanu schließlich am Strand auf Grund.

Sam bestand darauf, das Kanu sofort zu entladen, denn er befürchtete, daß es sonst fortgeschwemmt würde. Dann zerrten die Männer es ein Stück weit vom Wasser weg und banden es zur Sicherheit an einem Baum fest. Die Feuchtigkeit hatte alles an Bord ruiniert, mit Ausnahme des Schießpulvers, das in Blechdosen aufbewahrt wurde. Die ganze Mannschaft zitterte vor Kälte, Erschöpfung und Angst. Was wohl mit dem anderen Kanu geschehen war? Im Licht des nächsten Blitzes entdeckten sie das zweite Boot in nur achthundert Metern Entfernung. Es war ihrem Kurs gefolgt. Nachdem auch dieses sicher angekommen war, stieß die klägliche Gesellschaft auf einige leerstehende Hütten und zündete mehrere große Feuer an. Alle kauerten sich schlotternd um die wärmenden Flammen, während ihnen die Kleider auf dem Leib trockneten. Zum Abendessen brieten sie sich eine Ente, die im Kanu ertrunken war.

Bei jeder Rast, die sie einlegten, desertierte ein Teil der Ruderer, und Sam mußte immer wieder den Häuptling oder Stammesführer der betreffenden Region aufsuchen und mit ihm um neue feilschen. In manchen Dörfern gab es kaum Nahrung oder zumindest keine, mit der sie etwas anfangen konnten, in anderen dagegen gab man ihnen

Sturm auf dem See (1866). Die Expedition ruderte das Ostufer hinauf, um sicher sein zu können, daß der Nil tatsächlich in den See mündete und auch wieder aus diesem hinausfloß. Ein plötzlich aufkommender heftiger Sturm kostete sie beinahe das Leben.

reichlich und gut zu essen. Bei Eppigoya bekamen sie für mehrere hundert Perlen ebenso viele Eier und Hühner – ein außergewöhnlich gutes Tauschgeschäft. Florence dachte schon, ihre Schwierigkeiten mit der Nahrungsbeschaffung seien damit überstanden, denn wenn sie die Hühner ein paar Eier ausbrüten ließen, konnten sie vielleicht für einen ständigen Nachschub an Geflügel sorgen. Womit Florence jedoch nicht gerechnet hatte, war die selbstmörderische Veranlagung der afrikanischen Vögel. Jeden Tag sprangen mehrere Hühner über Bord oder legten sich am Boden des Kanus ins Wasser und ertranken. Warum sie das taten, blieb ihr ein Rätsel.

Sonnenstiche, Fieber und Mangelernährung hatten sowohl Florence als auch Sam erheblich geschwächt. Nach elf anstrengenden Tagen näherten sie sich endlich dem Nordufer. Die Oberfläche des Sees war mit Wasserpflanzen und Papyrus bedeckt, was Florence und Sam lebhaft an den Sudd erinnerte. Es schien fast, als gebe es hier gar keine Strömung, obwohl die Männer behaupteten, daß sie sich in der Nähe von Magungo befänden. Aber wie konnte der Somerset-Nil in den Albertsee münden, ohne eine Strömung zu verursachen? Die Männer ruderten weiter, bis das Wasser seicht war, dann sprangen sie über Bord und zerrten das Kanu langsam und unter großer Anstrengung durch das dichte Schilf. Plötzlich teilte sich das Gestrüpp, und sie gelangten zu einer kleinen felsigen Bucht. Vor ihnen standen der Häuptling von Magungo und ihr treuer Führer, der von Vacovia aus mit dem Ochsen losgezogen war.

Kaum an Land, ließ sich Florence im Schatten eines Baumes auf die Erde fallen, um sich auszuruhen. Am liebsten wäre sie für immer dort sitzen geblieben. Sie konnte sich nicht erinnern, jemals zuvor eine ähnliche Erschöpfung verspürt zu haben, nicht einmal auf dem langen, staubigen Marsch nach Viddin, obwohl sie damals noch ein kleines Mädchen gewesen war. Schon kurze Zeit später kamen die Dorfbewohner herbei und brachten ihnen eine Ziege, weitere Hühner, Eier, Sauermilch und sogar Butter, eine Delikatesse, die Florence und Sam seit langem nicht mehr gegessen hatten. Der Häuptling war hoch erfreut über die Perlen, die sie ihm dafür gaben, und geleitete sie zu einigen Hütten im Dorf. Koshi lag ein Stück über dem Seeufer, so daß sie von der Siedlung aus deutlich die Stelle sehen konnten, wo der Nil wieder aus dem See floß. Jetzt mußten sie nur noch herausfinden, ob es auch tatsächlich der Somerset-Nil war, der in dem schilfigen Brackwassergebiet in den See mündete.

»Ich verstehe das nicht«, meinte Sam verwirrt. »Bei den Karumafällen war der Somerset-Nil noch ein reißender Fluß mit einer starken Strömung. Auf seinem Weg durch die Schluchten und über die Felsblöcke ließ er sogar einen großen Wasserfall mit einer Menge Gischt entstehen. Wie kann dieser Fluß sich in den See ergießen, ohne eine Strömung zu erzeugen? Das ist doch gar nicht möglich.« Florence, die sehr schwach war und manchmal das Gefühl hatte, daß nicht nur ihre Gesundheit gelitten hatte, sondern auch ihr Verstand, wußte auch keine Antwort. Wenn sie sich nicht selbst davon überzeugten, daß es sich um den Somerset-Nil handelte, dann wäre ihre ganze Reise umsonst gewesen. Taten sie es, und die Reise dauerte länger als geplant, dann würden sie es vermutlich nicht zurück nach Gondokoro schaffen, bevor der Sudd den Weißen Nil für den Rest des Jahres unbefahrbar machte. Es war ihnen auch klar, daß sie ein weiteres Jahr in Afrika nicht überleben würden: Sie hatten fast ständig Fieber, und die Vorräte an Chinin waren aufgebraucht. Sam schlug vor, den Somerset-Nil zu erkunden, sich dann vom Fluß abzuwenden und ohne Gepäck auf schnellstem Weg nach Gondokoro zu marschieren.

»Das halte ich für keine gute Idee«, erwiderte Florence langsam und mit großer Anstrengung.

Sam durchfuhr es kalt: War Florence womöglich kränker, als er ahnte? Wieder hatte er Angst, sie zu verlieren. »Geht es dir nicht gut, meine Liebe? Mach dir keine Sorgen. Wir werden hierbleiben und uns erholen, solange du es für nötig hältst«, versicherte er ihr sofort.

»Das meine ich nicht«, stellte Florence richtig. »Ich meine vielmehr, daß wir uns nicht sofort vom Nil abwenden sollten, wenn wir bestätigt haben, daß es sich tatsächlich um den Nil handelt. Wir müssen ihm bis Gondokoro folgen, sonst ist unser Beweis ungültig. Heißt es bei euch Engländern etwa nicht: Ich glaube es erst, wenn ich es mit eigenen Augen gesehen habe? Also müssen wir uns auch selbst davon überzeugen. Erst dann können wir sicher sein.«

»Wir haben beide nicht mehr genug Kraft, um das zu schaffen«, gab Sam zu bedenken. »Meine Berechnungen der geographischen Breite haben jedoch ergeben, daß es sich um den Somerset-Nil handeln muß. Wenn wir ihm folgen und die Wasserfälle und Katarakte so vorfinden, wie die Einheimischen sie uns beschrieben haben, dann würde nur ein Narr an unserem Nachweis zweifeln, daß der Somerset-Nil in den Albertsee fließt. Und daß der Nil bei Koshi wieder herausfließt, haben wir ja bereits gesehen. Und danach müssen wir versuchen, uns in Sicherheit zu bringen.« Er tätschelte Florence liebevoll die Hand. Erschöpft und erleichtert, daß sie nicht den längeren, anstrengenderen Heimweg nehmen mußten, legte sie sich wieder hin und schlief mehrere Stunden.

Am nächsten Morgen brachen sie zu dem Brackwassergebiet auf. Schon auf dem Weg zum felsigen Strand hinunter, von wo aus sie losfahren wollten, zitterten Sam die Knie so sehr, daß er sich stützen lassen mußte. Im Lauf des Tages hatte er immer wieder Schweißausbrüche und Schüttelfrost, und nur selten ging es ihm dazwischen einigermaßen gut. Die Ruderer brachten sie Richtung Osten, direkt in das breite Flußbett hinein, das ihrer Aussage zufolge von den Karumafällen bis hierher führte. Demnach mußte es sich um den Somerset-Nil handeln. Die Wasserfläche verengte sich schon bald zu einer Breite von nur etwa fünfhundert Metern. Am Nachmittag ging es Sam so schlecht, daß man ihn bewußtlos auf einer Trage ans Ufer brachte, wie Florence etliche Male zuvor auch schon. Auf Saat gestützt, stolperte sie hinter ihm her. Obwohl sie selbst fieberkrank war, wachte sie über ihn und tupfte ihm die ganze Nacht hindurch mit dem Schwamm die Stirn. Am nächsten Morgen waren sie beide selbst zum Gehen zu schwach. Sam kritzelte in sein Tagebuch: »Liegen mit schwerem Fieber darnieder – Gott stehe uns bei in diesem furchtbaren Land.«

Sie wurden zu den Kanus getragen, dann ging es weiter flußaufwärts. In einem hellen Augenblick kam Sam der trostlose Gedanke, daß sie aussehen mußten wie die Seelen zweier Verstorbener, die gerade über den Styx in die Unterwelt gebracht wurden. Wieder verengte sich der Fluß, nun auf eine Breite von weniger als zweihundert Metern, aber eine Strömung war immer noch nicht erkennbar. Die Nacht verbrachten sie ermattet auf einer schlammigen Bank, auf der dicht an dicht die Moskitos saßen.

Als Sam am Morgen die Augen öffnete, sah er über dem Wasser dichte Nebelschwaden. Er blieb still liegen und schaute zu, wie sie langsam aufstiegen. Plötzlich merkte er trotz seines fiebergetrübten Verstandes, daß sich die schwimmenden Wasserpflanzen – wenn auch langsam – Richtung Westen bewegten. Es gab hier eine Strömung, und zwar in Richtung der Flußmündung. »Flooey«, sagte er leise, ohne sich von seinem *angarep* zu erheben, »schau nur, der Wassersalat bewegt sich!«

Florence schlug die Augen auf, blickte auf das Wasser und lächelte zufrieden. »Es gibt also doch eine Strömung, Sam. Das hier ist tatsächlich der Somerset-Nil!« Dann fielen beide wieder in einen erschöpften Schlaf.

Als die Männer wach waren, erklärten sie Sam, daß es ein Stück weiter einen riesigen Wasserfall gebe. Sie warnten ihn zwar, daß es zu gefährlich sei, näher an ihn heranzufahren, und wollten lieber umkehren, aber Sam bestand darauf, daß sie ihn und Florence dorthin brachten. »Ich muß ihn mit eigenen Augen sehen«, meinte er.

Wieder trugen die Männer die beiden zu den Kanus und begannen

Die Murchisonfälle (1866). An der Stelle, wo der Somerset-Nil in den Albertsee stürzt, entdeckten Florence und Sam einen atemberaubenden Wasserfall und benannten ihn nach dem Präsidenten der Geographischen Gesellschaft in London.

widerwillig loszurudern. Je schmaler der Fluß wurde, um so langsamer kamen sie voran, und irgendwann hörten sie plötzlich ganz auf zu paddeln. »Hört doch, Baker Effendi, da drüben!« rief einer der Männer. Aus der Ferne hörte man ein dumpfes Grollen.

»Ich muß ihn sehen«, meinte Sam noch einmal. »Ich glaube es erst, wenn ich ihn mit eigenen Augen gesehen habe.«

Die bisher flachen Flußufer erhoben sich hier zu steilen, etwa hundertfünfzig Meter hohen Wänden. Das Geräusch wurde immer lauter, je weiter stromaufwärts sie kamen. Vor ihnen lag eine Flußbiegung, aber was dahinter lag, konnten sie nicht erkennen. »Wir werden um diese Biegung fahren«, befahl Sam. »Ich muß den Wasserfall sehen.« Die Männer mochten noch so laut protestieren, Sam blieb hart, und schließlich paddelten sie weiter.

Dann offenbarte sich ihnen ein atemberaubender Anblick. Die Felswände zu beiden Seiten des Flusses waren hier fast dreihundert Meter hoch, und von oben hing ein dichter Pflanzenteppich herab. An einer engen Stelle zwischen den Felsen brach das Wasser hervor und stürzte mit einer ungeheuren Geschwindigkeit in die Tiefe. Das steinige Flußbett und die zerklüfteten Wände der Schlucht ließen das Wasser ganz weiß aussehen. Aus gut hundert Metern Höhe traf der Fluß senkrecht in ein Becken, das so tief war, daß die Wasseroberfläche fast unbewegt wirkte.

»Es ist wundervoll, einfach wundervoll«, flüsterte Florence mit weit aufgerissenen Augen. Ihr Gesicht war feucht von der Gischt, die durch die Luft wirbelte.

»Wir haben ihn gesehen, wir haben ihn endlich gesehen«, murmelte Sam ehrfurchtsvoll. »Ich denke ... ich denke, wir benennen ihn nach Sir Roderick Murchison von der Royal Geographical Society«, verkündete er mit stolzgeschwellter Brust. »Das hier sollen die Murchisonfälle sein, die bedeutendste geographische Attraktion am ganzen Weißen Nil.«

»Der arme Speke«, sagte Florence, »und der arme Grant! Wenn ich mir vorstelle, daß sie das hier nie zu Gesicht bekommen haben. Und hast du die vielen Krokodile gesehen?« Sie deutete zu den Sandbänken hinüber, auf denen Dutzende der riesigen Panzerechsen reglos in der Sonne lagen. Einige von ihnen hatten das Maul weit aufgerissen wie furchterregende Statuen, andere lagen da wie tot und öffneten nur gelegentlich eines ihrer geschlitzten, gelben Augen. Sie warteten nur darauf, daß jemand dumm genug war, ihre Regungslosigkeit irrtümlicherweise für Unachtsamkeit zu halten, und in ihre Reichweite kam.

Sam konnte nicht widerstehen und schoß auf eines der monströsen Krokodile. Das unerwartete Geräusch erschreckte seine Ruderer so, daß einer von ihnen ein Paddel fallen ließ. In dem ganzen Durcheinander kippte das Kanu um und wurde in das Schilf am Ufer gedrückt, aus dem ein riesiges Nilpferd auftauchte, das die Eindringlinge aus seinem Revier vertreiben wollte. Gerade noch rechtzeitig gelang es den Ruderern, das verlorene Paddel wiederzuholen und sich hastig flußabwärts zurückzuziehen.

Während die Männer zurück um die Flußbiegung ruderten, fertigte Sam, so schnell er konnte, eine Skizze des Wasserfalls an. Es konnte kein eindrucksvolleres Zeugnis dafür geben, daß der Somerset-Nil in den Albertsee mündete, als die Murchisonfälle.

13

Meine Beine sind zu nichts mehr zu gebrauchen

Am Abend machten sie bei einem Dorf halt, damit der Führer, der mit den Ochsen im strömenden Regen hinter ihnen herkam, sie einholen konnte. Die Tiere sahen erbärmlich aus. Sie waren abgemagert und von den Stichen der Tsetsefliegen übersät. Mit gesenktem Kopf schleppten sie sich voran und ließen im Gehen wäßrigen Kot fallen. Solange sie in diesem Zustand waren, konnte man keinesfalls auf ihnen reiten. Florence und Sam würden also zu Fuß nach Gondokoro zurückgehen müssen.

Am 7. April kamen sie zu einer Insel namens Patooān. Als sie schließlich die Stelle erreichten, an der sie übersetzen konnten, ging es Florence und Sam so schlecht, daß sie weder aufrecht stehen noch wesentlich in den Lauf der Dinge eingreifen konnten. Einer der Ochsen war in eine Grube gefallen, die eigentlich für einen Elefanten vorgesehen gewesen war, und es schien sinnlos, ihn daraus befreien zu wollen. Die jämmerliche Hütte, die man ihnen zuwies, hatte im Strohdach Löcher, so daß der nächtliche Regenguß Florence und Sam, die ohnehin schon zitternd dalagen und vor Fieber beinahe phantasierten, endgültig durchweichte. Am Morgen erfuhren sie, daß die großen Häuptlinge Kamrasi und Rionga wieder einmal Krieg gegeneinander führten. Kamrasi hatte Ibrahim auf seine Seite ziehen können, während Rionga sich mit Foweera, einem anderen mächtigen Häuptling, verbündet hatte. Patooān lag genau an der Grenze zwischen den beiden Herrschaftsgebieten. Hierher wagten sich weder Träger von der einen noch von der anderen Seite.

Während Florence und Sam auf der Insel festsaßen, führten sie weitere Messungen durch, doch das Fieber trübte ihnen die Sinne, so daß sie ihre Berechnungen zur Sicherheit gegenseitig überprüften.

Die Einheimischen wollten sie um keinen Preis nach Shooa tragen, selbst wenn sie ihnen dafür alles gegeben hätten, was sie noch besaßen. Sam bot ihnen das ganze übrige Gepäck an und alle Perlen, immerhin gute zwanzig Kilo, aber keiner ging darauf ein. Am 14. April kritzelte Sam verzweifelt in sein Tagebuch:

> Ich stecke mächtig in der Klemme: keine Träger, kein Anführer und schon wieder ein verlorener Tag – wo die Zeit doch so kostbar ist. Gestern und heute verendeten drei meiner Reitochsen, nachdem die Tsetsefliegen sie gestochen hatten. Nun ist nur noch einer übrig, und der ist krank. Es gibt hier keine Vorräte, und die Einheimischen aus dem Dorf sind davongelaufen.

Irgendwann endlich fanden sie ein paar Männer, die sich bereit erklärten, sie zu tragen, doch Bacheeta warnte Sam, daß sie sie am anderen Ufer des Flusses absetzen und in der Wüste verhungern lassen wollten. Ein anderer Anführer versprach ihnen fünfzig Träger, die jedoch nie auftauchten.

Florence und Sam begannen über den bevorstehenden Tod zu sprechen. In seinem Tagebuch gab Sam Anweisung, wem sein Vermögen überschrieben werden sollte. Der Anführer würde sein Tagebuch, die Karten und die Ergebnisse ihrer Beobachtungen zum britischen Konsulat in Khartoum bringen, damit seine Arbeit wenigstens nicht umsonst gewesen wäre. *Ob dort wohl immer noch der alte Petherick saß?* fragte sich Sam gleichgültig. Weder er noch Florence konnten sich vorstellen, ohne den anderen weiterzuleben, und so lag der geladene Revolver griffbereit neben ihnen. Bald erschien ihnen der Tod nur noch als Erlösung von dem schrecklichen Kampf und dem Elend, das sie so lange hatten ertragen müssen.

Der April war fast vorüber, und Florence und Sam begannen, Kamrasi die Schuld an ihrer Misere zu geben. Er ließ ihnen keine Vorräte zukommen und stellte keine Träger für sie bereit, aber fast täglich trafen Boten mit verlogenen Versprechungen ein. Kamrasi verfügte über etliche Männer und riesige Mengen an Nahrung, aber ohne seine Zustimmung rührte keiner einen Finger, um ihnen zu helfen. Florence und Sam magerten so stark ab, daß sie aussahen wie Skelette. Eine

Art Grütze aus ein paar verschimmelten Körnchen *tullaboon*, die sie in einem unterirdischen Vorratslager entdeckt hatten, war das einzige, was sie zu essen hatten. Manchmal, wenn sie genügend Kraft dazu hatten, sammelten sie die Blätter einer spinatähnlichen Pflanze, die sie kochten und aßen. Sam machte Tee aus wilden Kräutern, und gelegentlich brachten die Männer ihnen ein bißchen Honig, um ihn zu süßen. Milch, Fleisch, Fett und Eiweiß aber hatten sie nicht. Im Grunde waren sie schon halb tot.

Hilflos lagen sie auf ihren *angareps* und träumten von dem herrlichen Essen, das es in ihrer Heimat gab. Sam wünschte sich nichts sehnlicher als ein englisches Roastbeef mit Kartoffeln und Bratensoße und dazu eine Flasche helles Ale – Köstlichkeiten, die Florence fremd waren. Sie dachte an all die leckeren Speisen mit Reis, würzigem Fleisch und Trockenfrüchten zurück, die es in Viddin gegeben hatte, sowie an deftige Kalbfleischgerichte mit Sauerrahm und Nudeln aus Ungarn. Der letzte ihrer Ochsen ging ein, aber sie wollten nicht von seinem Fleisch essen, weil sie Angst hatten, sich noch eine Krankheit oder irgendwelche Parasiten einzuhandeln.

Kamrasi schickte ihnen immer noch Botschaften. Diesmal versprach er, ihnen etwas zu essen zukommen zu lassen, wenn sie mit ihm gegen Rionga und Foweera kämpften. Dabei hoffte er auf Sams Waffen und seine letzten Männer – Sam selbst war für ihn nutzlos geworden. Am 21. Mai beklagte dieser seinen jämmerlichen Zustand in seinem Tagebuch:

> Ach, meine Beine sind zu nichts mehr zu gebrauchen. Keine zwanzig Meter weit kann ich mehr laufen. Ein solches Elend, wie es in diesem Lande herrscht, muß in England nicht einmal ein Bettler erdulden.

Irgendwann schließlich erkannten Florence und Sam, daß sie einlenken mußten, wenn sie nicht sterben wollten. Mit ihren Bitten kamen sie bei einem Feigling und Lügner wie Kamrasi nicht weiter. So jemand ließ sich nur durch dreiste Forderungen beeindrucken. Sie schickten daher einen ihrer Männer mit einer Nachricht an Kamrasi.

»Sag ihm«, instruierte Sam ihn eindringlich, »daß er mich schlecht behandelt hat. Ich bin ein mächtigerer Häuptling als Kamrasi, und er hat mich beleidigt, indem er nur seine Boten geschickt hat, anstatt selbst zu kommen. Wenn er ein Bündnis mit mir schließen möchte, muß er selbst mit mir verhandeln. Er soll mir unverzüglich fünfzig Träger schicken, um mich, meine Frau und meine Besitztümer in sein Lager zu tragen. Dort können wir dann persönlich miteinander sprechen.« Sam bat, man möge ihm mit der Antwort auch einen Beweis dafür bringen, daß die Nachricht wirklich Kamrasi selbst übermittelt worden war.

Mit der Antwort traf eine Kürbisflasche ein, in der mehrere Seiten aus der anglikanischen Liturgie steckten, von dem deutschen Missionar Dr. Krapf ins Kisuaheli übersetzt und mit einigen Anmerkungen in Spekes Handschrift. Was noch besser war: Kamrasi ließ ausrichten, daß seine Männer Sam und Florence am nächsten Tag in sein Lager bringen würden. Außerdem schickte er ihnen einen mageren Ochsen, der noch am selben Abend geschlachtet und verspeist wurde – es war für sie das erste Fleisch seit langem.

Am Morgen des 28. Mai begannen die erschöpften Forscher ihre mühsame Reise zu Kamrasis Lager. Auch diesmal liefen die Träger davon und desertierten bei jeder Gelegenheit. Es regnete ununterbrochen. Hütten oder Dörfer, die ihnen hätten Schutz bieten können, gab es keine, denn Foweera hatte auf seinen Raubzügen sämtliche Dörfer und Städte niedergebrannt. Nach fünf Tagen erreichten sie Kamrasis Lager. Die Türken kamen ihnen entgegen, überrascht, sie lebend zu sehen. Vor allem Ibrahim war erstaunt und freute sich, Florence wiederzusehen, da man ihm erzählt hatte, sie sei ein paar Tage zuvor gestorben. Man richtete eine Hütte für die beiden her und schlachtete zur Feier des Tages einen fetten Ochsen.

Kaum hatten sie die Mahlzeit beendet und sich in ihre Hütte zurückgezogen, da tauchte plötzlich Kamrasi höchstpersönlich bei ihnen auf. Sein Verhalten war reichlich sonderbar. Das zerlumpte, abgezehrte Aussehen der beiden schien ihn zu amüsieren, und er versuchte, einen Witz darüber zu machen. Sam fühlte sich mit vollem Magen schon wieder etwas gestärkt, hatte aber trotzdem nicht die Geduld, sich auf so dumme Weise zum Narren halten zu lassen. Er erklärte dem Häuptling ohne Umschweife, daß er sich eben erbärmlich danebenbenommen habe.

»Das macht auch nichts«, gab Kamrasi leichthin zurück. »Jetzt ist ohnehin alles vorbei. Ihr seht beide ziemlich abgemagert aus. Und das ist ganz allein Eure Schuld. Warum wolltet Ihr auch nicht mit mir gegen Foweera kämpfen? Ihr hättet fette Kühe und Milch und Butter haben können, wenn Ihr Euch gut betragen hättet. Morgen werden meine Männer bereit zum Angriff gegen Foweera sein. Die Türken haben zehn Männer, Ihr habt dreizehn – dreizehn und zehn sind dreiundzwanzig. Ihr selbst könnt Euch tragen lassen, wenn Ihr nicht gehen könnt. Wir werden es Foweera zeigen. Er muß getötet werden. Bringt ihn um, und mein Bruder wird Euch die Hälfte seines Königreichs überlassen.«

Sam war perplex: Von einem Bruder war bisher nie die Rede gewesen. »Dein Bruder?« rief er und wollte wissen, wer dieser Bruder denn sein sollte. Als der Mann antwortete, sein Bruder sei der mächtige Häuptling Kamrasi, war Sam vollends verwirrt. Wie es aussah, hatten sie monatelang mit dem falschen Mann verhandelt, in der festen Überzeugung, er sei Kamrasi. »Wenn Ihr nicht Kamrasi seid«, stieß er aus, »wer um Himmels willen seid Ihr dann?«

»Wer ich bin? Ha-ha-ha!« Der Mann schien nervös zu werden und tat so, als müsse er lachen. »Das ist gut: Wer ich bin? Nun, ich bin M'Gambi, Kamrasis Bruder. Ich bin sein jüngerer Bruder, aber er ist der König.« Der richtige Kamrasi hatte Angst gehabt, daß Sam ihn töten würde, und dafür M'Gambi geschickt.

Außer sich vor Zorn ließ Sam einen der Türken kommen, der ihm diese Geschichte bestätigte, aber hinzufügte, daß er den richtigen Kamrasi selbst auch noch nie zu Gesicht bekommen habe. Sam war schwer beleidigt. Er verkündete, nicht weiter mit M'Gambi verhandeln zu wollen, da er sich nicht gerne zum Besten halten lasse. »Wenn selbst eine Frau wie meine liebe Gattin kühn genug ist, die weite Reise aus ihrer Heimat bis hierher zu unternehmen und unter einem so wilden Volk wie dem von Kamrasi zu leben, was ist das dann für ein schwächlicher König, der es nicht einmal wagt, sich in seinem eigenen Land zu zeigen?« schloß er verärgert. Wenn Kamrasi mit Sam sprechen wolle, dann solle er ihm Vorräte schicken und sich gefälligst selbst blicken lassen.

Eine Weile lang schwirrten die Nachrichten hin und her, aber irgendwann standen schließlich eine Milchkuh und ein Kalb vor Sams Hütte, gefolgt von einem fetten Schaf und zwei Krügen Bananenwein. Kamrasi wollte dafür Sams Fletcher, seine Armbanduhr und den Kompaß haben, war jedoch klug genug, nicht auch noch um Florence zu bitten. Sam weigerte sich natürlich. Am Morgen legte er seine schottische Tracht an, die er die ganze Reise über gut aufbewahrt hatte, und befahl den Einheimischen, ihn und Florence in Begleitung aller ihnen verbliebenen Männer zu Kamrasis Lager zu tragen. Die Menschen kamen in Strömen, um das unglaubliche Schauspiel zu verfolgen. Da Sam wußte, daß Kamrasi sich gerne auf seinem Königsthron präsentierte, ließ er einen der Männer auch einen Stuhl für sich bringen, damit er nicht niedriger sitzen würde als der Häuptling.

Der wahre Kamrasi war ein gutaussehender, großer und kräftig gebauter Mann, der einen edlen Umhang aus sorgfältig gegerbtem Ziegenfell trug. Er hatte eine hoheitsvolle Ausstrahlung, aber Florence und Sam hatten trotzdem das Gefühl, daß er weder Ehrlichkeit noch Anstand besaß. In seiner Gegenwart durfte keiner seiner Männer stehen. Statt dessen lagen sie bäuchlings auf der Erde, saßen oder krochen auf allen vieren, wenn sie ihn ansprachen. Niemand wagte es, den König direkt anzusehen, so furchterregend war er. Kamrasi begann sofort, Sam um sein Gewehr, die Uhr und den Kompaß anzubetteln, und dieser gab ihm zwar Munition, eine Schachtel Zündkapseln und ein paar Patronen, weigerte sich aber, ihm die anderen Gegenstände zu überlassen. Kamrasi schimpfte, er habe ohne Waffen keine Verwendung für diese Dinge, doch Sam erinnerte ihn daran, daß er von ihm wie auch zuvor schon von Speke Waffen bekommen habe.

»Man hat mir erzählt, Kamrasi sei ein großer Häuptling«, erklärte Sam ihm frech, »doch Ihr benehmt Euch nicht anders als ein Bettler. Ich glaube Euch nicht, daß Ihr Kamrasi seid. Vermutlich seid auch Ihr nur ein Betrüger. Ich werde Euch nicht noch einmal besuchen.« Dann befahl er den Männern, ihn zu seinem Lager zurückzutragen.

Kamrasi ließ Mehl, eine Ziege und zwei weitere Krüge Bananenwein in das Lager schicken, das Sam und Florence bei Kisoona errichtet hatten. Versorgt von Kamrasi, verbrachten die beiden den ganzen Juni, Juli und August dort. Dank Milch und Honig kamen sie wieder zu Kräften, sogar köstlichen Kaffee erhielten sie. Trotzdem wurde Sam Tag für Tag, immer gegen zwei Uhr nachmittags, von Fieberschüben geplagt. Auf Empfehlung eines der Türken versuchte er es mit Dampfbädern. Dazu spannte er eine Art Zelt über einen Topf mit kochendem Wasser, in das er ein paar geriebene Rizinusblätter gab, und inhalierte den Dampf. Er fand, daß diese Behandlung eine stärkende Wirkung hatte.

Der wahre Kamrasi entpuppte sich als genauso habgierig wie sein Bruder und versuchte mit allen Tricks, Florence und Sam noch mehr Geschenke abzuringen. Unter anderem drohte er ihnen, die Nahrungsmittel zurückzuhalten. Er schaffte es, sie um Perlen, Kämme, Spiegel, Nadeln und einige weitere Dinge zu erleichtern, die sie noch besaßen. Außerdem plagte er Sam ständig mit seiner Forderung, er solle Rionga und Foweera töten. »Ich kenne eine hohe Klippe, von der aus Ihr Foweera und seine Männer mit Eurem hübschen kleinen Gewehr abschießen könntet. Falls Ihr Euch zu krank fühlt, um dorthin zu gehen, könntet Ihr mir natürlich auch einfach Eure Waffe leihen, und ich mache es selbst«, schlug er ihm gerissen vor. Sam war viel zu erfahren, als daß er diesen billigen Trick nicht sofort durchschaut hätte, was er Kamrasi auch sagte. Er wiederholte, er würde Rionga und Foweera nicht angreifen, Kamrasi aber bei der Verteidigung helfen, falls diese ihn angriffen.

Eines Tages kam Kamrasi vorbei, um Sam mitzuteilen, daß nun auch die Händler in die Sache verwickelt seien: de Bonos Männer hätten sich unter dem Kommando eines gewissen Mahommed Watel-Mek mit Rionga und Foweera verbündet, dessen Streitkraft weitaus größer sei als Ibrahims, Sams und seine eigene zusammen. Kamrasi war gerade dabei, das Weite zu suchen. Um schneller laufen zu können, trug er den kurzen, blauen Kilt, den Sam ihm geschenkt hatte. Sam lachte und nannte Kamrasi einen Feigling. Was war das für ein König, der in seinem eigenen Land davonlaufen wollte?

Sam befahl seinem Anführer, an einer langen Stange im Hof die britische Flagge zu hissen, um allen ringsum zu signalisieren, daß sich dieses Land unter dem Schutz der britischen Krone befand. Dann schickte er de Bonos Männern eine Nachricht, mit der er sie wissen ließ, daß er und Florence sich in Kisoona aufhielten und daß sie bereit zu Verhandlungen seien. Zwei Tage später kamen zehn von de Bonos Männern, um sich zu vergewissern, ob der Verfasser der Nachricht tatsächlich Sam Baker war, denn man hatte ihnen erzählt, die beiden Reisenden seien bereits vor Monaten ums Leben gekommen. Sie hatten den Verdacht, daß Kamrasi hinter der ganzen Sache steckte.

Als sie dann Sam und Florence mit eigenen Augen sahen, waren sie davon überzeugt, daß sie die Wahrheit sprachen. Sam fragte sie, wie sie es wagen konnten, in ein Land einzufallen, das dem Schutz der britischen Flagge unterstehe. Er erklärte, Bunyoro gehöre ihm, denn er habe es entdeckt – eine zweifelhafte Behauptung, die jedoch nicht ohne Wirkung blieb. Ibrahim habe als einziger das Recht auf die Stoßzähne und anderen Erzeugnisse dieses Landes. Jeder andere gelte als Eindringling, der abgewiesen und den Behörden in Khartoum gemeldet werde.

De Bonos Männer beteuerten, sie hätten von alledem nichts gewußt. Rionga, Foweera und Owine, ein anderer Häuptling, hätten ihnen Sklaven und Elfenbein dafür geboten, daß sie Kamrasi töteten. Sam schickte daher eine Botschaft an Wat-el-Mek höchstpersönlich, nach deren Eintreffen er zwölf Stunden Zeit hatte, das Land mit seinen Männern zu verlassen, was dieser, wenn auch widerwillig, tat.

Ehrfurchtsvoll lauschte Kamrasi, als man ihm von der Macht berichtete, die Sams Zauberflagge besaß, und wollte sie natürlich gleich haben. Sam verweigerte sie ihm, erhielt von Kamrasi aber trotzdem riesige Mengen an Elfenbein. Sam, der sich geschworen hatte, weder Elfenbein noch Sklaven besitzen zu wollen, da die beiden Handelszweige unweigerlich miteinander verknüpft waren, wollte es auf keinen Fall behalten. Auch wenn die Stoßzähne einen immensen Wert hatten, hätte er sich damit zum Heuchler gemacht. Er schenkte sie daher Ibrahims Männern.

Nachdem sich bereits de Bonos Truppe aus der Auseinandersetzung zurückgezogen hatte, war es ein leichtes für Kamrasis Männer, auch noch Foweera, Owine und Rionga zu schlagen. Eine besonders harte Prüfung war es für Florence, als die gefangengenommenen Einheimischen vorgeführt wurden. Eine von ihnen war die Frau eines der Häuptlinge mit ihrem Sohn, einem hübschen kleinen Jungen von etwa zwölf Monaten. Jetzt waren sie zur Sklaverei verdammt.

Die verfeindeten Häuptlinge selbst waren auf grausamste Art und Weise und unter lautem Jubel getötet worden, was Florence und Sam mit großem Abscheu erfüllte. Doch sie konnten nichts dagegen unternehmen.

Sam versuchte, Kamrasi dazu zu bewegen, sie nach Shooa weiterziehen zu lassen, das näher bei Gondokoro lag. Dort war das Klima angenehmer. Der König war ihnen zwar sehr dankbar, wollte aber seine Beute noch nicht laufen lassen, denn es gab weitere Stammesfehden auszutragen. Am 6. September kam M'Gambi und teilte Sam mit, daß eine riesige Armee von Baganda[32], die Kamrasi als Volk der Mwa bekannt waren, den Fluß überquert habe und sich auf Kamrasis Territorium befinde. Kamrasis Volk hatte eine Heidenangst vor den Baganda, die als berühmte Krieger galten. Ihr Anführer war König M'tesa, der Häuptling, an dessen Hof Speke mehrere Monate gelebt hatte und dessen Frau dem Forscher die zwei jungen Mädchen geschenkt hatte. Nun erwartete M'tesa, daß Florence und Sam, den er für Spekes Bruder hielt, ihm einen Besuch abstatteten. Er habe gehört, behauptete er, daß Häuptling Kamrasi die beiden daran hindere, Kisoona zu verlassen und ihm viele schöne Geschenke zu bringen – womit er nicht ganz unrecht hatte.

Kamrasi beschloß zu fliehen und gab Befehl, das Land innerhalb von wenigen Tagen komplett zu evakuieren. Während er ganze Horden von Frauen, Männern und Tieren fortschaffte, steckte er seine eigenen Dörfer in Brand. Florence, Sam und ihre Männer blieben zurück, direkt zwischen Kamrasis Truppen und denen der Eindringlinge, und mußten wieder einmal auf Träger warten. Listig, wie er war, ließ Kamrasi die Expedition zunächst einmal ein wenig zappeln. Erst als Sam damit drohte, sich mit den Baganda zusammenzuschließen, tauchten Kamrasis Träger auf, um sie abzuholen. Florence mußte auf einer Trage transportiert werden, Sam auf einem Stuhl, so daß sie schon bald weit hinter die anderen Träger zurückfielen, die so schnell wie möglich bei der Ortschaft Foweera zum Rest der Truppe stoßen wollten.

Bereits nach kurzer Zeit mußten Florence und Sam sich wieder mit den wenigen verbliebenen eigenen Männern vorankämpfen. Sie hatten nur wenig zu essen, noch weniger zu trinken und fast keine Waffen. Die Dörfer, an denen sie unterwegs vorbeikamen, waren entweder niedergebrannt worden oder verlassen. Eines Tages dann kehrte Richarn von seiner Suche nach neuen Trägern nicht mehr zurück. Außer einer Blutlache und dem zerbrochenen Ladestock seines Gewehrs war keine Spur von ihm zu entdecken. In der Hoffnung, er würde es trotzdem zurück ins Lager schaffen, warteten sie bis zum Einbruch der Dunkelheit, aber er blieb verschwunden. Die Müdigkeit, der Hunger und die Trauer schienen Florence und Sam fast zu überwältigen. Richarn war einer ihrer treuesten Männer gewesen, unerschütterlich und grundehrlich, und jetzt war auch er tot. Ohne Richarn würden sie es erheblich schwerer haben.

Florence schlug vor, alles Gepäck zurückzulassen und noch am selben Abend einen Gewaltmarsch nach Foweera zu unternehmen. Bis Tagesanbruch konnten sie es schaffen, dann wären sie bei den anderen, wo es Nahrung, Munition und zahlreiche Träger gab. Die Strecke war etwa zwanzig Kilometer lang und würde nicht leicht zu bewältigen sein. Sie führte durch feindliches Gebiet, wo das Gras so hoch wuchs, daß selbst ein gesunder, kräftiger Mensch nachts seine Schwierigkeiten hätte. Florence und Sam dagegen waren immer noch krank und schwach. Es war fraglich, ob sie eine solche Reise in ihrem Zustand überhaupt schaffen konnten. Die Alternative war, dazusitzen und abzuwarten, und das war ganz und gar nicht nach ihrem Geschmack. In ihrer Verzweiflung beschlossen sie, alles auf eine Karte zu setzen und ihr Glück zu versuchen.

Sie stapelten also das Gepäck – bis auf einen Stoffbeutel mit Decken und einem Wassergefäß – in einer Hütte und brachen um neun Uhr abends auf. Der Mond stand bereits am Himmel. Meist war der Weg, auf dem die Menge Kamrasi gefolgt war, deutlich zu erkennen, aber nach ein paar Stunden verlor sich die Spur. Einem von Sams Männern, Moosa, gelang es, einen Einheimischen zu überreden, sie als Führer zu begleiten, und sie stolperten in der Dunkelheit weiter. Florence war so schwach, daß sie immer wieder stürzte. Ihre Kleider waren naß und schwer vom Tau, und sie konnte sich darin kaum aufrecht halten. Sie konnte an nichts anderes denken als an die ewigen Fußmärsche als Kind: mitten im Winter von Nagy-Enyed, wo sie mit ihrem Großvater gelebt hatte, zu dem Soldatenlager, oder in jenem heißen, staubigen Sommer, von Temesvar, wo die transsilvanische

Armee ihre Niederlage erlitten hatte, nach Orsova und Viddin. Sie war damals erschöpft, hungrig und verängstigt gewesen, aber sie hatte es geschafft. Und wenn sie es als Kind geschafft hatte, dann schaffte sie es auch jetzt. Sie mußte nur immer wieder aufstehen, wenn sie gestürzt war, und dann weitergehen, bis sie erneut stürzte. Diesmal hatte sie zwar keine Eltern, die ihr halfen, aber sie hatte Sam, und Sam war ihr ein und alles. Morgen würde es zu essen und zu trinken geben, und sie konnte sich ausruhen.

Nachdem sie acht Stunden gegangen waren, glaubte Sam endlich das Grollen der Nilkatarakte zu hören. Kamrasis Lager konnte nicht mehr weit sein. Er versuchte, Florence mit der guten Nachricht aufzurichten, doch diese flüsterte nur: »Ich kann nicht mehr. Es tut mir leid, Sam. Ich weiß, es war meine Idee, das hier zu tun, aber ich kann nicht mehr weiter. Es ist zuviel für mich. Ich bin zu schwach. Laß uns hier ein Weilchen ausruhen.« Daß sie insgeheim glaubte, nie wieder auf die Beine zu kommen, brachte sie nicht über die Lippen.

Sam bat die Männer, einige Decken für Florence zu bringen, damit sie sich hinlegen konnte. In diesem Moment kehrte der Führer zurück und meldete ihnen, es seien nur noch sechzig Meter bis zu Kamrasis Lager. Überglücklich stieß Sam seinen Erkennungspfiff aus, damit die Männer sie nicht für Feinde hielten. Da diese leichtsinnig genug gewesen waren, keine Wachen aufzustellen, riß der Pfiff sie aus dem Schlaf, aber sie wußten gleich, mit wem sie es zu tun hatten. Sie gingen den beiden entgegen und trugen Florence ins Lager, wo es genug zu essen, trockene Kleider, wärmende Feuer und endlich Aussicht auf ein wenig Ruhe gab.

Erstaunlicherweise trudelte ein paar Tage später auch Richarn ein, und zwar höchst lebendig. Er war vom Häuptling eines Dorfes, in dem sich mehrere entflohene Träger versteckt hielten, in die Falle gelockt worden. Sie hatten um sein Gewehr gekämpft, das Richarn um keinen Preis hatte hergeben wollen. Als der Häuptling einen Schritt nach hinten gemacht hatte, um Richarn mit seiner Lanze zu töten, hatte dieser abgedrückt und war davongelaufen. Den Ladestock, den der tote Häuptling immer noch fest umklammert hielt, hatte er zurücklassen müssen. Das Blut, das Sam gesehen hatte, war also das des Häuptlings gewesen. Tagelang war Richarn herumgeirrt und hatte

Die Forscher werden ausgezeichnet (1863). Nach ihrer Entdeckung des Victoriasees wurden Speke und Grant in der Royal Geographical Society vom Publikum begeistert empfangen. Florence schenkte diese Zeichnung Kamrasi, der sie hütete wie einen Schatz.

versucht, wieder zu ihnen zu stoßen. Unterwegs hatte er sich einen ausgezeichneten Ladestock aus Holz geschnitzt, damit sein Gewehr weiterhin einsatzbereit war.

Am 22. September geschah das zweite Wunder: Ibrahim, der nach Gondokoro gegangen war, tauchte wieder auf. Er brachte Briefe und Pakete aus England für Sam mit. Während Florence es sich gemütlich machte, las Sam ihr mit großem Vergnügen aus den Briefen und Zeitungen vor. Sie waren alle bereits zwei Jahre alt, mit Ausnahme eines neueren Briefes von Speke. Dieser hatte Sam auch eine Ausgabe der *Illustrated London News* vom 4. Juli 1863 mit einem schönen Artikel über ihn selbst und Grant beigelegt. Eine Abbildung zeigte die beiden, wie sie gerade vor einer riesigen Menschenmenge in der Royal

Geographical Society einen Vortrag hielten. Außerdem bekam Sam einen amüsanten Artikel aus dem *Punch* über die Entdeckungen von Speke und Grant. Den ganzen Tag lang hatte er die größte Freude daran, seine Post immer wieder zu lesen. Florence hatte leider keine Briefe bekommen, aber sie freute sich, Sam so glücklich zu sehen.

Ibrahim brachte ihnen auch einige Kostbarkeiten mit: einen Ballen Stoff für neue Kleider, die Florence und Sam bitter nötig hatten, ein großes Glas Honig, etwas Reis und Kaffee. Da sie sich darauf eingestellt hatten, einige Zeit in Foweera zu bleiben, bastelte Sam einen Destillierapparat, mit dem er aus den Süßkartoffeln, die es dort im Überfluß gab, Whiskey herstellen konnte. Das Ergebnis schmeckte hervorragend – zumindest nach einer längeren Abstinenz. Einige der Männer, allen voran Richarn, bettelten darum, den Destillierapparat »beaufsichtigen« zu dürfen. Oft fand man sie dann tief schlafend neben der Maschine, in der das Feuer erloschen war. Der Alkohol schien sowohl der Gesundheit als auch den Lebensgeistern von Florence und Sam ausgezeichnet zu bekommen.

Was Ibrahim außerdem mitbrachte, waren genügend Geschenke, um Kamrasis Gier zumindest für eine Weile zu sättigen. Der Häuptling revanchierte sich, indem er Ibrahim mehrere riesige Ladungen mit Elfenbein schenkte. Florence hatte die glorreiche Idee, Kamrasi die *Illustrated London News* zu überreichen, die dieser sowohl wegen der Abbildungen modisch gekleideter Frauen als auch wegen der Portraits von Speke und Grant schätzte. Doch von seinem eigentlichen blutrünstigen Plan konnte ihn auch das nicht ablenken: Jetzt wollte er Kalloé töten, einen anderen Häuptling, der zu seinem Todfeind geworden war.

Im November ging allmählich die Regenzeit zu Ende. Am siebzehnten verließen Florence, Sam und ihre Männer mit Ibrahim und dessen Truppe Foweera. Es war so viel Elfenbein zusammengekommen, daß siebenhundert Träger nötig waren, um es neben ausreichend Vorräten für einen fünftägigen Marsch durch ein unbesiedeltes Gebiet transportieren zu können. Eine Militäreskorte aus achtzig bewaffneten Männern begleitete sie. Florence und Sam saßen auf den Reitochsen, die sie Ibrahim abgekauft hatten, und freuten sich wie Kinder, der verhaßten Gegenwart Kamrasis zu entkommen. In Shooa, wo sie auf dem Hinweg weitere Vorräte zurückgelassen hatten, machten sie Rast und wurden mit Jubel und Tanz begrüßt. Sie ließen sich für einige Wochen in dem Dorf nieder, und Sam versuchte währenddessen, auf Grundlage seiner flüchtigen Skizzen und Messungen brauchbare Karten anzufertigen, was in einem Land, in dem es keine Tische gab, gar nicht so einfach war.

Mit dem neuen Jahr kam auch das Fieber wieder. Bis Februar blieben Florence und Sam in Shooa und bemühten sich, die Einheimischen von ihrer unseligen Gewohnheit des Sklavenraubs abzubringen, jedoch ohne Erfolg. Die Frau, die beim Überfall auf Foweera gefangengenommen worden war und die Florence wegen ihres niedlichen kleinen Jungen aufgefallen war, versuchte immer wieder zu fliehen. Nach dem fünften Versuch wurde sie grausam geschlagen und ohne das Kind an einen von Mahommed Wat-el-Meks Männern verkauft.

Wie schon so viele afrikanische Kinder zuvor fühlte sich auch dieser mutterlose Junge, Abbai, zu Florence hingezogen und folgte ihr auf Schritt und Tritt. Er war mit zwei kleinen Sklavenmädchen befreundet, die Ibrahim gehörten, und die drei aßen immer gemeinsam und teilten ihr Essen untereinander wie englische Kinder, die spielten, daß sie zum Tee eingeladen waren. Florence hatte großen Einfluß auf die Kinder. Sie nähte ihnen Kleider, wusch sie, gab ihnen zu essen und brachte ihnen Anstand und Moral bei. Auch andere Kinder schlossen sich der freundlichen *sitt* an, so daß sich schon bald sechs kleine Mädchen und Jungen in ihrer Obhut befanden. Ihre Unschuld und Niedlichkeit, das völlige Fehlen jener Habgier und Käuflichkeit, die die Erwachsenen so abstoßend machten, waren Balsam für Florences wunde Seele. Abbai schlief jeden Abend selig unter ihrem Stuhl ein, so wie Saat es als kleiner Junge getan hatte.

Im Februar packten Florence und Sam die wenigen Habseligkeiten, die sie noch besaßen, und machten sich auf den Weg nach Gondokoro. Die Kinder ließen sie da. Es war ein trauriger Abschied. »Nimm mich mit, *sitt*!« flehte der kleine Abbai in einem Ton, bei dem es Florence das Herz zerriß. Ihr war jedoch klar, daß dies auf keinen Fall ging. Es war besser, ihn bei den Menschen zu lassen, die er kannte und deren Sprache er verstand, als daß er in den gefährlichen Straßen von Gondokoro oder Khartoum zurückblieb. Ihn nach England mitzunehmen, wo man ihn gewiß nicht akzeptieren würde, wäre sicher noch schlimmer.

Nach fast einem Monat mühsamer Fußmärsche, während derer sie mit Fieber und Angriffen der Einheimischen zu kämpfen hatten, konnten sie endlich den kleinen kegelförmigen Berg sehen, der nur zwanzig Kilometer von Gondokoro entfernt war. Die Stadt, die ihnen früher wie die reinste Hölle vorgekommen war, erschien ihnen jetzt wie eine Offenbarung. Am nächsten Tag standen sie früh auf und zogen sich die am wenigsten zerlumpten Kleider an, die sie noch besaßen. Stolz hißten sie die britische Flagge und marschierten freudig erregt Richtung Gondokoro. Saat rannte voraus. Er genoß es ungemein, im Triumph nach Gondokoro zurückzukehren, zusammen mit einer Expedition, der jedermann dort ein schlimmes Ende prophezeit hatte. Alle hatten geglaubt, seine geliebte Herrin und ihr tapferer Mann würden eine solche Reise nicht überstehen, aber sie hatten es doch geschafft.

»Ich kann schon die Masten der Schiffe erkennen!« schrie Saat aufgeregt. Die Männer machten ihrer Freude Luft, so laut sie konnten.

»*El hambd el Allah!*« riefen sie. »Allah sei Dank!«

»Ein dreifaches Hoch auf England!« schrie Sam.

»Und auf die Nilquelle!« fügte Florence hinzu. Die Männer schlossen sich dem Jubel der beiden an und feuerten dann ein paar Salutschüsse ab, die von einer Gruppe türkischer Händler in Gondokoro erwidert wurden.

Die erste Frage von Florence und Sam betraf die Boote: Waren sie noch da, so wie man es ihnen versprochen hatte? Gab es Post aus der Heimat? Vorräte? Medikamente? Doch all ihre Hoffnungen fielen mit einem Schlag in sich zusammen wie ein Kartenhaus. Auf sie warteten weder Boote noch Briefe oder Vorräte.

In Gondokoro hatte man geglaubt, sie seien längst nicht mehr am Leben. Sie waren vier Jahre fort gewesen, und die Nachricht von ihrem Tod war ein- oder zweimal sogar bis nach Khartoum vorgedrungen. Für die erschöpften Reisenden hatte die Ankunft in Gondokoro die ganze Reise über eine immense Bedeutung gehabt. Immer wieder hatten sie einander versichert, ihre Not würde ein Ende haben, wenn sie erst einmal wieder in Gondokoro waren, ganz gleich, was für ein Sündenpfuhl es auch sein mochte. Von dort aus würden sie mit dem Boot ganz bequem ihren Triumphzug nilaufwärts antreten. Nun waren sie tatsächlich in Gondokoro angekommen, aber Hilfe gab es keine. Sams Enttäuschung war so groß, daß seine Augen sich mit Tränen füllten.

»Nichts?« fragte er mit erstickter Stimme. »Ist wirklich nichts für uns bereitgestellt worden?« Er hatte bei einem Agenten in Khartoum einen Geldbetrag hinterlegt und mit Petherick vereinbart, er solle sich darum kümmern, daß es nicht zu einem solchen Mißgeschick kam. Nein, war die Antwort, wir dachten doch, Ihr wäret tot.

»Hat denn niemand an uns geglaubt?« wollte Florence verzweifelt wissen. »Hatte denn keiner mehr die Hoffnung, wir würden doch noch zurückkehren und dann Hilfe benötigen?« Es bedurfte keiner Antwort.

Jetzt konnten sie nachvollziehen, wie Speke und Grant sich bei ihrer Ankunft in Gondokoro gefühlt hatten. Wie heftig war Spekes Erbitterung ihnen doch erschienen, wie hart seine Verurteilung derer, die ihm Hilfe zugesagt und dann versäumt hatten, ihr Versprechen zu halten! Nun wurde ihnen bewußt, wie froh Speke und Grant gewesen sein mußten, sie beide in Gondokoro anzutreffen und von ihnen Essen, Vorräte, Medikamente und Boote zur Verfügung gestellt zu bekommen. Völlig erschüttert und verzweifelt brachen Florence und Sam unter einem Baum zusammen.

»Was haben wir nur falsch gemacht, Flooey? Was haben all die Mühen und die Tapferkeit uns genützt? Keiner weiß zu schätzen, was wir geleistet haben. Sie haben nicht einmal versucht, uns zu Hilfe zu kommen, so überzeugt waren sie, daß wir scheitern würden. Waren denn nun all diese Jahre unseres Lebens vergeudet?«

»Mein lieber Sam, ich weiß es nicht«, versuchte Florence ihn zu trösten. »Es ist wirklich ein herber Schlag nach all dem, was wir bisher schon durchgestanden haben.«

Schweigend saßen sie da, unendlich erschöpft und mit ruinierter Gesundheit. Sie hatten alles gegeben, um die Quelle des großen Nils zu finden. War ihre Suche umsonst gewesen? Ihr einziger Trost war, daß sie all das gemeinsam erlebt hatten und sie jetzt hier nebeneinander sitzen und sich ausruhen konnten.

»Aber eines weiß ich«, sagte Florence nach ein paar Minuten.

»Wir haben es nicht für irgend jemand anderen getan, sondern für uns. Wir waren es, die die Nilquelle finden wollten. Wir wollten den großen weißen Fleck auf den Landkarten füllen, und das haben wir auch getan. Jeder hat uns weismachen wollen, es sei unmöglich, dieses Ziel zu erreichen, aber wir haben es geschafft. Und ich glaube, das ist für uns eigentlich eine ganze Menge.«

Sams Miene hellte sich auf. Dankbar wandte er sich Florence zu, dieser außergewöhnlichen Frau, die so viel mit ihm durchgemacht hatte. »Du hast recht, Flooey, wie immer. Wir brauchen den Beifall der anderen nicht. Wir haben es geschafft, und zwar gemeinsam, während alle ringsum uns verspotteten. Das ist tatsächlich etwas.«

Und dann applaudierten sie einander, ganz langsam und sachte. Es war nur ein leises Geräusch, das nicht weit in die Wildnis Afrikas vordrang, doch es fand bis in ihre Herzen, und das war genug.

14

Die Zukunft hier ist so ungewiß

In Gondokoro herrschten auch diesmal katastrophale Zustände. Überall drängten sich Sklaven und warteten auf Boote, die sie nach Khartoum bringen würden. Vor einer Weile waren ein *diahbiah* und zwei *noddschurs* aus dem Norden bis nach Gondokoro vorgedrungen und hatten verheerende Neuigkeiten mitgebracht. Aus irgendeinem unerklärlichen Grund hatte die ägyptische Regierung plötzlich beschlossen, stärker darauf zu achten, daß die Gesetze zur Abschaffung der Sklaverei auch eingehalten wurden. Als nun die englische Expedition in Gondokoro eintraf, verdächtigten die Händler Sam, etwas mit dieser Sache zu tun zu haben. In Khartoum waren vier Sklavendampfer beschlagnahmt und ihre Besatzung inhaftiert und gefoltert worden. Was die Händler aber am meisten empörte, war die Tatsache, daß die ägyptische Regierung zudem die Ladung konfisziert hatte. Damit waren auch die dreitausend Sklaven, die in Gondokoro bereitstanden, völlig wertlos.

Noch schlimmer war, daß mit den Besatzungen der Boote auch die Pest Einzug in Gondokoro gehalten hatte und jetzt in der Stadt umging. Die beengten, miserablen Bedingungen, unter denen die Sklaven gehalten wurden, begünstigten die rasche Ausbreitung der Seuche unter der gesamten Bevölkerung. Die Betroffenen warf man einfach von den Klippen hinunter in den Fluß, sobald man entdeckte, daß sie krank waren, aber selbst diese drakonische Maßnahme konnte der Ansteckungswelle, die durch die schmutzige, leidgeplagte Stadt rollte, keinen Einhalt gebieten.

Florence und Sam wurde klar, daß sie Gondokoro so schnell wie möglich wieder verlassen mußten. Es gelang Sam, für vierzig Pfund den *diahbiah* zu chartern, für den die Sklavenhändler keine Verwendung mehr hatten, doch er weigerte sich, das Boot so zu übernehmen, wie es war. Erst mußte es noch mit kochendem Wasser und Sand abgeschrubbt und mit Tabak ausgeräuchert werden – das waren zumindest die besten Hygienemaßnahmen, die Sam einfielen. Hastig lud die Expedition alles ein und brach auf.

Als der *diahbiah* mühelos den Nil hinuntersegelte und Florence und Sam den Pesthauch Gondokoros immer weiter hinter sich ließen, überkam sie ein Gefühl von Ruhe und Zufriedenheit, wie sie es schon lange nicht mehr verspürt hatten. Selbst die endlosen, moskitoverseuchten Sümpfe, die ihnen auf dem Weg nach Süden so öde und schrecklich erschienen waren, strahlten jetzt einen gewissen herben Reiz aus. Sam verbrachte die Zeit damit, einige Briefe zu schreiben, die er in Khartoum losschicken wollte, die Meßergebnisse, die sie am Nil gesammelt hatten, noch einmal unter Berücksichtigung ihrer geographischen Implikationen durchzugehen und seine Beobachtungen in eine einheitliche Form zu bringen. Während der Arbeit mußte er immer wieder daran denken, wie freundlich Speke sich gezeigt hatte. Ohne die Informationen, die er ihnen so bereitwillig weitergegeben hatte, wäre es Florence und Sam nie gelungen, den Albertsee zu erreichen und seine Bedeutung als eine der Nilquellen zu bestätigen – soviel stand fest. Die beiden freuten sich schon auf ein Wiedersehen mit ihm, bei dem sie ihm von ihren Erkenntnissen berichten und ihm nachdrücklich für seine Großzügigkeit danken wollten. Immerhin hatte sie ihnen das Leben gerettet.

An den langen Nachmittagen, wenn sie gerade nichts zu tun hatten, sprachen Florence und Sam über ihr größtes Problem: ihre Ankunft in England. Es war höchste Zeit, sich darüber Gedanken zu machen. Um die Reise selbst ging es dabei gar nicht: Sie würden ein Schiff von Alexandria nach Marseille nehmen, dann den Zug nach Paris und von dort einen weiteren zur Englandfähre, die sie nach Dover bringen würde. Die Frage war vielmehr, wie Florence bei Sams Familie und der britischen Öffentlichkeit eingeführt werden sollte.

Am 14. April war es mit der Beschaulichkeit vorbei, denn einer der Matrosen begann unablässig aus der Nase zu bluten – ein untrügliches Anzeichen für Pest. Dann beklagte sich Saat, der inzwischen ein kräftiger junger Mann von fünfzehn Jahren und Florences ganz besonderer Liebling geworden war, über Rücken- und Gliederschmerzen. Schließlich setzte auch bei ihm das Nasenbluten ein. Bei Anbruch der Nacht hatte er bereits Fieberphantasien und heulte vor Elend. Die Blutgefäße in seinen Augen platzten, was ihm ein gräßliches Aussehen verlieh. Florence kümmerte sich liebevoll um ihn, aber sie konnte nicht mehr tun, als seine Qualen zu lindern und ihm ihre Zuneigung zu zeigen. Gegen die Pest gab es kein Mittel, sie war unheilbar.

Am 15. April erreichten sie Fashoda, wo kurz zuvor ein Außenposten der Regierung eingerichtet worden war. Begeistert stellten sie fest, daß sie dort Linsen, Reis, Datteln und Ziegen eintauschen konnten, willkommene Köstlichkeiten, die den Kranken ebenso wie den Gesunden neue Kraft geben würden. Trotzdem machten sie sich wegen der Pest große Sorgen, denn sowohl Florence als auch Sam waren nach den jahrelangen Anstrengungen und Entbehrungen geschwächt und anfällig und litten immer noch unter regelmäßigen Fieberschüben. Für Florence war es nur schwer zu verkraften, daß es auch Saat erwischt hatte, das letzte ihrer afrikanischen Kinder und das, das sie am liebsten hatte. Sie konnten die Gefahr einer Ansteckung nicht umgehen. Florence weigerte sich, Saat von jemand anderem pflegen zu lassen, und Sam hatte fast den ganzen Tag mit den Männern zu tun. Niemand wußte, wer sich infizieren und wer immun bleiben würde. Die meisten Pestkranken starben, aber manche überlebten auch nach einem langwierigen Heilungsprozeß.

Sam kam zu dem Schluß, etwas zu Florences Schutz unternehmen zu müssen, für den Fall, daß auch er an der Seuche erkrankte oder dem Fieber erlag. Daß sie dann womöglich noch mehr Not leiden müßte, war für ihn ein unerträglicher Gedanke. Sie hatte bisher schon so vieles tapfer erduldet. Am 16. April hielt er in seinem Tagebuch fest:

> Da das Fieber hier eine so große Gefahr darstellt und die Zukunft so ungewiß ist, habe ich Florence B. Finnian zwei Schecks über £ 300 und £ 200 auf die Bank of Egypt in Kairo gegeben – zusätzlich zu den Beträgen und Besitztümern, die ich ihr laut meinem vor der Abreise in Khartoum aufgesetzten Testament vermacht habe. [...] Ich habe mich zu diesen Vorkehrungen entschlossen, da man völlig ohnmächtig ist, wenn

> einen das Fieber erwischt, so daß ich in diesem Fall außerstande wäre, irgendwelche geschäftlichen Dinge zu klären – und sie im Falle meines Ablebens in Ägypten und Khartoum in einer äußerst mißlichen Lage.

Zunächst hatte Sam an dieser Stelle nur »Florence« geschrieben, dann aber sofort gemerkt, daß dies nicht ausreichen würde, um sie offiziell zu identifizieren, und oberhalb der Zeile noch »B. Finnian« eingefügt. Seine Handschrift war sauber und gut leserlich, und weil man seine Worte im Notfall irgendwelchen Amtspersonen vorlegen würde, wählte er einen förmlichen Stil[33], der sich deutlich von dem seiner übrigen Einträge abhob. Hier waren Gefühlsausbrüche, lebhafte Beschreibungen und Humor fehl am Platz. Damit die Passage auch wirklich gut zu entziffern wäre, mischte Sam vorher sogar noch ein neues Faß Tinte.

Nach einer qualvollen Woche starb Saat. Florence wusch ihn vorsichtig und zog ihm seine besten Kleider an, die er eigentlich für Khartoum aufgehoben hatte. Dann zogen sie traurig den *diahbiah* an Land, um ein anständiges Grab für Saat auszuheben. Er hatte ihnen so viele Jahre lang treu und ehrlich gedient. Florence konnte sich noch gut an den armen, abgemagerten Jungen erinnern, der im Hof des Khartoumer Konsulats zu ihren Füßen Zuflucht gesucht hatte. Es war ein Glückstag für sie gewesen! Saat hatte ihnen seitdem soviel Freude bereitet und trotz Meutereien, Krieg, Hunger und Krankheit mit unendlicher Treue zu ihnen gehalten. Ohne ihn hätten sie es nicht geschafft. Florence saß an seinem Grab und weinte, um ihn und um alle verlorenen, verlassenen und mißhandelten Kinder Afrikas.

Der *diahbiah* erreichte Khartoum nach Sams Berechnungen am 28. April, tatsächlich aber war es schon der 5. Mai 1865. Sämtliche europäischen Einwohner waren zusammengekommen, um sich dieses außergewöhnliche Paar anzusehen, das in ihren Augen von den Toten auferstanden war. Florence und Sam hatten das Unmögliche geschafft und waren lebend zurückgekehrt.

Anstatt bei den Pethericks wohnten die beiden diesmal in einem Haus Monsieur Lombrosios, der die Khartoumer Niederlassung der Oriental and Egyptian Trading Company führte. In den zwei Monaten, die sie in der Stadt verbrachten, kurierten sie sich mit Chinin und erholten sich. Außerdem mußten sie dringend Kontakt mit England aufnehmen. Sam schrieb also an Murchison von der Royal Geographical Society, an Wharncliffe, an seinen Bruder Valentine sowie an seine Schwester Min und die Töchter. Während er dabei voller Triumph seinen Erfolg verkündete – und Murchison eine eher sachliche achtseitige Abhandlung schickte –, erwähnte er Florence mit keiner Silbe. Er hoffte, man würde ihn als erfolgreichen Forscher bei seiner Heimkehr nach England mit stürmischem Beifall begrüßen, ihm vielleicht sogar einen ähnlichen Empfang bereiten wie Speke.

Dieser war nach seiner Rückkehr 1863 mit einer Sondersitzung geehrt worden, und Königin Viktoria hatte ihm sogar höchstpersönlich ihre Glückwünsche zukommen lassen. Die Founder's Medal der Royal Geographical Society war ihm bereits zwei Jahre zuvor verliehen worden, Grant hatte die Medaille erst 1864 erhalten.

In der Folgezeit war es allerdings zu einer unschönen Kontroverse gekommen, an der Speke selbst nicht ganz unschuldig war. Sein Kritiker James M'Queen durchkämmte Spekes ohnehin schon um einige Passagen bereinigte Reisebeschreibung *Die Entdeckung der Nilquellen* nach Schwachstellen bei den Meßergebnissen sowie Belegen für Spekes ausschweifendes Leben in Afrika. Das viktorianische England war schockiert. Auch Sam erschütterte die harsche Kritik an Speke, während Florence über den Lauf der Dinge nicht besonders überrascht war: Sie hatte Speke als harten, unnachgiebigen Mann kennengelernt, der vorschnell über andere urteilte und wenig Achtung vor Frauen hatte. Speke schädigte außerdem sein Ansehen, indem er Burtons Theorien über die Nilquellen in aller Öffentlichkeit anzweifelte und seine Vorwürfe gegen Petherick erneuerte.

Für Florence und Sam waren diese Vorgänge ein abschreckendes Beispiel dafür, wie schnell die Stimmung in der Bevölkerung umschlagen konnte. Sie lebten seit Viddin nun schon sechs Jahre lang zusammen, ohne miteinander verheiratet zu sein, so daß sie ein ähnlicher Skandal erwarten konnte. Eines Tages, als sie gerade unter sich waren, schnitt Florence das Thema an: »Sam«, sagte sie, »wir müssen uns etwas überlegen.«

»Was meinst du?«

»Für England.«

»Sobald wir wieder in England sind, können wir mit einer Sondergenehmigung heiraten«, gab er sofort zurück. »Kannst du mir bis dahin vertrauen?«

»Ja, Sam.«

»Dann gibt es auch kein Problem. Wenn wir offiziell verheiratet sind, ist dein gesellschaftlicher Stand legitimiert, und so dreist, wissen zu wollen, wann wir uns trauen ließen, wird sicherlich niemand sein. Sonst sagen wir einfach, wir hätten geheiratet, nachdem wir uns 1860 ›in Mitteleuropa‹ kennengelernt haben.[34] Niemand wird uns nachweisen können, daß das nicht stimmt, denn während der Revolution sind ziemlich viele Städte und Archive zerstört worden.«

»Du hast gesehen, wie Spekes Affären ihm zum Verhängnis geworden sind. Was werden sie erst sagen, wenn sie erfahren, daß du mich aus einem Harem entführt hast?« warf Florence ein.

»Du warst aber doch gar nie in einem Harem – zumindest wenn es danach geht, was man in England darunter versteht.«

»Wir können ihnen nicht die Wahrheit erzählen, das weißt du«, meinte Florence. »Und die Leute werden sicher wissen wollen, woher ich komme, und nach meiner Abstammung fragen. Wir müssen uns eine Strategie überlegen. Wir können nicht zulassen, daß dein Ruf ruiniert wird, nur weil die Menschen nicht verstehen, wie es in einem Harem zugeht. Wir müssen uns in der Gesellschaft bewegen können. Deine Töchter sollen erhobenen Hauptes durchs Leben gehen können und einen guten Ehemann finden. Und dich soll man für die Entdeckung des Albertsees genauso preisen wie Speke für die des Victoriasees. Doch wird man dich ehren, wenn die Leute glauben, ich sei eine gewöhnliche Prostituierte? Sie bräuchten irgend etwas anderes, über das sie reden können, dann werden sie keine unangenehmen Fragen stellen. Am naheliegendsten wäre die Sache mit meinem Alter. Wie alt ist deine älteste Tochter jetzt?«

»Edith? Sie ist … mein, Gott, sie ist mittlerweile schon siebzehn!«

»Ich bin kaum älter als sie«, rief Florence Sam ins Gedächtnis. »Aber wir können den Leuten nicht erzählen, wir hätten 1860 geheiratet, und ihnen gleichzeitig verraten, wie alt ich wirklich bin. Das wäre in der Tat ein Skandal. Meinst du, man könnte mich für dreißig halten?«

»Nein.« Sam lächelte sie an. Mit jedem Tag, an dem Florence sich erholen konnte und ausreichend zu essen bekam, gewann sie mehr von ihrer jugendlichen Schönheit zurück. »Nicht einmal nach unserer Reise durch Zentralafrika würde man dir das glauben. Erzählen wir ihnen doch, du seist dreiundzwanzig oder vierundzwanzig[35], dann wärst du bei unserer Hochzeit achtzehn gewesen. So können sie sich darüber ereifern, daß ich ein Mädchen geheiratet habe, das nur halb so alt ist wie ich, und daß wir womöglich getraut wurden, noch bevor du in die Gesellschaft eingeführt wurdest.«

»Das ist gut«, stimmte sie ihm grinsend zu. »Glaubst du, die Leute werden sagen, daß ich nur hinter deinem Geld her bin?« Sie ließ ihren Blick über das kümmerliche Häufchen von Habseligkeiten schweifen, das ihnen noch geblieben war.

»Zweifellos«, meinte Sam, und dann brachen die beiden in Gelächter aus.

Die nächsten Tage über feilten sie weiter an ihrem Plan, wie sie Florence in England präsentieren wollten. Florence schlug vor, daß sie, um die Öffentlichkeit von Themen wie ihrem wahren Alter und dem Zeitpunkt der Eheschließung abzulenken, die Rolle, die sie bei der Expedition gespielt hatte, besonders herausstellen könnten, anstatt sie zu verheimlichen.

»In England steht es einer Ehefrau aber nicht zu, außerhalb des Hauses und der entsprechenden Gesellschaftskreise überhaupt eine Rolle zu spielen«, gab Sam zu bedenken.

»Nun gut, aber nehmen wir einmal an, du selbst wärst es, der mich dafür lobte. Du könntest mich als pflichtbewußte Ehefrau darstellen, die ihrem Gatten so treu ergeben ist, daß sie ihn überallhin begleitet, selbst bis weit ins schwärzeste Afrika. Stell dir nur einmal vor, wie rührend das klingen würde, wenn wir erzählten, wie ich dir folgte, als es dir gutging, und dich pflegte, als du darniederlagst, wie ich Entbehrungen und Gefahren um deinetwillen ertrug und trotz Krankheit, Not, Krieg und Einsamkeit doch nie zögerte.«

»Das ist eine ausgezeichnete Idee«, murmelte Sam nachdenklich. »Wenn man dich als ideale Gattin ansehen würde, dann würde sich niemand erdreisten, etwas an dir auszusetzen. Einem Vortrag über die Quellen des Nils würde das einen krönenden Abschluß verleihen:

Ich könnte dich sogar auf die Bühne holen und dich dem Publikum vorstellen! Ja, das könnte hervorragend klappen.« Sie würden der Öffentlichkeit eine überzeugende Vorstellung bieten.

Als Florence und Sam am 5. Mai 1865 in Khartoum ankamen, gab es gleich einige wichtige Dinge zu erledigen. Murchison mußte über das Gelingen ihrer Expedition informiert werden, und auch Speke und Grant sowie seiner Familie wollte Sam die Neuigkeiten mitteilen. Noch bevor der Brief Murchison erreichte, hatte dieser für Sams Ehrung gesorgt: Am 22. Mai 1865 nahm John Baker in Sams Namen die goldene Patron's Medal der RGS entgegen. Außerdem bat der Präsident der Gesellschaft Sam, nach seiner Rückkehr einen Vortrag vor der RGS zu halten.

Doch in Khartoum warteten auch schlechte Neuigkeiten auf die beiden. Sams Töchter und seine Geschwister waren zwar wohlauf, aber einer der Briefe meldete den Tod Spekes, was Florence und Sam völlig unerwartet traf.

Für den 16. September 1864 war im Rahmen einer Versammlung der British Association in Bath eine öffentliche Debatte zwischen Speke und Burton über die Nilquelle vorgesehen gewesen – zum selben Zeitpunkt, als Florence und Sam gerade in der Nähe von Foweera festsaßen, weil sie keine Träger finden konnten. Die meisten erwarteten, daß Burton den Sieg davontragen würde, aber soweit sollte es gar nicht kommen. Am Tag vor der Debatte hielt Speke sich in Wiltshire auf, um in der Umgebung des Landsitzes eines alten Freundes jagen zu gehen. Als er gerade über ein niedriges Steinmäuerchen steigen wollte, stolperte er, hieß es, und jagte sich dabei selbst eine Kugel durch die Brust. Niemand war dabeigewesen, als es geschah, aber ein Freund, der in der Nähe war, konnte den Knall hören und rannte zu Speke hinüber. Minuten später war der Forscher bereits tot.

Am Morgen der Versammlung trat Murchison in den überfüllten Saal und gab Spekes Ableben bekannt. Zutiefst schockiert ließ Burton sich auf einen Stuhl fallen und rief: »Mein Gott, er hat sich umgebracht.« Die Debatte wurde abgesagt.

Nicht nur die *Times* spielte wenige Tage danach in einem Artikel auf einen Selbstmord Spekes an. Auch Florence und Sam rätselten, wie Speke tatsächlich umgekommen sein mochte. Daß er, ein erfahrener Jäger, der sich auf mehreren Kontinenten einen Namen als ausgezeichneter Schütze erworben hatte, einen so dummen Anfängerfehler beging, mit einem geladenen, ungesicherten Gewehr in der Hand über eine Steinmauer zu steigen, war ihnen unerklärlich. Außerdem war es schon ein unglaublich dummer Zufall, daß der versehentlich gelöste Schuß ihn genau in die Brust traf und ihm die Hauptschlagader zerfetzte. Spekes Tod beschäftigte die ganze britische Öffentlichkeit. Hatte er sich das Leben genommen? Konnte es sein, daß der Mann, der Zentralafrika nicht nur einmal, sondern sogar zweimal überlebt hatte, die Konfrontation mit Burton um jeden Preis vermeiden wollte und sich deshalb erschossen hatte? Hatte das Gerede über seine sexuellen Eskapaden ihn so tief verletzt? Doch niemand sollte je erfahren, was wirklich geschehen war.

Traurig überflog Sam noch einmal den Brief an Speke, den er in seinem Tagebuch aufgesetzt hatte:

> Ich kann Dir gar nicht sagen, wie überglücklich ich bin, daß ich zu Ende bringen konnte, was Du begonnen hast. Wäre es mir nicht gelungen, dann wäre ich bis ans Ende meines Lebens unglücklich gewesen. Sei versichert, daß die Beweise, die ich bezüglich der Quellen des Flusses erbringen werde, eine gewichtige Ergänzung zu den Deinen darstellen. Ich war hocherfreut zu erfahren, daß Dir und Grant der Empfang bereitet wurde, den Ihr Euch so wohl verdient habt. Übermittle bitte auch Grant, den ich hoffentlich einmal wiedersehen werde, meine freundlichsten Grüße. Ich habe Kamrasi das Portrait von ihm und Dir überlassen, das ich aus der *Illustrated London Times* ausgeschnitten hatte.

Als Sam in der *Times* ein Schreiben fand, aus dem hervorging, daß Speke noch am Tag vor seinem Tod an ihn gedacht hatte, war er zutiefst gerührt. Am 14. September hatte Speke sich in einem Brief besorgt über Bakers Verbleib geäußert.

Am 30. Juni 1865 nahmen Florence und Sam in Khartoum ein Schiff nach Berber. Die weitere Reise führte sie nach Souakim und Sues, und in Kairo übernachteten sie im Shepheard's Hotel, wo sie Annehmlichkeiten wie »Bettlaken und Kissenbezüge« und »Allsop's Pale Ale aus dem Faß« genossen. Davon hatten sie geträumt, als es ihnen am schlechtesten ging. Richarn, der nach ihrer Rückkehr eine großgewachsene Dinka namens Zeneb geheiratet hatte, war immer noch bei ihnen. Am meisten beeindruckten ihn das Hotel und vor allem die riesigen Haarknoten, die die Frauen im Nacken trugen. Sam kümmerte sich darum, daß Richarn als Leibdiener des Hoteldirektors eingestellt wurde. Als Sam ihm dann auch noch den Lohn für vier Jahre Dienst ausbezahlte, war Richarn nicht nur glücklich mit seiner jungen Frau und zufrieden mit der neuen Stelle, sondern außerdem ein reicher Mann. Nachdem sich Florence und Sam so versichert hatten, daß das einzige treue Mitglied ihrer Expedition, das ihnen noch geblieben war, gut versorgt war, brachen sie nach Paris auf.

Per Telegramm bat Sam seinen jüngsten Bruder James, sie in Paris zu treffen, da er seine Hilfe benötige. Worum es genau ging, verriet er ihm nicht. Außerdem war er klug genug, James erst eine Woche nach ihrer eigenen Ankunft herzubestellen, damit sie die Möglichkeit hatten, sich erst einmal in Ruhe einzuleben, neue Kleider zu kaufen und sich an Paris zu gewöhnen. Dabei fiel Florence ein, daß sie gar nicht wußte, wann ihr Geburtstag war.

»Wie wäre es mit heute?« schlug Sam kurzerhand vor. »Der sechste August. Wir feiern einfach heute deinen Geburtstag. Du wirst heute … dreiundzwanzig.«

»Gut.« Florence grinste. »Ich bin vierundzwanzig. Ich wurde im Jahr 1841 in Transsilvanien geboren.« Dann zogen sie los und machten sich einen schönen Tag.

James war überrascht, als er in Paris ankam und Florence sah: Mit einer Frau – noch dazu einer so jungen und hübschen – hatte er nicht gerechnet. Ihm war sofort klar, worin Sams Problem bestand.

»Die Sache ist die, James«, schilderte Sam vorsichtig sein Anliegen. »Florence und ich müssen unbedingt nach englischem Gesetz heiraten. Wir wollen sicher sein, daß unser Eheversprechen als korrekt und rechtmäßig gilt. Da wir einen Skandal vermeiden wollen, muß das Ganze ohne jegliches Aufsehen vonstatten gehen. Ich dachte mir, vielleicht könntest du dich ja in meinem Namen an den Erzbischof von Canterbury wenden und ihn bitten, uns ausnahmsweise ohne Aufgebot zu trauen. Wir haben uns vorgestellt, an einem Nachmittag in der St. James's Church in Piccadilly zu heiraten, wenn dort nicht soviel los ist.«

»Aber ja, Sam, natürlich«, antwortete James. Florence gefiel ihm auf Anhieb. Außerdem hätte jede Frau, die Sam auf seinen Forschungsreisen begleitet hatte, es verdient, seine von allen anerkannte Gattin zu werden. James konnte außerdem sehen, daß es sich hierbei nicht um eine Vernunftehe, sondern um eine Liebesheirat handelte. Sam ließ sich nicht weiter darüber aus, ob sie sich bereits im Ausland hatten trauen lassen oder nicht. Da eine solche Zeremonie in England ohnehin ungültig wäre, fragte James auch nicht weiter nach. »Ich denke, es ist am besten, wenn du ein förmliches Gesuch aufsetzt und ich dann mit dem Erzbischof vereinbare, wann es ihm vorgelegt werden kann«, schlug er vor.

»Das ist eine ausgezeichnete Idee«, erwiderte Sam und dachte: *Wenn schon einmal James und seine Frau auf unserer Seite sind, wird es einfacher sein, auch die Unterstützung der übrigen Familie zu gewinnen.* »Ich schätze deine Hilfe sehr. Glaubst du, Louisa ... oder besser gesagt, wärt ihr beide, Louisa und du, bereit, als unsere Trauzeugen aufzutreten? Ich würde mich wirklich sehr freuen, wenn jemand von der Familie dabei wäre. Den anderen stelle ich Florence lieber erst nach der Trauung vor. Ich fürchte, sie werden es ihr nicht gerade leichtmachen, vor allem Min.«

»Louisa wird sie gewiß ins Herz schließen«, versicherte James ihm. »Aber ich kann mir vorstellen, daß Min die neue Situation nicht so ohne weiteres akzeptieren wird. Sie ist da ein wenig eigen, weißt du, macht sich gerne Sorgen, was die Leute über etwas denken könnten. Und sie hat sich schon darauf gefreut, nach deiner ruhmreichen Rückkehr für dich sorgen zu dürfen. Nachdem sie sich all die Jahre hindurch deiner Töchter angenommen hat, wird sie wahrscheinlich ein bißchen enttäuscht sein.«

»So hatte ich das noch gar nicht gesehen«, sagte Sam besorgt. »Natürlich wird sie als meine Schwester und als diejenige, die meine Kinder großgezogen hat, davon ausgehen, daß sie mir den Haushalt führen und sich um mich kümmern wird. Sie rechnet sicher nicht damit, daß ich noch einmal geheiratet habe.« Er zögerte und kam dann auf die Sache zu sprechen, die ihm bei der ganzen Geschichte vermutlich am unangenehmsten war: seine Heimlichtuerei. »Ich habe Florence in meinen Briefen nicht erwähnt, weil ich damit warten wollte, bis ihr sie alle selbst kennenlernt und sehen könnt, was für eine wunderbare Frau sie ist.« Er strahlte Florence mit unübersehbarer Zuneigung an. »Wir müssen Geduld mit Min und den Mädchen haben und ihnen Zeit geben, sie genauso lieben zu lernen wie ich.« James hatte allerdings seine Zweifel, ob Min Florence oder irgendeine andere Frau, die Sam nach Henriettas Tod heiratete, jemals akzeptieren würde.

Am 14. Oktober kamen Florence und Sam in Dover an. Von dort reisten sie weiter nach London, wo sie sich in einer äußerst respektablen Pension in der Arlington Street Nummer dreizehn im vornehmen Stadtviertel Mayfair einmieteten. Damit gehörten sie zur Gemeinde St. James's, so wie es von Rechts wegen für eine Trauung in der Kirche erforderlich war. Bis sie fünfzehn Tage später endlich heiraten konnten, wohnten sie dort sehr zurückgezogen. Sie trafen sich nur mit Murchison, der von Florences Existenz in Kenntnis gesetzt werden mußte, sowie mit James und Louisa, die ebenfalls in Mayfair lebten. Louisa mochte Florence auf Anhieb. Sie half ihr, Kleider und andere Dinge zu kaufen, die sie als Ehefrau eines berühmten Mannes brauchen würde, und machte sie mit den Manieren der feinen Leute vertraut, damit sie sich leichter in diese Kreise einleben konnte.

In der Zwischenzeit ging Sam seinen eigenen Verpflichtungen nach. Er zahlte seine Mitgliedsbeiträge im Herrenclub nach und besuchte seine Töchter und die Schwestern. Den Mädchen sagte er noch nichts von ihrer zukünftigen Stiefmutter. Min aber teilte er unter vier Augen mit, daß er in Kürze nach dem englischen Gesetz heiraten werde, damit die Neuigkeit für sie nicht ganz so überraschend kam. Er berichtete von Florences heldenhafter Tapferkeit während der Afrikareise und erklärte ihr, er und Florence wollten die Kinder zu sich nehmen, sobald sie ein neues Zuhause gefunden hätten.

Min sagte nichts. Sie saß nur stocksteif da, die Hände im Schoß gefaltet, und preßte die Lippen fest aufeinander, wobei an ihren Mundwinkeln unschöne Falten sichtbar wurden. Natürlich nahm sie es Sam ein wenig übel, daß er sie nun so plötzlich durch jemand anderen ersetzen wollte. Immerhin hatte sie seinen Mädchen ein Zuhause ge-

Florence, Sam und James in Paris (1865). In Paris stellte Sam Florence seinem Bruder James vor und bat ihn, sie bei den Vorbereitungen zu einer raschen, heimlichen Hochzeit gleich nach ihrer Ankunft in England zu unterstützen (von links: James Baker, Florence Szász und Sam Baker).

geben, sich um sie gekümmert und sie geliebt, als seien es ihre eigenen Kinder. Und jetzt sollte sie einfach aus ihrem Leben verschwinden? Wie würden die Mädchen ohne sie überhaupt zurechtkommen? Sam versuchte zwar, Min klarzumachen, wie ungemein dankbar er ihr war, aber sie hatte trotzdem das Gefühl, nurmehr die lästige, unerwünschte Schwester zu sein, die sich von Sam zur Seite stoßen lassen mußte, weil er sich in irgendeine schöne Frau verliebt hatte. Da er Florence in keinem seiner vielen Briefe erwähnt hatte, mußte Min annehmen, sie sei »nicht besser, als sie sein sollte«, wie es die Viktorianer ausdrückten, also eine Frau von zweifelhafter Reputation. Sie war fest davon überzeugt, daß Sam ihr schon viel früher geschrieben hätte, wenn er und Florence tatsächlich schon einige Jahre zuvor getraut worden wären.

Und was war mit den Mädchen und ihrem Ruf? Glaubte Sam wirklich, seine Töchter so einer Frau anvertrauen zu können? Besorgt fragte sich Min, ob er wirklich vorhatte, Florence in die Gesellschaft einzuführen. Da es aber ihre Art war, gründlich nachzudenken, bevor sie sprach, sagte sie lieber gar nichts.

An Mins Körperhaltung erkannte Sam jedoch, wie verletzt sie war. Er vermutete, daß allein schon Florences Anwesenheit ein Schock für sie sein mußte. Wahrscheinlich gab Min auch die Kinder nur sehr ungern wieder fort, aber immerhin waren es seine Töchter, und Florence war seine Frau. Die Mädchen würden auf jeden Fall bei ihnen wohnen. Er hoffte sehr, daß Florence Min mit ihrem Charme für sich gewinnen konnte und die beiden gute Freundinnen wurden. Und wenn Min öfter zu ihnen kam, würde sie die Mädchen vielleicht gar nicht so sehr vermissen.

Am 4. November, dem Hochzeitstag von Florence und Sam, schrieb Min einen hochemotionalen Brief an ihre Schwester Anne:

> Ich bin froh, Dir nun mein Herz ausschütten und Dir von dieser Sache berichten zu können, die, wie Du Dir sicher vorstellen kannst, mein Herz und meinen Geist zur Zeit sehr beschäftigt. Natürlich kann ich das erst jetzt tun, wo unser lieber Sam so gütig war, Dir selbst freimütig davon zu erzählen. Es handelt sich tatsächlich um eine Affäre. Natürlich sollte er sie sofort heiraten, und wir müssen sie auch freundlich und liebevoll aufnehmen, was uns angesichts ihrer erstaunlichen Hingabe nicht schwerfallen sollte. Was jedoch die weiteren Vereinbarungen betrifft, so glaube ich, daß es eine Sache gibt, die alle Beteiligten mit Trauer erfüllen würde. Ich bin der Meinung, daß die Kinder sie unbedingt kennen und lieben sollen, daß Sam ihr jedoch nicht die Rolle einer Mutter zuweisen darf. Er muß sich dazu entschließen, sie einen getrennten Haushalt in London führen zu lassen, und sich damit abfinden, sich zwischen den beiden Häusern aufteilen zu müssen.
>
> Ich hoffe, Du glaubst nicht, daß irgendwelche Überlegungen bezüglich meiner eigenen Zukunft hierbei eine Rolle spielen oder mein Urteil be-

einflussen. Wenn Sam sie dazu bringt, den Haushalt zu führen, in dem seine Kinder leben, dann wird ihnen das, glaube ich, ernsthaft schaden, wie engelsgleich und gütig sie auch sein mag: Die grausame Welt wird mit Steinen nach ihr werfen, und diese werden auch die lieben, armen Kinder treffen. [...]
Ich hoffe, meine Liebe, daß das, was ich geschrieben habe, Dich nicht glauben läßt, ich würde zu streng gegenüber dem armen Mädchen sein – Gott bewahre! Ich bemitleide und liebe sie dafür, daß sie sich so aufopferungsvoll hingegeben hat, und gebe ihr auch gar keine Schuld, denn sie war ja noch so jung und so hilflos. Doch Du weißt auch, meine Liebe, wie übermächtig meine Liebe für meine vier Schätzchen ist, und allein bei dem Gedanken, sie könnten unglücklich sein, zerreißt es mir das Herz. [...] Ein Brief von Sam, den ich eben erhalten habe, gibt mir zu verstehen, daß sie just in diesem Augenblick, während ich Dir schreibe, getraut werden & daß Sam den Kindern davon erzählen wird, wenn er später hierherkommt. Die armen kleinen Würmchen! Besonders Edith tut mir leid [...], aber ich werde versuchen, sie zu beruhigen & zu trösten.

Mins Brief spiegelte eindrucksvoll die moralischen Standards der damaligen Zeit wider, an denen man auch Florence messen würde, sollte man jemals ihre wahre Geschichte erfahren. Min liebte Sam und seine Kinder und konnte deshalb darüber hinwegsehen, daß Florence mit einem Mann auf Reisen gewesen war, ohne mit ihm verheiratet zu sein, doch aus ihren Worten war trotzdem der moralische Tadel herauszuhören. Ihre Erklärung, sie sollten Florence »freundlich und liebevoll aufnehmen«, muß sich für Anne eher nach verbissener Pflichterfüllung als nach einer aufrichtigen Empfindung angehört haben.

Männern gestand man in der damaligen englischen Gesellschaft eine viel größere sexuelle Freizügigkeit zu als Frauen. Während Florence dafür, daß sie verführt worden war, auf Verzeihung hoffen mußte, war Sam, der Verführer, auf keinerlei Vergebung angewiesen. Wegen der Kinder zwei getrennte Haushalte einzurichten, so wie Min es vorgeschlagen hatte, war eines jener diskreten Arrangements, wie sie Männer sonst für ihre Geliebten trafen. Für eine rechtmäßig verheiratete Frau dagegen war es eine Beleidigung.

Am Nachmittag war die Hochzeit eine vollendete Tatsache. Sam hatte am Tag zuvor im Amtszimmer des Erzbischofs eine Sondergenehmigung eingeholt, mit der es Samuel White Baker gestattet war, Florence Barbara Maria Finnian zu ehelichen. Nur Louisa und James waren anwesend, als die beiden wie geplant in der St. James's Church in Piccadilly getraut wurden. Im Kirchenbuch wurde Florence als Tochter des verstorbenen »Matthew Finnian, Gentleman« geführt, dessen Name aus dem anglisierten Vornamen ihres leiblichen Vaters, Mathias, und dem Nachnamen ihres »Ziehvaters«, Finjanjian, zusammengesetzt wurde – letzterer allerdings in irischer Schreibweise, so wie es auch in ihrem Reisepaß stand. Sams hatte schwungvoll und zügig unterschrieben, Florence dagegen brauchte drei Anläufe[36]. Zuerst schrieb sie »Florence Baraba« und dann »Florenz B«, bevor ihr ein korrektes, englisches »Florence B. Finnian« gelang. Sie war beileibe keine Analphabetin: In Viddin hatte sie durchaus schreiben gelernt, weshalb ihr »Florenz« auch leichter von der Hand ging als »Florence«. Es war jedoch das erste Mal, daß sie dieses genial ausgeklügelte Ungeheuer von Namen als ihre Unterschrift verwendete, noch dazu auf einem Dokument, das eine so große Bedeutung für sie besaß wie dieses. Kein Wunder also, daß ihr die Hand zitterte und sie die richtige Schreibung nicht auf Anhieb zustande brachte.

Der Vikar erklärte die beiden vor Gottes Angesicht zu Mann und Frau. Sam küßte die Braut, und Florence schritt durch den Mittelgang zurück Richtung Ausgang. Jetzt war sie eine richtige viktorianische Ehefrau: Mrs. Samuel Baker.

15

Eine couragierte Dame

Am Abend speiste das frisch vermählte Paar mit den Murchisons. Der Präsident der RGS fand, der Name »Murchisonfälle« klinge ganz ausgezeichnet, und fühlte sich geehrt. Prompt ließ er für den Sitz der RGS ein Ölgemälde in Auftrag geben, dem Sams Skizze zugrunde liegen sollte.

Murchison zählte zu den einflußreichsten Wissenschaftlern Englands, und es war von entscheidender Bedeutung, sich seine Rückendeckung zu sichern. Mit ihrem ersten Auftritt als Forscherehepaar konnten Florence und Sam ihn für sich gewinnen.

Unter Murchison, dem Gründer der RGS und lebenslangen Förderer ihrer Ziele, hatte sich die anfangs noch unbedeutende Organisation zu einer Gesellschaft mit zweitausend Mitgliedern entwickelt. Die Unterstützung und finanzielle Förderung von Forschungsreisen nach Afrika – ein Thema von großem öffentlichem Interesse – stellte eine ausgezeichnete Möglichkeit dar, sowohl die Mitgliederzahlen als auch das Ansehen der RGS weiter zu erhöhen. Murchison plauderte liebend gerne mit Angehörigen des Adels oder des Königshauses und betrachtete es als einen persönlichen Triumph, wenn es ihm wieder einmal gelungen war, den Prince of Wales oder den Duke of Edinburgh zu irgendeiner Veranstaltung der RGS zu locken. Schon bald galten die Fachvorträge der Gesellschaft als Höhepunkte der Londoner Gesellschaftssaison. Außerdem war Murchison fest davon überzeugt, daß die Wissenschaft im Dienste der imperialistischen Expansion Großbritanniens stehen sollte und die Forscher daher die Unterstützung durch Gesetzgebung, Adel und Königshaus benötigten.

Die Bakers verkörperten genau das, wonach Murchison gesucht hatte. Von Sams ursprünglichem Plan, Speke und Grant zu Hilfe zu

Sir Roderick Murchison. Murchison, der Präsident der Royal Geographical Society, war ein einflußreicher Mann. Daß er sich hinter Florence und Sam stellte, trug dazu bei, daß die beiden von der Gesellschaft akzeptiert und später sogar regelrecht gefeiert wurden.

kommen, war die RGS zwar alles andere als angetan gewesen, jetzt aber wollte Murchison Sam unbedingt als einen der ihren präsentieren. Murchison brauchte einen Helden, einen gutaussehenden, eloquenten und möglichst auch noch unterhaltsamen Mann, der den Mittelstand ebenso für sich einnahm wie die oberen Klassen. Burton war viel zu intellektuell und unkonventionell, Speke war kurz vor seinem Tod zu einem komplizierten, leicht reizbaren Zeitgenossen geworden, und Grant konnte sich nicht gut genug ausdrücken. Sam war genau der Richtige. Er erfüllte nicht nur alle erforderlichen Kriterien, um sich optimal für die wissenschaftliche Forschung einsetzen zu können, sondern hatte außerdem noch eine hübsche, hingebungsvolle Ehefrau aufzuweisen. Das Bild, das dieses tapfere Paar abgab, das sich auf der Suche nach der Nilquelle Seite an Seite durch das dunkelste Afrika gekämpft hatte, war nahezu unwiderstehlich. Murchison wurde zum unerschütterlichsten Fürsprecher der Bakers.

Auch wenn er von Florences Schönheit und Anmut angetan war, entging ihm nicht, wie jung sie war und daß man tatsächlich kaum etwas über ihre Vergangenheit wußte – doch das kümmerte ihn nicht weiter. Ganz sicher war er sich nicht, was ihr genaues Alter betraf, aber in einem Brief an einen Freund beschrieb er sie als Bakers »kleine, blauäugige, ungarische Ehefrau, die er unterwegs aufgelesen hat und [die] ihn während seiner fünf Jahre in Afrika begleitete und trotzdem erst dreiundzwanzig Jahre alt ist. Wir haben sie alle sehr gerne.«

Mit ein paar einführenden Worten zu Sams Vortrag vor der RGS am 13. November 1865 machte Murchison seine Anerkennung und Gönnerschaft publik. In der Abschrift dieser Vorrede, die am folgenden Tag komplett mit einigen Kommentaren zur Reaktion der Zuhörerschaft in der *Times* abgedruckt wurde, hieß es:

> Mit großer Freude und Dankbarkeit, die, wie ich überzeugt bin, alle hier Versammelten mit mir teilen werden, darf ich außerdem bekanntgeben, daß der Träger unserer Medaille auf all diesen anstrengenden und gefährlichen Reisen von Mrs. Baker begleitet wurde, der, wie er mir selbst gesagt hat, ein nicht unerheblicher Anteil an seinem Erfolg zukommt und die mit ihrem Verhalten bewiesen hat, was eine couragierte Frau aus Ehrerbietung gegenüber ihrem Mann zu tun imstande ist.

Sam, der schon immer ein fesselnder Erzähler gewesen war, übertraf sich an jenem Abend selbst. Er begann seine Rede mit dem ehrenhaften Zugeständnis, daß Speke und Grant es gewesen seien, die ihm so freundlich den Weg zum Albertsee beschrieben hätten. Dann erzählte er von den landschaftlichen Attraktionen Afrikas, von aufregenden Begegnungen mit wilden Tieren, von den Einheimischen

Die hübsche Mrs. Baker (um 1865). Florence war sehr jung und attraktiv, als sie in die englische Gesellschaft eingeführt wurde. Ihr Kleid und der mit einer breiten, herabhängenden Spitzenborte umwickelte Blumenstrauß lassen vermuten, daß es sich bei dieser Aufnahme um ein Hochzeitsfoto handelt.

und ihren fremdartigen Gebräuchen und von den unglaublichen Entbehrungen, die eine Forschungsreise durch den Schwarzen Kontinent mit sich brachte. Mit seinen humorvollen Anekdoten gewann er im Handumdrehen die Herzen des Publikums: Er war ein beeindruckender Mann, der dennoch über einen Witz lachen konnte, selbst wenn er auf seine Kosten ging. Mit gespannter Aufmerksamkeit lauschten die Zuhörer, und mit jeder Minute wuchs ihre Bewunderung. Am Ende der Rede sagte Sam, zu Murchison gewandt:

> Und es gibt noch jemanden, bei dem ich mich bedanken muß – und ich bin sehr froh, dies in Ihrer Gegenwart tun zu dürfen –, einen Menschen, der auf den ersten Blick zwar jung und zart erscheinen mag, aber das Herz eines Löwen besitzt und ohne dessen Treue und Mut ich jetzt nicht hier vor Ihnen stehen und diese Rede halten würde: Herr Präsident, Euer Gnaden, meine Damen und Herren, erlauben Sie mir, Ihnen meine Frau vorzustellen.

Mit diesen Worten ging er nach hinten, verbeugte sich kurz und kam mit einer reizenden, tadellos gekleideten und frisierten jungen Dame an seinem Arm zurück. Seine gelungene Darbietung stieß bei den erlesenen Gästen auf eine überwältigende Resonanz. Man hatte eine großartige Abenteuergeschichte zu hören bekommen, eine ganze Menge über wissenschaftliche Forschungsarbeit erfahren, und jetzt bekam man außer einem unerschrockenen Entdecker auch gleich noch dessen attraktive, treue Gattin präsentiert.

Der Ruhm des Forscherehepaares Baker stieg rasch. Bei einem Vortrag in Nottingham waren Florence und ihre Ergebenheit als Sams Ehefrau die Attraktion, und jedesmal wenn ihr Name fiel, klatschte und jubelte das Publikum und verlangte, sie zu sehen. Schließlich holte der Vorsitzende die adrett errötende Florence aus dem Publikum und führte sie auf die Bühne. Es war ein brillantes Spektakel – und ein unwahrscheinlich wirkungsvolles Ablenkungsmanöver, das verhinderte, daß sich irgend jemand nach Florences Vergangenheit erkundigte. Sobald sie in den Herzen der Menschen erst einmal einen Platz als ideale viktorianische Ehefrau gefunden hätte, würde es niemand wagen, etwas gegen sie zu sagen.

Im Dezember reisten die Bakers nach Paris, wo Sam die Goldmedaille der Französischen Geographischen Gesellschaft verliehen wurde. Auch hier war Florence der Publikumsliebling: Bei jeder Erwähnung ihres Namens wurde ihr applaudiert. Als der Marquis de Chasseloup-Laubat Sam auf der Bühne feierlich die Auszeichnung überreichte, sorgte dieser für stürmischen Beifall, indem er sich zu Florence umdrehte und die Medaille mit einer liebevollen Geste an sie weiterreichte. Damit war Florence zu einer weltberühmten Heldin geworden.

Daß die Londoner Gesellschaft Sam und Florence so begeistert feierte, war kein Wunder: Immerhin waren sie das bekannteste Forscherehepaar des Jahres. Am 5. Dezember 1865 brachte die *Illustrated London News* einen langen, äußerst schmeichelhaften Artikel über die beiden. Neben zahlreichen anderen bedeutenden Persönlichkeiten nahmen auch Sams alte Bekannte Lord und Lady Wharncliffe sowie der Duke und die Duchess of Atholl ihn und Florence in ihre gesellschaftlichen Kreise auf.

Die Bakers wurden von der Londoner High-Society anstandslos akzeptiert. Natürlich wurde viel über die ungewöhnliche Jugend und Schönheit von Sams neuer Ehefrau geredet, und man munkelte, die beiden wären 1860 noch gar nicht den Bund der Ehe eingegangen. Der berühmte Forscher David Livingstone erzählte William Cotton Oswell: »Baker hat seine Geliebte in Kairo geheiratet, und es heißt, sie habe es auch verdient, nach all dem, was sie für ihn durchgemacht hat. Ich habe zwar von der Frau gehört, aber die Sache wurde nicht publik gemacht, und wenn das Ganze auch so gutgeht, dann wäre es auch besser, wenn es nie soweit kommt.« Cotton Oswell, der Florence selbst kennengelernt hatte, schloß sich der allgemeinen Auffassung an, daß ihr Charakter und ihre Leistung bemerkenswert genug waren, um jegliche unhaltbaren Gerüchte über ihre Vergangenheit guten Gewissens ignorieren zu dürfen.

Am 12. Januar 1866 berichtete Murchison James Grant, der mittlerweile wieder bei seinem Regiment im Pandschab war, von Sams Auszeichnungen:

> Es wäre Ihnen gewiß warm ums Herz geworden, wenn Sie hätten sehen können, was für ein freundlicher Empfang dem guten & trefflichen Sam Baker und seiner netten, kleinen ungarischen Ehefrau hier bereitet wurde. Diese junge Dame (erst dreiundzwanzig Jahre alt)[37], von der Sie mir nie etwas erzählt hatten (und von der mir noch nie etwas zu Ohren gekommen war), wurde uns von ihm selbst als Mrs. Baker vorgestellt und ist als solche von seiner ganzen Familie herzlich aufgenommen worden. Wir freuten uns natürlich, gleich ihre Beachtung erbeten zu dürfen, & so hat sie bereits mit Lord & Lady Dufferin, meiner Wenigkeit & vielen anderen gespeist, & wir haben sie alle genauso gern wie ihn.

Das treue Paar (1866). Sams lebhafter Reisebericht Der Albert N'yanza. Das große Becken des Nils und die Erforschung der Nilquellen *präsentierte Florence als perfekte viktorianische Ehefrau. Das Frontispiz zierten diese Stiche von Sam und Florence, auf denen die beiden einander mit verklärtem Blick anschauen.*

Zwischen den Zeilen gab Murchison Grant damit den guten Rat, lieber vornehme Diskretion zu wahren. Er wußte, daß Grant im Jahr 1863 in Gondokoro Florences Bekanntschaft gemacht hatte, und wollte, daß es besser unerwähnt blieb, falls Grant doch irgend etwas Anstößiges über die Dame wußte.

Sam und Florence ließen sich in Hedenham nieder und gründeten dort einen Haushalt. Schon bald hatte sich trotz Mins Protesten eine innige Beziehung zwischen Sams Töchtern und Florence entwickelt. Vor allem Edith, Sams Älteste, wurde zu einer ihrer engsten Vertrauten, vermutlich auch deswegen, weil sie fast im selben Alter waren.

Sam war die meiste Zeit über damit beschäftigt, die lebendigen Schilderungen aus seinen Reisetagebüchern in Buchform zu bringen. Im Juli 1866 wurde *Der Albert N'yanza. Das große Becken des Nil* veröffentlicht und hatte sofort durchschlagenden Erfolg: Zusätzlich zu sämtlichen Elementen seines Vortrags für die RGS sowie einer Veröffentlichung enthielt es hervorragende Lithographien, die auf Grundlage seiner eigenen Skizzen angefertigt worden waren. Die Bakers konnten sich noch gut an den Skandal erinnern, den die Passagen über die Frauen Afrikas in Spekes Buch ausgelöst hatten, so daß sie sich bei jeder Anekdote, die Sam mit aufnahm, gut überlegen mußten, wie die Leser sie wohl auffassen würden. Auf der ersten Seite des Buches waren zwei ovale Stiche mit Portraits von Florence und Sam abgedruckt, die einander so gegenübergestellt waren, daß es aussah, als blickten sie sich liebevoll an. Nach dem Titelblatt folgte die Widmung an »Ihre gnädigste Majestät die Königin« mit deren Erlaubnis – ein unmißverständlicher Beweis der offiziellen Anerkennung. Als weitere Absicherung gegen Fehlinterpretationen oder Skandale verfaßte Sam ein brillantes Vorwort, in dem er den Leser auf dem rauhen, gefährlichen Pfad des nun folgenden Abenteuers zu begleiten versprach. Darin hieß es:

> Sollte bei der Beschreibung einzelner Szenen irgend etwas bei einem zarten Gemüt Anstoß erregen und als in der Gegenwart einer Frau unangemessen erscheinen, so darf ich meinen Leser daran erinnern, daß die Frau des Pilgers ihm durch all diese Widrigkeiten folgte, ermattet und mit wunden Füßen, und das nicht etwa aus freien Stücken, sondern aus reiner Ergebenheit, und daß ihre liebevolle Pflege es war, die sein Leben in Augenblicken der größten Not und Krankheit rettete und damit der Expedition zu ihrem Gelingen verhalf.

Das Buch war ein Meisterwerk, das Florence einem noch breiteren bewundernden Publikum als tapfere, pflichtbewußte viktorianische Ehefrau vorstellte. Der *Morning Advertiser* erklärte in einer Rezension, sie sei die eigentliche Heldin der Geschichte, die wohl die Herzen der gespannten Leser für sich gewinnen würde. Nach der Lektüre des Buches wies der Politiker W. E. Gladstone Murchison sogar darauf hin, daß im Grunde auch Florence eine Auszeichnung verdient hätte. Vielleicht wußte er, daß man gerade Sams Erhebung in den Adelsstand vorbereitete.

Am 15. August 1866 schrieb der Premierminister, der vierzehnte Earl of Derby, Sam aus der Downing Street Nummer zehn:

> Im Namen der Königin Viktoria darf ich Ihnen Ihre Anerkennung für die guten Dienste übermitteln, die Sie der geographischen Forschung durch Ihre fleißige wissenschaftliche Arbeit in Afrika erwiesen haben, und Ihnen zudem mitteilen, daß Ihre Majestät sich glücklich schätzt, Ihnen dafür als besondere Auszeichnung den Adelstitel verleihen zu dürfen – sofern Sie diese Ehrung entgegenzunehmen gewillt sind.

Das ließ sich durchaus hören. »Flooey, komm schnell!« schrie Sam, nachdem er den Brief gelesen hatte.

Florence kam ins Zimmer gelaufen. »Was gibt es denn, Sam?« fragte sie atemlos. »Ist etwas passiert?«

»Das kann man wohl sagen. Sieh dir das an.« Er streckte ihr den dicken Briefbogen mit dem eindrucksvollen Siegel entgegen. Sie nahm ihn und begann zu lesen. Sam konnte nicht abwarten, bis sie damit fertig war, sondern breitete die Arme aus und platzte freudestrahlend mit der Neuigkeit heraus: »Könntest du dir vorstellen, von jetzt an Lady Baker zu heißen, mein Schatz?«

»Aber ja«, antwortete sie und fiel ihm in die Arme, »wenn ich dich dafür Sir Samuel Baker nennen darf.«

Grant war außer sich. Speke hatte für seine Entdeckungen keine einzige Auszeichnung erhalten. Wenn Speke noch am Leben gewesen wäre und weniger streitsüchtig, hätte man ihn vielleicht auch geadelt, doch sicher war das nicht. Grant hatte von offizieller Seite lediglich einen Companion-of-the-Bath-Orden bekommen, und das nicht einmal in Anerkennung seiner Forschungsreisen in Afrika. Der Neid hetzte Grant gegen Baker auf: Er und Speke hatten als Forscher viel mehr geleistet, waren aber längst nicht so großzügig geehrt und auf Händen getragen worden.

Was Grant außerdem kränkte, war die Tatsache, daß Sams Buch viel erfolgreicher war als Spekes *Journal of the Discovery of the Source of the Nile* und sein eigenes, eher pathetisches A *Walk Across Africa*. Sams Reisebericht war wesentlich unterhaltsamer, und seine Illustrationen waren interessanter und lebendiger.

Am schlimmsten aber fand Grant, daß Sam sich in aller Öffentlichkeit für eine unmoralische Frau stark machte. Das brachte das Faß für ihn endgültig zum Überlaufen. Blind vor Wut begann er, etlichen seiner Freunde und Bekannten nach England zu schreiben und sich darüber zu beklagen. Der übelste dieser Briefe war eine achtseitige Schmähschrift, die Grant seinem Freund, dem Verleger John Blackwood, schickte. Er beschuldigte Florence darin, eine einfache Animierdame in einer Stadt gewesen zu sein, in der Sam sich ein oder zwei Jahre lang aufgehalten hatte, und unverheiratet mit diesem herumgereist zu sein. Er erklärte, sowohl er und Speke als auch Konsul Colquhoun hätten Sam gemaßregelt, weil dieser Florence nach Afrika mitgenommen hatte, ohne mit ihr verheiratet zu sein, und gab zu verstehen, daß er nicht glaube, dies sei mittlerweile geschehen. In harten, unversöhnlichen Worten warf er Sam vor, seine Entdeckungen auf Kosten von ihm und Speke an die Öffentlichkeit gebracht zu haben:

> […] das zeugt von einer Unverschämtheit, zu der Speke oder ich […] gar nicht imstande gewesen wären. Diese Entdeckung denjenigen wegzuschnappen, die sich ihm gegenüber so großzügig erwiesen haben; seinen Bericht noch weiter aufzublähen, indem er den Namen dieser Frau mit ins Spiel bringt; uns fast noch einen Vorwurf daraus zu machen, daß wir diese nie öffentlich erwähnt haben; das Interesse der Öffentlichkeit von unserem See auf den seinen zu lenken & sich schließlich nur wenige Wochen nach seiner Rückkehr in den Adelsstand erheben zu lassen – das ist, behaupte ich noch einmal, ein Geschäft, mit dem ich glücklicherweise nichts zu schaffen hatte.

Blackwood konnte die Situation besser einschätzen als Grant: Die Bakers waren eine Ikone, ganz gleich, welcher Makel ihnen auch anhaften mochte. Es wäre nicht nur sinnlos, sie zu kritisieren, sondern würde Grant außerdem wie einen verbitterten alten Trottel aussehen lassen. Wenn er seinem Ärger in aller Öffentlichkeit Luft machte, würde ihn das ruinieren, und das gab Blackwood ihm auch ganz klar zu verstehen:

> Ich habe ziemlich genau mitverfolgt, wie Baker sich geäußert hat, und bin zu dem Schluß gelangt, daß er sich Speke & Ihnen gegenüber immer fair verhalten wollte. [...] Einmal habe ich ihn in London getroffen: Er hätte nicht wohlwollender von Ihnen beiden & von dem, was Sie getan haben, sprechen können. [...] Seien Sie versichert, daß, ganz gleich was man hier oder dort auch behaupten mag, Ihre Namen – an erster Stelle der von Speke, an zweiter der Ihre – für alle Zeiten als die der Entdecker der Nilquelle gelten werden und die der ersten Männer, denen es gelang, Afrika ganz und gar zu durchdringen. Daran gibt es nichts zu rütteln. [...]
> Ich rate Ihnen dringend, diesbezüglich keinen Briefwechsel zu beginnen und vor allem nichts über Mrs. Bakers gesellschaftliche Stellung verlauten zu lassen. Was auch immer sie früher gewesen sein mag: Sie hat in Afrika eine Feuertaufe über sich ergehen lassen, die ausreicht, jede Erinnerung an etwaige frühere Makel auszubrennen. Sie muß eine ganz großartige Persönlichkeit sein.

Auch Min mußte gegen Neidgefühle und Groll ankämpfen. Im Grunde war sie eine warmherzige Frau, die sich ganz für Sam und seine Töchter aufopferte. Im Glauben, es sei das beste für die Mädchen, versuchte sie immer wieder zu verhindern, daß diese dauerhaft bei Florence und Sam lebten. Fast zwei Jahre nach Sams Rückkehr, im Jahr 1867, schrieb sie ihrer Schwester Anne einen weiteren unglücklichen Brief, in dem sie Florence die Schuld an all ihren Unstimmigkeiten mit Sam gab. Sie beschimpfte Florence als »ungebildet« und behauptete, sie sei »keine Dame«. Natürlich war Florence zu jung und zu hübsch, lachte zu ungeniert und sprach zu offen aus, was sie dachte. Und sie hatte ihr die Kinder weggenommen, die Min verständlicherweise als ihre Schützlinge ansah. Min bezeichnete sogar James und Louisa als Verräter, weil sie sich für Florence eingesetzt hatten. John, Sams anderen Bruder, widerte das endlose Gezänk der Familie an.

Trotz aller Neidereien, Ressentiments und Gerüchte schien das berühmte Forscherpaar London endgültig erobert zu haben. Im Februar 1867 bat Sam Lady Wharncliffe, Florence am Königshof vorzustellen. Lady Wharncliffe war damit einverstanden, nicht allerdings die Königin; offensichtlich waren ihr Gerüchte über irgendwelche vorehelichen Intimitäten zu Ohren gekommen. Sams Erhebung in den Adelsstand hatte dies nicht verhindert, aber was den Empfang von Damen mit zweifelhaftem Ruf betraf, war Königin Viktoria unerbittlich. Mit einer Frau, an deren moralischer Integrität auch nur der geringste Zweifel bestand, würde sie sich nicht sehen lassen.

Sam war die Angelegenheit unsagbar peinlich, und er schämte sich, daß er – und indirekt auch Florence – Lady Wharncliffe in eine so unmögliche Situation gebracht hatten. In seinem demütigen Entschuldigungsschreiben an Lord Wharncliffe ging er unter anderem auf eine weitere Schwierigkeit bei ihrer Eheschließung ein:

> [...] wie sollte man es in einem unzivilisierten Land wie Ungarn oder der Türkei denn auch sonst anstellen, wenn der eine römisch-katholisch, der andere aber protestantisch ist, so wie es bei uns der Fall war, bis meine Frau Protestantin wurde? Und doch ist das Versprechen, das wir einander gegeben haben, nie treuer befolgt worden und während all der Jahre der Gefahr und der Entbehrungen nie williger eingehalten worden als von uns. Wir ließen uns ja auch gleich nach unserer Rückkehr nach England gemäß den Erfordernissen unserer Kirche trauen, damit keine der hiesigen Sitten verletzt würde. [...] Ich habe getan, was ich ihr schuldig war, und würde ihr zuliebe auf alles verzichten: meine Stellung, meine Gesundheit, ja selbst auf mein Leben.

Wharncliffe war nicht der einzige, der Sam und Florence ungeachtet der Haltung Königin Viktorias auch weiterhin unterstützte. Nur wenige Tage nachdem diese es abgelehnt hatte, Florence zu empfangen, machte die amerikanische Schriftstellerin Julia Ward Howe die Bekanntschaft Sams bei einer Einladung zum Tee im Hause Lady Stanleys, der Gattin des berühmten Afrikaforschers. Kurze Zeit später traf sie ihn mit Florence bei einer Abendgesellschaft wieder.

Von ihr stammt eine Beschreibung von Florences exotischer Kleidung: einer bernsteinfarbenen Tunika, die diese über einem weißen Kleid trug, und »einer Halskette aus Löwenzähnen« – in Wirklichkeit waren es die Krallen der Löwen, die Sam erlegt hatte. In Afrika galten sie als wirkungsvolle Talismane, die ihren Träger vor den Angriffen

Die königliche Familie (1863). Der Prince und die Princess of Wales ließen sich gerne von den Bakers Gesellschaft leisten, während Königin Viktoria diesen Umgang mit Mißbilligung betrachtete, da Florence und Sam Gerüchten zufolge bereits vor der Ehe eine intime Beziehung geführt hatten.

wilder Tiere beschützten. In London dagegen war eher mit Angriffen von seiten der anderen Damen der Gesellschaft zu rechnen, die jedoch keinen Deut weniger gefährlich waren.

Edith, Sams älteste Tochter, verlobte sich mit Robert Marshall, dem Pfarrer der Church of St. Paul in Hedenham, und machte sich gemeinsam mit Florence voller Freude an die Planungen für das riesige Hochzeitsfest, das im Herbst 1867 stattfinden sollte. Die Gästeliste war so lang, daß Sam beschloß, einen großen Wintergarten an das Haus anzubauen, um alle unterzubringen. Wenn er nicht gerade die Bauarbeiten überwachte, bereitete er die Veröffentlichung seines zweiten Buches vor, *Die Nilzuflüsse in Abyssinien*.

Im darauffolgenden Herbst bekam Edith ihren ersten Sohn, Cyril, und bat Florence, dessen Taufpatin zu werden. Florence wußte damals noch nicht, daß sie selbst nie eigene Kinder haben sollte. Überglücklich willigte sie ein.

Einige Zeit später luden der Duke und die Duchess of Sutherland Florence und Sam zu einem rauschenden Ball ein. Im Anschluß daran blieben die beiden noch einen ganzen Monat auf Dunrobin Castle und freundeten sich mit dem Prinzen und der Prinzessin an. Daß die beiden Paare sich so hervorragend verstanden, überraschte nicht: Der Prinz war bereits ein guter Freund von Sams Bruder Valentine, der mittlerweile Oberst bei den Zehnten Husaren war und zudem den vornehmen Marlborough Club des Prinzen mitbegründet hatte. Als er Sam kennenlernte, stellte er fest, daß er sich auch mit ihm gut verstand.

Nur wenige Tage nach der Ankunft des Prinzen auf Dunrobin beklagte sich Königin Viktoria bei ihm wegen seiner neuen Freunde, doch der Prinz widersprach ihr energisch:

Werte Frau Mama,
[...] Sir W. Knollys schrieb mir, Sie hätten erfahren, daß Sir Samuel und Lady Baker hier seien, und wollten mich wissen lassen, daß letztere mit ihrem Ehemann vor der Ehe ein intimes Verhältnis gepflegt habe. Auch mir ist dies zu Ohren gekommen, und ich habe mit dem Duke darüber gesprochen. Er versicherte mir, er und die Duchess hätten diesbezüglich Auskünfte eingezogen und hegten keinen Zweifel daran, daß diese Geschichte unbegründet sei. Die Duchess hat sehr genau darauf geachtet, welche Damen sie in dieser Sache befragt hat, und hätte Lady Baker gewiß nicht gebeten, Alix kennenzulernen, wenn sie nicht überzeugt davon wäre, daß sie dessen würdig ist.
Sie ist eine der zurückhaltendsten, vornehmsten Damen, die man sich nur vorstellen kann. Ihrem Ehemann völlig ergeben, geht sie ganz in ihm auf, und ich glaube, man würde den beiden wirklich unrecht tun,

wenn man dieser Geschichte Glauben schenkte, die für ihn sehr betrüblich und für sie ganz furchtbar sein muß.

Die Beteuerungen des Prinzen hätten bei Königin Viktoria möglicherweise mehr Gewicht gehabt, wenn er nicht als Frauenheld bekannt gewesen wäre, der für die Reize hübscher junger Frauen besonders empfänglich war. Einmal wagte er es sogar, Florence schöne Augen zu machen: Als Sam gerade fort war, stattete er ihr unangemeldet einen Besuch ab. Florence wies eines ihrer Dienstmädchen an, ihn ins Wohnzimmer zu führen und ihn zu bitten, er möge doch warten, da sie noch in der Waschküche nach dem Rechten sehen müsse. Eine Dame zu besuchen, deren Ehemann gerade außer Haus war, war seine Art, eine Liaison anzufangen – und ihn mit einem Verweis auf die Hausarbeit warten zu lassen, war ihre Art, ihm durch die Blume eine Absage zu erteilen.

16

Die oberste und unbeschränkte Entscheidungsgewalt

An Weihnachten 1868 hatten Florence und Sam besonderen Grund zur Freude: Florence glaubte, nun doch endlich schwanger zu sein[38]. Die jahrelangen Entbehrungen und Krankheiten während der Forschungsreise zum Nil hatten ihrer Gesundheit ernsthaft geschadet, so daß sie sich sehr schonen mußte.

Der Prince of Wales hatte die Bakers gebeten, mit nach Kairo zu kommen, wo er und seine Frau dem Vizekönig von Ägypten, dem Khediven Ismail Pascha, einen offiziellen Besuch abstatten wollten. Obwohl Ägypten eigentlich zum Osmanischen Reich gehörte, regierte der Khedive beinahe unabhängig vom Sultan als mächtigster Herrscher des Landes, und der britische Einfluß über Ägypten wuchs kontinuierlich. Nach Erledigung aller dienstlichen Pflichten würde das Prinzenpaar mit seinen Reisebegleitern den Nil hinauffahren, um einige Sehenswürdigkeiten zu besichtigen und auf die Jagd zu gehen. Mit seinen Arabischkenntnissen und der langjährigen Afrikaerfahrung war Sam genau der Richtige für die Organisation einer solchen Reise. Er war von der Idee begeistert, und Alix würde sich über Florences Gesellschaft freuen. Die beiden verstanden sich ausgezeichnet und unterhielten sich gerne auf deutsch miteinander. Jetzt aber, wo sie in anderen Umständen war, wollte Florence lieber nicht nach Ägypten fahren. Die lange Reise, das heiße Klima und die unzähligen Krankheiten, die es am oberen Nil gab, stellten ein zu großes Risiko dar. Der Ausflug sei, wie Sam in einem Brief an Wharncliffe bemerkte, »für Lady Baker ganz undenkbar«. Florence, die wußte, wie sehr sich Sam darauf gefreut hatte, drang allerdings darauf, daß er ohne sie mitfuhr.

Florence in England (um 1868/69). Auf dieser Aufnahme hat Florence ein rundlicheres Gesicht und eine fülligere Figur als auf früheren Fotos; möglicherweise war sie damals gerade schwanger.

Am Ende bestand die Reisegesellschaft aus dem Prinzen und der Prinzessin, der Ehrenwerten Mrs. Grey, einer der Hofdamen der Prinzessin, Lieutenant Colonel Teesdale und Captain A. Ellis, den Leibdienern des Prinzen, Lord Carrington, dem Ehrenwerten Captain Montague, Dr. Minter, Mr. Brierly und Sam. Außerdem gab es noch diverse Diener und Berater. Königin Viktoria hatte zwar etwas dagegen, daß ihr Sohn sich mit den Bakers einließ, aber der Prinz stand auch diesmal hinter seinen Freunden.

In Kairo und Alexandria waren der Prinz und die Prinzessin ausgiebig mit offiziellen Besuchen, Staatsempfängen und Banketten be-

Die königliche Flotille (1869). Sam organisierte für den Prince und die Princess of Wales eine Reise mit dem Segelschiff auf dem oberen Nil. Unterwegs bot man ihm das Amt des Generalgouverneurs von Equatoria an.

schäftigt, aber die Nilexkursion war dafür das reine Vergnügen. Die ägyptische Regierung hatte ihnen Dampfer bereitgestellt, die allerdings so üppig dekoriert waren, daß Sam einige der Möbelstücke aus Gründen des Anstands durch schlichtere, englische Stücke ersetzte. Anderenfalls, bemerkte er scherzhaft zum Prinzen, würde man ihren Dampfer womöglich für ein schwimmendes Bordell halten, von denen es am oberen Nil eine ganze Menge gab. Sam kümmerte sich einfach um alles.

Ganz gemächlich fuhr die Reisegesellschaft den Nil hinauf, beobachtete Vögel, hielt Ausschau nach urzeitlich wirkenden Krokodilen, erlegte hin und wieder eines und genoß den Anblick der Landschaften, Menschen, Kamele und Palmen, die in endloser Abfolge an ihnen vorüberzogen. Mal gingen die Männer an Land auf Pirschjagd, mal unternahmen alle gemeinsam einen Ausflug, schauten sich irgendwelche berühmten ägyptischen Ruinen an und staunten über den Untergang des einst so bedeutenden Reiches. Alles in allem war die Reise rundum gelungen.

Zum Abschluß fand ein prächtiger Maskenball in Kairo statt, den der Khedive zu Ehren seiner englischen Gäste ausrichtete. Irgendwann im Lauf des Abends nahm der Khedive den Prinzen beiseite und unterbreitete ihm ein großzügiges Angebot. Der ägyptische Vizekönig, der eine Ausbildung in Ägypten, Paris und Wien genossen hatte, sah sich als einen der aufgeklärtesten und modernsten Herrscher der damaligen Zeit und hoffte, die Mißstände und die Rückständigkeit in seinem Land zumindest ansatzweise beseitigen zu können. Er wollte eine Militärexpedition zu den großen Seen Afrikas entsenden, um weite Teile des Sudans zu annektieren und das Einflußgebiet Ägyptens so weiter Richtung Süden auszudehnen. Dieses Ziel war Bestandteil seines Plans, den unheilvollen Sklavenhandel auszurotten und einen legitimen Handel mit Schutzposten entlang des gesamten Weißen Nils aufzubauen.

Auch der Prince of Wales war der Meinung, daß dieses Vorhaben die militärische wie auch die kommerzielle Expansion auf ganz hervorragende Weise mit humanitären Bemühungen verbinde, die in England und besonders bei der Königin auf großen Beifall stoßen würden. Er erkundigte sich, wen der Khedive als Leiter dieser Expedition im Auge habe.

Dem Khediven war bewußt, daß das Projekt eine mutige, entschlossene Führungspersönlichkeit erforderte, bezweifelte aber ganz offen, daß ein Ägypter angesichts der zentralen Rolle, die die Sklaverei in der hiesigen Gesellschaft spielte, eine so schwierige Aufgabe bewältigen konnte. Es würde eine Menge Sabotageversuche und Widerstand geben. Der Khedive konnte sich vorstellen, daß ein Fremder, vielleicht sogar ein Engländer, dafür eher geeignet sei, und wollte vom Prinzen wissen, ob er glaube, der großartige Sam Baker sei dazu fähig und bereit.

Der Prinz bejahte dies und bot sich an, Sam den Vorschlag selbst zu unterbreiten, sobald er sich von den ehrbaren Absichten Ismail Paschas überzeugt hätte. Sam würde sich nur gegenüber dem Khediven verantworten müssen, Gefeilsche um Einzelheiten der Mission, Lohn, Ausrüstung oder Kosten würde es nicht geben. Der Mann, der das Unternehmen leitete, sollte die enorme Summe von zehntausend Pfund pro Jahr bekommen und mit Booten, Waffen, Uniformen, Vorräten, einer ziemlich großen Armee und allem, was er sonst noch

Der Khedive. Ismail Pascha sagte Sam großzügige Bedingungen und eine letztlich uneingeschränkte Autorität zu, wenn dieser sich dazu bereit erklärte, ein riesiges Gebiet in Ägypten und dem Sudan vier Jahre lang zu verwalten und den Sklavenhandel am Weißen Nil auszurotten.

brauchte und was angemessen war, ausgestattet werden. Für die Dauer von vier Jahren würde er Generalgouverneur des gesamten annektierten Gebietes sein, das man »Equatoria« nennen wollte. Erkläre Sam sich bereit, das Amt anzutreten – natürlich in dem Wissen, daß es sich um eine gefährliche und schwierige Aufgabe handelte –, dann solle er einen detaillierten, förmlichen Antrag an ihn stellen, so der Khedive. Er würde sich dann um alles übrige kümmern.

Sam war über diesen Auftrag hoch erfreut. Er hatte es eilig, Kairo zu verlassen und wieder nach Hause zu Florence zu kommen, denn er machte sich Sorgen, weil er sie in diesem Zustand so lange allein ließ. Nun würde er einen Plan mitbringen, der sie sicher begeistern würde. Allmählich wurde es ihnen in ihrem Haus in England doch zu langweilig und zu eng, so komfortabel und gemütlich es auch sein mochte. Und das hier war ein Vorhaben, das jede Mühe lohnte. Die Abschaffung des Sklavenhandels und die Annexion des Sudans waren Herausforderungen, bei denen sie zeigen konnten, wozu sie imstande waren. Außerdem bot ihnen der Auftrag nicht nur die Möglichkeit, nach Afrika zurückzukehren, sondern gleichzeitig noch eine Menge Geld zu verdienen. Und sie konnten endlich einen vernichtenden Schlag gegen die Sklaverei führen, die Florence so abgrundtief verabscheute. In Sams Augen würde es kein Problem sein, das Baby mitzunehmen. Sie würden sich ein gutes Kindermädchen suchen, das sich um das Kind kümmerte, so wie er und Henrietta es in Ceylon getan hatten.

Als Sam mit all diesen aufregenden Neuigkeiten heimkam, mußte er jedoch feststellen, daß Florence schwach und völlig niedergeschlagen war[39]. Sie hatte das Baby verloren oder war möglicherweise gar nicht schwanger gewesen. Dabei hatte sie sich so sehr gewünscht, Sam endlich einen Nachkommen schenken zu können, einen Sohn, der mit Cyril, Ediths kleinem Jungen, aufwachsen würde. Der Arzt eröffnete ihr mit ernster Miene, daß sie vermutlich nie mehr ein Kind würde austragen können. In der ersten Nacht, die Florence und Sam wieder gemeinsam zu Hause verbrachten, lagen sie nur eng umschlungen und in Tränen aufgelöst da und trauerten, daß ihr Traum sich zerschlagen hatte.

Edith kam, so oft sie nur konnte, und brachte den kleinen Cyril mit, um Florence aufzuheitern, und die anderen Mädchen versuchten, sie zu trösten und ihrer Stiefmutter möglichst keinen Kummer zu bereiten. Florence hatte das Gefühl, daß niemand außer Sam verstehen konnte, wie groß ihr Schmerz wirklich war. Sie fand Trost im Gebet und ging oft in die Kirche, um Gott zu fragen, ob all das die Strafe für ihre Sünden sei. Dabei hatte sie doch immer nur aus Liebe gehandelt, nie aus Eigennutz, und sie konnte sich nicht vorstellen, daß Gott sie für ihre Liebe zu Sam bestrafen wollte.

Sam fiel es leichter, seinen Schmerz zu betäuben: Er stürzte sich in die Vorbereitungen zu seinem neuen Abenteuer. Es war, als hätte ihm der Khedive die Möglichkeit geboten, noch einmal derselben Route zu folgen, die er schon einmal mit viel Mut und Beharrlichkeit bewältigt hatte. Diesmal aber würde er gut ausgerüstet sein und Männer und Vorräte mitbringen. Nun würden ihn Stärke und eine gute Planung ans Ziel bringen und nicht vorgetäuschte Furchtlosigkeit und pure Verbissenheit.

Für Florence war es nicht einfach, sich mit den Plänen zu einer weiteren Afrikareise anzufreunden, selbst wenn diese im Vergleich zu ihrer ersten Expedition relativ komfortabel zu werden versprach. Einige Wochen lang behagte ihr die Idee gar nicht. Sie fühlte sich ungewöhnlich deprimiert und leer. Irgendwann bereitete ihre geistige und körperliche Verfassung Sam ernsthafte Sorgen, was Florence nicht verborgen blieb. Sie konnte es nicht mit ansehen, wie ihre Probleme ihn zusätzlich belasteten, und versuchte ihm zuliebe, sich aus ihrer Niedergeschlagenheit zu befreien. Ihr, die sie Kinder so liebte, fiel es schwer zu akzeptieren, daß sie selbst niemals eigene haben würde, aber vielleicht konnte sie ja anderen Kindern helfen und dafür sorgen, daß sie in Freiheit und ohne Furcht vor den Sklavenhändlern leben konnten. Die Reise bekam ein humanitäres Ziel, das der letzten Expedition gefehlt hatte. Allmählich aß Florence wieder mit Appetit und bewegte sich mehr. Sie bat Sam, ihr seine Pläne zu erklären, und half ihm, sie ordentlich niederzuschreiben. Außerdem mußte noch entschieden werden, was mit den Mädchen, Ethel, Constance und Agnes, geschehen sollte. Sam wollte sie auf keinen Fall noch einmal bei Min lassen, obwohl diese inzwischen endlich geheiratet hatte und jetzt eine Mrs. Cawston war. Diesmal wollte er es nicht riskieren, um seine Töchter kämpfen zu müssen. Min war gekränkt, weil er ihr nicht vertraute. Edith erklärte sich bereit, ihre Schwestern zu sich zu nehmen, was für alle Beteiligten die beste Lösung zu sein schien.

Die Verantwortung, die Ismail Pascha Sam übertrug, war, wie sich nach der Klärung aller Details herausstellte, sehr umfangreich. Sam hatte nun die fast uneingeschränkte Befugnis, Gebiete zu annektieren, Recht zu sprechen und gegen den Sklavenhandel vorzugehen. Im *firman* des Khediven, der am 16. Mai 1869 ausgestellt wurde, hieß es:

Wir, Ismail, Khedive von Ägypten, haben in Anbetracht der barbarischen Zustände bei den Stämmen des Nilbeckens, in Anbetracht der Tatsache, daß diese Länder weder über Regierungen noch über Gesetze oder eine innere Sicherheit verfügen; daß den Sklavenjägern, die diese Länder in großer Zahl heimsuchen, aus Gründen der Menschlichkeit Einhalt geboten werden muß und daß die Errichtung eines legitimen Handels in all diesen Ländern ein bedeutender Schritt in Richtung Zivilisation sein wird, der einen Dampfschiffahrtsverkehr zu den großen, äquatorialen Seen Zentralafrikas ermöglichen und die Bildung einer ständigen Regierung nach sich ziehen wird, [...] ein Dekret erlassen, mit dem folgendes verfügt wird: Eine Expedition wird vorbereitet, deren Ziel es sein wird, die Länder südlich von Gondokoro zu unterwerfen, den Sklavenhandel abzuschaffen und ein geregeltes Handelssystem einzuführen sowie ein sich über ganz Zentralafrika erstreckendes Netz von Militärstationen und Handelsdepots einzurichten, die jeweils drei Tagesmärsche auseinanderliegen, mit dem Schiff erreichbar sind und Gondokoro als zentralen Stützpunkt haben werden. Für vier Jahre, beginnend mit dem 1. April 1869, beauftragen Wir mit dem Oberkommando über diese Expedition Sir Samuel White Baker, dem Wir zudem die oberste und unbeschränkte Entscheidungsgewalt über sämtliche Mitglieder der Expedition, auch über deren Leben oder Tod, übertragen. Dieselbe oberste und unbeschränkte Entscheidungsgewalt erteilen Wir ihm auch in Hinblick auf sämtliche Länder im Nilbecken südlich von Gondokoro.

Außerdem verlieh der Khedive Sam den ehrenhaften Titel eines »Bei«, den höchsten, den er ohne ausdrückliche Genehmigung des Sultans in Konstantinopel vergeben durfte, sowie den Rang eines Generalmajors. Nur kurze Zeit später wurde Sam vom Sultan höchstpersönlich zum Pascha befördert. Noch nie zuvor hatte es im Osmanischen Reich einen Engländer mit diesem Titel gegeben.

Die damalige politische Lage war verworren. Eigentlich gehörte Ägypten zum Osmanischen Reich, innerhalb dessen es jedoch beinahe den Status einer unabhängigen Nation mit sehr engen Beziehungen zu Großbritannien einnahm. Die Regierungsgewalt lag beim Khediven, der allerdings nicht der uneingeschränkte Herrscher

Baker Pascha (1874). Bei seinem Versuch, dem Sklavenhandel ein Ende zu machen, verließ sich Sam auf die Autorität des Khediven, seinen eigenen, außergewöhnlich großen Mut, eine eindrucksvolle Uniform und eine kleine Armee. Die Expedition hatte mit heftigen Widerständen zu kämpfen.

Ägyptens war: Ausschlaggebend waren letztendlich die Zustimmung des Sultans und die des englischen Königshauses.

In Sams Gegenwart setzte der Khedive seinen Innenminister, Cherif Pascha, davon in Kenntnis, daß Sam »die oberste und unbeschränkte Entscheidungsgewalt besitze und ihm alles, was [er] brauche, auf Wunsch zur Verfügung gestellt werden solle«.

Sam hatte nun einen exzellenten Lohn, einen hohen Rang und praktisch uneingeschränkte Macht. Man würde großzügig für seine Spesen aufkommen und genügend Männer bereitstellen. Der *firman* des Khediven war eindeutig formuliert und zeigte mehr als deutlich, daß dieser dem Vorhaben seine volle Unterstützung zusicherte. Sam schrieb:

> Allen Beobachtern war klar, daß der Kampf eines Fremden – eines Engländers – gegen den Handel und Raub von Sklaven in Ägypten nichts anderes war als ein Stich in ein Wespennest, daß jedem Versuch, dem fest etablierten Geschäft mit den Negersklaven ein Ende zu bereiten, mit entschlossenem Widerstand begegnet werden würde und der Hauptbevollmächtigte und Anführer einer solchen Expedition mit »Rachegefühlen und schonungslosem Haß« rechnen mußte. [...]
> Für die breite Öffentlichkeit in Europa ist gar nicht nachvollziehbar, welche Bedeutung dem Vorhaben zukam. In Oberägypten und dem Nildelta waren sämtliche Haushalte auf Sklavenarbeit angewiesen, im Sudan wurden die Felder von Sklaven bestellt, die Frauen in den Harems sowohl der reichen Leute als auch der Mittelschicht hatten Sklaven als Diener, ja, selbst ärmere arabische Frauen setzten alles daran, einen Sklaven zu besitzen – kurzum: Ohne Sklaven wäre die ägyptische Gesellschaft wie ein Wagen ohne Räder – es würde nichts vorwärtsgehen.

Trotz ihrer engen Beziehungen zu Ägypten warnte die britische Regierung Sam, daß von ihr keinerlei Unterstützung zu erwarten sei, sollte es zu »Komplikationen« kommen. Mittlerweile waren es Sam und Florence jedoch gewohnt, das Unmögliche zu versuchen, obwohl alle Umstehenden ihnen von dem Versuch abrieten.

Sie waren sich sehr deutlich darüber im klaren, wie wichtig die richtige Zusammensetzung ihrer Mannschaft war. Sam zählte dabei vor allem auf seinen Neffen Lieutenant Julian Baker, der für ein Jahr von der Royal Navy beurlaubt worden war und als Adjutant vom Khediven einen Lohn von fünfhundert Pfund erhalten sollte. Außerdem verpflichtete er einen Chefingenieur, Edward Higginbotham. Diesem waren sechs weitere Ingenieure, Schiffsbauer und Kesselschmiede der Firma Samuda & Penn unterstellt, die bereits die

Julian Baker (1874). Sams Neffe Julian verließ die Royal Navy, um sich der Expedition als stellvertretender Kommandeur anzuschließen. Seine ungezwungene autoritäre Art, Intelligenz und moralische Integrität kamen der Unternehmung eindeutig zugute.

Maschinen für die sechs Expeditionsdampfer hergestellt hatte. Auf Wunsch der Männer sollte ihr Lohn während ihrer Abwesenheit vollständig oder teilweise an ihre Angehörigen in England gezahlt werden. Leiter des medizinischen Personals war Dr. Joseph Gedge, Lagerverwalter und Dolmetscher Michael Marcopolo.

Florence und Sam beschlossen, zwei Diener mitzunehmen, die sich um ihr persönliches Wohlergehen kümmern sollten: Lewis Peck und Margaret Bullinaria. Um sicherzugehen, daß ihre englischen Angestellten wußten, worauf sie sich einließen, bestand Florence darauf, daß sie Sams Buch über den Albert N'yanza gründlich lasen, bevor sie unterschrieben. Außerdem stellten sie vier Ägypter ein: Hadji Harness als Koch sowie Mabruk, Suleiman und Hossein, drei Janitscharen oder Soldaten.

Die Expedition hatte eine völlig andere Größenordnung als diejenige, die Sam und Florence im Jahr 1861 geleitet hatten. In London ließ Sam eine sorgfältige Auswahl an Vorräten und Proviant im Wert von neuntausend Pfund zusammenstellen, darunter Unmengen an Konserven und Trockennahrung, die ausreichen würden, um die Europäer vier Jahre lang satt zu bekommen. Auch die Ausrüstung ließ nichts zu wünschen übrig und umfaßte neben einigen essentiellen Dingen wie der geeigneten Reisebekleidung, Moskitonetzen und einem großen Medikamentenkoffer auch leuchtendbunte Taschentücher, billige Uhren, mehrere Laternae magicae und Spieluhren sowie ein paar Nachttöpfe.

Sam sollte eine eintausendsiebenhundert Mann starke Armee anführen, die hauptsächlich aus Ägyptern und Sudanesen bestand – kein Vergleich zu den kümmerlichen vierzehn Männern und Jungen, mit denen sie sich bei der letzten Reise zum Albert N'yanza vorgekämpft hatten.

Fast von Anfang an kam es zu Verzögerungen und Komplikationen. Als größtes Hindernis für die Expedition erwiesen sich die Feierlichkeiten zur Eröffnung des Sueskanals. Da der Empfang Kaiserin Eugénies von Frankreich die volle Aufmerksamkeit der Kairoer Behörden in Anspruch nahm, konnten die versprochenen Boote nur mit Verspätung bereitgestellt werden. Außerdem wollte die Kaiserin Sam unbedingt kennenlernen und mehr über die geplante Reise erfahren, wie Florence in einem Brief an Edith schrieb. Ihr dagegen lag, forsch wie sie war, weit mehr daran, die Expedition endlich anzutreten, als mit einer Kaiserin zu plaudern.

Eigentlich hatte Sam vorgehabt, die Männer in drei separaten Gruppen loszuschicken, doch schon die erste von ihnen brach fast drei Monate später auf als vorgesehen. Erst Ende August konnte Sam trotz der Abwesenheit des Khediven die Genehmigung zur Benutzung eines Schiffes erwirken und so die inzwischen per Eisenbahn eingetroffenen Dampfmaschinen, Kesselbleche und Bauteile aus England

Florence in Alexandria (1870). Bei ihrer Ankunft in Ägypten wirkte Florence abgespannt und wesentlich schlanker als noch wenige Monate zuvor (im Vergleich hierzu das Foto auf Seite 287).

nach Korosoko schleppen lassen. Chefingenieur Higginbotham hatte die wenig beneidenswerte Aufgabe, die einundvierzig Waggonladungen von dort sechshundertfünfzig Kilometer weit durch die Wüste nach Khartoum zu befördern. Ob der Weiße Nil dann noch genug Wasser führen würde, daß sie den Sudd vor Jahresende durchqueren und nach Gondokoro gelangen konnten, war allerdings nicht sicher.

Die zweite Gruppe, zu der auch Sam, Florence und Julian gehörten, fuhr am 5. Dezember auf einer Schaluppe von Sues nach Souakim, reiste auf Kamelen nach Berber weiter und traf nach nur einunddreißig Tagen mit dem Schiff in Khartoum ein. Die Nilufer südlich von Berber befanden sich in einem Zustand »schrecklicher Verwüstung«. Die Sklavenhändler hatten dort ihr Unwesen getrieben, die Felder lagen brach und die Dörfer waren verlassen oder niedergebrannt. Nichts deutete darauf hin, daß die Gegend einst zu den reichsten und am dichtesten bevölkerten Regionen des Sudans gezählt hatte.

Khartoum selbst, einst eine Stadt mit einer Einwohnerzahl von dreißigtausend Menschen, war inzwischen auf die Hälfte zusammengeschrumpft. Abgesehen von der österreichischen Mission, dem österreichischen Konsul und einem deutschen Schneider waren alle Europäer inzwischen gestorben oder geflüchtet. Von der dritten Gruppe der Expedition, die hier zu ihnen stoßen sollte, war keine Spur zu sehen. Djaffer Pascha, der Generalgouverneur von Khartoum, der Soldaten, Segelboote, Dampfer und Lasttiere für sie hätte bereitstellen sollen, behauptete, es gebe in Khartoum gar nicht so viele Schiffe. Daß es sich dabei nur um eine billige Ausrede handelte, wurde Sam klar, als er erfuhr, daß Djaffer Pascha für den berüchtigten Sklavenhändler Kutchuk Ali elf Schiffe aufgetrieben hatte. Ali sollte im Auftrag der Regierung den Bahr el Ghazal hinauffahren und nahe der lukrativen Kupferminen an der Grenze zu Darfur eine Siedlung errichten. Sam beschlich der Verdacht, daß der Generalgouverneur gegen ihn arbeitete.

Die Kavallerie, die Djaffer Pascha der Expedition zur Verfügung stellen sollte, erwies sich als derart unbrauchbar, daß Sam sie sofort wieder entließ. Anders als die sudanesischen Soldaten waren die ägyptischen fast ausschließlich Sträflinge und Halunken. Nur sechsundvierzig der Männer übernahm Sam als Leibwache. Wegen ihres laut Sam »eigentümlichen diebischen Wesens« nannte man sie – trotz der zahlenmäßigen Abweichung – schon bald »die Vierzig Räuber«, nach der berühmten Geschichte von Ali Baba und den Vierzig Räubern. Sam machte aus dem Trupp eine Eliteeinheit und vermittelte den Männern das Gefühl, daß es eine Ehre war dazuzugehören. Die ganzen vier Jahre über sollten die Vierzig Räuber ihre Tapferkeit, ihre hervorragenden Fähigkeiten und ihre außergewöhnliche Loyalität gegenüber Sam und Florence unter Beweis stellen.

Beförderung der Dampfschiffe und Motoren mit Kamelen (1874). Chefingenieur Edwin Higginbotham hatte die undankbare Aufgabe, den Transport der zerlegten Dampfer durch die Wüste und entlang des Weißen Nils nach Gondokoro zu überwachen.

Am 8. Februar 1870, einen Monat nach ihrer Ankunft und acht Monate später als erhofft, segelten Florence und Sam von Khartoum los, mit nur sechshundertfünfzig der ursprünglich vorgesehenen Männer und vier Dampfern weniger als geplant. Ihre Flotte bestand somit aus einunddreißig Segelbooten und zwei Dampfern, über die Julian Baker sowie Colonel Raouf Bei das Kommando führten. Die ganze Stadt war zum Hafen gekommen – einerseits, um ihnen eine gute Reise zu wünschen, aber andererseits wohl auch, um sich zu vergewissern, daß die Bakers tatsächlich verschwanden, bevor sie noch für Ärger sorgten.

Nach gut einer Woche erreichten sie Fashoda, den ersten Posten der ägyptischen Regierung südlich von Khartoum. Florence nannte Fashoda einen »erbärmlichen Ort« »voller Fieber« und mit »einer Menge Menschen, den Shillook«, ein Ort, an dem man sich nur ungern aufhalte. Julian sprach von »dem furchtbarsten Ort, den man sich nur vorstellen kann: in einer öden Ebene gelegen und von Sümpfen umgeben«. Der Empfang durch den Gouverneur, Ali Bei, fiel ver-

Mittels Kanälen wird Dampfschiff Nr. 10 durch das hinderliche Pflanzendickicht geschleppt. Bis zur Hüfte im Wasser stehend, kämpften sich die Männer tagelang durch den Sudd. Sie zerhackten die Pflanzendecke und zogen die Boote durch die schmalen Schneisen.

dächtig herzlich aus. Er schenkte ihnen zwei fette Schafe und beteuerte lautstark, er befolge die Anweisungen des Khediven immer ordnungsgemäß und lasse keine Sklavenboote passieren. Sam glaubte ihm kein Wort.

Kurz nach der Abreise aus Fashoda mußten sie eine kritische Entscheidung treffen. Als Sam und Florence an die Stelle kamen, wo der Sobat, den sie beim letzten Mal erkundet hatten, sich mit dem Weißen Nil vereinigte, merkten sie, daß die Bedingungen im Sudd in diesem Jahr noch verheerender sein würden als sonst, auch wenn der Nil bisher tief und gut befahrbar gewesen war. Ganz offensichtlich hatten die ägyptischen Behörden versäumt, den Fluß von Pflanzen freizuhalten, so daß er inzwischen fast völlig zugewuchert war. Es bestand also wenig Hoffnung, daß es für die großen Schiffe der Expedition ein Durchkommen gab. Da einige Führer Sam versicherten, der Bahr Giraffe, über den sie ausweichen wollten, sei im Gegensatz zum Weißen Nil schiffbar, legten der erste Dampfer und der *diahbiah*, mit dem Florence und Sam segelten, am Zusammenfluß mit dem Bahr

Giraffe an, um die nachkommenden Schiffe über die neue Route zu informieren.

Doch die Führer hatten sich geirrt: Der Bahr Giraffe erwies sich als noch schlechter befahrbar als bei ihrer letzten Reise. Außerdem gab es dort Unmengen von Moskitos, die Schwüle war beklemmend und die Landschaft eintönig. Schon nach knapp einer Woche steckten die vorausfahrenden Schiffe völlig fest. Sam ließ die Schwerter und Äxte schärfen und vierzig seiner Männer eine Fahrrinne durch das Dickicht schlagen. Bis zur Hüfte standen sie im Wasser, hackten das widerspenstige Buschwerk nieder und schnitten sich dabei die Haut an den scharfkantigen Blättern auf. Dann bündelten sie das Grünzeug mit Seilen und zerrten es beiseite. Reichte das immer noch nicht aus, mußten sie die Boote an Seilen durch das seichte Wasser ziehen. Am ersten Tag schafften sie gerade einmal jämmerliche hundertvierzig Meter.

Anfangs konnten Florence und Sam die Männer trotz der Plackerei einigermaßen bei Laune halten, denn es gab genug zu essen und abends eine Menge Grog. Mit der Zeit aber erlagen immer mehr Männer Pilzerkrankungen, Fieber, infizierten Wunden und Sonnenstichen. Nach einer erfolglosen Erkundungsfahrt flußaufwärts mußten sie sich geschlagen geben. Ihre einzige Möglichkeit bestand nun darin, umzukehren und die gut hundertdreißig Kilometer wieder zurückzufahren. Daß sie den Weißen Nil unterschätzt hatten, obwohl sie doch selbst Bekanntschaft mit den Schrecken des Sudd gemacht hatten, war den beiden eine bittere Lehre. Einen Tag später trafen sie wieder mit Raouf Beis Dampfer und fünfundzwanzig ihrer Segelboote zusammen.

Die Skrupellosigkeit der Sklavenhändler offenbarte sich ihnen kurz darauf in ihrer ganzen Schonungslosigkeit. In der Nähe von Kutchuk Alis Handelsstation stießen sie auf einen Haufen mit achtzehn Leichen. Von den wenigen Einheimischen, die noch in den verlassenen, niedergebrannten Dörfern lebten, erfuhr Sam, daß Kutchuk Ali seine Opfer ungestraft niedergemetzelt hatte. Auch wenn Sam mit Verrat und betrügerischen Absprachen gerechnet hatte, schockierte es ihn doch, daß ein Gesandter der Regierung zu so einer Greueltat fähig war.

Nächtlicher Nilpferdangriff auf das Boot (1874). Gelegentlich kam es zu heftigen Attacken gegen die Boote, wenn ein Nilpferd glaubte, sein Territorium verteidigen zu müssen.

Am nächsten Tag wurde der *diahbiah* von einem Nilpferd angegriffen, das mit seinen Stoßzähnen zwei große Löcher in die Planken riß. Der Mannschaft gelang es gerade noch, die Ladung, auf die sie so dringend angewiesen waren, trocken an Land zu bringen. Gemeinsam mit den Ingenieuren besserte Sam die Lecks aus, während die Soldaten sich damit abwechselten, das Boot über der Wasseroberfläche zu halten. Am Morgen war der *diahbiah* »ordentlich repariert«, wie Florence stolz bemerkte. »Kein Tropfen Wasser dringt mehr ein.« Der nächste Nilpferdangriff erfolgte nachts, was wesentlich kritischer war.

Der Fluß war nur noch ein einziger Morast. Im Konvoi kämpften die Schiffe sich durch eine Fahrrinne von nicht mehr als fünfundvierzig Metern Breite, die so seicht war, daß sie ständig auf Grund zu laufen drohten. Die Regenzeit hatte begonnen und brachte Fieber und Tod mit sich. Am 9. März starb der erste Soldat an der Fieberkrankheit, zwei Tage später der nächste an einem Sonnenstich. Den Sudanesen machte das Klima weniger zu schaffen als den Ägyptern, aber letztendlich nahm die Krankheit keine Rücksicht auf die Nationalität ihrer Opfer. Auch der gesundheitliche Zustand Mr. Higginbothams machte Florence und Sam Sorgen. Er folgte ihnen mit schwerbeladenen Schiffen und einer kleineren Truppe von Männern. Bereits ein Verlust von nur wenigen von ihnen würde sie vor immense Schwierigkeiten stellen.

Eines Tages gelangten sie aus dem undurchdringlichen Labyrinth des Sudd plötzlich in eine Art See, der jedoch von einem dichten Damm aus Wasserpflanzen eingeschlossen war. Am 9. April 1879 schrieb Sam in sein Tagebuch: »Die Vorstellung, man könne diesen Fluß irgendwann einmal schiffbar machen, ist geradezu lächerlich.« Und wieder mußte er seinen Booten den Befehl geben, nach Khartoum zurückzukehren.

Kurz darauf erreichten sie erneut Kutchuk Alis Handelsstation. Sam bestand darauf, dessen *wakil* klarzumachen, wie sein Auftrag lautete und daß er den Sklavenhandel in Zukunft nicht mehr dulden werde. Der Mann glaubte ihm nicht, denn immerhin war sein Herr befördert worden und hatte nun die ehrenvolle Aufgabe, den Generalgouverneur von Khartoum höchstpersönlich zu beliefern. Außerdem konnte man die Sklaverei doch nicht einfach so abschaffen.

Florence und Sam wußten, daß der *wakil* recht hatte: Der Versuch, der Sklaverei ein Ende zu machen, würde auf ein gigantisches gesellschaftliches und finanzielles Chaos hinauslaufen. Das System war so tief verwurzelt, daß niemand sich ein Leben ohne Sklaven vorstellen konnte. Um so nachvollziehbarer war es, daß den Betroffenen der Versuch, eine so folgenschwere Veränderung herbeizuführen, anmaßend und grausam erscheinen mußte. Sam besaß jedoch den für die viktorianische Zeit typischen unerschütterlichen Glauben an die Richtigkeit seines Tuns, und auch für Florence gab es keinen Zweifel, daß die Sklaverei ein Irrweg war, auch wenn man mit Gewalt für die Freiheit würde kämpfen müssen. Die Kontrolle über sogenannte unzivilisierte, sprich außereuropäische Länder an sich zu reißen, um dort verändernd einzugreifen, war in ihren Augen nur mutig und legitim. Dieser Glaube an die eigene Überlegenheit war einer der Hauptgründe, warum eine Handvoll Europäer mit einer Armee von mehreren tausend Söldnern überhaupt mehr oder minder unbehelligt durch weite Regionen Afrikas marschieren konnte.

Vermutlich dachten die meisten Sklavenhändler, die entlang des Flusses ihren Geschäften nachgingen, daß die Expedition gerade im Sudd festsaß, denn nun kamen sie alle aus ihren Schlupfwinkeln. Nur wenige Tage später erwischten Sam und seine Männer drei Boote, die Ali Bei, dem Gouverneur von Fashoda, höchstpersönlich gehörten. Die Mannschaft war gerade mit einer *razzia*, einem Sklavenraubzug, beschäftigt. Sam versuchte, die fliehenden Einheimischen zum Bleiben zu bewegen, und versprach ihnen Hilfe.

Am nächsten Tag vertäute er den *diahbiah* unmittelbar neben Ali Beis Zelt, wo der Gouverneur ihn sehen und als Sams Schiff erkennen mußte. Unter einem Baldachin auf dem Achterdeck warteten Sam und Florence, bis sich der *koordi*, wie man Ali Bei auch nannte, blikken ließ. Sie wußten, daß sie ihm alles andere als gelegen kamen. Als er schließlich auftauchte, mußte Florence sich zurückziehen, denn der Türke sprach in Anwesenheit von Frauen nicht über Geschäftliches. Er erklärte Sam, er halte sich mit fünf Kompanien Soldaten und einer kleinen Kavallerie hier auf, um Steuern einzutreiben, könne ihm aber leider nicht näher erläutern, nach welchem Prinzip sein Volk besteuert werde. Sam fragte den *koordi* rundheraus, ob er jemals Frauen und Kinder gefangengenommen habe, vielleicht so, wie er zur Begleichung der Abgaben auch Vieh beschlagnahmte, aber Ali Bei stritt wütend ab, an derartigen Greueltaten beteiligt zu sein.

Sam nutzte die Gelegenheit und befahl seinem Adjutanten, Lieutenant Abd-el-Kadr, die Schiffe des *koordi* zu inspizieren. Trotz heftiger Gegenwehr der Mannschaft entdeckte er etliche Sklaven – mit den armen Kreaturen, die der *koordi* in seinem Lager eingesperrt hatte, waren es insgesamt einhundertfünfundfünfzig und bis auf zehn ausschließlich Frauen und Kinder. Ali Bei, eindeutig als Schuldiger überführt, suchte nach einem Ausweg, indem er Sams Machtbefugnisse anzweifelte: Wer sei er eigentlich, daß er glaube, seine Geschäfte behindern und ihm befehlen zu können, die Sklaven freizulassen?

Wenn er sich weigere, das zu tun, verkündete Sam dem Gouverneur, müsse er ihm das schriftlich geben, damit er seine Antwort dem Khediven vorlegen könne. Der *koordi* zögerte, denn sich schriftlich festzulegen war immer ungünstig, wenn es um eine so heikle Angelegenheit ging.

Am 22. April suchte Sam, begleitet von Julian und Mr. Higginbotham, deren Boote inzwischen ebenfalls heil angekommen waren, zum zweiten Mal das Lager des *koordi* auf und gab Befehl, die Sklaven vor seinen Augen zu befreien.

> Ich gab Anweisung, ihnen die Seile, Fußschellen und alles weitere Beiwerk der Sklaverei abzunehmen und erklärte der erstaunten Menge der Gefangenen mittels eines Dolmetschers, daß der Khedive die Sklaverei abgeschafft habe und sie somit frei seien, nach Hause zurückzukehren. Zunächst schienen sie gar nicht zu wissen, wie ihnen geschah, und konnten es offensichtlich nicht glauben, aber auf meine Frage, wo sie zu Hause seien, deuteten sie zu der endlosen Kette von Dörfern hinüber, die in der Ferne zu sehen war. [...]
> Dann hoben alle, fast gleichzeitig, zu einem langgezogenen, bebenden, schrillen Schrei an, mit dem sie ihrer Freude Ausdruck verliehen. Ich sah zu, wie sie über die Ebene zu ihren zerstörten Dörfern zurückgingen und verabschiedete mich mit kühler Höflichkeit vom *koordi*. Die erstaunten Blicke seiner Soldaten, als ich durch ihr Lager marschierte, waren beinahe komisch. Ich werde diesen Zwischenfall unmittelbar dem Khediven melden, bin jedoch sicher, daß meine Bloßstellung des Gouverneurs von Fashoda bei den niederen Beamten nicht gerade zur Beliebtheit der Expedition beitragen wird.

Seinem Ansehen und seiner Beliebtheit bei den Shillook dagegen war Sams Verhalten äußerst förderlich.

Zwei Tage später wählte Sam den Standort für seine erste Station aus, die er »Tewfikeeyah« nannte, nach dem ältesten Sohn des Khediven, Mahommed Tewfik Pascha. Wie schon so oft zuvor, planten Sam und Florence das Lager auch diesmal mit großer Sorgfalt, errichteten Magazine, Ställe, eine Schmiede und eine Maschinenwerkstatt und legten Gärten, einen Schiffslandeplatz und ein System von Bewässerungskanälen an. Es war Sams bisher umfangreichstes Bauvorhaben und eine durchaus beeindruckende Leistung.

Unter der größten der zahlreichen schattenspendenden Akazien richteten Florence und Sam mit einem Teppich, einem Sofa, Stühlen und Tischen einen sogenannten Diwan, einen öffentlichen Bereich,

Befreiung der Sklaven von gekaperten Sklavenschiffen (1874). Die ersten Sklavenschiffe, die von der Expedition aufgehalten wurden, gehörten dem Gouverneur von Fashoda höchstpersönlich. Einhundertfünfundfünfzig Sklaven, die meisten davon Frauen und Kinder, konnten befreit werden.

ein, der dem komfortablen Empfang von Gästen diente. Schon kurze Zeit später bekamen sie Besuch von Quat Kare, dem wahren König der Shillook, der sich vor dem *koordi* versteckt gehalten hatte und jetzt seine Rechte einforderte. Sam war ihm dabei behilflich, sein entführtes Volk zurückzuholen. Er hielt ein Schiff auf, das angeblich Getreide, in Wirklichkeit aber Sklaven transportierte. »Die Ärmsten«, schrieb Florence in ihr Tagebuch. »Man hatte sie auf jede erdenkliche Art und Weise zu verstecken versucht: Über manche von ihnen hatte man Schiffsplanken genagelt, andere waren in Matten gewickelt, zwei oder drei oben in den Segeln, und viele waren hinter Stoßzähnen verborgen.« Die Fußeisen, die man den Shillook abgenommen hatte, wurden gleich dem *wakil* und dem Kapitän des Sklavenschiffs angelegt.

Sam stellte den ehemaligen Sklaven ein offizielles, von ihm unterzeichnetes Dokument aus, das ihnen die Freiheit garantierte, und bot ihnen an, entweder nach Hause zurückzukehren oder sich in Tewfikeeyah nützlich zu machen. Die meisten blieben, bekamen zu essen und wurden neu eingekleidet, und nach ein, zwei Tagen hatte sich jede der Frauen einen Soldaten aus Sams Truppe ausgesucht, den sie heiraten wollte.

Sam und Florence wußten, daß sie nicht endlos nach demselben Prinzip verfahren konnten, da das Fort und die weiteren Regierungsposten, die Sam am Weißen Nil errichten wollte, nicht alle befreiten Sklaven würden aufnehmen können. Der Khedive hatte sich offensichtlich keine Gedanken darüber gemacht, was mit ihnen geschehen sollte. Vielleicht hatte er gar nicht damit gerechnet, daß Sam so hart gegen den Sklavenhandel vorgehen würde und das Problem somit überhaupt auftauchte. Tewfikeeyah war den Sklavenhändlern ein Dorn im Auge. Jedes Schiff wurde angehalten und durchsucht. Von Tag zu Tag wuchs die Zahl der verwaisten oder zurückgelassenen Kinder, um die Florence sich liebevoll kümmerte.

Im gleichen Maß stieg auch die Zahl derer, die an Malaria oder anderen Tropenkrankheiten litten. Auch Dr. Gedge blieb nicht verschont. Er bekam eine Gehirnhautentzündung und versuchte, sich mit Alkohol zu betäuben, bis er irgendwann »völlig verrückt« war, wie Florence bemerkte. Sam beschloß, daß sie ihn nach Khartoum zum Arzt bringen mußten. Bei dieser Gelegenheit wollte Sam auch gleich Gouverneur Djaffer Pascha zur Rede stellen, der seiner Meinung nach nicht das geringste dazu beitrug, den Sklavenhandel einzudämmen, sondern ihren Bemühungen statt dessen entgegengearbeitet hatte.

17

Meine Gattin und ich ziehen allein weiter

Am 21. September 1870, sieben Monate nach ihrer Abreise, waren Florence und Sam wieder in Khartoum. Die Bewohner der Stadt waren überrascht und nicht besonders angetan, sie zu sehen. Higginbotham, der bereits eine Weile zuvor eingetroffen war, hatte die von Djaffer Pascha zugesagte Unterstützung nicht erhalten. Als Sam um eine Audienz beim Gouverneur bat, teilte man ihm mit, dieser führe gerade Verhandlungen mit Achmet Scheich Agad und dessen Schwiegersohn Abou Saood, zwei berüchtigten Sklavenhändlern. Sam erfuhr auch, daß Agad für jährlich dreitausend türkische Lira, also etwa zweitausendvierhundertsechzig englische Pfund, ein *firman* erworben hatte, das ihm das Alleinrecht zusicherte, in einem bestimmten Landstrich des Sudans, den Sam noch nicht für Ägypten annektiert hatte, mit Elfenbein zu handeln – und das war nur im Austausch gegen Sklaven möglich.

In ihrer Unterredung gab Djaffer Pascha widerstrebend zu, daß für das gesamte Gebiet entlang des Weißen Nils zwischen Khartoum und Gondokoro ähnliche Verträge abgeschlossen worden seien, die der Regierung eine Menge Geld einbrächten. Sam dagegen sei nur für die Region südlich von Gondokoro zuständig und habe daher mit der Beschlagnahmung der Sklavenschiffe in der Nähe der Stadt gegen das Gesetz verstoßen.

Sam hatte das Gefühl, betrogen oder zumindest übel getäuscht worden zu sein. Immerhin konnte er durchsetzen, daß die Regierung in Khartoum zukünftig kein Elfenbein mehr kaufte, sondern daß es statt dessen zur Begleichung von Steuerschulden verwendet werden konnte, zumindest bis im April 1872 Sams *firman* auslief. Der Kompromiß war für beide Seiten kaum tragbar, erlaubte aber dem Khediven zumindest, sein Gesicht zu wahren, und erweckte den Anschein, als sei Sam mit dessen Plänen nach wie vor einverstanden.

Dr. Gedge konnte die scheinheiligen Feierlichkeiten, die Djaffer Pascha bei der Abreise von Florence, Sam und Higginbotham veranstaltete, nicht mehr miterleben. Er starb im November 1870, ohne noch einmal das Bewußtsein erlangt zu haben.

Endlich war die Expedition bereit, die Reise nach Süden fortzusetzen. Anfang Dezember setzte sich der erste Troß von Tewfikeeyah aus in Bewegung. Raouf Bei erwies sich schon bald als wenig zuverlässig: Zwei der *noddschurs*, über die er das Kommando hatte, sanken und mit ihnen wichtige Bauteile für den Dampfer. Mit Hilfe des Königs der Shillook, Quat Kare, der tief in ihrer Schuld stand, und Hunderten von dessen Männern gelang es ihnen jedoch, die Wracks und ihre Ladung zu heben.

Erneut bahnte sich die Expedition einen Weg durch den Sudd und erreichte am 14. April 1871, ein Jahr und vier Monate, nachdem die ersten Schiffe von Khartoum aus aufgebrochen waren, endlich Gondokoro. Während sie für die gesamte Strecke beim letzten Mal nur rund vierzig Tage benötigt hatte, war der tausendfünfhundert Mann starke Trupp jetzt, da die Fahrrinne im Fluß wieder zugewuchert war, nach zweiunddreißig Tagen gerade einmal vier Kilometer weit gekommen.

Die Umgebung von Gondokoro war völlig verwüstet. Von den kleinen Dörfern und Gärten war nichts mehr übrig als ein paar Knochen ihrer ehemaligen Bewohner. In den Ruinen einer Siedlung, in deren Nähe sie vor Jahren ihr Lager aufgeschlagen hatten, fanden Sam und Florence die große *nogara*, die Kriegstrommel. Das Missionsgebäude der Österreicher hatten die Bari eingerissen und den Ziegelstaub zur Körperbemalung benutzt. Die schändlichen Raubzüge der Sklavenhändler, allen voran die Abou Saoods, hatten die gesamte Region in einen Zustand »wildester Anarchie« gestürzt, wie Florence es formulierte.

Sam drängte darauf, die Station schnellstmöglich wiederaufzubauen und die Felder zu bestellen, denn sie mußten davon ausgehen, daß sie im kommenden Jahr von den weiter südlich liegenden Gebieten abgeschnitten sein würden. Für die nächsten Monate wären die neue, nach dem Khediven Ismail Pascha benannte Station Ismailïa und ihre gut zweitausend Bewohner ganz auf sich selbst gestellt.

Am 26. Mai 1871 verkündete Sam in einer eindrucksvollen Zeremonie vor allen Stammeshäuptlingen der Region, daß Ismailïa von nun an offiziell zu Ägypten gehöre. Die Eingeborenen standen der Annektierung ihres Landes verständlicherweise ablehnend gegenüber. Sie mißtrauten allen Fremden und weigerten sich, der Expedition etwas zu verkaufen, zu schenken oder mit ihr zu handeln. Von Abou Saood angestachelt, demonstrierten die Bari wiederholt ihre Feindseligkeit, indem sie die Station nachts angriffen und Vieh stahlen, die Getreidevorräte verbrannten oder die Wachposten töteten.

Sam ließ das Areal ausreichend befestigen. Dann brach er mit vierhundertfünfzig Männern und einem Teil der Vierzig Räuber auf, um die Bari zu unterwerfen. Innerhalb eines knappen Monats gelang es ihm, die Krieger aus einem Gebiet in der Nähe von Belignan zu vertreiben und dort ein provisorisches Lager zu errichten, so daß er Florence und den Rest der Männer nachholen konnte. Vier weitere Wochen später waren die Bari schließlich bereit, Sams Machtansprüche zu akzeptieren.

Bei Sams Rückkehr nach Ismailïa erwartete ihn jedoch eine böse Überraschung: Abou Saood hatte inzwischen versucht, Raouf Bei zur Sabotage von Sams Plänen zu bewegen. Entgegen Sams ausdrücklichem Befehl, nur schwerkranke Bewohner der Station nach Khartoum zu bringen, hatte Raouf Bei mehr als tausend Männer dorthin geschickt, darunter einen Großteil der Soldaten und Seeleute. Der weitere Vorstoß Richtung Süden schien damit so gut wie aussichtslos.

Sam war außer sich. »Ich werde es nicht zulassen, daß Abou Saood jetzt, wo wir schon so weit gekommen sind, meine Pläne durchkreuzt. Der Weiße Nil ist schiffbar, und er wird es auch bleiben, wenn sich jemand darum kümmert. Wir haben mit Tewfikeeyah und Ismailïa zwei ordentliche, gut befestigte Stationen errichtet und etliche hundert Sklaven befreit. Wir haben Dutzende von Schiffen aufgehalten und rechtliche Schritte gegen die Sklavenhändler eingeleitet. Wenn wir es auch noch schaffen, nach Bunyoro zu gelangen und das Land zu annektieren und zu befrieden, dann wäre dies gewiß ein vernichtender Schlag gegen die Sklaverei.«

Florence merkte, wie in Sam die alte Entschlossenheit wiederaufkeimte, und versuchte, ihn zu ermutigen: »Wir sind doch schon mit weniger als zwei Dutzend Männern nach Bunyoro gezogen, erinnerst du dich? Und diesmal wären es sogar ein paar hundert. Abou Saood mag bezweifeln, daß wir es schaffen, aber er weiß nicht, wen er vor sich hat, denn sonst würde er vor Angst zittern.«

Schon Monate zuvor hatte Sam an Cherif Pascha geschrieben und ihn gebeten, seinen *firman* über den April 1873 hinaus zu verlängern, was sein Vorhaben erheblich erleichtern würde. Er konnte die Antwort des Innenministers jedoch nicht abwarten und brach, nachdem er sich mit Julian über das weitere Vorgehen beraten hatte, am 22. Januar 1872 mit diesem, Florence, den Ingenieuren und gut zweihundert Männern auf. Etwa ebenso viele blieben in Ismailïa bei Mr. Higginbotham und Raouf Bei, den Sam durch die ihm übertragene Verantwortung zu bekehren hoffte.

Bei einer kleinen Garnison ein Stück weiter flußaufwärts wollte die Expedition das erste Mal Station machen und die Dampfer und anderen Boote zusammenbauen, die für die Entwicklung eines gesetzmäßigen Handelsverkehrs und funktionierenden Postwesens entlang des Nils unerläßlich sein würden. Dann würde Sam eine möglichst große Truppe von Irregulären ausheben, mit ihnen nach Bunyoro vorstoßen, das Land annektieren und am Albertsee weitere Handelsstationen gründen.

Bei den Katarakten angekommen, mußten sie feststellen, daß der Häuptling der Region die versprochenen zweitausend Träger für ihre Weiterreise nicht angeworben hatte. Sam beklagte sich bitter: »Das Volk sagt: ›Wir brauchen dazu den Befehl unseres Scheichs‹, und der Scheich behauptet: ›Ich habe ja nichts dagegen, aber mein Volk wird meinen Befehlen nicht gehorchen.‹ Diese Art von passivem Widerstand kann eine Expedition zum Scheitern verurteilen.«

Packtiere hatten sie auch nicht, da Djaffer Pascha in Khartoum keine Schiffe für deren Transport zur Verfügung gestellt hatte. Es gab damit keine Möglichkeit, die Bauteile für die Dampfer zum Albertsee zu bringen, so daß Sam die englischen Ingenieure trotz ihres vehementen Protests wieder nach Gondokoro zurückschicken mußte. Der Rest der Expedition sollte weiter Richtung Loboré marschieren, eine etwa hundert Kilometer entfernt gelegene Ortschaft. Das Gepäck wollte Sam auf Karren laden und diese von den Männern ziehen und schieben lassen. Der Vorschlag führte beinahe zu einem Aufstand.

»Sind wir denn Kamele, daß wir die Karren selbst ziehen sollen?« protestierte ein selbsternannter Sprecher der Soldaten. »Wir sind Soldaten, keine Lasttiere, und wir werden es nicht tun!«

Noch bevor Sam dem Möchtegern-Rebellen antworten konnte, trat einer der Vierzig Räuber nach vorne. »Vielleicht bist du unfähig, deine Pflicht zu tun«, warf er dem Mann vor, »aber wir sind bereit, unserem Pascha zu folgen und zu tun, was immer er auch von uns verlangt.«

Das brachte die anderen Männer zur Einsicht, denn sie wollten nicht als Schwächlinge dastehen. Von Florence dazu ermutigt, hielt Sam wieder einmal eine seiner bewegenden Reden.

> Wer Angst hat, mir zu folgen, soll mit den Schiffen und Karren nach Gondokoro zurückfahren. Ich aber kehre auf keinen Fall um; meine Gattin und ich ziehen mit Mr. [Julian] Baker allein weiter. Ich kann nur gute Soldaten brauchen, die wissen, was ihre Pflicht ist. Solltet ihr das vergessen haben, dann geht nur auf der Stelle nach Gondokoro zurück.

Nach diesen Worten zogen die Männer es vor, bei Sam zu bleiben und ihre Ehre zu verteidigen. Gemeinsam mit Florence und Julian beschloß dieser, nur mit hundert seiner besten Männer und einem Teil der Ausrüstung weiter nach Süden zu ziehen. Sollten sie in Loboré Träger bekommen, würde man diese zurückschicken, um den Rest der Truppe und des Gepäcks zu holen. Doch auch dann würden sie nicht alles weitertransportieren, weshalb sie sich nun gut überlegen mußten, von welchen Dingen sie sich trennen konnten.

»Die letzten zwei Monate habe ich nichts anderes getan, als Kisten ein- und auszupacken«, schrieb Florence am 8. Februar in ihr Tagebuch. »Um drei Uhr nachmittags machten wir uns mit tausend Rindern, zweihundert Kälbern und fünfhundert Schafen auf den Weg. [...] Den *diahbiah*, auf dem wir es zwei Jahre, einen Monat und sechs Tage sehr gemütlich gehabt hatten, mußten wir leider zurücklassen.« Sie hatte nicht vergessen, was es bedeutete, zu Fuß durch Zentralafrika zu marschieren.

Die Stämme, durch deren Gebiet sie kamen, hatten ihrerseits Sam und Florence nicht vergessen. Die Nachricht, daß Mallegé, der Bärtige, und Myadue, der Morgenstern, zurückgekehrt waren, verbreitete sich wie ein Lauffeuer. Am 18. Februar erreichte die Expedition Loboré, wo Sam einige Träger anwerben konnte, dann, am 1. März, den Zusammenfluß des Nils mit dem Asua. Die Landstriche weiter südlich waren völlig entvölkert, ebenso die Gegend bei Fatiko, wo Florence und Sam auf der letzten Reise ihr hübsches, kleines Lager errichtet hatten.

Fünf Tage später marschierten sie in Fatiko ein: An der Spitze der Kolonne gingen Sam, Florence und Julian, hinter ihnen zweihundertzwölf Soldaten, vierhundert Träger, drei Matrosen und der Bari-Dolmetscher, alle in scharlachroten Uniformjacken, leuchtendweißen Hosen und mit wehenden Fahnen. Eine Herde von tausendachtundsiebzig Rindern und hundertvierundneunzig Schafen folgte ihnen. Schon aus der Ferne konnten sie den großen Handelsposten erkennen, den Abou Saood am Fuß des Fatiko Hill errichtet hatte. Sobald man dort die Expedition gesichtet hatte, führte man lange Reihen von Sklaven aus dem Lager, um sie zu verstecken. Dann näherte sich ihnen ein Bote, ein Mann in Lumpen, der in ängstlicher Demut niederkniete und Florence die Hand küßte. Es war Mahomet, ihr ehemaliger Dragomane, der inzwischen tief gesunken war und froh sein mußte, wenn hier und da jemand ein nettes Wort oder etwas zu essen für ihn übrig hatte. Auch andere Einheimische, die früher bei Sam und Florence im Dienst gestanden hatten und nun als Sklavenjäger für Abou Saood arbeiteten, kamen zu ihnen herüber. Jetzt, wo Sam wieder da war, wollten sie lieber der neuen Regierung dienen. Von ihnen erfuhr Sam, daß seit Kamrasis Tod zwei Jahre zuvor dessen Sohn, Kabba Réga, König der Banyoro war.

Abou Saood bot ihnen Hütten in seinem Lager an, doch Florence und Sam mißtrauten seiner Gastfreundschaft und ließen sich lieber ein Stück weiter auf einem Hügel nieder. Hocherfreut teilte Sam den Shooli und den anderen Stämmen der Umgebung mit, daß Abou Saoods *firman* nur noch zwanzig Tage gültig sei. Sams Ruf, ein außergewöhnlich starker und ehrbarer Mann zu sein, verlieh seinen Worten eine besondere Glaubwürdigkeit, so daß Rot Jarma, der Häuptling der Shooli, seine Loyalität gegenüber der neuen Regierung in Aussicht stellte. Sogar Abou Saood beteuerte, er wolle Sam und dem Khediven ein treuer Untertan sein und das Land verlassen, sobald sein *firman* auslaufe – nur wenige Wochen zuvor hatte er noch versucht, die Bari, die Shooli und einige weitere Stämme gegen Sam aufzuhetzen und die Expedition niederzumetzeln.

Sam beschloß, vorerst nicht in die Geschäfte des Händlers einzugreifen, da die Befreiung und Rückführung der gut tausend Sklaven sie in diesem Fall mehrere Monate kosten würde. Statt dessen wies er Major Abdullah an, mit hundert seiner Männer eine kleine Garnison bei Fatiko aufzubauen, und ließ die größeren Gepäckstücke und die Munition bei ihm zurück. Schon kurze Zeit später sollte Sam seine Entscheidung bereuen.

Gegen Ende März erreichte die Expedition die Furt kurz oberhalb der Karumafälle, gegenüber dem Elfenbeinposten von Abou Saoods *wakil*, Suleiman. Vom Auslaufen des *firmans* hatte auch dort noch niemand gehört, aber trotzdem schlossen sich fünfundsechzig der Männer Sam an. Sie würden später den Kern einer kleinen Garnison bei Foweera bilden.

Eine Weile später trafen Sam und Florence einen Scheich, dem sie bereits auf ihrer ersten Reise begegnet waren. Ihm zufolge hatte Kabba Réga, der Landessitte entsprechend, seine eigenen Brüder ermordet, um an den Thron zu gelangen, was Abou Saood stillschweigend geduldet habe. Sam ließ dem neuen König ausrichten, er werde seinem Land Wohlstand bringen, wenn er sich ehrenhafter verhalte als sein Vater. Anderenfalls werde M'tesa, der König Bugandas, die Geschenke bekommen.

Kurz darauf kamen Florence und Sam in die Gegend, wo Kamrasi sie beim letzten Mal festgehalten und ausgehungert hatte. Florence begann unter furchtbaren Alpträumen zu leiden. Sie hatte nicht vergessen, wie die Krankheiten und Kamrasis Feindseligkeit sie damals beinahe umgebracht hätten.

Und tatsächlich schien Kabba Réga das gleiche Spiel mit ihnen treiben zu wollen. Er vermied eine direkte Begegnung mit den Reisenden und gab Versprechen, die er nicht hielt. Außerdem ließ er ihnen viel zu wenig Lebensmittel zukommen, um Sam zu zwingen, sich am Kampf gegen Rionga, den Erzfeind seines Vaters, zu beteiligen. Sobald die Einheimischen hörten, daß die Expedition sich näherte, ernteten sie schnell alle Kartoffeln und fällten die Bananenstauden, um die Fremden zur Rückkehr zu bewegen. Schließlich begann auch noch die Regenzeit. Das Vieh ging ein, eines nach dem anderen, und die Männer erkrankten an Fieber. Eines Nachts, kurz hinter Kisoona, rannten schließlich alle zweihundert Soldaten auf und davon.

Am 25. April kamen sie endlich in Masindi an, der Hauptstadt von Kabba Régas Reich. Seit Ismailïa hatte die Expedition fünfhundertachtzehn Meilen zurückgelegt. Unter einem herrlichen Banyanbaum, knapp dreihundert Meter von der Hütte des Königs entfernt, schlug Sam die Zelte auf. Er hoffte damit, die Verständigung zu erleichtern. Nun konnte Kabba Réga nicht mehr behaupten, sie seien zu weit weg, als daß er ihnen Lebensmittel oder Boten schicken könnte.

Sam war fest entschlossen, an seinem Vorhaben festzuhalten. Um zum Albertsee zu gelangen, mußten sie nun einmal Bunyoro durchqueren, und daran sollte sie auch niemand hindern. Allerdings deutete nichts darauf hin, daß Kabba Réga sich anders verhalten würde als sein Vater, vor allem da Abou Saood ihm eingeredet hatte, Sam sei ein Ungeheuer, das sein Land verschlingen wolle.

18

Nicht ein Gentleman in ganz Afrika

Am nächsten Morgen stattete Sam Kabba Réga einen kurzen offiziellen Besuch ab. Dann wartete er darauf, daß der König den Besuch erwiderte, so wie es der Anstand erforderte, doch dieser ließ sich erst einmal bitten. Als Sam ihn schließlich bei der Ehre packte und verkündete, er werde das Empfangskomitee wieder entlassen, wenn Kabba Réga nicht wisse, wie er sich zu benehmen habe, bequemte sich der König zum Zelt der Europäer. Florence schrieb in ihr Tagebuch, er sei ein »sehr reinlich wirkender junger Mann von achtzehn oder neunzehn Jahren, der seine Finger- und Fußnägel hübsch sauber hält«, Sam dagegen bezeichnete ihn als »taktlosen, linkischen Flegel ohne jede Würde [...], der glaubt, er sei ein großer Monarch«. Später fügte er hinzu: »Er war in höchstem Grade feige, grausam, hinterlistig und verräterisch.«

Als die Sprache auf Abou Saood kam, wurde ihnen klar, warum der König mit einem Gefolge von dreitausend schwerbewaffneten Kriegern im Lager der Reisenden aufgetaucht war. Der Sklavenhändler hatte ihm die übelsten Schauermärchen über »den Pascha« erzählt, die Kabba Réga nun wiederholte:

> Der Pascha [...] ist ein Ungeheuer mit drei Köpfen, jeder davon mit sechs Augen, drei links, drei rechts. Mit diesen achtzehn Augen kann er alles in jedem Land gleichzeitig sehen. Er hat drei riesige Mäuler, deren Zähne denen eines Krokodils gleichen, und er frißt Menschenfleisch. Er hat bereits das Volk der Bari verschlungen und ihr Land zerstört. Sollte er hierhergelangen, wird er Euch vom Thron stoßen und sich Euer Königreich einverleiben. Ihr müßt ihn bekämpfen und um jeden Preis verhindern, daß er den Fluß bei Foweera überquert. Meine Soldaten werden

Kabba Réga und seine Oberhäuptlinge erscheinen zu einem Gegenbesuch (1874). Kabba Réga, der junge König von Bunyoro, hatte solche haarsträubenden Märchen über Florence und Sam gehört, daß er sich nicht traute, die beiden alleine zu besuchen, und mit seiner ganzen Gefolgschaft anrückte.

> sich an der Straße von Gondokoro gegen ihn stellen und ebenso sämtliche Einheimischen des Landes, auch wenn ich glaube, daß er Gondokoro ohnehin nicht verläßt, da er eine riesige Menge an Gepäck mit sich führt und ich die Bari angewiesen habe, es nicht zu befördern – er wird also keine Träger haben.

Einen eindeutigeren Beweis für Abou Saoods intriganten Charakter konnte es nicht geben. Der König gab zwar zu, daß auch er den Sklavenhändler für einen Lügner hielt, setzte aber hinzu, Sam könne seine freundschaftliche Gesinnung ja bekräftigen, indem er Rionga töte. Sam dagegen versuchte, ihm die Vorteile des gesetzmäßigen Handels zu erläutern. Die Gespräche zogen sich über Wochen hin, ohne daß Kabba Réga von seiner Forderung abwich. Während Florence tatkräftig mithalf, das Lager zu einem ordentlichen Posten auszubauen, fiel ihr auf, daß nachts immer häufiger die *nogaras* zu hören waren und sich

Plötzliche Demonstration von Feindseligkeit – Die Soldaten bilden ein Karree (1874). Kabba Réga hielt eine Marschübung irrtümlicherweise für einen Angriff. Kurz darauf überschwemmten seine Krieger die ganze Stadt. Sam befahl seinen Soldaten, sich zur Verteidigung im Quadrat aufzustellen und so zu tun, als würden sie tanzen.

immer weniger Frauen und Kinder in Masindi aufhielten – ein untrügliches Anzeichen dafür, daß die Lage sich zuspitzte.

Tatsächlich kam es zu einer ernsthaften Machtprobe zwischen den Banyoro und der Expedition, als Julian die Soldaten am 31. Mai auf einem Platz in der Mitte des Ortes, gleich hinter dem Diwan des Königs, exerzieren ließ. Obwohl sie keine Waffen trugen, verstand der König die Truppenübung als Kriegserklärung. Innerhalb von Minuten überschwemmten fünf- bis sechstausend Krieger mit Schilden und blanken Speeren das Gelände. Julian schickte nach Sam und den übrigen Soldaten.

Florence, die allein im Lager zurückgeblieben war, reagierte sofort. Ein paar Männer sollten die Tiere bewachen, um Plünderungen zu verhindern. Dann verteilte sie Waffen an alle, die sich noch im Lager befanden, und ließ sie rund um das Gelände Aufstellung nehmen.

Sam kam mit den restlichen Soldaten zurück und befahl ihnen, sich zum Britischen Karree aufzustellen, einer legendären Truppenformation, die als so gut wie unangreifbar galt. Sie positionierten sich Schulter an Schulter im Viereck, eine Reihe hinter der anderen, die aufgepflanzten Bajonette gesenkt. Die achtzig Männer sahen sich einer erschreckenden Überzahl von mehreren tausend aufgebrachten Einheimischen gegenüber.

Plötzlich kam Sam eine glorreiche Idee. Er tat so, als sei alles nur ein Scherz gewesen, und rief einem seiner Dolmetscher vergnügt zu: »Ausgezeichnet, Kadji-Barri, das hast du gut gemacht. Der Tanz kann beginnen! Frag [die Häuptlinge], ob meine Kapelle spielen soll, oder ob sie lieber zu ihrer Musik tanzen wollen.« Er bat die Häuptlinge, der Menge zu versichern, daß es sich lediglich um eine Unterhaltungsveranstaltung handle und sie ein wenig zur Seite gehen sollten.

Während die Banyoro verwirrt Sams Erklärungen lauschten, begann die Kapelle eine beschwingte Melodie zu spielen, und die Soldaten gingen im Schnellschritt auf die Einheimischen zu, die sich rasch zurückzogen. Kabba Réga stöberte man volltrunken in irgendeinem Zelt auf. Erst mehrere Stunden später war er in der Lage, Sam ein Friedensangebot zu unterbreiten und als Wiedergutmachung zwanzig Fuhren Getreide und andere Lebensmittel zu schicken.

Für Florence und Sam gab es nun keinen Zweifel mehr, daß Kabba Réga ihnen feindselig gegenüberstand. Es war sicher kein Zufall gewesen, daß seine Männer innerhalb so kurzer Zeit voll bewaffnet aufgetaucht waren. Ganz offensichtlich hatten sie einen Angriff geplant.

Inmitten dieser beklemmenden Situation kamen zwei Boten von M'tesa. Florence und Sam hatten den König eine Weile zuvor gefragt, ob er ihnen etwas über den Verbleib und Gesundheitszustand des Missionars Dr. Livingstone sagen könne, von dem man schon lange nichts mehr gehört hatte. Die Boten bewunderten das Lager der Europäer, brachten aber leider keine Neuigkeiten.

Mittlerweile war die Lage für die Expedition höchst bedenklich, und Sam ließ ein richtiges Fort bauen, das ihnen wenigstens eine gewisse Sicherheit bieten sollte. Florence war entsetzt über die Menschen, die sie umgaben:

> Leider gibt es nicht einen Gentleman in ganz Afrika, und niemand weiß, was Ehre oder Manieren sind. Sie haben nichts im Sinn als Lügen

und Betrügen. [...] Je länger ich in diesem schrecklichen Land lebe, um so verhaßter wird es mir, denn die Menschen hier sind schlecht.

Am 7. Juni ließ Kabba Réga ihnen kümmerliche sieben Krüge Bananenwein zukommen, den Sam an seine Männer verteilte. Kurze Zeit später stellte sich heraus, daß das Getränk vergiftet gewesen war. Sam versorgte die Opfer und verstärkte die Wachen.

Am nächsten Morgen griffen Tausende von Kriegern[40] das Fort an. In einem Brief an ihre Stieftochter Agnes schilderte Florence den kurzen, für die Masindi verlustreichen Kampf:

Papa und Julian sowie Col. Abd-el-Kadr und die Vierzig Räuber säuberten die Stadt von Einheimischen. Nach anderthalb Stunden war von ihnen keiner mehr zu sehen, und die ganze Stadt (Tausende von Grashütten) stand in Flammen. Die Schlacht von Masindi war gewonnen. [...] Unsere Soldaten töteten sehr viele Einheimische, wir selbst verloren vier Männer. So endete der 8. Juni, Papas Geburtstag.

Die Stadt lag in Schutt und Asche, und die Expedition war einem Massaker entronnen, doch Florence war mit den Nerven am Ende. Die Kämpfe hatten in ihr grausame Erinnerungen an die Schreckensnacht in Transsilvanien wachgerufen. Sie flehte Sam an, Masindi so schnell wie möglich zu verlassen.

Kabba Régas Beteuerungen, er habe von dem Angriff nichts gewußt, entpuppten sich als um so unglaubwürdiger, als es nur eine Woche später zu einem erneuten Überfall kam. Nun hatten sie keine Wahl mehr: Sie mußten fliehen.

Gleich am nächsten Morgen brachen sie auf, mit gerade einmal hundert Soldaten. Die wichtigsten Ausrüstungsgegenstände luden sie auf die wenigen Packtiere, die ihnen noch verblieben waren, den Rest des Gepäcks mußten sie selbst schultern. Was sie nicht mitnehmen konnten, verbrannten sie, damit für Kabba Réga nichts übrigblieb.

Sie hatten gehofft, ihre Flucht würde zunächst unentdeckt bleiben, doch schon bald merkten sie, daß die Krieger des Königs ihnen im hohen Gras zu beiden Seiten des Pfades folgten. Obwohl nach ein paar Stunden nichts mehr von ihnen zu sehen war, blieb die Angst vor einem Überfall. Später schilderte Florence Agnes den Alptraum in einem Brief:

> Mein liebes Kind, ich kann Dir gar nicht sagen, wie mühsam unser Marsch war. Nur soviel: Die gesamte Einwohnerschaft lag im Hinterhalt, und wir mußten uns sieben Tage lang durch dieses entsetzliche Terrain kämpfen, in dem es beinahe unmöglich war, den Feind zu erspähen – in rauhen Mengen flogen die Speere an unseren Köpfen vorbei. [...] Ich werde Dir nicht den ganzen siebentägigen Marsch schildern, aber Du kannst mir glauben, daß es eine bange Zeit für mich war: Ich hatte immer eine schreckliche Angst, daß unserem lieben Papa etwas zustoßen könnte. Was hätte ich in diesem furchtbaren Fall denn bloß getan? Natürlich hätte ich mich lieber erschossen[41], als den Eingeborenen in die Hände zu fallen. Ohne Papa wären wir alle getötet worden.

Florence erfuhr, was es bedeutete, einen Kampf auf Leben und Tod zu führen und rings um sich herum Menschen sterben zu sehen. Sie glaubte sogar, sie hätte selbst ein oder zwei Krieger erschossen, und der Gedanke, eine Sünde begangen zu haben, quälte sie zutiefst. Doch in diesem Moment zählte nur das Überleben.

Schließlich war auch das Mehl, das Florence in weiser Voraussicht für den Notfall zurückgehalten hatte, aufgebraucht. Die Vierzig Räuber behalfen sich auf ihre Weise: Sie entnahmen der Leiche eines Banyorokriegers die Leber und aßen sie roh. Hintergrund dieser »barbarischen Zeremonie« war allerdings nicht so sehr ihr Hunger als vielmehr der Aberglaube, daß jede Kugel traf, wenn der Schütze die noch warme Leber seines Feindes verspeist hatte. Die Überreste der verstümmelten Leiche verteilten die Männer in der Landschaft, als Warnung für ihre Verfolger. Florence war über den Blutdurst der Vierzig Räuber entsetzt, aber sie wußte, daß jetzt keine Zeit war für Moralpredigten.

Am 19. Juni lagen das dichte, düstere Grasland und der Urwald endlich hinter ihnen. Sie hatten Kisoona erreicht und damit zwei Drittel der Strecke hinter sich. Das Dorf, das ihnen auf dem Weg nach Masindi so trostlos vorgekommen war, erschien ihnen jetzt wie das

Fort Fatiko (1874). Als Florence, Sam und die anderen in Fatiko eintrafen, wirkte das Fort friedlich, doch schon bald wurden sie von Abou Saoods Männern angegriffen.

Paradies. Im Schutz einer nahe der Siedlung errichteten Palisade kamen sie wieder zu Kräften, bis kurze Zeit später wie erhofft ein Bote Riongas auftauchte und sich nach Mallegré, dem Bärtigen, erkundigte. Sam ließ dem Häuptling ausrichten, er werde ihm helfen, Kabba Réga vom Thron zu stoßen, wenn er ihnen dafür Nahrung schicke, Zuflucht gewähre und Träger bereitstelle. Rionga willigte ein. Schon wenige Tage später brachten seine Kanus und Träger die Expedition den Viktoria-Nil hinauf zu seinem Hauptquartier. Sie waren in Sicherheit.

Am 18. Juli bereitete Rionga der Expedition auf der Kanyamaiziinsel einen feierlichen Empfang. Am nächsten Tag besiegelten er und Sam auf seinen Wunsch hin ihre Allianz, indem sie ihr Blut mischten[42] – was Sam äußerst unzivilisiert und ekelhaft fand. Sam erklärte Rionga unverzüglich zum neuen Herrscher von Bunyoro, auch wenn sie Kabba Réga keinesfalls vor Ende November würden angreifen können.

Knapp eine Woche später beschloß Sam, fünfundsechzig Soldaten unter dem Kommando von Abd-el-Kadr in der Palisade bei Foweera zu lassen und mit dem Rest der Expedition nach Fatiko zurückzukehren, wofür Rionga ihnen Boote und Träger bereitstellte. Einige Boten Major Abdullahs kamen ihnen entgegen und berichteten, daß mit einem Angriff Abou Saoods auf das Fort zu rechnen war.

Kaum in Fatiko angekommen, verließ der Sklavenhändler mit einer Delegation von etwa zweihundertsiebzig Männern sein Lager in der Nähe des Forts und marschierte ein Stück weit auf Sam zu. Unter einem großen Baum blieb der Troß stehen und wartete auf Sam, was nicht gerade die höfliche Art war, einen Besucher zu empfangen. Florence witterte Verrat, und tatsächlich schwirrten Sam ohne Vorwarnung plötzlich die Kugeln um den Kopf.

Er befahl seinen Männern, auszuschwärmen und von ihren Waffen Gebrauch zu machen. Irritiert vom offensiven Vorgehen der Soldaten, denen sie doch zahlenmäßig deutlich überlegen waren, zogen Abou Saoods Männer sich zurück. Außer dem Posten des Händlers beschlagnahmte Sams Armee über dreihundert Stück Vieh und fünfzehn Esel, erbeutete fünfzig Waffen und hundertdreißig Sklaven und machte fünfundvierzig Gefangene, von denen die meisten später gegen Abou Saood aussagten.

Zurück in Khartoum, beklagte dieser sich später bitter über Sams Verhalten und verbreitete das Gerücht, daß die gesamte Expedition in Masindi massakriert worden sei. In Kairo erzählte er dieselben wilden Geschichten, und im März 1873 gelangte die Nachricht sogar bis nach England. Sir Henry Rawlinson von der Royal Geographical Society gab bekannt, daß der Khedive von Sansibar aus eine Rettungsexpedition losgeschickt habe, während die *Times* eine Meldung über die Bakers brachte, die fast schon wie ein Nachruf klang. Sams Familie dagegen hatte die Hoffnung noch nicht aufgegeben, denn das Außenministerium hielt die Gerüchte für unbegründet.

Die Expedition ahnte natürlich nicht, was zu Hause in England über ihr Schicksal gemunkelt wurde. Sie ließ sich in Fatiko nieder, um das Ende der Regenzeit abzuwarten. Während Sam das Fort weiter befestigte, nähte Florence neue Kleider, legte ein Herbarium an, da ihre bestehende Pflanzensammlung in Masindi den Flammen zum Opfer gefallen war, und kümmerte sich rührend um die einheimischen Kinder und Frauen.

Dennoch hatten die vorsätzlichen Grausamkeiten und der ständige Vertrauensmißbrauch der Afrikaner ihren Glauben an deren eigentliche Freundlichkeit und Güte nachhaltig erschüttert. Am 13. November schrieb sie:

> Ich glaube, die Eingeborenen sind schlechte Menschen! [...] Ich bin davon überzeugt, daß die Hoffnung, man könne die Eingeborenen all dieser Länder, die wir kennengelernt haben, jemals zu zivilisierten Menschen machen, vergebens ist. Die Kinder könnten es vielleicht noch lernen, wenn es eine Möglichkeit gäbe, sie von zu Hause fortzuschaffen, aber sobald ein Eingeborener erwachsen ist, ganz gleich ob Frau oder Mann, ist und bleibt er ein Wilder, sowohl im Geiste als auch im Tun.

Amarn, eines der ehemaligen Sklavenkinder – ein intelligenter abessinischer Junge von mittlerweile ungefähr vierzehn Jahren –, hatte die Bakers immer wieder gebeten, mit nach England kommen zu dürfen, seitdem Florence sich seiner in Ismailïa angenommen hatte. Da seine Eltern vermutlich ohnehin nicht mehr lebten und Florence wußte, daß sie keine eigenen Kinder bekommen konnte, handelten die beiden diesmal entgegen ihrem bisherigen Grundsatz und willigten ein.

Doch zunächst hieß es warten: Die Eingeborenen waren nicht bereit, sich gegen Perlen als Träger anwerben zu lassen. Florence und Sam hofften daher auf Wat-el-Mek und seine Packtiere, mit dem sie gegen Jahresende rechneten. Anfang März traf Verstärkung aus Gondokoro ein, so daß Sams Armee nun aus insgesamt sechshundertzwanzig Soldaten bestand, die auf die verschiedenen Garnisonen und Außenposten verteilt wurden. Major Abdullah sollte das Kommando auf Fort Fatiko übernehmen, wozu ihm Sam genaueste Anweisungen erteilte.

Die Männer aus Gondokoro brachten Sam außerdem etwa sechshundert Ausgaben der *Times* mit, deren Meldungen über die Königsfamilie oder Konzertankündigungen mitten in Zentralafrika völlig deplaziert wirkten. Aus verschiedenen Briefen erfuhr Sam vom Tod Roderick Murchisons, dem bevorstehenden Debütantinnenball seiner Tochter Constance sowie der schweren Krankheit von Mary, Julians Schwester. Es waren die ersten Neuigkeiten aus England seit zwei Jahren. Unerklärlicherweise war jedoch kein einziger Brief der ägyptischen Regierung dabei, obwohl Sam dem Khediven und seinen Ministern einige dringende Anfragen und Bittgesuche hatte zukommen lassen.

Die Expedition wollte sich nun so schnell wie möglich auf den Rückweg nach Gondokoro machen. Als die Europäer schon alle marschbereit waren, hatten die Afrikaner und Ägypter noch nicht einmal ihre Sachen gepackt, und Florence bezweifelte, daß Major Abdullah und seine Männer Sams Anweisungen jemals nachkommen würde.

> Seit wir zum ersten Mal in dieses Land gekommen sind, hat Sam ein gutes Fundament geschaffen, aber nach unserer Abreise wird es unterspült werden. Es ist, als rolle man einen großen Stein unter größten Mühen und Anstrengungen bergauf, und er rollt einfach wieder hinunter. Wenn der Vizekönig das Kommando über den Weißen Nil nach Beendigung von Sams Dienst nicht einem Europäer überträgt, wird die ganze Arbeit, die in den letzten vier Jahren dort geleistet wurde, wieder zunichte gemacht werden.

Am 20. März ließen sie Fatiko hinter sich und erreichten am 1. April sicher die Station Ismailïa. Am selben Tag endete Sams Dienstzeit als Pascha.

19

Ein legendärer Ruf als Amazone

Vor der Handelsstation Ismailïa lag die *Khedive* vor Anker, ein stolzer, schlanker Dampfer, den Higginbotham und seine Männer zusammengebaut hatten. Als Florence und Sam ihm zu dieser Glanzleistung gratulieren wollten, mußten sie erfahren, daß der Ingenieur Ende Februar an Schwindsucht gestorben war. Der Tod ihres guten Freundes und Begleiters traf die beiden schwer. Die Männer hatten ihn im Zitronenhain der ehemaligen österreichischen Missionsstation begraben.

Bei der genaueren Begutachtung der Station stellte Sam fest, daß der Schutzwall und der Graben während der vergangenen vierzehn Monate ihrer Abwesenheit extrem vernachlässigt worden waren. Er und Florence waren enttäuscht und entmutigt. Die Männer hatten schwer daran gearbeitet, aber daß sie sich auch um ihren Erhalt kümmern mußten, damit das Fort wirklich sicher blieb, verstanden sie offenbar nicht.

Einige Wochen später waren Disziplin und Ordnung wiederhergestellt, und am 25. Mai segelten Sam und Florence mit Julian, einigen englischen Ingenieuren und Amarn Richtung Khartoum. Als sie sich von den Vierzig Räubern verabschiedeten, dem wilden Haufen, aus dem Sam eine Elitetruppe gemacht hatte, kam es zu einer ergreifenden Szene: Während der letzten Truppenbesichtigung riefen ihm die Männer wie aus einem Mund zu: »Gott schenke Euch ein langes Leben und bringe Euch gesund zu Eurer Familie zurück!« Sie bewunderten Sam zutiefst, und Sam war furchtbar stolz auf sie.

Mit dem *diahbiah* im Schlepptau bahnte sich die *Khedive* ihren Weg durch den Sudd. Dank der Fahrrinnen war der Weiße Nil hier immer noch schiffbar, und wenn man sie gut instand hielt, würde man ihn

Gondokoro, auch Ismailïa genannt (1874). Bei ihrer Rückkehr hierher mußten Florence und Sam zu ihrer Enttäuschung feststellen, daß niemand das großartige Fort instand gehalten hatte. Der Graben und die Schutzwälle, die es umgaben, hatten zu zerfallen begonnen.

ganzjährig befahren können, vor allem, wenn man für den Handels- und Postverkehr statt Raddampfern schlanke Schiffe wie die *Khedive* benutzte.

Als sie eine von Abou Saoods Stationen passierten, hielt Sam an, um sich nach Neuigkeiten zu erkundigen. Zu seinem Entsetzen erfuhr er, daß erst kurz zuvor mehrere Boote mit ungefähr siebenhundert Sklaven Richtung Norden ausgelaufen waren. Sam und seine Expedition hatte man für tot erklärt, und die Kapitäne waren sich offenbar sicher, daß sie von Jusef Effendi, dem neuen Gouverneur von Fashoda, keine Restriktionen zu erwarten hatten. Wahrscheinlich rechneten sie damit, sich die Erlaubnis zur Weiterfahrt erkaufen zu können.

Außer sich vor Wut schrieb Florence in ihr Tagebuch:

> Sam hat sich so bemüht und sich so großen Gefahren ausgesetzt, um dem Sklavenhandel in seinem Gebiet ein Ende zu bereiten – und hier unten scheint alles beim alten zu sein. Die Händler fahren den Nil auf und ab wie bisher auch. Gebietet man dem [Handel am] Weißen Nil

nicht in Khartoum Einhalt, dann wird es damit, wenn wir wieder fort sind, schlimmer sein als je zuvor.

Ohne das entschlossene Engagement von seiten der Regierung würde keine von Sams Errungenschaften Bestand haben. Florence beschlich der Verdacht, daß Sam nur angestellt worden war, damit der Khedive behaupten konnte, er habe alles in seiner Macht Stehende getan, um die Sklaverei auszurotten. Mit ihnen hatte er sich sein ruhiges Gewissen erkauft. Er hatte sie geopfert wie Lämmer, die man in eine Grube warf, um darin einen Leoparden zu fangen.

Kurz nach ihrer Weiterreise hatten Florence und Sam Abou Saoods Sklavenschiffe eingeholt. Sie konnten die Boote schon riechen, als sie noch über einen Kilometer von ihnen entfernt waren. An Bord waren die Pocken ausgebrochen, und ein ekelhafter Gestank von Schmutz, Krankheit und Tod wehte zu ihnen herüber.

Als sie Fashoda am 19. Juni erreichten, bat Sam unverzüglich um eine Audienz beim neuen Gouverneur. Jusef Effendi versicherte ihm, es werde keinem Sklavenschiff gelingen, seinen Posten zu passieren, ohne daß er die Verantwortlichen verhaften lasse. Tatsächlich wurden die Boote einige Tage später wie versprochen abgefangen.

Sam war wild entschlossen, Abou Saood festzunehmen, weshalb er seine beiden Schiffe einige Kilometer vor Khartoum ankern ließ, wo sie von der Stadt aus nicht entdeckt werden konnten. Er wollte verhindern, daß der Sklavenhändler, der immer noch davon überzeugt war, daß sämtliche Mitglieder der Expedition ums Leben gekommen waren, sich aus dem Staub machte und ungestraft davonkam. Dann schickte er Ismail Ayoub Pascha, dem neuen Gouverneur von Khartoum, eine Nachricht und bat ihn, Abou Saood sofort zu verhaften, falls dieser sich in der Stadt befand, oder seine Bitte im anderen Fall nach Kairo zu kabeln. Der Sklavenhändler war leider nirgendwo aufzutreiben, aber immerhin bereitete der Gouverneur Florence und Sam einen großzügigen Empfang.

Während Florence ihren gesellschaftlichen Pflichten nachging und dem Harem des Gouverneurs einen Besuch abstattete, telegrafierte Sam Königin Viktoria sowie über das britische Konsulat in Alexandria auch dem Außenministerium in London, daß die Expedition wohlbehalten in Khartoum angekommen sei und ihre Mission erfolgreich beendet habe. Das Telegramm wurde am 5. Juli im britischen Parlament verlesen und fand großen Beifall. Der Khedive, der sich gerade in Konstantinopel aufhielt, übermittelte ihnen per Kabel seine Glückwünsche. Zudem schrieb Sam seinem langjährigen Freund und Förderer, dem Prince of Wales, und berichtete ihm, was die Expedition alles erreicht hatte.

Florence und Sam wußten nur zu gut, daß ihr Erfolg auf wackeligen Beinen stand, aber trotzdem hatten sie allen Grund, stolz zu sein. Sie hatten den Weißen Nil für den Handelsverkehr erschlossen, Regierungsposten errichtet, kriegerische Stämme beschwichtigt und die Sklavenhändler außer Gefecht gesetzt – zumindest solange Sam und seine Soldaten noch in der Nähe waren. Wurde jedoch nichts getan, um diesen Zustand zu erhalten, dann wäre ihre Mission umsonst gewesen. Florence war den endlosen Kampf leid. Sie wollte nur noch nach Hause. Manchmal fragte sie sich, wofür sie ihre Gesundheit, ihren inneren Frieden und beinahe sogar ihr Leben geopfert hatte. Als sie dann auch noch zwei ihrer afrikanischen Schützlinge dabei ertappte, wie sie sich an Julians Weinvorrat vergriffen, schrieb sie voller Bitterkeit in ihr Tagebuch: »An manchen Tagen bin ich todunglücklich, wenn ich daran denke, was für eine Verschwendung die geringste Freundlichkeit ist. [...] Ich habe mir immer solche Mühe gegeben, meinen Leuten nur Gutes beizubringen, aber sie wollen es einfach nicht annehmen. Ich bin froh, wenn ich kein schwarzes Gesicht mehr sehen muß.«

Später tat es ihr leid, daß sie in ihrem Anfall von Verzweiflung ein so hartes Urteil niedergeschrieben hatte. Eigentlich wollte sie nicht wie eine dieser pedantischen Missionarinnen klingen, die meinten, man müsse die Einheimischen nur einmal in die Wanne stecken und sie zum christlichen Glauben bekehren. Letztendlich gab es eine ganze Reihe von Afrikanern, die Florence zu schätzen gelernt hatte und die sie von ganzem Herzen liebte.

Inzwischen war die Expedition in Kairo angekommen. Am 24. August verlieh der Khedive Sam im Rahmen einer feierlichen Zeremonie den kaiserlichen Osmanie-Orden zweiter Klasse und Julian den kaiserlichen Medjidije-Orden dritter Klasse. Sam hatte gehofft, daß

Sir Samuel und Lady Baker (1873). Die Illustrated London News *lobte den wagemutigen Versuch der Bakers, in Zentralafrika »dem grausamen Sklavenhandel unter den barbarischen Stämmen jener bislang unerreichbaren Region ein Ende zu machen«.*

Julian ihn als Pascha von Equatoria ablösen würde, doch der Khedive gab Colonel Charles Gordon den Vorzug, einem Helden des Krimkriegs, der wegen seiner verwegenen Unterdrückung des Taiping-Aufstands als »Chinese Gordon« berühmt geworden war. Daß er im Februar des Vorjahres Sams Vertrag noch bis April 1874 verlängert[43] hatte, verriet der Khedive ihm nicht. Der Brief mit dem Bescheid hatte Sam nie erreicht.

Am 30. September traten Florence und Sam von Kairo aus auf einem französischen Postschiff ihre Heimreise an. In Paris legten sie einen Zwischenstopp ein, um sich zu erholen und ihre dürftige Garderobe ein wenig aufzubessern. Ein britischer Korrespondent der *Daily News*, der sie dort zu fassen bekam, war beeindruckt von der »heldenmütigen, aber dennoch bezaubernden« Florence und schieb: »[Lady] und Sir Samuel Baker amüsieren sich köstlich über den legendären Ruf, der ihr [nach dieser und der vorangegangenen Reise] aufgrund ihrer angeblich amazonenhaften Qualitäten anhaftet, der jedoch ganz und gar unzutreffend und ungerechtfertigt ist.«

Und wieder beflügelte Florence die Phantasie der Menschen. Als sie zum ersten Mal aus Afrika zurückgekommen war, hatte sie ganz die sittsame Ehefrau gegeben, um den Ansprüchen der viktorianischen Gesellschaft zu genügen, und in dieser Rolle unglaublich großen Anklang gefunden. Die hingebungsvolle Liebe zu Sam war dabei nicht gespielt gewesen, sondern echt. Nach dieser Reise jedoch, auf der sie sich den Weg aus Masindi regelrecht hatten freikämpfen müssen, galt Florence als Amazone, wie sehr sie auch beteuerte, daß genau das Gegenteil zutraf. Auch eine Amazone konnte sich vor etwas fürchten und sich entmutigt fühlen.

Zurück in England, wurden Florence und Sam erneut für ihre Errungenschaften ausgezeichnet. Die Rede, die Sam am 8. Dezember vor der Royal Geographical Society hielt, war ein Riesenerfolg. Als er geendet hatte, erhob sich der Prince of Wales, hieß seinen Freund offiziell willkommen und beglückwünschte ihn. Der Präsident der RGS schloß sich dem Lob an und erinnerte daran, daß auch die »Reisegefährtin Sir Samuels« mit Entbehrungen und Gefahren zu kämpfen gehabt habe, bei denen »wohl selbst die unerschütterlichsten und mannhaftesten Gemüter unter uns es mit der Angst zu tun bekommen hätten«. Man werde nie vergessen, meinte er, daß die Liebe und tief empfundene Zuneigung einer Frau zum Gelingen dieses großartigen Werkes beigetragen habe.

Gnädig nahm Florence das dreifache Hoch der riesigen Menschenmenge entgegen, das den krönenden Abschluß des Abends bildete.

Das Lob und die Auszeichnungen nahmen kein Ende. Gleich im Anschluß wurden die Bakers zu einem mehrtägigen Fest auf den königlichen Landsitz Sandringham eingeladen, das der Prince und die Princess of Wales ausrichteten. Im nächsten Jahr hielt Sam weitere Vorträge: bei einem Festbankett zu seinen Ehren vor der United Service Institution, vor der Turner's Company, der Londoner Gilde der Drechsler, die Sam zu ihrem Ehrenmitglied ernannte, sowie vor der Grocer's Company, der Gilde der Lebensmittelhändler. In Cambridge bat man ihn, die renommierte Rede Lecture zu halten, und verlieh ihm ehrenhalber den Magistertitel. Außerdem sprach Sam noch einmal vor der RGS. Der *Punch* veröffentlichte sogar eine schmeichelhafte Karikatur über seine Kampagne zur Abschaffung der Sklaverei. Die mittlerweile entthronte Kaiserin Eugénie schickte ihm ein

Glückwunschschreiben, ebenso mehrere Kabinettsminister, alte Freunde wie Wharncliffe und sogar der Forscher Richard Burton, der Florence und Sam bat, ihm einen Besuch abzustatten.

Wegen Florences angeschlagener Gesundheit verbrachten sie mehrere Monate fernab jeden Trubels in Brighton und sagten einige glamouröse Einladungen ab. Sam arbeitete fleißig an seinem Buch *Ismailïa*, das 1874 veröffentlicht wurde. Es war »ein beinahe genauso gutes Buch wie *Albert N'yanza*«, das sich bereits großer Beliebtheit erfreut hatte. Außerdem schrieb Sam mehrere Briefe an die *Times*. In Brighton lernten er und Florence im Januar 1873 auch den Mann kennen, den man zu Sams Nachfolger im Sudan bestimmt hatte: Charles Gordon.

Gordon wollte in wenigen Wochen nach Kairo aufbrechen. Obwohl er ein ganz anderer Typ von Mensch war als Sam – ein Soldat, Frauenhasser und Mystiker –, schlossen die beiden Männer Freundschaft und führten jahrelang einen Briefwechsel. Auch Gordon gehörte zu den Kritikern, die glaubten, Sam sei bei seinem Versuch, den Sklavenhandel auszumerzen, zu forsch vorgegangen. Er selbst wollte es lieber auf indirektem Weg versuchen. Außerdem lehnte Gordon das enorme Gehalt, das Sam bekommen hatte, ab und ließ sich lediglich zweitausend Pfund pro Jahr bezahlen. Er trug auch keine so protzige und üppig mit goldenen Tressen verzierte Uniform, wie Sam sie benutzt hatte, um bei den einheimischen Häuptlingen Eindruck zu schinden. Der Khedive hielt Gordon wahrscheinlich für einen Narren, weil dieser sich selbst das Gehalt kürzte, zahlte diesem Narren aber mit dem größten Vergnügen den niedrigeren Betrag.

Im Lauf des Sommers 1874 kam es immer öfter zu offener Kritik an Sams hartem Durchgreifen im Sudan. *Ismailïa* hatte eine nicht unerhebliche Leserschaft gewinnen können, war jedoch anders als Sams vorhergehende Bücher kein heiterer Ausflug in exotische Gefilde, sondern ein wesentlich ernsthafteres Werk voller militärischer Details und Erläuterungen zum Sklavenhandel – einem Thema von großem öffentlichem Interesse. Einige Mitglieder der fast schon fanatischen Gesellschaft zur Abschaffung der Sklaverei, deren Mitglieder in der Regel keinerlei Afrikaerfahrung besaßen und die komplexen Schwierigkeiten bei der Ausrottung der Sklaverei nur erahnen konnten, reagierten auf Sams Buch und Vorträge mit lautstarker Kritik in Form von Leserbriefen an die *Times*. Der schockierendste Brief wurde am 1. August veröffentlicht und war mit »J. M'Williams, Chefingenieur der letzten Expedition zum Weißen Nil« unterschrieben. Als Antwort auf einen von Sams Briefen, in dem dieser die Greueltaten Abou Saoods aufgezählt hatte, hieß es darin:

> Als einer der unglückseligen Überlebenden der Expedition möchte ich meine Sicht der Dinge schildern. [...]
> Es ist wohl wahr, daß wir drei Boote mit Sklaven an Bord überholten, und ich hege keine Zweifel, daß diese zu Abou Saoods Unternehmen gehörten. Daß wir den Sklavenhändler einholten, war allerdings ein großes Glück, denn ohne seine Hilfe wären wir auf dem Bahr Giraffe gar nicht durch den Sudd gekommen, bevor der Fluß nicht wieder mehr Wasser geführt hätte. In diesem furchtbaren Landstrich aufgehalten zu werden hätte angesichts unseres gesundheitlichen Zustandes mit einer Katastrophe geendet. Die Sklavenhändler gewährten uns mit aufrichtiger Freundlichkeit ihre Unterstützung, Sir Samuel entlohnte ihren Anführer mit entsprechenden Geschenken, und sie gingen mit beiderseitigen guten Wünschen auseinander.

M'Williams deutete damit an, daß Abou Saood entweder doch nicht der üble Schuft war, als den Sam ihn dargestellt hatte, oder daß Sam nicht mit Anschuldigungen sparte, sobald er aus der Allianz keine Vorteile mehr herausschlagen konnte. Wütend fuhr M'Williams fort:

> Sollte Sir Samuel Baker mich bitten, etwas über die barbarische Art und Weise auszusagen, in der die Expedition vonstatten ging, oder den Massenmord, die Plünderungen und den Ruin des Landes, so werde ich es jederzeit gerne tun. Und falls die Royal Geographical Society oder ein anderes Gremium von Ehrenmännern irgendwelche Auskünfte bezüglich dieser erfolglosen Expedition wünscht, bin ich gerne bereit, sie zu geben, bevor ich dieses Land verlasse.

Sam lehnte es ab, dazu Stellung zu nehmen, doch Julian verteidigte Sams Vorgehen in einem am 5. August veröffentlichten Brief vehement mit einer nüchternen Einschätzung der damaligen Situation:

> Es war immer Sir Samuels Wunsch & Bemühen, den Frieden zu wahren, aber als es zum Krieg gegen die Bari kam, bestand die einzige Möglichkeit auf einen Sieg darin, militärische Mittel zum Einsatz zu bringen. [. . .] Wenn eine Militärexpedition entsandt wird, um ein größeres Gebiet zu annektieren, ist Krieg, wie die Weltgeschichte zeigt, nur eine natürliche Konsequenz.

Nachträgliche Vorhaltungen anderer, die Afrika nicht kannten oder keine Befehlsverantwortung getragen hatten, konnten Sam nicht wirklich aus der Fassung bringen. Milde Überzeugungsarbeit und halbe Sachen waren nun einmal nicht sein Ding. Für ihn war ganz klar, was Recht und was Unrecht war und auf welcher Seite er stand. Diese Sicherheit in moralischen Fragen war auch einer der Charakterzüge, die Florence so an Sam bewunderte.

Was Sam dagegen durchaus störte, war, daß Gordon sein Vorgehen für unbedacht hielt. Daß dem so war, wurde deutlich, als der General am 6. Februar nach Khartoum kam und gleich die meisten von Sams Ratschlägen mißachtete. Aufgrund seiner schlechten Arabischkenntnisse hatte er von Anfang an Schwierigkeiten, seine Männer richtig zu packen und zu verstehen, was um ihn herum vorging. Nach einem Treffen mit Abou Saood, vor dem Sam ihn eindringlich gewarnt hatte, bat Gordon um die Entlassung des Sklavenhändlers aus dem Gefängnis und übernahm ihn in seine Mannschaft. Vielleicht hoffte er, ihn zu bekehren. Abou Saood war jedoch immer noch genauso durchtrieben wie zuvor, und nur sieben Monate später sah Gordon sich gezwungen, ihn zum Teufel zu schicken. In einem bitterbösen Brief hielt er Abou Saoods zahlreiche Treuebrüche und Missetaten fest und entschuldigte sich kurz darauf bei Sam, weil er dessen Rat nicht beachtet hatte. Sam machte ihm Mut:

> Wir hatten völlig unterschiedliche Ausgangspositionen. Ich hatte große Anfangsschwierigkeiten zu bewältigen: Der Fluß war unpassier-

> bar, und die Behörden und Sklavenhändler suchten mit aller Entschiedenheit zu verhindern, daß die Expedition Wurzeln schlägt. Mit Gottes Hilfe ist uns dies aber dennoch gelungen, und ich glaube, daß die Mission unter Ihrer Führung auch Früchte tragen wird.

In seinem zweiten Jahr im Sudan schrieb Gordon an Sam:

> Ich hatte in letzter Zeit zahlreiche Schwierigkeiten zu bewältigen und kann nun nachvollziehen, welche Sorgen Sie erst gehabt haben müssen, mit nur einem Zehntel der mir zur Verfügung stehenden Mittel. [...] Jetzt verstehe ich, wie man Ihnen entgegengearbeitet hat, und wenn ich zurückkehre, D. V. [*Deo volente*] – falls ich jemals zurückkehre –, werde ich mich in aller Öffentlichkeit zu Ihrer Mission äußern, soweit ich in der Lage bin, sie zu beurteilen. [...] Die Sorgen, die ich mir über die Erschließung dieser Route [auf dem Weißen Nil] mache, erdrücken mich, und ich habe den Mut verloren. [...] Es ist ganz und gar hoffnungslos zu glauben, man könnte diese Menschen hier auch nur zu irgend etwas bewegen.

Im November 1874 fanden Sam und Florence in der Nähe von Newton Abbot in Devon einen Landsitz, der für den Rest ihres Lebens ihr Heim sein sollte. Sandford Orleigh, ein imposantes Haus aus hellem Sandstein aus der Gegend von Bath, bot ein herrliches Panorama über das Teign Valley. Seit Sam das Fort bei Fatiko errichtet hatte, schätzte er grandiose Aussichten ganz besonders. Zu dem Haus gehörte auch ein weitläufiges Anwesen, auf dem die Bakers Gärten und Spazierwege anlegen und eine typisch afrikanische strohgedeckte »Palaverhütte« zum zwanglosen Empfang ihrer Gäste errichten ließen. Florence war froh, endlich ein Zuhause zu haben. Monatelang war sie damit beschäftigt, Möbel zu kaufen und die Zimmer mit ihren Schätzen und Erinnerungsstücken zu dekorieren. Das Billardzimmer, die Eingangshalle und das Raucherzimmer schmückten Sams Sammlung von Raubtierfellen und seine Jagdtrophäen, darunter ein von ihm selbst erlegtes, kunstvoll ausgestopftes Krokodil, in dessen Magen Sam eine Perlenkette gefunden hatte, die vermutlich dem letzten Opfer der Bestie gehört hatte. Jetzt baumelte sie vom mächti-

Sandford Orleigh (um 1874). Auf Sandford Orleigh, einem hübschen Landgut in Devon, setzten Florence und Sam sich zur Ruhe. Dort waren sie von feinem Porzellan, eleganten Möbeln und herrlichen Teppichen ebenso umgeben wie von Sams Jagdtrophäen und diversen Reiseandenken.

gen Unterkiefer des Krokodils. An den Wänden und in Vitrinen hingen Pfeile, Speere, Schwerter, Kopfstützen, Schilde und andere Stücke verschiedener Stämme. Die übrigen Zimmer waren mit eleganten, alten Eichenmöbeln, wuchtigen, prall gepolsterten Sofas und Sesseln, schönen Teppichen und blau-weißem Porzellan eingerichtet. Im Salon reflektierte ein raumhoher Spiegel den malerischen Blick durch die Fenster.

Florence widmete sich wieder ganz der Familie. Sie besuchte ihre Stieftöchter und deren Familien, lud Bekannte oder Freunde ein, ein paar Tage bei ihnen zu verbringen, verpflichtete und schulte das viele Personal, das für ein so großes Haus wie Sandford Orleigh erforderlich war, und versuchte alles zu tun, daß sie und Sam sich in ihrem neuen Zuhause so behaglich und geborgen wie möglich fühlten. Der abessinische Junge Amarn mag in Devon als Kuriosum betrachtet worden sein, aber auf Sandford Orleigh war er bis zu seinem Tod viele Jahre später gut aufgehoben.

Florence hatte genaue Vorstellungen davon, wie alles auszusehen hatte. In jedem Zimmer duftete es nach Lavendel und Rosmarin, außer im Billardzimmer, wo einige der weniger sorgfältig gegerbten Löwen- und Tigerfelle einen unschönen Geruch verströmten. Das Haus wurde makellos sauber gehalten, die Gärten tadellos gepflegt. Die Mahlzeiten wurden immer pünktlich eingenommen, es gab reichlich und gut zu essen, und mit ausgezeichnetem Wein wurde nicht gegeizt. Bei Abendgesellschaften ging es recht förmlich zu. Als Gastgeberin saß Florence immer am Kopfende der Tafel. Auch mit fortgeschrittenem Alter hatte sie nichts von ihrer Schönheit und ihrem Charme eingebüßt, und ihr mittlerweile ergrautes Haar, das ihr in Afrika büschelweise ausgefallen war, war wieder glänzend und dicht. Sie trug stets elegante Kleider und viel Schmuck – Geschenke von Sam. Ihre Gäste spielten Tennis oder Golf und unternahmen Ausflüge zum Hay Tor, nach Torquay oder zu irgendeinem der vielen reizvoll gelegenen Picknickplätze am Ufer des Darts. Waren Politiker oder andere Würdenträger zu Besuch, um sich von Sam einen Rat einzuholen, dann schlenderten sie gemeinsam durch den Garten und plauderten in der Palaverhütte. Sogar die Söhne des Prince of Wales, Edward – der spätere König Edward VIII. – und George – der spätere König George VI. –, kamen zum Spielen vorbei und kletterten auf die Bäume. Sonntags spazierte die Familie den Hügel hinauf, um in die Kirche zu gehen.

Florence begann, sich wieder richtig wohl und geborgen zu fühlen. Ganz konnte sie die dunklen Schatten des Bösen, die sie in Afrika kennengelernt hatte, nie vertreiben, auch wenn es ihr gelang, sich gut in die englische Gesellschaft einzugliedern, und sie sich schwor, nie wieder nach Afrika zurückzukehren. Eines Tages wollte ein Besucher wissen, wohin die Bakers als nächstes reisen wollten. Florence antwortete: »Ach, wir haben eigentlich nur einen Wunsch, und zwar in Devonshire Hühner zu halten.«

20

Ein schändlicher Frevel

Zu denen, die auf Sandford Orleigh immer willkommen waren, zählte auch Sams jüngerer Bruder Valentine, der die hochangesehenen Zehnten Husaren zu großem Ruhm geführt hatte. In vielerlei Hinsicht war er der Inbegriff eines Kavallerieoffiziers: schneidig, tapfer und verwegen. Er hatte eine draufgängerische Art und schwärmte für das schöne Geschlecht, aber diese Eigenschaften wurden von einem Kavallerieoffizier fast schon erwartet. Im Jahr 1872, mit fünfundvierzig Jahren, trat Valentine von seinem Posten zurück, spielte aber weiterhin eine bedeutende Rolle im militärischen und politischen Geschehen – ab Herbst 1874 als zweiter Generalquartiermeister in Aldershot, dem ersten großen Militärlager Großbritanniens.

Auch seine Frau Fanny und ihre beiden Töchter Hermione und Sybil waren gerngesehene Gäste, obwohl Valentine oft auch ohne sie unterwegs war. Fannys Einstellung gegenüber den diskreten amourösen Abenteuern, die Valentine sich von Zeit zu Zeit gestattete, war Florence unverständlich. Nie schien sie auch nur zu versuchen, ihren herumstrolchenden Ehemann bessern zu wollen, sondern ermutigte ihn sogar noch, allein nach London zu fahren, während sie angeblich lieber mit den Kindern zu Hause auf dem Land blieb. Florence wäre schrecklich verletzt gewesen, wenn Sam sie mit einer anderen Frau betrogen hätte.

In der ersten Hälfte des Jahres 1875 zählten die beiden Brüder – »Baker von der Zehnten« und »Baker vom Nil« – zu den prominentesten und angesehensten Männern Englands. Valentines Fall kam völlig unerwartet und war ein Schock für alle.

Am 17. Juni bat Valentine seinen Bruder Sam per Telegramm, unverzüglich zu ihm zu kommen. Sam wußte, daß Valentine einen wirklich dringenden Grund für seine Bitte haben mußte, und suchte ihn sofort auf. Valentine erzählte ihm eine haarsträubende Geschichte.

Auf der Zugfahrt nach London hatte er das Abteil mit einem hübschen jungen Fräulein namens Kate Dickinson geteilt, und es war zu einem – aus Valentines Sicht – harmlosen Flirt zwischen den beiden gekommen. Sie hatte sich kokett – oder aber sittsam – geweigert, Valentine ihren Namen zu verraten, so daß dieser sich neben sie setzte und schließlich versuchte, sie zu küssen. Die junge Frau sprang auf und betätigte den Notrufknopf, aber es kam niemand. Valentine zog sie wieder zu sich auf die Bank und versuchte immer wieder, sie zu küssen. Miss Dickinson bezeugte später, daß ihm dies nicht nur gelungen sei, sondern daß »sein Körper die ganze Zeit über auf mir war. Ich war völlig machtlos [...] [und] spürte seine Hand unter meinem Kleid, auf meinen Strümpfen, oberhalb meines Stiefels.«

Sie konnte sich befreien, öffnete das Fenster und rief um Hilfe. Die beiden jungen Männer im Nachbarabteil hörten sie und steckten die Köpfe aus dem Fenster, um nachzuschauen, was los war. Sie erblickten eine verwirrte, beinahe hysterische junge Frau, deren Kleidung in einem sehr unordentlichen Zustand war. »Wann halten wir das nächste Mal?« fragte sie die beiden atemlos, doch diese konnten es ihr nicht sagen. Verzweifelt versuchte sie, Valentine zu entkommen, und rannte durch den Wagen zur hinteren Tür, die ihr der einzige Ausweg zu sein schien. Sie öffnete die Tür – ob absichtlich oder zufällig, blieb unklar – und wäre beinahe rückwärts aus dem Wagen gefallen, wenn Valentine nicht einen Satz nach vorne gemacht, sie am Arm und am Handgelenk gepackt und somit vor dem Sturz in den Tod gerettet hätte.

Als der Zug in Esher einfuhr, trauten die Fahrgäste auf dem Bahnsteig ihren Augen nicht: Auf der obersten Stufe, außen am Zug, stand Miss Dickinson und klammerte sich fest. Bevor der Bahnwärter ihr hinunterhalf, raunte Valentine ihr noch zu: »Ich flehe Sie an, sagen Sie nichts – Sie richten mich zugrunde.«

Trotzdem erzählte Miss Dickinson dem Bahnwärter: »Dieser Mann hat mich belästigt und will mich nicht in Ruhe lassen.« Sie weigerte sich, die Fahrt im selben Abteil wie Valentine fortzusetzen, und man fand ein anderes für sie, in dem ein Geistlicher reiste. Valentine sperrte man zu den beiden Männern ins Abteil, die mit Miss Dickinson gesprochen hatten. Sie machten ihn darauf aufmerksam, daß die Knöpfe seiner Hose bis auf den obersten offenstanden. Bei welcher Gelegenheit er sie aufgeknöpft hatte, spielte schon keine Rolle mehr, denn die Beweislage war erdrückend genug.

Beim Stationsvorsteher der Waterloo Station notierte man die Namen und Adressen der beiden, und es wurde Anzeige erstattet. Von dort aus hatte Valentine Sam auch das Telegramm geschickt.

Alle Versuche der beiden Brüder, die Sache diskret zu regeln, schlugen fehl. Miss Dickinson und ihr Bruder, ein Rechtsanwalt, bestanden darauf, daß der Ruf der jungen Frau wiederhergestellt und ihre Unschuld zweifelsfrei bewiesen werden müsse. Man warf Valentine versuchte Vergewaltigung, unzüchtiges Handeln und allgemeine Gewaltanwendung vor.

Gleich am nächsten Tag begannen die Zeitungen, allen voran die *Times*, von dem Vorfall zu berichten. Bis zur Verhandlung erschienen fast täglich neue Meldungen, und die öffentliche Meinung kehrte sich binnen kurzer Zeit gegen Valentine.

Für Fanny war die Angelegenheit eine grausame Demütigung, die sie in große Verlegenheit gebracht hatte. Auch wenn die ganze Familie Baker unter der Schande und traurigen Berühmtheit litt, die das Gerichtsverfahren mit sich brachte, verteidigte sie Valentine standhaft. Florence hatte ihre Zweifel an seiner Unschuld, und auch Sam gab zu, daß sein Bruder »zu amourös, zu unvorsichtig und in höchstem Grade unbesonnen« gewesen war. Florence glaubte nun zu verstehen, weshalb Fanny sich mit Valentines Liebschaften abfand: Bisher hatte die Öffentlichkeit nie etwas davon erfahren. Sam und Florence konnten solche Moralvorstellungen nicht teilen.

Die Gerichtsverhandlung war ein riesiges Spektakel, das von der Öffentlichkeit gebannt verfolgt wurde. Schließlich erklärte man Colonel Valentine Baker für schuldig, eine unzüchtige Handlung begangen und Gewalt angewendet zu haben. Er wurde zu zwölf Monaten Haft in einem gewöhnlichen Gefängnis, einer Geldstrafe von fünfhundert Pfund und der Erstattung der Prozeßkosten verurteilt – ein hartes Urteil für einen stolzen Mann und seine Familie.

Königin Viktoria war zutiefst entsetzt und empört, als sie in der

Zeitung die Berichte über »diesen schändlichen Frevel an Miss Dikkinson« las, »für den Colonel V. Baker der Prozeß gemacht wird«. Immerhin blieb noch zu klären, wie Valentines Zukunft beim Militär aussehen würde. Obwohl der Duke of Cambridge sich für Valentine stark machte, meldete die *London Gazette* kurze Zeit später dessen Entlassung. Baker von der Zehnten gab es nicht mehr.

Nach seiner Freilassung aus dem Gefängnis wurde Valentine dank der Fürsprache des Prince of Wales Generalmajor und Leiter der türkischen Gendarmerie in Konstantinopel. Außerdem fungierte er als inoffizieller britischer Nachrichtenoffizier, der die Regierung über die Vorgänge und Entwicklungen in diesem Teil der Welt auf dem laufenden hielt.

Als Rußland der Türkei 1877 den Krieg erklärte, bat man Valentine, den Posten des Militärberaters von Minister Mechmet Ali anzunehmen. Wieder bewährte er sich als hervorragender Offizier, der den Russen eine verheerende Niederlage beibrachte und dafür den Osmanie-Orden bekam. Schon bald war er als »Baker Pascha« bekannt, so wie Sam während seiner Zeit im Sudan, und überwachte die umfassende Neuordnung der türkischen Armee. Obwohl Königin Viktoria ihm ihre Anerkennung und die Wiederaufnahme in die Royal Army immer noch verweigerte, hatte Valentine seinen Ruf als ausgezeichneter Offizier wiederherstellen können. Fanny und ihre Töchter hielten sich weitgehend im Hintergrund.

21

Du hast mir versprochen, niemals ohne mich dorthin zurückzukehren

Nachdem das peinliche Gerichtsverfahren überstanden war, konnte es für Florence und Sam endlich mit dem beschaulichen Leben auf Sandford Orleigh weitergehen. Amarn wurde erwachsen[44] und stieg zum Vorsteher des Hauspersonals auf. Zu besonderen Anlässen fuhren sie nach London, und während der Wintermonate ließen sie das kalte Devon oft hinter sich und reisten ins Ausland. Innerhalb der folgenden zwei Jahrzehnte lebten sie ein Jahr lang auf Zypern, was Sam Stoff für ein weiteres Buch lieferte, und besuchten Ägypten, Indien, Amerika und Japan – immer nach gründlicher Vorbereitung und unter höchst komfortablen Umständen. Die Zeit des Umherstreifens und der Abenteuer war vorbei, davon hatte Florence endgültig genug. Sam dagegen hatte seine Rastlosigkeit nie ganz abgelegt. Er schrieb weitere Bücher, hielt Vorträge und beriet die Mitglieder der britischen Regierung umfassend zu außenpolitischen Themen, vor allem in Zusammenhang mit der »Eastern Question«, wie das Problem der Haltung Großbritanniens gegenüber dem zerfallenden Osmanischen Reich und dem Gleichgewicht der Mächte im westlichen Asien im allgemeinen genannt wurde.

Sam führte einen regen Briefwechsel mit Gordon und bemerkte 1875 wehmütig: »Wenn meine Frau nicht wäre, die in Afrika neun Jahre lang für mich tätig war und jetzt ihre Ruhe verdient hat, dann würde ich noch einmal von vorne anfangen; obwohl jetzt, mit vierundfünfzig Jahren, das Leben im Freien vielleicht doch nichts mehr für mich wäre.« Er war sich sehr wohl darüber bewußt, daß Florences Seele auf ihrer Mission zur Ausrottung des Sklavenhandels am Weißen Nil Schaden genommen hatte. Von ihrer Unbezähmbarkeit hatte sie nichts eingebüßt, aber sie hatte unerträgliche Strapazen erdulden müssen.

Auch Gordon, dessen Amtszeit um zwei Jahre verlängert wurde, mußte feststellen, daß es fast unmöglich war, die Sklaverei abzuschaffen. Die Unfähigkeit und Trägheit der Männer, mit denen er zu tun hatte, ließen ihn beinahe verzweifeln, und da die Regierung so gut wie kein wirkliches Engagement zeigte, waren ihm die Hände gebunden. Der Khedive wollte nach wie vor nichts gegen die Schuldigen unternehmen, »solange der Übeltäter sich nicht gegen H. H. [seine Hoheit den Khediven] vergangen hat«. Gordon bat ihn daher schon gar nicht mehr, sie zu bestrafen, sondern verschaffte sich, soweit er konnte, selbst Recht.

Einen großen Triumph konnte Gordon dennoch feiern: Im Jahr 1878 gelang es ihm, einen Dampfer – Sams früheres Schiff *Ismailïa* – auf dem Albertsee einzusetzen. Damit dauerte die Reise von Sues aus nur noch neunzehn Tage. Immer wieder forderte er Sam auf, ein letztes Mal in den Sudan zu kommen.

Sam diskutierte mit Gordon oft über die aktuellen politischen Entwicklungen in Ägypten und im Sudan. Das Verhältnis zwischen den beiden Ländern war angespannt, da Ägypten zunehmend die Kontrolle über den Sudan verlor. Der Khedive Ismail, für den sowohl Sam als auch Charles Gordon gearbeitet hatten, hatte so an Macht verloren, daß er schließlich abgedankt hatte. Auch sein Sohn und Nachfolger, Tewfik, mußte bald erkennen, daß eine unbrauchbare Armee, immer leerer werdende Staatskassen und unzuverlässige Allianzen keine stabile Grundlage waren, mit der man den Sudan hätte effektiv regieren können.

Was zu diesen Schwierigkeiten noch hinzukam, war die wachsende Beliebtheit eines bislang gänzlich unbekannten Sudanesen namens Mahommed Achmed ibn Abdullah. Der Sohn eines Scharifen behauptete, wie schon sein Vater ein direkter Nachkomme des Propheten Mohammed und somit der geistige Führer aller Muslime zu sein. Im Jahr 1881 hatte er sich außerdem zum Imam, dem weltlichen Führer der Muslime, und zum Mahdi, dem »Erwarteten«, erklärt, einer messianischen Figur, die durch ihr Erscheinen die Reinheit des islamischen Glaubens wiederherstellen würde. Von Abba aus, einer Insel

Der Mahdi (um 1882). Im Jahr 1881 erklärte sich Mahommed Achmed ibn Abdullah zum Mahdi, dem legendären messianischen Nachfolger des Propheten Mohammed. Mit seiner fanatisch-religiösen Bewegung drohte er die anglo-ägyptische Regierung im Sudan zu stürzen.

im Weißen Nil, rund dreihundert Kilometer von Khartoum entfernt, setzte er per Brief sämtliche Scheichs und unbedeutenderen Herrscher sowie per Telegramm den Generalgouverneur über die Ziele seiner Mission in Kenntnis und forderte sie auf, sich ihm anzuschließen.

Der Zeitpunkt war günstig gewählt, denn 1882 war das Jahr, in dem der Mahdi sich verschiedenen Prophezeiungen zufolge offenbaren sollte. In Scharen folgten die Menschen dem gleichermaßen charismatischen wie fanatischen Mann. Dieser erklärte feierlich, der Sudan gehöre den Sudanesen, und rief zur Beendigung der Fremdherrschaft durch die Türken den Dschihad, den Heiligen Krieg, aus. Doch der Mahdi strebte auch religiöse Ziele an: Der sufische Islam hatte sich im Sudan von Anfang an rasch verbreitet, und die Worte und Taten des Mahdi, der seinen Anhängern ebenfalls die ewige Seligkeit versprach, ließen sich mit den Prophezeiungen und dem Aberglauben dieser mystischen Bewegung vereinbaren. Außerdem erhofften sich die Stämme entlang des Weißen Nils, denen entweder der Sklavenhandel oder aber die Bemühungen zu seiner Abschaffung sehr geschadet hatten, einen wirtschaftlichen und politischen Gewinn, denn der Mahdi wollte sie von der verhaßten Fremdherrschaft befreien. Der Sudan stand kurz vor einer Revolution.

Anfangs unterschätzten die ägyptische Regierung und die britischen Ratgeber den Einfluß des Mahdi und seiner Sekte, doch das sollte sich bald ändern. Im Sommer 1881 erschlugen seine Anhänger bei Abba fast zweihundertfünfzig Soldaten, die der amtierende Generalgouverneur des Sudans, Raouf Bei, unter dem Kommando von Abou Saood losgeschickt hatte, um den Mahdi nach Khartoum zu bringen. Im Januar 1883 eroberte der Mahdi El Obeid, die Hauptstadt der Provinz Kordofan.

Aufgrund des miserablen Zustands, in dem sich die ägyptische Armee befand, hielt der britische Botschafter am Hof des Sultans es für das beste, Kordofan und Darfur, die Provinzen südlich und westlich von Khartoum, als unhaltbar aufzugeben. Cherif Pascha, der Kriegsminister des Osmanischen Reichs, beauftragte den britischen Oberbefehlshaber der ägyptischen Armee, General William Hicks, auch »Hicks Pascha« genannt, mit dem Schutz der Region Sennar, der Kornkammer Khartoums. Kurz darauf befahl er ihm jedoch, in Darfur und Kordofan einzumarschieren – entgegen dem Rat Valentine Bakers, der zu dieser Zeit als ägyptischer Polizeichef fungierte. Der Angriff war von vornherein zum Scheitern verurteilt und endete drei Monate später mit einem Blutbad, das Großbritannien in seinen imperialistischen Überzeugungen zutiefst erschütterte.

Premierminister Gladstone, der eine Katastrophe kommen sah, beschloß, die britischen Soldaten und Zivilisten evakuieren zu lassen.

Auf Truppenwerbung in Kairo (1884). In den Straßen und Gefängnissen von Khartoum und Kairo kam es zur Zwangsrekrutierung von Männern, die gegen den Mahdi kämpfen sollten. Ihre mangelnde Ausbildung und Disziplin war ein Grund dafür, daß General William Hicks und seine Truppen niedergemetzelt wurden und Valentine Baker eine schändliche Niederlage hinnehmen mußte: Er kam mit dem nackten Leben und nur tausend seiner Männer davon.

Zur Überwachung eines geordneten Rückzugs wurden in Regierungskreisen sowie in der Presse verschiedene Namen gehandelt, darunter am häufigsten die von Sam Baker und Charles Gordon.

Gordon galt zwar als der geeignetere Kandidat für diese Aufgabe, denn er war über zehn Jahre jünger als Sam und mit den aktuellen Entwicklungen im Sudan vertrauter als dieser, doch Sam hatte sich mit seiner Militärexpedition am Weißen Nil einen ausgezeichneten Ruf erworben. Florence war außer sich bei der Vorstellung, daß Sam in den Sudan zurückkehren sollte. Sie wußte, daß er mit seinen dreiundsechzig Jahren den harten Anforderungen nicht mehr gewachsen sein würde, und konnte den Gedanken an ein Leben ohne ihn nicht ertragen – und daß sie ihn begleitete, kam erst recht nicht in Frage.

Die Regierung tat sich nicht leicht mit der Entscheidung: Vielleicht konnte man die beiden Brüder Baker ja gemeinsam in den Sudan beordern? Doch damit würde man sich gewiß den Unmut Königin Viktorias zuziehen. Und Gordon war sicher ein tapferer Anführer, neigte aber auch dazu, eher seinen eigenen Überzeugungen zu folgen anstatt den Befehlen.

Währenddessen spitzte sich die Situation im Sudan zu. Der britischen Garnison in Khartoum gingen allmählich die Lebensmittelvorräte aus, und die Truppen des Mahdi rückten immer näher. Ein Rückzug auf dem Landweg würde glatter Selbstmord sein, aber ob die Einheimischen sie statt dessen den Fluß befahren lassen würden, war ebenso unsicher. Vom Khediven dazu gezwungen, unternahm Valentine mit seiner »völlig unbrauchbaren« Polizeitruppe den von Anfang an zum Scheitern verurteilten Versuch, einige der Garnisonen bei Souakim zu befreien. Von seinen dreieinhalbtausend Männern überlebten nur etwa tausend die Flucht vor den Soldaten des Mahdi.

Am 12. Januar 1884 stattete Gordon den Bakers einen Besuch auf Sandford Orleigh ab. Schon auf der gemeinsamen Kutschfahrt vom Bahnhof zum Landsitz sprach er mit leuchtenden Augen vom Sudan[45] und drängte Sam erneut, die Aufgabe zu übernehmen. Er selbst könne dies nicht tun, behauptete er, da er dem belgischen König Leopold bereits versprochen habe, eine Mission in den Kongo zu unternehmen.

Florence dagegen erkannte den Fanatismus, der in Gordons Augen brannte. Aus seinen Worten hörte sie heraus, daß der General eigentlich unbedingt selbst in den Sudan wollte. Mit seinem Versuch, statt dessen Sam dazu zu überreden, schien er sich jedoch irgendwie selbst zu verleugnen und sein Schicksal herausfordern zu wollen. Es kam ihr vor, als stelle der beinahe aussichtslose Kampf für ihn ein fast schon heiliges Ritual, eine Art Opfer gegenüber Gott[46] dar. Daß jedoch Sam sein Leben für diese Sache opferte, würde sie nicht zulassen.

»Nehmen Sie Milch und Zucker, General Gordon?« fragte sie ihn liebenswürdig. Sie wußte, wie sie sich bei solchen Anlässen zu benehmen hatte, und verwöhnte den Gast – ganz wie es sich für eine gute viktorianische Ehefrau gehörte – mit erlesenen Köstlichkeiten und

Florence beim Nachmittagstee auf Sandford Orleigh (um 1889). Als Charles Gordon im Jahr 1884 zum Tee nach Sandford Orleigh kam, erinnerte Florence Sam an sein Versprechen, daß er niemals ohne sie nach Afrika zurückgehen würde – und tatsächlich kehrten sie nie in den Sudan zurück.

ausgesuchter Höflichkeit. Immerhin hatte sie schon den Prince of Wales zum Tee bei sich gehabt.

Als sich in dem Gespräch der Männer gerade eine geeignete Pause ergab, sagte sie leise, an Sam gewandt: »Sam, du hast mir doch versprochen, niemals ohne mich nach Afrika zurückzukehren. Und da ich nicht gehen werde, wirst du es auch nicht tun.« Dann setzte sie ihr strahlendstes Lächeln auf.

Sam sah Florence an, und in diesem Moment wurde ihm klar, daß sie recht hatte. Natürlich wollte er das Versprechen halten, das er ihr gegeben hatte, und er erkannte auch, daß er der Aufgabe nicht mehr gewachsen sein würde. Er drehte sich zu Gordon um und sagte nur: »Sie sehen ja, wie es um mich steht, mein lieber Gordon: Wie könnte ich all das zurücklassen?« Dann erwiderte er Florences Lächeln und tätschelte ihr für einen Augenblick die Hand.

Gordon traute seinen Ohren nicht. Er konnte es nicht glauben, daß Sam die ruhmreiche Mission soeben auf Wunsch einer Frau abgelehnt hatte. Was Florence und Sam verband, war für ihn, der über sich selbst geschrieben hatte: »Schon mit vierzehn wünschte ich mir, ich wäre ein Eunuch«,[47] nicht nachvollziehbar. Gleich am nächsten Morgen fuhr er mit dem ersten Zug wieder ab.

Am 18. Januar brach Gordon nach Khartoum auf. Er sollte England nie wiedersehen. Anstatt gemäß dem Befehl vorerst nur die Lage zu erkunden und der britischen Regierung zu melden, begann er auf eigene Faust loszuschlagen, und verkündete, er wolle »den Mahdi vernichten«. Irritiert von Gordons Alleingang und einer ganzen Fülle sich widersprechender Pläne, verweigerte die Regierung ihm jedoch jede finanzielle oder personelle Unterstützung. Selbst als Khartoum kurze Zeit später von den Arabern belagert und von der Außenwelt so gut wie abgeschnitten war, konnte man sich nicht zu einer Bergungsaktion entschließen.

Nach über einem Jahr Belagerung überrannten die Mahdisten Khartoum. Sie erschossen Gordon, richteten ihn übelst zu und nahmen seinen Kopf als Siegestrophäe mit in ihr Lager[48]. Zwei Tage später traf die Rettungsexpedition ein. Schon von Ferne sahen die Männer den Kopf des Generals und machten sofort kehrt.

Die Mehrheit der britischen Öffentlichkeit, darunter auch Sam und Florence, war entsetzt über die Unentschlossenheit und Furchtsamkeit der Regierung. Wutentbrannt schrieb Sam einem Freund: »Nie wieder werde ich mich öffentlich zu Ägypten äußern. Nun, da der arme Gordon geopfert worden ist, spanne ich meinen Bogen ab und bin nichts anderes mehr als ein unbeteiligter Beobachter des Elends und der Schande, die die Intervention Großbritanniens mit sich gebracht hat.«

Florence war über das grausame Ende des Generals schockiert, aber

General Charles Gordon (1885). Gordon übernahm die Aufgabe, die britischen Bürger und Soldaten aus Khartoum zu evakuieren – ein selbstmörderisches Unterfangen, das Florence Sam gerade noch rechtzeitig ausreden konnte. Dieses ganzseitige Portrait tauchte wenige Tage nach dem Fall von Khartoum auf, bei dem Gordon ums Leben gekommen war.

sie wußte auch, daß er Sam an seiner Stelle in den Sudan geschickt hätte, wenn sie nicht eingeschritten wäre. Sam hatte Gordon in vieler Hinsicht bewundert. Zudem war der General einer der wenigen gewesen, der nachvollziehen konnte, was sie im Sudan hatten durchmachen müssen, und der ihre Leistung zu schätzen wußte. Er war in ihre Fußstapfen getreten und hatte ein letztes Mal versucht, sich für den Sudan einzusetzen, aber jetzt war es mit ihrer gemeinsamen Vision von einem blühenden, friedlichen und mit Ägypten vereinten Land endgültig vorbei.

22

Wie kann ich nur weiterleben?

In den vergangenen Jahren hatten Florence und Sam eine ganze Reihe von Todesfällen miterleben müssen. Zuerst, im Jahr 1882, starb Sams Schwester Min Cawston, gefolgt von seinem Bruder John und seiner Tochter Constanze im Jahr 1883. Zwei Jahre danach, wenige Tage vor der Eroberung von Khartoum und Gordons Tod, erlag Valentines Tochter Hermione einer längeren Krankheit. Nicht einmal einen Monat später war auch Fanny, Valentines Frau, tot. Eine Reise erschien den Hinterbliebenen der Familie Baker jetzt genau das Richtige, um die schweren Schicksalsschläge etwas erträglicher zu machen. Um außerdem der eisigen Kälte Devons zu entfliehen, hielten sie sich über die Wintermonate 1885 in Indien auf und besuchten im folgenden Winter Valentine und seine Tochter Sybil in Ägypten.

Zwei Jahre später kam Valentine mit Sybil nach Sandford Orleigh, um dort von April bis September einen ausgedehnten Urlaub zu verbringen. Zur Jubiläumsfeier Königin Viktorias am 20. Juni fuhren sie gemeinsam nach London und sahen bei der grandiosen Parade zu, bei der sämtliche kolonialen wie inländischen Regimenter der königlichen Armee durch die Stadt zogen. Die Schau erweckte den Eindruck, als befände sich das britische Weltreich auf der Höhe seiner Macht, doch in Wirklichkeit stand es kurz vor seinem Zusammenbruch. Valentines früheres Regiment machte sich ausgezeichnet, und er wäre gerne wieder dabeigewesen.

Er konnte nicht wissen, daß die Königin ihre unnachgiebige Haltung kurz vor den Feierlichkeiten revidiert und dem Prince of Wales die Wiederaufnahme Valentines in die Armee in Aussicht gestellt hatte. Als Valentine am 16. November bei einer Nilfahrt auf einem *diahbiah* an einem Herzinfarkt starb, war die Entscheidung immer noch nicht bekanntgegeben worden. Valentine wurde also posthum rehabilitiert und mit allen militärischen Ehren und Würden bestattet.

Obwohl Florence und Sam nie mehr in den Sudan zurückkehrten, lebte ihre Legende dort noch lange fort. Von 1878 bis 1884 herrschte ein deutscher Arzt namens Emin Pascha – ein geborener Eduard Schnitzer – über die südlichen Provinzen des Landes. Seit dem Mahdistenaufstand hatte man nichts mehr von ihm gehört und hielt ihn für tot. Um so größer war die Überraschung, als die Welt im Dezember 1886 erfuhr, daß Emin Pascha immer noch im südlichen Sudan ausharrte. Im folgenden Jahr schickte man Henry Morton Stanley, den Mann, der Livingstone »gefunden« hatte, nach Afrika, um Emin Pascha zu Hilfe zu kommen. Dieser wußte allerdings nicht so recht, was er von seiner Befreiung zu halten hatte. Im Tagebuch des jungen Engländers A. Mounteney Jephson, eines Begleiters Stanleys, heißt es, daß es noch viele Banyoro gab, die sich lebhaft an Florence und Sam erinnerten. Sie hatten ihm begeistert von Florence und ihrer Güte erzählt, sprachen hauptsächlich aber voller Bewunderung von Sam: »Gordon und Emin sind uns gleich: Baker ist unser Mann. Wenn er kämpfte, stand er immer in erster Reihe, wenn er schoß, feuerte er nie daneben – er war ein ganzer Mann! Wenn wir seinen Befehlen nicht gehorchten, schüttelte er uns, daß uns die Zähne klapperten.«

Nachdem Emin Pascha sich widerwillig bereit erklärt hatte, Ende 1889 in die Zivilisation zurückzukehren, ließ er Sam in einem Brief wissen, daß man ihn und Florence in Afrika nicht vergessen habe:

> Auch in Bunyoro erinnert man sich Ihrer: Oft haben mir der alte Rionga, dessen Land von Kabba Réga annektiert worden ist, und sogar letzterer von Ihnen erzählt. […] [Lady Baker] lobten meine Männer als gütige Mittlerin zwischen Ihnen und ihrer Pflicht.

Sam freute sich: Es war also doch nicht alles vergebens gewesen, was er und Florence erreicht hatten. Etwas lebte tatsächlich weiter, und wenn es nur das Andenken an ein rechtschaffenes und treues Paar aus Europa war, das den Sudan erforscht hatte.

Im Jahr 1890 starb Sams Tochter Agnes bei der Geburt ihres ersten

Sam Baker (um 1888). Im Jahr 1890 berichtete Emin Pascha von Einheimischen im Süden des Sudans, die sich noch an Baker Pascha und Myadue – den »Morgenstern« oder die »Mondentochter«, wie man Florence auch genannt hatte – erinnerten.

Kindes. Sie war nach Ceylon auf die Plantage zurückgekehrt, die Sam und sein Bruder John viele Jahre zuvor gegründet hatten, und hatte Antony Crawley Bovey geheiratet, den Verwalter des Anwesens. Nun waren von Sams Kindern nur noch Edith und Ethel übrig; letztere wohnte bei ihnen auf Sandford Orleigh. Von Sams sechs Geschwistern lebten nur noch James, Ellen und Anne.

Im Herbst 1893 schien sich Sams Gesundheitszustand zu verschlechtern. Florence machte sich Sorgen: Er litt immer öfter unter Gicht und leichter Angina. Den Rat seines Arztes, sich mehr zu bewegen und weniger fett zu essen, ignorierte er.

Im Winter schrieb er in einem Brief an die Countess of Stradbrooke:

> Wir haben uns tatsächlich dazu entschlossen, die Grenzen unseres eigenen Landes diesen Winter nicht zu überschreiten. [...] Ich werde mich dieses Jahr in »Besonnenheit« üben – eine Medizin, der ich in meinem Leben nicht immer genug Beachtung geschenkt habe.

Sam haßte es, zugeben zu müssen, daß er nicht mehr der Jüngste war, und genoß es, wenn seine Neffen, Nichten und Enkelkinder sie besuchten. Florence überredete Julian, Weihnachten 1893 auf Sandford Orleigh zu verbringen. Sie würden zu dritt gemütlich um den warmen Kamin sitzen und in Erinnerungen schwelgen. Als Julian eintraf, hatte der Arzt Sam gerade Bettruhe verschrieben, da dieser bereits seit Tagen über seine Gicht und Schmerzen in der Brust klagte. Als Sams Zustand sich am 29. Dezember immer noch nicht gebessert hatte, schlich Julian sich heimlich aus dem Haus und holte einen Arzt. Florence wußte nur zu genau, wie schlecht es um Sam stand. Schließlich hatte sie vierunddreißig Jahre an seiner Seite verbracht.

Am Abend des 30. Dezember 1893 setzte sie sich zu Sam ans Bett und sorgte dafür, daß er alles hatte, was er brauchte, so wie sie es auch in Afrika getan hatte, wenn Krankheit und Hunger am schlimmsten gewesen waren. Gegen Mitternacht schlug er noch einmal die Augen auf, sah sie an und sagte: »Ach, Flooey, Flooey, wie kann ich dich nur verlassen?« Dann starb er[49], in den Armen seiner geliebten Florence.

Florence hatte das Gefühl, ihr Herz hätte aufgehört zu schlagen. Mehr als einmal hatte sie sich in gefährlichen Situationen geschworen, sie würde sich lieber erschießen, als ohne Sam weiterzuleben. Nun verspürte sie denselben Drang, obwohl sie sich in der Sicherheit und Geborgenheit von Sandford Orleigh befand. In ihrer Qual schrieb sie einem Freund: »Wie kann ich nur weiterleben, jetzt da mir alles genommen ist?« Sams Familie wollte sie nicht allein lassen und fand eine Lösung: Nachdem zunächst Julian länger auf Besuch geblieben war, kam Edith mit ihren Kindern Cyril, Ellen, Ida, Violet und

Bernard, dann wohnte Florences Lieblingsenkelin Ida mehrere Monate bei ihr.

Florence legte Trauerkleidung an und beließ alles auf Sandford Orleigh so, wie es zu Sams Lebzeiten gewesen war. Seinem Wunsch gemäß wurde er eingeäschert, was für einige Mitglieder der Familie ein Schock war, denn Feuerbestattungen waren damals nicht üblich. Die Urne wurde in der Familienkrypta in Grimley bei Worcester beigesetzt.

In seinem Testament hatte Sam Vorsorge getroffen, daß Florence und seine beiden noch lebenden Kinder, Ethel und Edith, niemals in finanzielle Schwierigkeiten kommen würden. Florence erhielt neben dem stattlichen baren Geldbetrag von zweitausend Pfund sämtliche Wert- und Einrichtungsgegenstände, zudem die Rechte an Sams Büchern, ein lebenslanges Wohnrecht auf Sandford Orleigh sowie die jährliche Ausschüttung aus Wertpapieren und anderen Kapitalanlagen. Für sie war damit gesorgt, so wie Sam es ihr versprochen hatte. Er hielt sogar ausdrücklich fest, daß Florence im Fall einer erneuten Heirat weiterhin ein gewisser monatlicher Betrag ausbezahlt würde, damit sie niemals finanziell abhängig von einem Mann sein würde.

Nur langsam, ganz allmählich faßte Florence wieder neuen Mut. Ihre Liebe zu Kindern aber war trotz der Trauer ungebrochen. Ein gutes Jahr nach Sams Tod kam ihre Nichte Ruth Baily, die Tochter seiner Schwester Anne, mit ihrem Sohn Robin zu Besuch. In dem Jungen erkannte Florence viel von ihrem geliebten Sam wieder, und bald entwickelte sich ein besonders enges und herzliches Verhältnis zwischen den beiden. Robin besuchte Sandford Orleigh von nun an jedes Jahr. »Tante Florence war die mildtätige Alleinherrscherin, ganz die Grande Dame und Hausherrin. Sie hatte eine Art römischer Gravität an sich. Nie erhob sie ihre Stimme oder gestikulierte.«

Im Jahr 1909 wurde Robin zu Florences großer Freude für den britischen Elitestaatsdienst im Sudan ausgewählt. Vor seiner Abreise erzählten seine Großmutter und seine Mutter ihm einige Dinge aus Florences Jugend und vom Sklavenmarkt in Viddin. Im Sudan fragten ihn manche der älteren Einheimischen, ob Florence tatsächlich im Harem eines Paschas gelebt und Sam sie als Dank für eine Gefälligkeit geschenkt bekommen oder sie gekauft habe. Robin hatte diese

Sam, Florence und James Baker auf Sandford Orleigh (um 1891). Obwohl Florence auf diesem Bild fast dreißig Jahre älter ist als auf dem Portrait, das in Paris von den dreien aufgenommen worden war, strahlt sie immer noch dieselbe Schönheit und Eleganz aus wie 1865 (von links: Sam Baker, Florence Baker und James Baker).

Geschichten immer für zweifelhafte Familienlegenden gehalten und ihnen wenig Beachtung geschenkt und war daher nun um so erstaunter, daß man hier über Florences Vergangenheit Bescheid wußte.

Immer wenn Robin in England war, besuchte er Florence, und sie tauschten ihre Erinnerungen aus. Wenn sie beispielsweise von den Elefantenjägern vom Stamm der Hamran schwärmte, konnte er ihr berichten, daß man dort immer noch von ihrem langen, blonden Haar sprach und von Sams prächtigem Gewehr. Sie erzählte ihm, was sie noch von einem bestimmten Nomadenhäuptling wußte, und er schilderte ihr, wie er mit dessen Sohn oder Enkel Freundschaft geschlossen hatte. Wenn Robin bei ihr war, hatte Florence immer ein wenig das Gefühl, Sam sei zurückgekommen. Sie unterhielten sich auf arabisch und machten sich einen Spaß daraus, daß niemand außer ihnen verstand, was sie sagten.

Nach Sams Tod waren Robin und wenige engere Freunde die einzigen, über die Florence erfuhr, was sich in Uganda und dem Sudan abspielte, denn schließlich hatte Sam und nicht sie als anerkannter Sudanexperte gegolten. Außerdem dachten die meisten vermutlich, sie sei schon längst gestorben.

Gegen Ende ihres Lebens zog Florences Nichte Lady Beatrice Wood nach Sandford Orleigh, um Ethel bei der Pflege der alten Dame zu unterstützen. Nun, da sich niemand mehr daran stoßen konnte, erzählte Florence allmählich mehr von ihrer frühen Kindheit und Jugend – Geschichten, die sie ein Leben lang verheimlicht hatte. Auch wenn Sams Geschwister einzelne Details über ihre Vergangenheit erfahren hatten, als Florence zum ersten Mal nach England gekommen war, hatte sie selbst nur Sam davon erzählt.

Manche fragten sich, warum Florence nie versucht hatte, ihre Familie in Mitteleuropa wiederzufinden, aber nach wem hätte sie suchen sollen? Sie hatte miterleben müssen, wie die Mutter und die Brüder vor ihren Augen umgebracht worden waren, und ihr Vater war als Soldat mit Sicherheit gefallen. Ihre Amme, die vermutlich in dem Lager in Viddin umgekommen war, hatte die kleine Florence ihrem Schicksal überlassen, und an die Finjanjians hegte sie keine guten Erinnerungen. An Ali dachte sie gerne zurück, aber er war schon lange tot, und sie vermischte die Erinnerungen an ihn mit denen an andere Afrikaner, die sie auf ihrer Nilreise gekannt hatte. Es gab somit niemanden mehr in Ungarn oder Bulgarien, der ihr etwas bedeutete und den sie hätte finden können.

Am 8. Mai 1899 machte Florence ihr Testament. Sie vererbte die meisten ihrer Habseligkeiten an Ethel, Edith und Julian. Der Erlös aus dem Verkauf der Einrichtung des Hauses und seiner Nebengebäude floß in einen »Stiftungsfond zum Andenken an Sir Samuel und Lady Baker« zugunsten des Cottage Hospital in Newton Abbot. Der Betrag, den die Veräußerung des Hauses selbst einbrachte, wurde zwischen Edith und Ethel aufgeteilt.

Florence lebte noch viele weitere Jahre ruhig und in Frieden auf Sandford Orleigh, bis im Jahr 1914 ein Beamter auftauchte und sich nach ihrem Geburtsort, ihrer Nationalität und dem Namen ihrer Eltern erkundigte. Der Erste Weltkrieg war ausgebrochen. Jeder in England lebende Deutsche galt als Feind, viele von ihnen wurden für die Dauer des Krieges sogar interniert. Vermutlich war irgend jemandem aufgefallen, daß Florence einen starken deutschen Akzent hatte, und er hatte es der Polizei gemeldet. Die alte Dame stand Todesängste aus. Sie fühlte sich doch überhaupt nicht mehr als Ungarin oder Deutsche – sie war Engländerin, so wie Sam. Seit sie ihn kannte, hatte seine englische Art ihr immer eine gewisse Orientierung geboten: seine hundertprozentige Anständigkeit und Unerschrockenheit, seine Lebensfreude, seine Liebenswürdigkeit, ja sogar seine imperialistische Überheblichkeit. Und nun wollten die Beamten etwas von ihr wissen, was sie bisher nur der Familie anvertraut hatte und an das sie sich selbst auch nicht mehr so genau erinnerte. Florence fürchtete, man würde sie internieren oder, was noch schlimmer wäre, womöglich ausweisen.

Ethel konnte Florence nicht beruhigen und hatte keine Ahnung, was sie tun sollte. Zum Glück erfuhr Robins Vater, Edward Baily, was geschehen war. Er wandte sich an einen einflußreichen Bekannten aus Regierungskreisen und erzählte ihm die ganze Geschichte. Schließlich war es äußerst unwahrscheinlich, daß es sich bei einer alten Dame von siebzig Jahren, deren Ehemann in Anerkennung seiner Verdienste um das britische Weltreich geadelt worden war, um eine Spionin handelte. Davon abgesehen war es reichlich unverschämt, sie so zu erschrecken. Damit war das Thema erledigt.

23

Der 11. März 1916

Als sie an diesem Tag in der Früh erwachte, fiel ihr das Atmen schwer. Es war stickig und heiß. *Ah, ich weiß, wo ich bin*, dachte sie. Sie machte sich nicht die Mühe, die Augen zu öffnen. *Wir sind am Weißen Nil und stecken vermutlich im Sudd fest. Dort ist das Atmen immer so beschwerlich.*

Es beruhigte sie, daß ihr eingefallen war, wo sie sich befand, denn manchmal war sie sehr verwirrt, wenn sie aufwachte. Sie fühlte sich nicht besonders gut. *Heute geht es nicht so recht. Ich muß wohl wieder Fieber bekommen haben.*

Tock-tock-tock. Das Geräusch war ihr vertraut. *Nein, es ist nicht das Fieber. Ich habe wieder einen Sonnenstich, das ist es. Die Männer schaufeln mein Grab, mit Pickeln, genauso wie beim letzten Mal. Das tun sie immer, wenn man einen Sonnenstich hat. Der arme Sam macht sich gewiß große Sorgen, daß ich sterben könnte. Er wird jeden Augenblick aufwachen und zu mir herüberkommen. Ich werde meine Augen öffnen und in sein liebes Gesicht schauen, und wir werden beide überglücklich sein, daß wir am Leben sind und gemeinsam in Afrika.*

Bei diesem beruhigenden Gedanken glätteten sich ihre Züge. *Gleich bin ich bei Sam. Tock-tock-tock.* Sie hörte auf zu atmen, ihr Herz blieb stehen, und sie zog los, um zusammen mit Sam die Nilquelle zu suchen.

Die Standuhr in der Eingangshalle hatte eben sechs geschlagen.

Am 15. März 1916 fand sich in der *Times* eine knappe Todesanzeige. In gewisser Weise war es sogar bezeichnend, daß Florences Name darin verdreht und falsch geschrieben war:

BAKER – Den 11. März auf Sandford Orleigh bei Newton Abbot, FLORENCE MARY BARBARA, Gattin des verstorbenen SIR SAMUEL WHITE BAKER, 74 Jahre.

Die Welt nahm ohnehin kaum Notiz davon. Die bemerkenswerten Errungenschaften der Bakers verblaßten neben Meldungen über den Krieg, denn genau an dem Tag, an dem Florences Tod bekanntgegeben wurde, starben achthundert Männer in der Schlacht von Verdun. Dagegen erschien der Tod einer alten Dame vergleichsweise unbedeutend, auch wenn es sich dabei um eine recht außergewöhnliche Frau gehandelt hatte, die aus einem Harem geflohen und mit ihrem Geliebten in Afrika auf Entdeckungsreise gegangen war.

In manchen Momenten waren Florence und Sam Zweifel gekommen, ob sie mit ihren Erfolgen tatsächlich nachhaltige Verbesserungen in Afrika erreicht hatten. Irgendwann war ihnen der Glaube daran, überhaupt etwas bewirkt zu haben, abhanden gekommen, und sie hatten befürchtet, Chaos und Gewalt könnten wieder die Oberhand über die Ordnung und die Anständigkeit gewinnen, die sie einzuführen versucht hatten. Doch sie hatten sich geirrt.

Noch viele Jahre nach den Expeditionen der Bakers hörten Reisende in Uganda und dem Sudan die Einheimischen von Florence und Sam erzählen. Im Jahr 1894 sprach der Missionar Albert Lloyd mit einem Mann, der aus der Nähe des Albertsees stammte und Sams Leibdiener gewesen war. Er berichtete: »Ich bin ein alter Mann und habe eine Menge Europäer im Lande Ganya getroffen, aber der beste von ihnen allen nannte sich Baker Pascha. Er hatte seine Frau dabei, und sie bauten sich auf dem Hügel ein Haus, [...] in dem sie viele Monate lebten. Ich bin als junger Mann zu ihm gekommen [...]. Er brachte mir viele Dinge bei, und wir liebten ihn, denn er sprach mit uns. Er war freundlich und half uns, wenn wir Sorgen hatten, und kämpfte gegen unsere Feinde. Er versuchte, uns zu unterrichten [...]. Wir liebten ihn und seine Frau, und wir erinnern uns gerne an sie, denn sie waren sehr freundlich zu uns.«

Fünf Jahre später übernahm Charles Delmé-Radcliffe das Kommando in der Nilprovinz und stellte fest, daß die Erinnerung an die Bakers immer noch lebendig war. Er schrieb: »Daß wir aus demselben

Land kamen wie Baker und unsere Regierung dieselbe war wie seine, war der größte Garant für das Vertrauen der Eingeborenen.« Ganz gleich, wie imperialistisch die Haltung der Bakers gewesen und wie anmaßend ihre Art den Afrikanern damals erschienen sein mochten: Mit der Zeit verblaßten diese Eindrücke, und zurück blieb ein Gefühl der Zuneigung.

Im Jahr 1960, neunundneunzig Jahre nachdem Florence und Sam von Kairo aus zu ihrer ersten Afrikareise aufgebrochen waren, hörte ein Anthropologe, der in der Nähe des Albertsees arbeitete, Geschichten über Baker Pascha und seine wunderbare Myadue. Sams beeindruckende Persönlichkeit und Florences Schönheit und Liebenswürdigkeit waren zu einem Teil der Legenden geworden, die sich die Einheimischen von »den rosigen Zeiten« erzählten, »da die Europäer die Menschen vom Joch der Sklaverei befreiten«.

Anhang

DANKSAGUNG

Dieses Buch hätte ohne die Großzügigkeit und Kooperationsbereitschaft der Familie Baker nicht geschrieben werden können. Den Bakers gilt somit meine zutiefst empfundene Dankbarkeit, auch wenn ich weiß, daß sie nicht in jedem Punkt meine Sicht der Dinge teilen.

Von den vielen hilfsbereiten Archivaren, die mir zuarbeiteten, möchte ich besonders Sarah Strong von der Royal Geographical Society und Jane Hogan von der Sudan Collection der University of Durham hervorheben, deren Bemühungen weit über die reine Pflichterfüllung hinausgingen. Dasselbe gilt für Eric Novotny und das unermüdliche Team von der Fernleihe an der Penn State University. Johanna und Joszef Geml sichteten zahlreiche ungarische Texte und übersetzten sie für mich; Alex Miron und Andreea Trasca übersetzten aus dem Rumänischen, übertrugen einen Brief ins Rumänische und telefonierten für mich mit dem Colegiul Bethlen Gábor, was mir zu einer sehr hilfreichen Auskunft des Bibliothekars Gyorgy Dionisie über die Familie Szász verhalf. Donna Chen vom Family History Center des State College in Pennsylvania unterstützte mich bei der Suche nach weiteren Informationen über die Familie Szász. Als es darum ging, etwas über Florences Herkunft herauszufinden, beantworteten Zsuzsa Berend vom University College of Los Angeles und Cornell Fleishman von der University of Chicago geduldig meine Fragen über Ungarn und das Osmanische Reich. In einigen schwierigen Momenten gewährte mir meine Nichte, Karen Walker, vorübergehend Obdach und wertvollen Rat, ebenso mein Schwager Gerald Walker und seine Frau, Ida In't Veldt. Von Anjali Singh und Ian Maxted erhielt ich einzelne, dafür aber entscheidende Hinweise. Janet Padiak vom Londoner University College begab sich für mich im Nationalarchiv auf die leider ergebnislose Suche nach einer Erwähnung von Florences erstem Reisepaß. Meine Freundinnen Barbara Kennedy und Cheryl Glenn gewährten mir moralischen Beistand und redaktionelle Unterstützung. Meinen Lektorinnen Jennifer Brehl bei HarperCollins und Sally Gaminara bei Transworld danke ich für die behutsame, hilfreiche Überarbeitung des Buches.

Zuletzt und doch vor allen anderen möchte ich meinem Mann, Alan Walker, danken, mit dem ich (wenn auch immer nur für ein paar Monate am Stück) mehrere Jahre meines Lebens in Afrika verbracht und das Land und seine Leute liebengelernt habe. Gemeinsam stießen wir vor vielen Jahren auf die wunderbare Geschichte von Sam und Florence Baker. Alan hat nie daran gezweifelt, daß es mir gelingen würde, Florences Lebensgeschichte aufzuschreiben. Dafür und für vieles andere bin ich ihm dankbar.

ZEITTAFEL

Um 1845: Barbara Maria Szász (später Florence Barbara Maria Szász Baker) wird in Transsilvanien, dem heutigen Siebenbürgen, geboren.

1848: In ganz Europa kommt es zu Aufständen gegen die alten Monarchien und autokratischen Kaiserreiche.

März–Mai 1848: Ungarn verbündet sich mit Transsilvanien und erklärt seine Unabhängigkeit von Österreich.

8. Januar 1849: Walachische Soldaten brennen Nagy-Enyed nieder und zerstören den Ort; Barbara und ihre Amme fliehen und schließen sich ihrem Vater Mathias Szász an, einem Aufständischen der transsilvanischen Armee.

12.–22. August 1849: Die ungarische Revolution wird niedergeschlagen; ihr Führer Lajos Kossuth dankt als ungarischer Reichsverweser ab; General Görgey ergibt sich den Russen; Tausende ungarischer Flüchtlinge ziehen sich nach Viddin im Osmanischen Reich zurück.

11. September 1849: Mathias Szász und neun weitere Offiziere im Flüchtlingslager verfassen ein Schreiben, in dem sie Kossuth und der Revolution Treue geloben und das Amnestieangebot Österreichs ausschlagen.

September–Oktober 1949: Etwa fünfhundert der Flüchtlinge – unter ihnen vermutlich auch Mathias Szász – konvertieren zum Islam und schließen sich der türkischen Armee an.

vermutlich November 1849: Barbara wird zur Ausbildung in den Harem aufgenommen und erhält den Namen »Florenz«.

29. Dezember 1855: Henrietta Baker, die erste Frau von Samuel Baker, stirbt an Typhus.

1856: Richard Burton und John Speke machen sich auf die Suche nach der Quelle des Nils.

Ende Januar 1859: Florenz wird bei einer exklusiven Auktion weißer Sklaven in Viddin verkauft; obwohl der Pascha von Viddin der Meistbietende ist, verläßt sie den Harem mit Sam Baker und heißt ab jetzt »Florence«.

Februar 1859–Juni 1860: Florence und Sam halten sich in Mitteleuropa auf.

9. *Mai 1859:* Bei seiner Rückkehr nach England verkündet Speke die Entdeckung der Nilquelle, eines Sees, den er auf den Namen »Victoria N'yanza« getauft hat.

21.–23. *Mai 1859:* Burton kehrt nach England zurück, widerspricht Spekes Behauptung und erhält die Viktoria-Medaille der Royal Geographical Society.

27. *April 1860:* Speke bricht mit James Grant nach Afrika auf, um seine Behauptung zu untermauern.

März 1861: Florence und Sam treffen in Kairo ein und beginnen mit der Erforschung der abessinischen Nilzuflüsse.

11. *Juni 1862:* Florence und Sam erreichen Khartoum.

2. *Dezember 1862:* Sam macht sein Testament, in dem er Florence eine beträchtliche Geldsumme vererbt.

18. *Dezember 1862:* Florence, Sam und ihre Mannschaft verlassen Khartoum mit dem Schiff.

2. *Februar 1863:* Florence und Sam kommen nach Gondokoro, eine Station der Sklavenhändler, und treffen dort mit Speke und Grant zusammen.

15. *Februar 1863:* Speke und Grant erreichen Gondokoro und schlagen Sam vor, den Luta N'zigé zu erkunden, einen weiteren See, bei dem es sich möglicherweise um eine der Nilquellen handelt.

26. *Februar 1863:* Speke und Grant machen sich auf den Weg nach Khartoum.

27. *März 1863:* Florence und Sam brechen mit ihren Männern zu ihrem Marsch Richtung Luta N'zigé auf.

9. *Februar 1864:* Florence und Sam begegnen Kamrasi, dem König von Bunyoro.

14. *März 1864:* Florence und Sam entdecken den Luta N'zigé und geben ihm den neuen Namen »Albertsee«.

5. *April 1864:* Florence und Sam stoßen auf die Murchisonfälle, wo der Somerset-Nil in den Albertsee mündet.

14. *April* – 17. *November 1864:* Florence und Sam sitzen ohne ausreichende Nahrung, Medikamente und Träger in Bunyoro fest.

18. *September 1864:* John Speke kommt in England unter mysteriösen Umständen ums Leben.

13. *März 1865:* Florence und Sam kehren nach Gondokoro zurück.

16. *April 1865:* Sam verfaßt noch ein Testament, in dem er Florence weitere Geldbeträge überläßt.

5. *Mai 1865:* Florence und Sam sind wieder in Khartoum.

September 1865: Sams Bruder James trifft in Paris mit Florence und Sam zusammen.

14. *Oktober 1865:* Florence und Sam erreichen Dover, England.

4. *November 1865:* Florence und Sam werden mit einer Sondergenehmigung in der Londoner St. James's Church getraut.

13. *November 1865:* Sam hält eine Rede vor der Royal Geographical Society und stellt Florence der Öffentlichkeit vor.

Juli 1866: Sams Buch *Der Albert N'yanza* wird veröffentlicht.

15. *August 1866:* Die Erhebung Sams in den Adelsstand wird bekanntgegeben.

Februar 1867: Königin Viktoria weigert sich, Florence zu empfangen.

Oktober 1868: Florence und Sam machen Bekanntschaft mit dem Prince und der Princess of Wales; der Prinz bittet Sam, eine gemeinsame Ägyptenreise für sie zu organisieren.

Februar 1869: Die königliche Gesellschaft reist nach Ägypten; der Khedive bietet Sam den Posten des Generalgouverneurs von Equatoria an.

1. *April 1869:* Sam beginnt seine Amtszeit als Generalgouverneur oder Pascha von Equatoria; seine Aufgabe ist die Ausrottung des Sklavenhandels am Weißen Nil.

8. *Februar 1870:* Florence, Sam und sein Neffe Julian verlassen Khartoum mit sechshundertfünfzig Soldaten.

21. *September 1870:* Der Sudd, ein berüchtigtes Sumpfgebiet am Nil, zwingt Florence und Sam, nach Khartoum zurückzukehren.

14. *April 1871:* Die Expedition erreicht Gondokoro und gründet die Station Ismailïa.

25. *April 1872:* Florence, Sam und Julian treffen mit zweihundertzwölf Soldaten in Masindi ein, der Hauptstadt von Bunyoro.

8. Juni 1872: Die Banyoro greifen die Expedition an; es kommt zur Schlacht von Masindi.

14. Juni 1872: Der Expedition gelingt trotz tückischer Überfälle aus dem Hinterhalt die Flucht.

März 1873: Gerüchte vom Tod der Bakers gelangen nach England.

1. April 1873: Sams Amtszeit als Pascha endet.

29. Juni 1873: Sam verkündet dem Prince of Wales von Khartoum aus per Telegramm seinen Triumph.

8. Dezember 1873: Sam hält eine Rede vor der Royal Geographical Society.

6. Februar 1874: General Charles Gordon reist nach Khartoum und übernimmt das Amt des Paschas; er hat den Posten bis 1878 inne.

Herbst 1874: Sam veröffentlicht seinen Expeditionsbericht *Ismailïa.*

November 1874: Die Bakers beziehen Sandford Orleigh in Devon.

1881: Im Sudan ernennt sich Mahommed Achmed ibn Abdullah selbst zum Mahdi, einem ersehnten islamischen Führer.

5. November 1883: Die erstarkende Armee des Mahdi metzelt den britischen General William Hicks und die von ihm rekrutierten Einheimischen nieder.

12. Januar 1884: Gordon besucht die Bakers auf Sandford Orleigh und will Sam dazu bewegen, den britischen Garnisonen im Sudan zu Hilfe zu kommen.

18. Januar 1884: Gordon bricht nach Khartoum auf.

10. März 1884: Die Belagerung Khartoums beginnt.

26. Januar 1885: Khartoum wird besiegt; Gordon kommt um.

30. Dezember 1893: Sam Baker stirbt.

1895: Mit einem Besuch auf Sandford Orleigh beginnt die Freundschaft zwischen Florence und Robin Baily, Sams Großneffen.

1909: Robin Baily tritt dem Sudan Political Service, dem britischen Elitestaatsdienst im Sudan, bei.

11. März 1916: Florence Baker stirbt.

ANMERKUNGEN

1 Im Osmanischen Reich war es nicht unüblich, daß gutsituierte, verheiratete Frauen junge Mädchen kauften und sie für den Harem ausbildeten.

2 Viddin, gelegentlich auch Vidin oder Widdin geschrieben, ist eine bulgarische Stadt an der Donau. Im neunzehnten Jahrhundert war Viddin eine Provinzhauptstadt des Osmanischen Reichs.

3 Den Ehrentitel »Hanim« trugen im Osmanischen Reich verheiratete Frauen. Mit »Finjan« bezeichnet man eine große, in ein Gestell aus durchbrochenem Metall eingesetzte Trinkschale aus Porzellan, wie sie in Mittel- und Osteuropa auch heute noch verwendet wird. Finjanjian war im Osmanischen Reich ein weitverbreiteter Familienname für armenische Porzellanhändler.

4 Im Osmanischen Reich des neunzehnten Jahrhunderts wurden die Mädchen meist im Alter von zwölf bis vierzehn Jahren verheiratet; vor der Ehe mußten sie die Geschlechtsreife erreicht haben. Sklavenmädchen, die im Harem weiter ausgebildet werden sollten, verkaufte man entweder sehr jung (mehrere Quellen nennen ein Alter von sechs Jahren) oder, wenn sie zu Konkubinen oder Odalisken bestimmt wurden, im Pubertätsalter. Diese Tradition spiegelt das damalige Verständnis wider, nach dem ein Mädchen als erwachsen galt, sobald es die Pubertät erreicht hatte und sich in der Öffentlichkeit verschleiern mußte, in der Regel ab einem Alter von zwölf Jahren.

5 Welche immense Bedeutung dem Handel mit weißen Sklaven zukam, läßt ein Bericht im Londoner *Morning Star* vom 15. Juli 1865 erahnen, in dem von zehntausend tscherkessischen Kindern christlicher Abstammung die Rede ist, die jährlich von Konstantinopel oder türkischen Häfen in Ägypten aus exportiert wurden.

6 Einige wenige Erfahrungsberichte von Mädchen, die in Harems verschleppt wurden, sind erhalten geblieben. So findet sich beispielsweise bei Toledano in *Slavery and Abolition in the Ottoman Middle East* die folgende Schilderung: »Eines Tages aber kam meine Mutter freudestrahlend zu uns und sagte zu mir: ›Meine lieben Kinder, euer [verstorbener] Vater

muß beim Propheten ein geneigtes Ohr finden, und dabei kommt uns der Himmel zu Hilfe. Eine reiche *hanim* möchte gerne sechs oder sieben kleine Sklavenmädchen kaufen. Ich werde euch drei Mädchen verkaufen und mit dem Geld zurück in die Berge gehen, damit eure Brüder wie richtige Rumelier [Name für den auf der Balkanhalbinsel gelegenen Teil des Osmanischen Reichs; Anm. d. Übs.] aufwachsen und nicht wie Mäuse in der Stadt.‹ Wir waren sehr glücklich.« Mit der Schilderung einer Entführung gewährt uns auch Davis in *The Ottoman Lady* einen wertvollen Einblick in die damaligen Zustände: »Ein tscherkessisches Mädchen erzählte immer, wie es mit anderen Kindern gespielt habe, als plötzlich ein Reiter auftauchte und es fragte, ob es auch einmal auf dem Pferd sitzen wolle. Die Kleine war natürlich begeistert, und so war es für den Mann ein Kinderspiel, sie mitzunehmen und zu einem Sklavenhändler in einer Stadt an der Küste zu bringen.«

7 Der Handel mit Sklaven war streng reglementiert, nur mit einer Genehmigung erlaubt und mußte versteuert werden. Noch im Jahr 1893 waren in den Kaufunterlagen detaillierte Informationen zu dem entsprechenden Geschäft und dem erworbenen Sklaven enthalten.

8 Der korrekten Beschreibung eines Sklaven kam eine enorme Bedeutung zu: So konnte ein Händler, der die Sklaven auf unzutreffende Weise anpries, strafrechtlich belangt, zu einer Geldstrafe verurteilt und/oder eingesperrt werden.

9 Die Häßlichkeit der Eunuchen war etwas, worauf man besonders großen Wert legte, vermutlich um zu verhindern, daß es zwischen ihnen und den Frauen eines Harems zu einer Annäherung kam.

10 Für ein Sklavenmädchen galt es als vorteilhaft, wenn es keine Türkin oder nicht türkischsprachig war.

11 Ich danke Anne Baker für ihre Einschätzung des Verhaltens, das Florence angesichts ihrer Versteigerung vermutlich zeigte.

12 Nach dem, was man sich in der Familie Baker über diese Ereignisse erzählt, war es der Pascha von Viddin, der gegen Sam bot. Die Meinungen darüber, wessen Gebot letztlich das höhere war, gehen jedoch auseinander.

13 In einer Version der Geschichten, die man sich in der Familie Baker über die Auktion erzählt, heißt es, daß Sam vom Pascha überboten wurde und mit Florence fliehen konnte, weil er jemanden bestochen hatte. Aus zwei Gründen erscheint mir diese Variante wahrscheinlicher als die andere, nach der Sam das Höchstgebot abgab: Erstens ist es unwahrscheinlich, daß Sam den Pascha überbieten konnte, und zweitens hätte es sonst keinen Grund für die anschließende Flucht durch die Walachei gegeben, die in einem Brief Sams an die Duchess of Atholl vom 18. April 1860 zweifelsfrei dokumentiert ist.

14 Angaben der Familie Baker zufolge wird in allen Berichten über Florences Flucht aus Transsilvanien deren Kindermädchen, die *dadus*, erwähnt.

15 Unter den Namen der Offiziere, die das Schreiben an Lajos Kossuth vom 11. September 1849 unterzeichneten, findet sich auch der von Mathias Százs. Der Brief wurde im Flüchtlingslager von Viddin verfaßt. Innerhalb der Familie Baker wird für Florences Vater die englische Schreibweise des Vornamens, Matthew, verwendet, wie sie sich auch auf ihrer Heiratsurkunde vom 3. November 1863 findet. Szász ist eine alternative Schreibung für Sass oder von Sass, die beide häufig als Florences Mädchenname genannt werden. Die Familie Szász aus Nagy-Enyed (siehe auch nächste Anmerkung), zu der Mathias vermutlich gehörte, zählte zum Adel und war daher berechtigt, den Zusatz »von« zu tragen.

16 Meiner Überzeugung nach handelte es sich bei Florences Großvater um Karoly Szász, einen berühmten Professor am Colegiul Bethlen Gábor und Abgeordneten des ungarischen Reichstags. In einem Brief, der sich in Anne Bakers Besitz befindet, ist von einer ungarischen Großmutter die Rede, die sich daran erinnern konnte, wie sie in Budapest mit Florence gespielt hatte, als sie beide noch klein waren. Wenn es sich bei Florence um ein transsilvanisches Kind aus einfachen Verhältnissen handeln würde, wäre dies höchst unwahrscheinlich. War sie dagegen die Enkelin von Karoly Szász, die während des Krieges bei einem Reichstagsabgeordneten lebte, dann erscheint ihr Aufenthalt in Budapest nachvollziehbar. Dies würde auch erklären, warum die Großmutter in dem Brief von Florences Vater als einem Professor spricht – bedenkt man, daß ein Kind Vater und Großvater leicht einmal verwechseln kann. Was der Auffassung, daß Mathias Szász der Sohn von Karoly Szász war, zuwiderläuft, ist die Tatsache, daß Mathias im 1912 angelegten Stammbaum der Familie Szász nicht erwähnt wird. Ich vermute jedoch, daß er absichtlich übergangen wurde, weil er zum Islam konvertiert war, was damals als Schande galt.

17 Den Erinnerungen von Sams Großneffe Robin Baily zufolge, die er als »Reminiscences of Florence Baker« niedergeschrieben hat, sind dies Florences eigene Worte. Weitere Einzelheiten zur Zerstörung Nagy-Enyeds am 8. Januar 1849 durch walachische Soldaten schilderte mir Gyorgy Dionisie, der derzeitige Bibliothekar am Colegiul Bethlen Gábor, in einem Brief.

18 General Bem und die Überlebenden seiner Armee waren eine der letzten Gruppen, die nach Orsova aufbrachen, wo sie die Donau überqueren und nach Viddin gelangen konnten. Sie verließen Temesvar am 17. August 1849.

19 Für Mathias Szász' Konversion gibt es keine eindeutigen Beweise, aber viele der Konvertiten zählten zu Bems Truppe, und Mathias war Bems

Adjutant. Der von ihm unterzeichnete Brief an Kossuth ist von den Dokumenten, die ich ausfindig machen konnte, das letzte, in dem er erwähnt wird; auch eine Liste all jener Flüchtlinge, die im Januar 1850 in Schumla noch am Leben waren, führt ihn nicht auf, so daß sich seine Spur offensichtlich zwischen Mitte September 1849 und Januar 1850 verliert.

20 Ich vermute, daß Florence umbenannt wurde, weil es damals üblich war, daß die Mädchen bei ihrem Eintritt in den Harem einen neuen Namen bekamen, und weil weder Florenz noch Florence, anders als Barbara und Maria, ungarische Namen sind.

21 Die Entfernung der gesamten Körperbehaarung, auch des Schamhaars, war im Harem eine gängige Sitte.

22 Angeblich besaß sogar Kossuth selbst im Jahr 1849 einen gefälschten englischen Paß.

23 Ich vermute, daß Florence sich bereits in Constanza angewöhnte, Männerkleidung zu tragen, so wie sie es später auf der Reise durch Afrika tat.

24 Es heißt, Burton habe insgesamt neunundzwanzig Sprachen sowie zahlreiche Dialekte gelernt.

25 500 englische Pfund hatten 1855, im Jahr von Burtons und Spekes Somaliexpedition, die gleiche Kaufkraft wie heutzutage etwa 24 000 Pfund.

26 Sam beschreibt hier nur eine der vielen Krankheiten, mit denen er und Florence auf ihren Reisen zu kämpfen hatten. Unter welchen Krankheiten sie zu einem bestimmten Zeitpunkt genau litten, läßt sich (im Sinne einer modernen Diagnose) nicht mehr bestimmen. Neben Mangelernährung und Austrocknung handelte es sich aber vermutlich um Malaria, Schwarzwasserfieber, Typhus, Fleckfieber, Cholera, Blutvergiftungen, Gelbfieber, Geschwüre, Lebensmittelvergiftungen, Ruhr, Parasiten und Stiche oder Bisse verschiedener Insekten oder Reptilien.

27 Die in Sams Tagebüchern erwähnten (und im neunzehnten Jahrhundert üblichen) Dosen von Chinin sind oft nur halb so hoch wie die heute empfohlenen und konnten die Fieberschübe daher vermutlich nur leicht unterdrücken.

28 Diese Beschreibung ist etwas ausführlicher als die, die Sam am 9. Juli 1861 verfaßte, als er und Florence zum ersten Mal von dieser Praktik erfuhren. Der Einfachkeit halber unterscheide ich nicht zwischen der Infibulation (bei der die Schamlippen und die Vagina zugenäht werden) und der Beschneidung (der Entfernung der Klitoris), da beide Eingriffe gleichzeitig vorgenommen wurden. Richard Burton stellte auf seinen Reisen durch Arabien und durch Afrika ausführliche Untersuchungen zur Tradition der Beschneidung von Männern und Frauen sowie der Infibulation von Frauen an. Er schrieb: »Unter den Arabern ist die Be-

schneidung sowohl von Frauen als auch Männern ein uralter Brauch. [B]ei jungen Frauen scheint sie der Verhinderung von unkeuschen Handlungen zu dienen [...]. (Sie entfernten die Klitoris, da [...] dieses Organ der Sitz und der Ursprung des sexuellen Verlangens ist.)« Angesichts dieser Beobachtung stellt sich die Frage, ob Florence als Kind im Harem möglicherweise auch beschnitten wurde, was ich jedoch für unwahrscheinlich halte: Offensichtlich waren weder sie noch Sam mit dieser Sitte vertraut, bis sie bei den Stämmen der Nilregion damit konfrontiert wurden.

29 In Blackstones *Commentaries on the Law in England* heißt es: »Durch die Heirat werden Mann und Frau vor dem Gesetz eins, das heißt, die gesamte Existenz der Frau, und damit auch ihre rechtliche, wird für die Zeit der Ehe ausgesetzt oder zumindest in diejenige ihres Gatten integriert oder mit dieser vereinigt, unter dessen Fittichen und Schutz sie sämtliche Handlungen vollzieht.« Bis ins späte neunzehnte Jahrhundert gehörten der Körper, das Eigentum und die Kinder einer verheirateten Frau nach dem Gesetz ihrem Ehemann.

30 Sam erwähnt zwar in seinem Tagebuch (23. September 1861), daß er ein solches Schreiben an Petherick verfaßte, äußert sich aber nicht zu dem genaueren Inhalt des Briefes, der selbst nicht erhalten ist. Der Zweck des Schreibens wird jedoch auch so deutlich.

31 In den Bantusprachen ändert sich die Vorsilbe eines Wortes in Anhängigkeit vom Subjekt, während der Wortstamm gleich bleibt. Daher heißt Kamrasis Reich Bunyoro, sein Volk jedoch Banyoro. Daß manche Autoren das Land als »Unyoo« oder sogar »Nyoro« bezeichnen, trägt zur Verwirrung bei.

32 Die Baganda wurden von den Banyoro aus irgendeinem Grund als »M'wa« bezeichnet. Unter Häuptling M'tesa bevölkerten sie eine Region, die etwas größer als das Gebiet des heutigen Uganda war.

33 Hall versteht in seinem *Die Liebenden auf dem Nil* die steife Ausdrucksweise in diesem Abschnitt als Anzeichen dafür, daß Sam wohl eher mit dem Gedanken spielte, sich von Florence zu trennen, als sie nach Hause mitzunehmen. Dieser Sicht möchte ich deutlich widersprechen: Ich glaube, Sams förmliche Sprache ist vielmehr auf seine Überlegung zurückzuführen, daß Florence die Textstelle möglicherweise jemand anderem würde zeigen müssen. Ebenso irrt Hall sich, wenn er behauptet, daß einzelne Passagen in Sams Tagebuch nach dessen Tod herausgeschnitten oder geschwärzt wurden, um Florences Existenz oder die Rolle, die sie in seinem Leben spielte, zu verschleiern. Mit Ausnahme eines winzigen, knapp zweieinhalb auf fünf Zentimeter großen Stücks aus dem Tagebuch 1861–62 sind sämtliche fehlenden Passagen letztendlich an irgendeiner Stelle der Tagebücher enthalten. Als sie neu gebunden wur-

den, gerieten einige der Seiten durcheinander, was auf den ersten Blick den Eindruck entstehen läßt, als fehlten einzelne Abschnitte. Nur einmal ist etwas in Sams Tagebüchern geschwärzt und somit unleserlich gemacht worden, wobei die Anführungszeichen vor und nach dieser Stelle noch erkennbar sind. Sam verwendete Anführungszeichen, wenn er Wörter aus afrikanischen Sprachen notierte; vermutlich hat er hier ein oder zwei solcher Wörter durchgestrichen.

34 Diese Sicht der Dinge findet sich tatsächlich in »Sir Samuel and Lady Baker« in der *Illustrated London News*.

35 Als »über einundzwanzig« (also volljährig) wird Florences Alter auf der Eheerlaubnis angegeben, die das Büro des Generalvikars in der Londoner Lambeth Palace Library Sam am 3. November 1865 im Namen der Church of England ausstellte.

36 Hall vertritt die Ansicht, daß Florence Schwierigkeiten mit ihrem Namens hatte, weil sie erst vor kurzem und mehr schlecht als recht schreiben gelernt hatte. Daß sie mit »Florenz« unterschrieb, deutet jedoch darauf hin, daß sie während ihrer Ausbildung für den Harem, als sie noch Florenz hieß, sehr wohl lesen und schreiben gelernt hatte. Sam hatte ihr den Namen »Florence« gegeben, und wenn erst er sie das Schreiben gelehrt hätte, hätte er ihr sicher nicht beigebracht, »Florenz« als ihren Namen zu verwenden.

37 Ob Florences Alter im Herbst 1865 mit dreiundzwanzig oder vierundzwanzig Jahren angegeben wurde, läßt sich nicht ganz klären; in Wirklichkeit war sie ohnehin erst achtzehn oder neunzehn Jahre alt.

38 Für Florences Schwangerschaft gibt es keinen Nachweis, doch sie scheint mir die plausibelste Erklärung dafür zu sein, daß Florence nicht mit dem Prince und der Princess of Wales auf Nilreise ging. Die Mißbilligung Königin Viktorias reicht als Grund dafür sicher nicht aus, denn Sam ließ sich von deren Briefen an den Prinzen ja auch nicht abhalten. Die einzige konkrete Anspielung auf Florences Abwesenheit findet sich in einem Brief Sams an Wharncliffe, in dem er feststellt, daß die Reise für Florence »ganz undenkbar« gewesen wäre – ein Hinweis darauf, daß Sam sich des Risikos einer Fehlgeburt womöglich bewußt war? Florences Schwangerschaft und der Verlust des Kindes würden auch erklären, warum sie plötzlich so traurig und unglücklich war, als Sam mit dem Auftrag des Khediven aus Ägypten zurückkam.

39 Warum Florence nie ein Kind zur Welt brachte, ist unklar.

40 Mündlichen Überlieferungen der Banyoro zufolge war das Bier nicht vergiftet, sondern nur ungewohnt stark, so daß Sam die folgenden Ereignisse falsch deutete. Außerdem wird behauptet, daß Baker in der Schlacht von Masindi »Unmengen von [Ba]nyoro mit einer Maxime niederschoß«. Da die Schlacht sich jedoch im Jahr 1872 ereignete, die Maxime aber erst

1885 erfunden und frühestens 1889 bei der Royal Army eingeführt wurde, sind hier ganz offensichtlich verschiedene Daten und Ereignisse durcheinandergebracht worden.

41 Florence äußerte in verschiedenen Briefen wiederholt den Gedanken, daß sie ohne Sam nicht weiterleben wolle, sowohl vor als auch nach dessen Tod.

42 Als diese Zeremonie durchgeführt wurde, war Julian Baker gerade vierundzwanzig Jahre alt. Sein Sohn, John R. Baker, reiste 1957 zum fünfundachtzigsten Jahrestag dieses Bündnisses nach Uganda und wiederholte das Ritual mit Omubito Kosiya K. Labwoni, dem Enkel Riongas.

43 In dem Schreiben wies der Khedive Sam jedoch an, sich erst dann in die Gebiete südlich Gondokoros zu begeben, wenn er dort für Frieden gesorgt habe, da der weitere Vorstoß nach Bunyoro riskant sei. Daß der Brief tatsächlich abgeschickt wurde, ist nicht sicher. Es ist daher möglich, daß sein Inhalt nachträglich modifiziert wurde, damit der Khedive Sam für die außergewöhnliche Feindseligkeit der Banyoro verantwortlich machen konnte. Falls der Brief abgeschickt wurde, ist es denkbar, daß ihn jemand zurückhielt oder entwendete, um der Expedition zu schaden oder Zwietracht zwischen dem Khediven und Sam zu säen. In *Ismail Pascha* stellt Gray die überzeugende Hypothese auf, daß der Khedive – selbst wenn er den Brief im Februar 1872 geschrieben hatte – Sam auch später nie über dessen Inhalt aufklärte, was ihm vermutlich zugute kam.

44 Leider konnte ich keine weiteren Informationen über Amarn bekommen.

45 Gordon schämte sich offensichtlich, daß er so erpicht darauf war, in den Sudan zu gehen, denn am späten Abend jenes Tages fragte er seinen Begleiter, Reverend R. H. Barnes, ob diesem der Ausdruck in seinem Gesicht aufgefallen sei. Als Barnes dies bejahte, soll Gordon geheimnisvoll erwidert haben: »Dann haben Sie *mich* gesehen, das war *mein Ich*, das *Ich*, das ich loswerden möchte.«

46 In einem Brief an Barnes gab Gordon zu, er sei mit der Hoffnung auf die Krim gegangen, dort ums Leben zu kommen, ohne selbst Hand anlegen zu müssen und sich dadurch zu versündigen; vielleicht sah er den Einsatz im Sudan in einem ähnlichen Licht.

47 Nach einem Brief Gordons an Barnes vom 26. September 1883. Gordons Biographen haben ausführliche Vermutungen darüber angestellt, was den General zu dieser ungewöhnlichen Aussage verleitet haben mochte; möglicherweise wurde er als Kind mißbraucht.

48 Über die genauen Umstände von Gordons Tod herrscht keine Einigkeit.

49 Die Todesanzeigen in Zeitungen wie dem *Daily Telegraph*, der *London Illustrated News* und der *Times* erschienen natürlich erst Anfang Januar 1894.

BIBLIOGRAPHIE

VERÖFFENTLICHTE WERKE

Alexander, Michael und Anand, Sushila, *Queen Victoria's Maharajah* (New York 1980).

Allen, Charles (Hg.), *Tales from the Dark Continent* (London 1979).

Baker, Anne, *A Question of Honour: The Life of Lieutenant General Valentine Baker Pasha* (London 1996).

–, *Morning Star: Florence Baker's Diary of the Expedition to Put Down the Slave Trade on the Nile – 1870–73* (London 1972).

Baker, John, »Baker and Ruyonga«. In: *Uganda Journal* 28 (1963). S. 213–216.

Baker, Julian, »On Sir S. Baker's Expedition«. In: *The Times* (London 05. 08. 1874). S. 8b.

Baker, Samuel, *Wild Beasts and Their Ways: Reminiscences of Europe, Asia, Africa and America* (London 1980).

–, Brief an den Herausgeber, *The Times* (London 16. 01. 1884).

–, *Ismailïa: A Narrative of the Expedition to Central Africa for the Suppression of the Slave Trade* (London 1874).

–, Brief an den Prince of Wales, *The Times* (London 08.02.1872).

–, *Die Nilzuflüsse in Abyssinien. Forschungsreise vom Atbara zum Blauen Nil und Jagden in Wüsten und Wildnissen*, autoris. dt. Ausgabe, bearb. Friedrich Steger, 2 Bde. (Braunschweig 1868). Originaltitel: *The Nile Tributaries of Abyssinia and the Sword Hunters of the Hamran Arabs* (London 1867).

–, *Der Albert N'yanza. Das große Becken des Nil und die Erforschung der Nilquellen*, autoris. vollst. dt. Ausgabe, 2 Bde., übs. v. J. E. A. Martin (Jena 1867). Originaltitel: *The Albert N'yanza, Great Basin of the Nile, and Explorations of the Nile Sources* (London 1866).

–, *Rifle and Hound in Ceylon: Stories from the Field 1845–1853* (London 1855).

Barkley, Henry C., *Between the Danube and Black Sea, or Five Years in Bulgaria* (London 1877).

–, *Bulgaria Before the War* (London 1877).

Beachey, R. W., *The Slave Trade of Eastern Africa* (London 1976).

Beattie, John, *Bunyoro: An African Kingdom* (New York 1960).
Blackstone, William, *W. Blackstones Handbuch des englischen Rechts*, bearb. v. John Gifford, übs. v. H. F. C. von Colditz (Schleswig 1822). Originaltitel: *Commentaries on the Laws of England* (Oxford 1765–69).
Bona, Gábor (Hg.), *The Hungarian Revolution and the War of Independence* (Highland Lakes, N. J., 1979).
Brander, Michael, *A Perfect Victorian Hero* (Edinburgh 1982).
Bridges, R. C., »Sir John Hanning Speke and the Royal Geographical Society«. In: *Uganda Journal* 26, Nr. 1 (1962). S. 23–44.
Brodie, Fawn, *The Devil Drives: A Life of Sir Richard Burton* (New York 1967).
Buckland, Frank T., »Reported Death of Mr. Petherick«. In: *Field* (30. 01. 1863). S. 527.
Burton, Isabel, *Life of Captain Sir Richard F. Burton* (London 1893).
Burton, Richard, *Lake Regions of Central Africa, a Picture of Exploration* (New York 1860).
–, *Meine Wallfahrt nach Medina und Mekka* (Berlin 1924). Originaltitel: *Personal Narrative of a Pilgrimage to Al-Madinah and Meccah* (London 1855, 1857).
–, *First Footsteps in Africa, or An Exploration of Harar* (London 1856).
– und M'Queen, James, *The Nile Basin* (London 1864).
Campbell, Christy, *The Maharajah's Box* (London 2001).
Churchill, Winston, *The River War, An Account of the Reconquest of the Soudan* (New York 1964).
Cox, Samuel, *Diversions of a Diplomat in Turkey* (New York 1893).
Croutier, Alex Lytle, *Harem: The World Behind the Veil* (New York 1989).
Davis, Fanny, *The Ottoman Lady: A Social History from 1718 to 1918* (London 1986).
Déak István, *Die rechtmäßige Revolution: Lajos Kossuth und die Ungarn 1848–1849*, bearb. v. Kathrin Sitzler u. Albrecht Fridrich, übs. v. Géza Engl (Wien 1989). Originaltitel: *The Lawful Revolution: Louis Kossuth and the Hungarians, 1848–1849* (New York 1979).
Delmé-Radcliffe, C., »Surveys and Studies in Uganda«. In: *Geographical Journal* 26 (1905). S. 428–483.
Elton, Lord Godfrey, *Gordon of Khartoum: The Life of General Charles George Gordon* (New York 1955).
Fraser's Magazine 18, »A Visit to the Harem of the Pasha of Viddin«. S. 679–686.
Frost, John, *Kossuth and the Hungarian War* (Philadelphia 1851).
Garnett, Lucy, *Turkish Life in Town and Country* (New York 1904).
Girling, F. K., »The Acholi of Uganda« (Khartum 1960).
Gladstone, Penelope, *Travels of Alexine: Alexine Tinné 1835–1869* (London 1970).

Goodwin, Godfrey, *The Private World of Ottoman Women* (London 1997).
Gordon, Charles, »General Gordon's Telegram to Sir S. Baker Appealing to the Millionaires of England and America for Money to Pay Soldiers on His Own Account to Aid Him«. In: *The Times* (London, 30.04.1884) S. 6d.
Gordon, Winifred, *A Woman in the Balkans* (London 1918).
Görzsönyi, Vargha Zoltan, *A Szmerjai Szász Család* (Koloszvár 1912).
Grant, J. A., *A Walk Across Africa: Or, Domestic Scenes from My Nile Journal* (Edinburgh 1864).
Gray, Sir John, »The Diaries of Emin Pasha – Extracts II«. In: *Uganda Journal* 25 (1961a). S. 149–170.
–, »Ismail Pasha and Sir Samuel Baker«. In: *Uganda Journal* 25 (1961b). S. 199–213.
Hajnal, István, *A Kossuth-Emigráció Törökovszágban* (Budapest 1927).
Hall, Richard, *Die Liebenden auf dem Nil*, übs. v. Peter Hahlbrock (Berlin 1981). Originaltitel: *Lovers on the Nile: The Incredible African Journeys of Sam and Florence Baker* (New York 1980).
Halsband, Robert (Hg.), *The Complete Letters of Lady Mary Wortley Montagu (1708–1720)* (Oxford 1966).
Harvey, Annie Jane (Tennant), *Türkische Harems und Circassische Heimat* (Leipzig 1872). Originaltitel: *Turkish Harems and Circassian Homes* (London 1871).
Headley, P. C., *The Life of Louis Kossuth* (Auburn, N. Y., 1852).
Hermann, Róbert, »The Summer Campaign«. In: Bona, Gabor (Hg.), *The Hungarian Revolution and the War of Independence* (Highland Lakes, N. J., 1979). S. 432f.
Hitchins, Keith, *The Rumanian Nation Movement in Transsylvania 1780–1849* (Cambridge 1969).
Illustrated London News, »Mr. S. W. Baker, the African Traveller« (London 05.12.1865). S. 544f.
–, »Sir Samuel and Lady Baker« (London, Beilage vom 11.10.1873). S. 346.
Johnston, Harry, *The Nile Quest: A Record of the Exploration of the Nile and Its Basin* (New York 1903).
Jones, Roger, *The Rescue of Emin Pasha: The Story of Henry M. Stanley and the Emin Pasha Relief Expedition 1887–1889* (London 1972).
Karpat, Kemal, *Ottoman Population 1830–1915; Demographic and Social Characteristics* (Madison 1985).
Komlos, John, *Kossuth in America 1851–1852* (Buffalo, N. Y., 1973).
Kozlowski, Eligiusz, »The Embodiment of the East Central European Revolutionary Warrior: General Joseph Bem«. In: Kiraly, Béla (Hg.), *War and Society in East Central Europe*. Bd. 4 der *East Central European Society and War in the Era of Revolutions* (New York 1984).

Lancelot, M., »De Paris à Bucharest«. In: *Tour du Monde* 3 (1861). S. 177–224, 425–439.
Lane, Edward William, *Sitten und Gebräuche der heutigen Egypter*, übs. v. Julius Theodor Zenker (Leipzig 1852). Originaltitel: *An Account of the Manners and Customs of the Modern Egyptians: Written in Egypt During the Years 1833–1835* (London 1836).
Lewis, Bernard, *Race and Slavery in the Middle East: An Historical Enquiry* (Oxford 1994).
Lloyd, A. B., »Acholi Country: Part 2«. In: *Uganda Notes* 5 (1904).
Login, Dalhousie E. (Hg.), *Lady Login's Recollections: Court Life and Camp Life 1820–1904* (New York 1916).
Lomax, Alfred E., *Sir Samuel Baker, His Life and Adventures* (London 1900).
Lott, Emmeline, *The English Governess in Egypt* (Philadelphia 1867).
McCarthy, Justin, *The Arab World, Turkey & the Balkans (1878–1924): A Handbook of Historical Statistics* (Boston 1982).
McCusker, John J., »Comparing the Purchasing Power of Money in Great Britain from 1264 to Any Other Year Including the Present«. Economic History Services 2001. URL: http://www.eh.net/hmit/ppowerbp/.
MacGregor-Hastie, Roy, *Never to Be Taken Alive: A Bibliography of General Gordon* (New York 1985).
Malik-Hanim, *Thirty Years in the Harem: or, the Autobiography of Melik-Hanim, Wife of H. H. Kibrizli-Mehemet-Pasha* (New York 1872).
M. A. P. B. »Reception of a Lady of Rank in a Turkish Harem«. In: *Lady's Book* 30 (Philadelphia Mai 1845). S. 234f.
Medicines Commission, *British Pharmacopoeia* (Cambridge 1980a).
Melman, Billie, *Women's Orients* (Ann Arbor 1992).
Middleton, Dorothy, *Baker of the Nile* (London 1949).
Moorehead, Alan, *Die Quellen des Nil: Abenteuer und Entdeckung*, übs. v. Leonie Brockman u. Werner Neumann-Nieschlag (Stuttgart 1962). Originaltitel: *The White Nile* (Bungay, Suffolk 1960).
M'Quie, P. B., »Captain Speke and Consul Petherick«. In: *The Times* (London 24. 12. 1863). S. 6f.
Murchison, Sir Roderick, »Speke and Party on the Nile«. In: *The Times* (London 07. 05. 1863). S. 9f.
Murray, T. Douglas und White, A. Silva, *Sir Samuel Baker: A Memoir* (London 1895).
M'Williams, John, »On Sir S. Baker's Expedition«. In: *The Times* (London 01.08. 1874). S. 12d.
Napier, Edward, *Excursions Along the Shores of the Mediterranean* (London 1842).
Paget, John, *Ungarn und Siebenbürgen: politisch, statistisch, ökonomisch*, übs. v. E. A. Moriarty, 2 Bde. (Leipzig 1842). Originaltitel: *Hungary and Transsyl-*

vania: With Remarks on Their Condition, Social, Political and Economical (London 1850, New York 1971).
Pardoe, Julia, *The City of the Sultans and Domestic Manners of the Turks in 1836* (London 1837).
Paterson, Jennifer und Dickson Wright, Clarissa, *Two Fat Ladies Ride Again* (London 1997).
Penzer, N. M., *The Harem, An Account of the Institution as It Existed in the Palace of the Turkish Sultans with a History of the Grand Seraglio from Its Foundations to Modern Times* (London 1963).
Petherick, John, *Egypt, the Soudan, and Central Africa with Explorations from Karthoum on the White Nile to the Regions of the Equator, Being Sketches from Sixteen Years' Travel* (London 1861).
– und Petherick, Katherine, *Travels in Central Africa and Explorations of the Western Nile Tributaries* (London 1869).
Pierce, Leslie, *The Imperial Harem* (Oxford 1993).
Pischon, C. N., »Das Sklavenwesen in der Türkei. Eine Skizze, entworfen im Jahre 1858«. In: *Zeitschrift der Deutschen Morgenländischen Gesellschaft* 14 (1869).
Poole, Stanley Lane (Hg.), »The People of Turkey: Twenty Years' Residence Among the Bulgarians, Greeks, Albanians, Turks, and Armenians. By a Consul's Wife and Daughter«. In: *Quarterly Review* 146 (1878). S. 256–288.
Pulszky, Theresa, *Therese von Pulszky. Aus dem Tagebuch einer ungarischen Dame* (Leipzig 1850). Originaltitel: *Memoirs of a Hungarian Lady* (Philadelphia 1850).
Reichart, Anne, *Girl-Life in the Harem* (London 1908).
Rice, Edward, *Captain Sir Francis Burton: The Secret Agent Who Made the Pilgrimage to Mecca, Discovered the Kama Sutra & Brought the Arabian Nights to the West* (New York 1990).
Richards, Laura E. und Howe Elliot, Maud, *Julia Ward Howe 1819–1910* (Boston 1916).
Roberts, Ian, *Nicholas I and the Russian Intervention in Hungary* (New York 1991).
Saunders, Edward, »On the Case of Sir Samuel Baker«. In: *The Times* (London 19.04.1873).
Shami, Seteney, »Prehistories of Globalization; Circassian Identity in Motion«. In: *Public Culture* 12, Nr. 1 (2000). S. 177–204.
Speke, John Hanning, Brief an den Herausgeber, *The Times* (London 28.12.1863). S. 9d.
–, *Die Entdeckung der Nilquellen: Reisetagebuch*. 2 Bde. (Leipzig 1864). Originaltitel: *Journal of the Discovery of the Source of the Nile* (London 1863).
–, *What Led to the Discovery of the Source of the Nile* (London 1864).

Stafford, Robert A., *Scientist of Empire: Sir Roderick Murchison, Scientific Exploration and Victorian Imperialism* (Cambridge 1989).
Stewart, John Hamilton, Letter to Baring, 10 Mar. 1884. In: *Cairo Intelligence Report* 171.
Stiles, William, *Austria in 1848–49* (New York 1852, 1971).
Strachey, G. Lytton, *Macht und Frömmigkeit: Florence Nightingale, Kardinal Manning: Zwei Bildnisse aus der Victorianischen Zeit* (Berlin 1937). Teilveröffentlicht aus: *Eminent Victorians* (London 1920).
Terrot, Charles, *The Maiden Tribute: A Study of the White Slave Traffic in the Nineteenth Century* (London 1959).
Thomas, I. F., »Baker's Fort at Patiko«. In: *Uganda Journal* 2 (1963). S. 195–204.
Thompson, Brian, *Imperial Vanities: The Adventures of the Baker Brothers and Gordon of Khartoum* (London 2001).
The Times, »BAKER« (London 15.03.1916). S. 1a.
–, »Colonel Baker for Criminal Assault« (London 21.06.1875). S. 9c.
–, »Col. Valentine Baker for Criminal Assault« (London 03.08.1875). S. 10b.
–, »Chinese Gordon for the Sudan« (London 11.01.1884); zuerst erschienen in: *Pall Mall Gazette* (09.01.1884).
–, »Extraordinary Charge of Assault« (London 19.06.1875). S. 7c.
–, »General Gordon and Sir S. Baker Oppose the Cession of Khartoum« (London 11.01.1884). S. 5a.
–, »Reported Murder of Sir Samuel Baker and His Lady« (London 17.04.1873). S. 9a.
–, »Sad Death of Captain Speke, the African Traveller« (London 19.09.1864). S. 6d.
–, »Sir Samuel Baker: The Khedive Employs at a Large Salary to Suppress the Slave Trade« (London 16.08.1873). S. 7e.
Tinné, John, Brief an den Herausgeber, *The Times* (London 05.10.1864).
Toledano, Ehud, *The Ottoman Slave Trade and Its Suppression, 1840–1890* (Princeton, N. J., 1982).
–, »Şemsigül: A Circassian Slave in Mid-Nineteenth-Century Cairo.« In: Burke III, E. (Hg.), *Struggle and Survival in the Modern Middle East* (Berkeley 1993).
–, *Slavery and Abolition in the Ottoman Middle East* (Seattle 1998).
Trench, Charles Chenevix, *The Road to Khartoum: A Life of General Charles Gordon* (New York 1978).
Waller, John H., *Gordon of Khartoum: The Saga of a Victorian Hero* (New York 1988).
Weintraub, Stanley, *Edward the Caresser; The Playboy Prince Who Became Edward VII* (New York 2001).

White, Charles, *Drei Jahre in Constantinopel, oder Sitten und Einrichtungen der Türken*, übs. v. Gottlob Fink (Stuttgart 1846). Originaltitel: *Three Years in Constantinople: Or, Domestic Manners of the Turks in 1844* (London 1845).

Wilson, Sir Charles Rivers, *Chapters from My Official Life* (London 1916).

Wingate, Ronald, »Sir Samuel Baker's Papers 1875–93«. In: *Quarterly Review* (Juli 1967). S. 295–308.

Young, D. (Hg.), *The Search for the Source of the Nile: Correspondence Between Captain Richard Burton, Captain James Speke and Others from Burton's Unpublished East African Letter Book* (London 1999).

UNVERÖFFENTLICHTES MATERIAL

Baily, Robin, Brief an Anne Baker, 19.07.1971. Im Besitz Anne Bakers.

–, »Baker Reminiscences«. Im Besitz Anne Bakers.

Baker, Florence, Tagebücher 1870–1874. Im Besitz Anne Bakers.

–, Letzter Wille und Testament, in den Akten des Nachlaßgerichts der Grafschaft Devon, datiert auf den 01.05.1899.

Baker, Julian, Tagebuch 1870–1874. Bodleian Library, Oxford.

Baker, Samuel, Letzter Wille und Testament, in den Akten des Nachlaßgerichts der Grafschaft Devon, datiert auf den 18.10.1890.

–, »List of the Royal Party Written by Sir Samuel Baker, Cairo, Feb. 4, 1869«. Im Besitz Reverend Ian Graham-Orlebars.

–, Tagebuch 1861–1865. Royal Geographical Society.

–, Tagebuch 1869–1874. Royal Geographical Society.

–, und Finnian, Florence, Eheerlaubnis vom 03.11.1865. Lambeth Palace Library, Church of England, London.

Brownell, Clarence, Tagebuch. Kopie im Sudan-Archiv der Durham University Library.

Bourne, Erica, Tagebuch, 21.01.1882. Im Besitz Reverend Ian Graham-Orlebars.

Gordon, Charles, Brief an Reverend R. H. Barnes, 26.09.1883. Barnes MSS, Boston Public Library.

Jephson, A. J. Mountenoy, Tagebuch, 1888. School of Oriental and African Studies der University of London.

Kurat, Y. T., »The European Powers and the Question of Hungarian Refugees of 1849«, unveröff. Diss.. University College (London 1958).

Panayotova, Dora, »Labour, Time and Money in Henry C. Barkley's Accounts of Bulgaria«. Magisterarbeit. Ruhruniversität Bochum, abrufbar unter http://www.victorianweb.org.

Stewart, John Hamilton, *Report on the Sudan*. 1882. Erhältlich über das Sudan-Archiv der Durham University Library.
Stiansen, Endre, »Ouverture to Imperialism: Trade & Economic Change in the Sudan in the 19th Century«. Diss. Universität Bergen, Norwegen.

HINWEISE ZU DEN VERWENDETEN ARCHIVEN

Familie Baker: Florence Bakers Tagebücher, Robin Bailys »Baker Reminiscences« sowie zahlreiche Briefe, Fotos und andere Besitztümer von Sam und Florence Baker befinden sich in Händen Anne Bakers; Reverend Ian Graham-Orlebar ist in Besitz weiterer Briefe und Fotos sowie des Tagebuchs von Erica Bourne Graham. Ich vermute, daß Fanny Wormalds Tagebuch ebenfalls in Familienbesitz ist, aber ich habe es leider nicht zu Gesicht bekommen. Die verwendeten Notizen oder Briefe wurden mit freundlicher Genehmigung Mrs. Anne I. Bakers, David Bakers und Reverend Ian Graham-Orlebars wiedergegeben.

Die Bodleian Library verwahrt Julian Bakers Tagebuch der Nilreise sowie Sam Bakers Briefe an Douglas Murray.

Die Handschriftenabteilung der *National Library of Scotland* archiviert viele Briefe an und von James A. Grant. Die hier zitierten Briefe wurden mit freundlicher Genehmigung der Trustees der National Library of Scotland wiedergegeben. Die Erlaubnis wurde durch die Bibliothek als Eigentümerin der Originalbriefe erteilt und umfaßt keine darüber hinausgehenden urheberrechtlichen Genehmigungen.

Das *Public Record Office*, London, das britische Nationalarchiv, beherbergt zahlreiche Briefwechsel zum Sudan, Ägypten, dem Osmanischen Reich, der ungarischen Revolution und vielen in diesem Buch erwähnten Personen.

Die *Royal Archives* auf Windsor Castle sind in Besitz der Tagebücher Königin Viktorias und Alberts, des Prince of Wales (und späteren König Edward VII.) sowie deren Korrespondenz zu einer Reihe von Themen, mit denen die hier erwähnten Personen zu tun hatten.

Die *Royal Geographical Society* besitzt Sam Bakers Tagebücher der Afrikaexpeditionen, einige Briefe, ein Geschäftsbuch, zahlreiche Fotos, Karten, Aquarelle und Zeichnungen. Außerdem finden sich bei der RGS Notizen von Ausschußsitzungen, in denen es um einige der hier erwähnten Personen und ihre Entdeckungen ging. Die Zitate aus dem Archivmaterial der Gesellschaft wurden mit freundlicher Genehmigung der Royal Geographical Society wiedergegeben.

In den *Sheffield Archives* findet sich die Korrespondenz des Earl of Wharncliffe, darunter auch viele Briefe Sam Bakers. Die hier zitierten Briefe sind Eigentum der Trustees des verstorbenen Earl of Wharncliffe und befinden sich in der Obhut des Head of Leisure Services des Stadtrats von Sheffield; sie wurden mit freundlicher Genehmigung Anne I. Bakers und David Bakers abgedruckt.

Die *Welcome Library for the History and Understanding of Medicine* besitzt einige Briefe von Sam und Florence sowie ein Foto von Sam Baker.

BILDNACHWEIS

Anne I. Baker und David Baker: S. 2, 267, 274, 287, 298, 337, 365; unbekannte Quelle, vermutlich aus der *London Illustrated News*, Kopie in Besitz von Anne I. Baker: S. 162.

Mary Evans Picture Library: S. 76, 272, 290; *Illustrated London News*, 1849: S. 47; *Graphic*, 15. Jan. 1870: S. 89; David Livingstone, *Life and Explorations of David Livingstone* (London: Adam & Co, 1880): S. 142; W. H. Russell, *Diary in the East during the Tour of the Prince and Princess of Wales* (London: Routledge and Sons, 1869): S. 288; *Illustrered Tidende*, 3. Feb. 1884: S. 347.

Reverend Ian Graham-Orlebar: S. 22, 349, 357.

Illustrated London News Picture Library: *Illustrated London News*, 4. Juli 1863: S. 250; *Illustrated London News*, 11. Okt. 1873: S. 331; *Illustrated London News*: S. 345.

Eric Lessing/Art Resources, NY (Gemälde von Franz Winterhalter): S. 25.

Mansell/TimePix: S. 107.

Jeff Mathison: Karten S. 32, Vor- und Nachsatz.

National Portrait Gallery, London: S. 283.

Trustees der Wallace Collection, London: S. 19.

Victoria and Albert Picture Library: S. 69.

Privatsammlung der Autorin: *Graphic*, 6. März 1875: S. 15; *Graphic*, 13. März 1875: S. 17 ; M. Lancelot, *»De Paris à Bucharest«*, *Tour du Monde*, 1861: S. 61; John Hanning Speke, *Journal of the Discovery of the Source of the Nile* (London: William Blackwood & Sons, 1863): S. 73, 82; Samuel Baker, *Ismailïa* (London: Macmillan, 1874): S. 91, 152, 296, 300, 301, 303, 307, 318, 319, 323, 328 ; Samuel Baker, *The Nile Tributaries of Abyssinia* (London: Macmillan, 1874): S. 97: John und Katherine Petherick, *Travels in Central Africa* (London: Tinsley Brothers, 1869): S. 138; Samuel Baker, *The Albert N'yanza*, Bd. I (London: Macmillan, 1866): S. 219, 223, 231, 235, 277; Douglas Murray und A. Silva White, *Sir Samuel Baker* (London: Macmillan 1895): S. 294, 354; *Illustrated London News*, 11. Feb. 1885: S. 351.

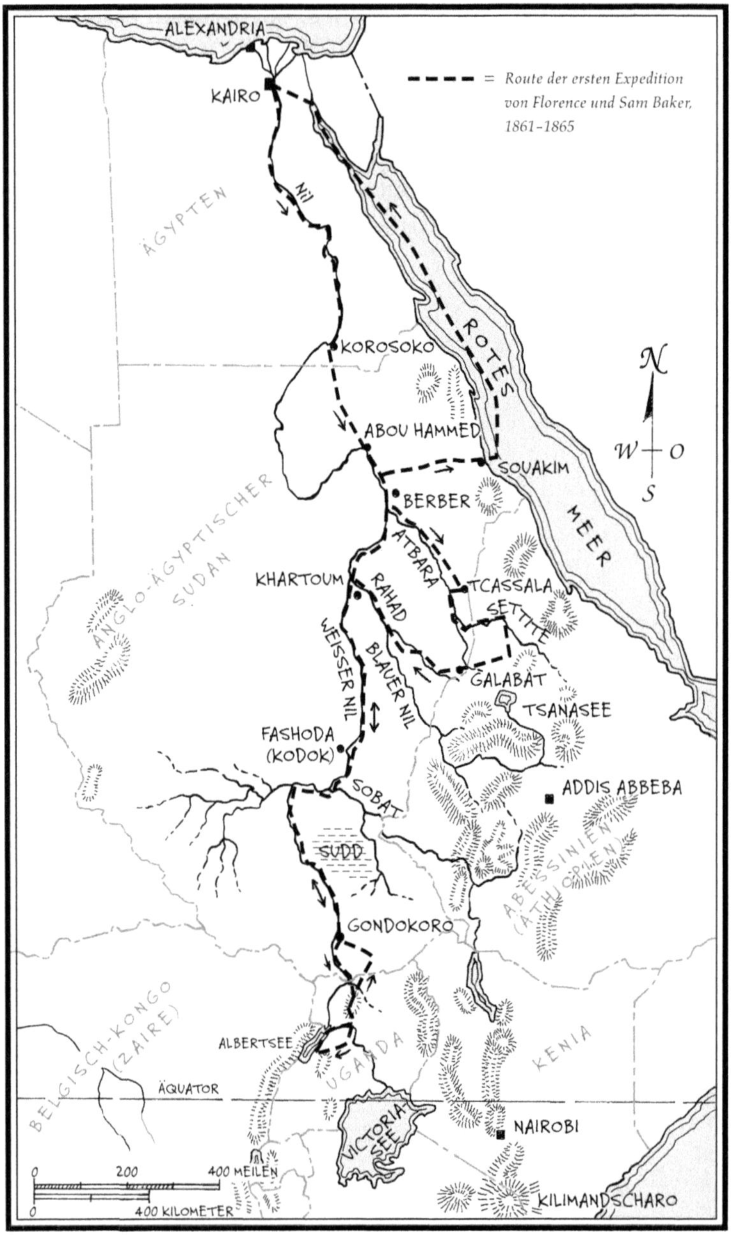

ALEXANDRIA
KAIRO
= Route der ersten Expedition von Florence und Sam Baker, 1861–1865
NIL
ÄGYPTEN
ROTES
MEER
KOROSOKO
ABOU HAMMED
SOUAKIM
BERBER
ANGLO-ÄGYPTISCHER SUDAN
ATBARA
KHARTOUM
RAHAD
TCASSALA
SETTITE
WEISSER NIL
BLAUER NIL
GALABAT
TSANASEE
FASHODA (KODOK)
SOBAT
ADDIS ABBEBA
SUDD
ABESSINIEN (ÄTHIOPIEN)
GONDOKORO
BELGISCH-KONGO (ZAIRE)
ALBERTSEE
UGANDA
KENIA
ÄQUATOR
VICTORIA-SEE
NAIROBI
0
200
400 MEILEN
0
400 KILOMETER
KILIMANDSCHARO
N
W
O
S